四柱와 六爻十八問答
사 주   육 효 십 팔 문 답

四柱와 六爻十八問答
사주와 육효십팔문답

초판 1쇄 발행 2023년 9월 20일

지은이 김서경
펴낸이 장길수
펴낸곳 지식과감성⁺
출판등록 제2012-000081호

교정 김지원
디자인 이현
편집 정한나
검수 김지원, 이현
마케팅 김윤길

주소 서울시 금천구 벚꽃로298 대륭포스트타워6차 1212호
전화 070-4651-3730~4
팩스 070-4325-7006
이메일 ksbookup@naver.com
홈페이지 www.knsbookup.com

ISBN 979-11-392-1288-4(03180)
값 50,000원

• 이 책의 판권은 지은이에게 있습니다.
• 이 책 내용의 전부 또는 일부를 재사용하려면 반드시 지은이의 서면 동의를 받아야 합니다.
• 잘못된 책은 구입하신 곳에서 바꾸어 드립니다.

지식과감성⁺
홈페이지 바로가기

육효 십팔문답은 127문제입니다. 이 육효는 사주에서 풀지 못하는 승진, 합격, 매매, 송사, 재물운, 사업운, 혼인점, 병점, 택일, 이사, 개업 방향, 이사 방향, 한 해의 길흉월과 한 달의 길일을 상세히 설명 하였으며 이 육효로 본인과 처와 자녀, 부모 형제의 길운과 흉운을 봐 줄 수 있습니다. 그리고 문복자가 어떠한 물음에도 용신을 정하여 답변할 수 있으며, 또한 용신을 표시하여 용신의 상생과 상극 그리고 용신, 원신, 기신, 구신, 진신, 퇴신, 복신, 비신, 비, 복신, 팔법을 사선으로 표시하여 상세히 설명 하였으니 보면서 읽으시면 쉽게 배울 수 있습니다.

이 육효는 2022년도 대통령 선거의 결과 그리고 국무총리 인준 결과와 서울시장 선거결과와 경기도계양 국회의원 보궐선거에서 당선과 낙선결과와 분당 국회의원 보궐선거에서 당선과 낙선결과, 그리고 경기도지사 선거 결과를 상세히 설명하였습니다. 성공의 첩경은 대인 관계가 좋아야 합니다. 독불장군은 없습니다. 대인 관계에는 명리학이 제일 좋습니다. 역술인은 복채를 받지만 무료로 봐 드리면 그분들은 나의 편이 되며 성공의 지름길이 됩니다. 이 책을 다섯 번만 읽으면 타인의 신수를 봐 줄 수 있습니다. 이 책을 습득하여 암흑세계에서 헤매는 분들의 번뢰와 고민과 궁금증을 풀어 줄 수 있습니다.

이 육효는 음양 변화의 원리에 따라 해명한 유교의 경전으로써 현대 과학으로도 풀 수가 없으며 옛날에는 나라의 큰 행사나 전쟁을 할 때에 이 육효로 해명하여 길일을 선택하였고, 사대부 집안에서는 이 주역을 대부분 이용하였습니다.

고생만 하시다 늙으시겠습니까? 부자되세요. 실패와 재앙은 나의 주변에 잡기가 따르기 때문입니다. 이 책은 잡귀를 쫓아내고 재앙을 물리치고 죽을 운 같으면 다치게 해 주고 십 만원 벌 것 같으면 백 만원 벌게 해 주는, 행운의 부적이 세 개가 있기에 책꽂이에 꽂아만 두어도 좋은 운, 행운이 따르며, 부자가 되고, 또한 사주와 주역을 동시에 배울 수 있습니다.

四柱와 六爻十八問答
사 주   육 효 십 팔 문 답

소원성취하세요 부자되세요

목차

육효의 기초 ··· ▶ 5
第1問 用神生剋 제일문 용신생극 ··· ▶ 19
第二問 回頭剋 제이문 회두극 ··· ▶ 65
第三問 原神生剋 제삼문 원신생극 ··· ▶ 75
第四問 月破 제사문 월파 ··· ▶ 81
第五問 旬空 제오문 순공 ··· ▶ 87
第六問 三合成局 제육문 삼합성국 ··· ▶ 99
第七問 沖中逢合 제칠문 충중봉합 ··· ▶ 107
第八問 六沖六合 제팔문 육충육합 ··· ▶ 115
第九問 四生四墓 제구문 사생사묘 ··· ▶ 125
第十問 伏神 제십문 복신 ··· ▶ 135
第十一問 進神退神 제십일문 진신퇴신 ··· ▶ 141
第十二問 反吟 제십이문 반음 ··· ▶ 147
第十三問 卜者誠心 제십삼문 복자성심 ··· ▶ 153
第十四問 用神多現 제십사문 용신다현 ··· ▶ 157
第十五問 三刑六害 제십오문 삼형육해 ··· ▶ 161
第十六問 伏吟 제십육문 복음 ··· ▶ 165
第十七問 盡靜盡發 제십칠문 진정진발 ··· ▶ 169
第十八問 獨靜獨發 제십팔문 독정독발 ··· ▶ 173
사주의 기초 ·· ▶ 179
사주 해설 ··· ▶ 220

八卦方位 配列表
팔괘방위배열표

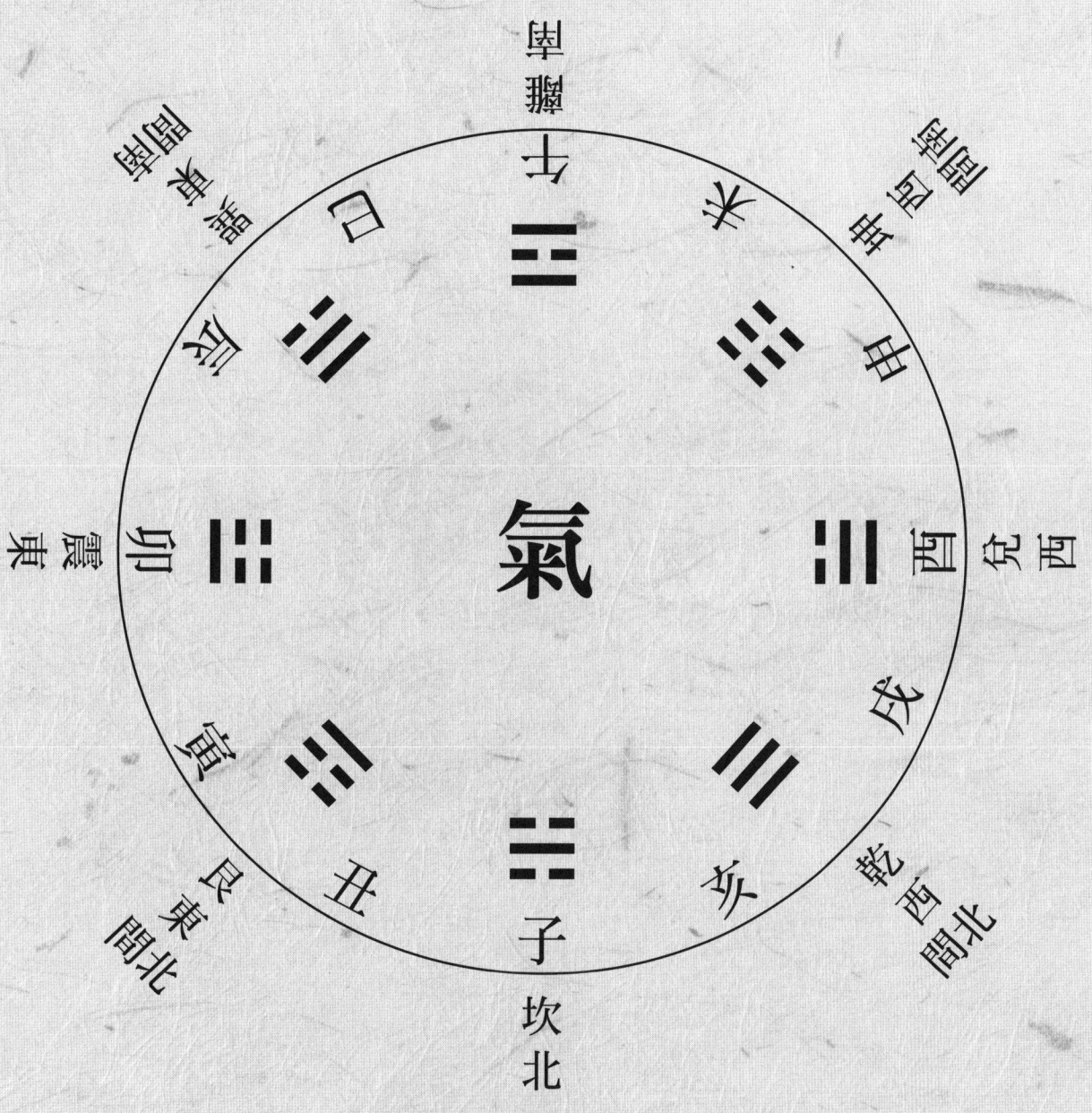

富貴　　運命
부귀와 운명은, 이 안에 있다.

				太 極 태 극				
	母 坤 모 곤						乾 父 건 부	
	陰 음			四 季 調 節 사 계 조 절			陽 양	
冬 동		秋 추			夏 하			春 춘
	陰 음						陽 양	
八팔	七칠	六육	五오	節절 者자	四사	三삼	二이	一일
☷	☶	☵	☴	土토	☳	☲	☱	☰
坤곤	艮간	坎감	巽손		震진	離리	兌태	乾건
爲위	爲위	爲위	爲위		爲위	爲위	爲위	爲위
地지	山산	水수	風풍		雷뢰	火화	澤택	天천
土토	土토	水수	木목		木목	火화	金금	金금
坤곤	艮간	坎감	巽손		震진	離리	兌태	乾건
三삼	上상	中중	下하		下하	虛허	上상	三삼
絶절	連연	連연	絶절		連연	中중	絶절	連연
未미 申신	丑축 寅인	子자	辰진 巳사		卯묘	午오	酉유	戌술 亥해
西서	東동	北북	東동		東동	南남	西서	西서
南남	北북		南남					北북
間간	間간		間간					間간

						외울것	
甲갑 寅인	甲갑 辰진	甲갑 午오	甲갑 申신	甲갑 戌술	甲갑 子자		
乙을 卯묘	乙을 巳사	乙을 未미	乙을 酉유	乙을 亥해	乙을 丑축		
丙병 辰진	丙병 午오	丙병 申신	丙병 戌술	丙병 子자	丙병 寅인		
丁정 巳사	丁정 未미	丁정 酉유	丁정 亥해	丁정 丑축	丁정 卯묘	육십갑자 六十甲子	
戊무 午오	戊무 申신	戊무 戌술	戊무 子자	戊무 寅인	戊무 辰진		
己기 未미	己기 酉유	己기 亥해	己기 丑축	己기 卯묘	己기 巳사		
庚경 申신	庚경 戌술	庚경 子자	庚경 寅인	庚경 辰진	庚경 午오		
辛신 酉유	辛신 亥해	辛신 丑축	辛신 卯묘	辛신 巳사	辛신 未미		
壬임 戌술	壬임 子자	壬임 寅인	壬임 辰진	壬임 午오	壬임 申신		
癸계 亥해	癸계 丑축	癸계 卯묘	癸계 巳사	癸계 未미	癸계 酉유		
子자 **丑축**	**寅인** **卯묘**	**辰진** **巳사**	**午오** **未미**	**申신** **酉유**	**戌술** **亥해**	공망 空亡	

육효의 기초 • 7

암기할 것

八팔	七칠	六육	五오	四사	三삼	二이	一일	
坤곤 爲위 地지	艮간 爲위 山산	坎감 爲위 水수	巽손 爲위 風풍	震진 爲위 雷뢰	離리 爲위 火화	兌태 爲위 澤택	乾건 爲위 天천	先선 天천 作작 卦괘
土토	土토	水수	木목	木목	火화	金금	金금	
坤곤 三삼 絶절	艮간 上상 連연	坎감 中중 連연	巽손 下하 絶절	震진 下하 連연	離리 虛허 中중	兌태 上상 絶절	乾건 三삼 連연	
☷	☶	☵	☴	☳	☲	☱	☰	
土토	土토	水수	木목	木목	火화	金금	金금	
乙을 未미	丙병 辰진	戊무 寅인	辛신 丑축	庚경 子자	己기 卯묘	丁정 巳사	甲갑 子자	納납 甲갑
未미 巳사 卯묘	辰진 午오 申신	寅인 辰진 午오	丑축 亥해 酉유	子자 寅인 辰진	卯묘 丑축 亥해	巳사 卯묘 丑축	子자 寅인 辰진	下하 卦괘
癸계 丑축	丙병 戌술	戊무 申신	辛신 未미	庚경 午오	己기 酉유	丁정 亥해	壬임 午오	納납 甲갑
丑축 亥해 酉유	戌술 子자 寅인	申신 戌술 子자	未미 巳사 卯묘	午오 申신 戌술	酉유 未미 巳사	亥해 酉유 未미	午오 申신 戌술	上상 卦괘

암기할 것

육합 六合

| 子자 | 寅인 | 卯묘 | 辰진 | 巳사 | 午오 |
| 丑축 | 亥해 | 戌술 | 酉유 | 申신 | 未미 |

육충 六沖

| 子자 | 丑축 | 寅인 | 卯묘 | 辰진 | 巳사 |
| 午오 | 未미 | 申신 | 酉유 | 戌술 | 亥해 |

삼합 三合

申신	亥해	巳사	寅인
子자	卯묘	酉유	午오
辰진	未미	丑축	戌술

| 水수 | 木목 | 金금 | 火화 |
| 局국 | 局국 | 局국 | 局국 |

암기할 것

비복신 팔법 飛伏神 八法

1	2	3	4	5	6	7	8
用용	原원	忌기	仇구	進진	退퇴	伏복	飛비
神신	神신	神신	神신	神신	神신	神신	神신

귀곡 변효법 鬼谷 辨爻法

육효 六爻	말 말	조상 祖上	분묘 墳墓	축대 築臺	노복 奴僕	동량 棟梁	머리 頭
오효 五爻	소 牛	가구주 家口主	도로 道路	식구 食口	부 夫	심 心	
사효 四爻	염소	처가 妻家	인근 鄰近	외가 外家	누에	협 脇	
삼효 三爻	돼지 豚	형제 兄弟	문정 門庭	중문 中門	면장 面長	허리 腰	
이효 二爻	개 狗	처 妻	부엌	안방 安方	모 母	퇴고 腿股	
일효 一爻	닭	자손 子孫	우물 井	택기 宅基	족 足		

육수 작용 六獸 作用

갑일(甲日)과 을일(乙日)점에는 초효(初爻)가 청룡(靑龍)이요, 병일(丙日)과 정일(丁日)점에는 초효(初爻)가 주작(朱雀)이요, 무일(戊日)점에는 초효(初爻)가 구진(句陳)이요, 기일(己日)점에는 초효(初爻)가 등사(螣蛇)요, 경일(庚日)과 신일(辛日)점에는 초효(初爻)가 백효(白虎) 임일(壬日)과 계일(癸日)점에는 초효(初爻)가 현무(玄武)다.

一爻 일효	청용 靑龍	⇒	존귀희열 尊貴喜悅	경사 慶事	범사통달 凡事通達		
二爻 이효	주작 朱雀	⇒	관재 官災	구설 口舌	쟁투 爭鬪	다변 多辯	소란 騷亂
三爻 삼효	구진 句陳	⇒	건체 蹇滯	구 久	구금 拘禁	비대 肥大	사사불통 事事不通
四爻 사효	등사 螣蛇	⇒	허 虛	부실 不實	경 驚	괴사 怪事	몽사 夢事
五爻 오효	백호 白虎	⇒	숙살 肅殺	난폭 亂暴	급속재앙 急速災殃	피상 被傷	투쟁 鬪爭
六爻 육효	현무 玄武	⇒	비밀 祕密	도실 盜失	암매 暗昧	신음 呻吟	음흉 陰凶

용신 분류 用神 分類

문서 文書	⇒	부모, 조부모, 숙부, 백부, 고모, 문서, 시험, 父母, 祖父母, 叔父, 伯父, 姑母, 文書, 試驗, 관실, 장성, 주택, 선박, 차, 의복, 세포, 가구주, 우 館室, 墻城, 住宅, 船泊, 車, 衣服, 細胞, 家口主, 雨
자손 子孫	⇒	자여, 손자, 조카, 사위, 부하, 제자, 충신, 양장, 子女, 孫子, 姪,　　婿, 部下, 弟子, 忠臣, 良將, 약제, 승도, 육축, 금조, 해우, 노복, 기계, 순풍 藥劑, 僧道, 六畜, 禽鳥, 解憂, 奴僕, 機械, 順風
관 官	⇒	공명, 관부, 뢰전, 귀신, 남편, 시형제, 역적도모, 功名, 官府, 雷電, 鬼神, 夫, 媤兄弟, 逆賊圖謀, 병증, 시체, 관작, 작위, 관재, 정부, 도박 病症, 屍體, 官爵, 爵位, 官災, 情夫, 賭博
재 財	⇒	처, 첩, 형수, 노복, 여자애인, 물가, 재, 전, 보석, 妻妾, 兄嫂, 奴僕, 女子愛人, 物價, 財, 錢, 寶石, 금은, 장신구, 창고, 금고, 식량, 재산, 가구, 청 金銀, 裝身具, 倉庫, 金庫, 食糧, 財産, 家具, 晴
형 兄	⇒	형제, 자매, 친구, 동서, 풍 兄弟, 姉妹, 親舊, 同壻, 風

오행용기 동효위주 五行用忌 動爻爲主

	일생	비생	변생	일묘	비묘	변묘	일절	비절	변절
구區	사생四生			사묘四墓			사절四絶		
분分	日生	飛生	變生	日墓	飛墓	變墓	日絶	飛絶	變絶
사巳 오午	인寅	인寅	인寅	술戌	술戌	술戌	해亥	해亥	해亥
인寅 묘卯	해亥	해亥	해亥	미未	미未	미未	신申	신申	신申
해亥 자子	신申	신申	신申	진辰	진辰	진辰	사巳	사巳	사巳
신申 유酉	사巳	사巳	사巳	축丑	축丑	축丑	인寅	인寅	인寅

64괘(卦)

下卦＼上卦	一乾天 ☰	二兌澤 ☱	三離火 ☲	四震雷 ☳	五巽風 ☴	六坎水 ☵	七艮山 ☶	八坤地 ☷
一乾天 ☰	건(乾) 六·乾金	쾌(夬) 五·坤土	대유(大有) 三·乾金	대장(大壯) 四·坤土	소축(小畜) 初·巽木	수(需) 四·坤土	대축(大畜) 二·艮土	태(泰) 三·坤土
二兌澤 ☱	리(履) 五·艮土	태(兌) 六·兌金	규(睽) 四·艮土	귀매(歸妹) 三·兌金	중부(中孚) 四·艮土	절(節) 初·坎水	손(損) 三·艮土	림(臨) 二·坤土
三離火 ☲	동인(同人) 三·離火	혁(革) 四·坎水	리(離) 六·離火	풍(豊) 五·坎水	가인(家人) 二·巽木	기제(既濟) 三·坎水	비(賁) 初·艮土	명이(明夷) 四·坎水
四震雷 ☳	무망(無妄) 四·巽木	수(隨) 三·震木	서합(噬嗑) 五·巽木	진(震) 六·震木	익(益) 三·巽木	둔(屯) 二·坎水	이(頤) 四·巽木	복(復) 初·坤土
五巽風 ☴	구(姤) 初·乾金	대과(大過) 四·震木	정(鼎) 二·離火	항(恒) 三·震木	손(巽) 六·巽木	정(井) 五·震木	고(蠱) 三·巽木	승(升) 四·震木
六坎水 ☵	송(訟) 四·離火	곤(困) 初·兌金	미제(未濟) 三·離火	해(解) 二·震木	환(渙) 五·離火	감(坎) 六·坎水	몽(蒙) 四·離火	사(師) 三·坎水
七艮山 ☶	돈(遯) 二·乾金	함(咸) 三·兌金	려(旅) 初·離火	소과(小過) 四·兌金	점(漸) 三·艮土	건(蹇) 四·兌金	간(艮) 六·艮土	겸(謙) 五·兌金
八坤地 ☷	비(否) 三·乾金	취(萃) 二·兌金	진(晉) 四·乾金	예(豫) 初·震木	관(觀) 四·乾金	비(比) 三·坤土	박(剝) 五·乾金	곤(坤) 六·坤土

동전으로 작괘법 作卦法

양　　　　　　　　　　　　　　음이 동한 것
100 100 백원　　　　　　　　　(백원 백원 백원)
양이 동한 것　　　　　　　　　음
100 100 100　　　　　　　　　(백원 백원 100)

동전으로 작괘(作卦)를 할 때 먼저 음(陰), 양(陽)을 정(定)해야 한다.

(100)을 양으로 정했을 때 (백원)을 음(陰)으로 정(定)하였을 경우, 동전 세 개를 던져서 (100 100 백원)이 나오면 양효(陽爻)가 된다.

동전 세 개를 던져서 (100 100 100)이 나오면 양(陽)이 동(動)하게 된다.

(백원)을 음(陰)으로 정(定)하였을 경우 동전 세 개를 던져서 (백원 백원 100)이 나오면 음(陰)이 된다. 동전 세 개를 던져서 (백원 백원 백원)이 나오면 음(陰)이 동(動)하게 된다.

양(陽)이 동(動)하면 음(陰)이 되고
음(陰)이 동(動)하면 양(陽)이 된다.
첫 번째 던지는 괘는 초효(初爻)가 되고 두 번째는 이효(二爻), 세 번째는 삼효(三爻), 네 번째는 사효(四爻), 다섯 번째는 오효(五爻), 여섯 번째는 육효(六爻)가 되며 작괘(作卦)가 완성(完成)된다.

산대 작괘법

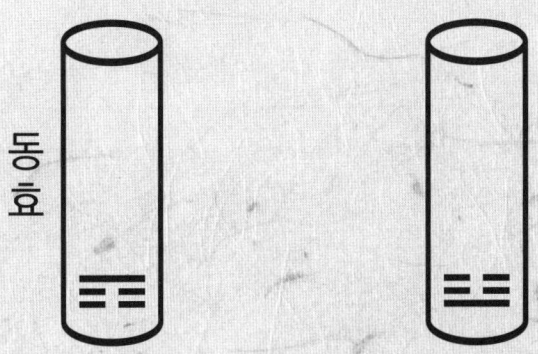

1. 산대로 작괘(作卦)를 할 때 산대를 8개를 만든다.

2. 산대 밑에 괘를 표시한다.

3. 첫 번째 뽑는 것은 하괘(下卦)가 된다.

4. 두 번째 뽑는 것은 상괘(上卦)가 된다.

5. 세 번째 뽑는 것은 동효(動爻)가 된다.

6. 만약 동효(動爻)가 간위산(艮爲山) 괘가 나오면 간위산(艮爲山)은 7이다.

7에서 6으로 나누면 1이 남는다. 1은 초효(初爻)가 동(動)하게 된다.

만약, 산대를 뽑아서 진위뢰(震爲雷) 괘가 나오면 진위뢰 괘는 4다.

그러므로 4 효가 동(動)하게 된다.

참고 동효. 7에서 6으로 나누는 이유는 효(爻)가 육효(六爻)이기 때문이다.

시時와 분分으로 보는 방법方法

$$8 \overline{\smash{\big)}\, 13시 \quad 26분 \quad 39}$$
$$5 \quad 2 \quad 3$$

시(時)와 분(分)으로 보는 방법은
시(時)는 하괘(下卦)이며 분(分)은 상괘(上卦)가
된다.
만약 13시 26분이라면
13시에서 8을 나누면 5가 남는다.
5는 손위풍(巽爲風) 괘다. 시는 하괘(下卦)다.
고로 손위풍(巽爲風) 하괘(下卦)가 된다.
26분에서 8을 나누면 2가 남는다.
2는 태위택(兌爲澤) 괘다. 분은 상괘(上卦)다.
그러므로 태위택(兌爲澤) 상괘(上卦)가 된다.
시와 분을 8로 나누는 이유는
괘가 팔괘(八卦)이기 때문이다.
13시에서 26분을 더하면 39가 된다.
39에서 6으로 나누면 3이 남는다.
3이 동효(動爻)가 된다.
39에서 6으로 나누는 이유는
효(爻)가 6 효(爻)이기 때문이다.
그러므로 이 괘는
택풍대과(澤風大過) 3 효(爻)가 동(動)하게 된다.

未 ⚋
酉 ⚊
亥 ⚊ 世
酉 ⚊
午 亥 ⚊
丑 ⚋ 應

第1問 用神生剋
제일문 용신생극

이생일극(二生一剋)이면 성사(成事) 이극일생(二剋一生)이면 불성(不成) 삼생성사(三生成事) 삼극불성(三剋不成) 적은 수(數)로서 많은 수(數)에 대적(大敵)할 수 없다. 즉(即) 일효(一爻)는 생(生)하고 일효(一爻)는 극(剋)하는 데 있어서는 그 괘상(卦象)의 정상(情狀)에 의(依)하여 극으로 화(化)하면 불리(不利)한 것이다. 연월일(年月日)이 용신(用神)을 극(剋)하여 그 극하는 효(爻)를 돕고 있는 데 있어서 혹(或) 월건(月建)이 용신(用神)을 극(剋)하고 일진(日辰)이 용신(用神)을 생(生)하거나 아니면 일진(日辰)이 용신(用神)을 극(剋)하고 월건(月建)이 용신(用神)을 생(生)하는 경우는 여하(如何)한가. 답 왈(答曰) 모두 같다. 그런 경우에는 재차(再次) 보아 괘(卦) 중에서 동(動)하여 용신(用神)을 생(生)하면 성사(成事)가 되고 동(動)하여 극(剋)을 당하게 되면 불성(不成)이라.

水澤節㊌ 一 世 2.動 水雷屯
수택절　　　세　동 수뢰둔

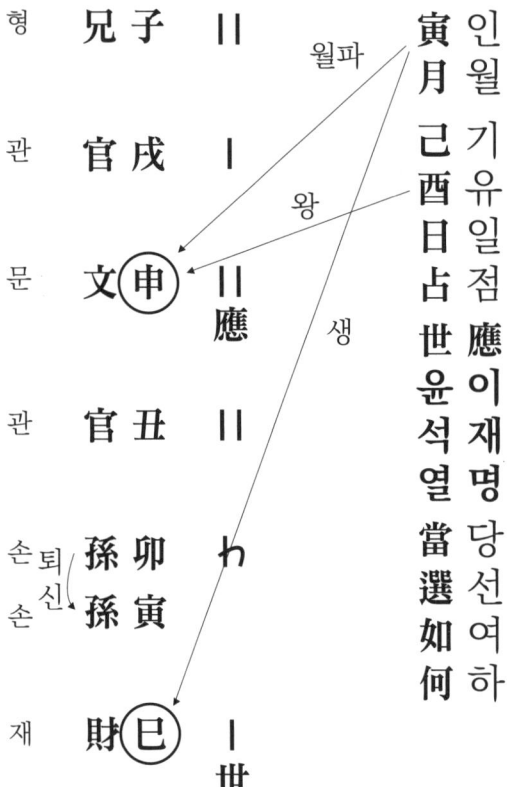

寅月　　　　인월 기유일점 應이재명 당선여하
己酉日占世　윤석열 當選如何

단왈 이 괘는 대통령 선거에서 어느 분이 당선 될 것인지 궁금하여 2022년 2월 2일 18시 38분에 필자(筆者)가 작괘(作卦)를 하였다. 18시에서 8을 나누면 2가 남는다. 2는 태위택(兌爲澤) 괘다. 시(時)는 하괘(下卦)다. 고(故)로 태위택(兌爲澤) 하괘(下卦)가 된다. 38분에서 8을 나누면 6이 남는다. 6은 감위수(坎爲水) 괘다. 분(分)은 상괘(上卦)다. 고(故)로 감위수(坎爲水) 상괘(上卦)가 된다. 시(時)와 분(分)을 8로 나누는 이유는 괘(卦)가 8괘이기 때문이다. 18시에서 38분을 더하면 56이 된다. 56에서 6으로 나누면 2가 남는다. 2는 동효(動爻)가 된다. 56에서 6으로 나누는 이유는 효(爻)가 6효(爻)이기 때문이다. 고(故)로 이 괘는 수택절(水澤節) 2효(爻)가 동(動)하게 된다. 그리고 승(勝) 패(敗)를 결(決)할 때에는 세(世) 응(應)으로 분별(分別)한다. 세(世)는 나이며 나의 편, 응(應)은 타인(他人)이며 다른 편으로 분별(分別)한다. 세응(世應) 밑에 이름을 기재(記載)하지 않아도 된다. 마음속으로 세(世) 응(應)을 정(定)하면 된다. 여기에 이름을 기재(記載)한 것은 독자 여러분이 이해하기 쉽게 하기 위해서이다. 그리고 초효지세(初爻指世) 사화(巳火)는 이효묘목(二爻卯木)이 동(動)하여 초효사화(初爻巳火)를 생하여 대단(大壇)히 좋은데 이효묘목(二爻卯木)은 화(化)하여 변효인목(變爻寅木)으로 퇴신(退神)이 되어 초효사화(初爻巳火)를 생할 수 없다. 고로 이것은 취하지 못한다. 초효사화(初爻巳火)는 일진유금(日辰酉金)을 극(剋)하여 설기(洩氣)가 되나 다행히 월건인목(月建寅木)에 생을 받아 왕(旺)하다. 사효응효(四爻應爻) 신금(申金)은 일진유금(日辰酉金)을 얻어 왕상(旺相)하여 길하다. 단(但) 불리한 것은 월건인목(月建寅木)이 사효신금(四爻申金)과 인신(寅申) 충(沖)으로 월파(月破)를 당하였다. (월충(月沖)을 월파(月破)라고 칭(稱)하며 대기(大忌)한다.) 고(故)로 이 괘는 지세사화(指世巳火)는 왕(旺)하였고 응효신금(應爻申金)은 쇠(衰)하므로 지세(指世) 사화(巳火)가 당선(當選)이 된 것이다. 이 주역(周易)은 자연의 기운(氣運)에 따라 그때그때마다 변화(變化)하며 성사(成事)와 불성(不成)이 결정(決定)된다.)
(연구(研究) 이 점을 깊이 연구(研究)하여 국제(國際) 경기나 국내(國內) 경기에 승패(勝敗)를 결(決)함에 최적(最適)한 점법(占法)이다.)

22 • 사주와 육효십팔문답

단왈 이 괘는 국무총리 인준을 받을 수 있을 것인지 궁금하여 2022년 5월 19일 오전 11시 10분에 필자가 작괘(作卦)를 하였다. 11시에서 8을 나누면 3이 남는다. 3은 리위화(離爲火) 괘(卦)다. 시(時)는 하괘(下卦)다. 고(故)로 리위화(離爲火) 하괘(下卦)가 된다. 10분에서 8을 나누면 2가 남는다. 2는 태위택(兌爲澤) 괘다. 분은 상괘(上卦)다. 고(故)로 태위택(兌爲澤) 상괘(上卦)가 된다. 시(時)와 분(分)을 8로 나누는 이유는 괘(卦)가 8괘(卦)이기 때문이다. 11시에서 10분을 더하면 21이 된다. 21에서 6으로 나누면 3이 남는다. 3이 동효(動爻)가 된다. 21에서 6으로 나누는 이유는 효(爻)가 6효(爻)이기 때문이다. 고(故)로 이 괘(卦)는 택화혁(澤火革) 3효(爻)가 동(動)하게 된다. 그리고 인준(認准)을 받는 것은 사효해수(四爻亥水) 지세효(指世爻)가 위(爲) 용신(用神)인데 월건사화(月建巳火)가 해수용신(亥水用神)을 사해(巳亥)로 충(沖)하여 월파(月破)를 당하여 불리하다. 그러나 다행한 것은 용신해수(用神亥水)가 임신일점(壬申日占)에 순중공망(旬中空亡)이 되어 충(沖)을 받아도 용신해수(用神亥水)가 상(傷)하지 않는다. 다행히 용신해수(用神亥水)는 일진신금(日辰申金)의 생을 받고 일진신금(日辰申金)은 해수용신(亥水用神)의 장생(長生)으로 용신(用神) 해수(亥水)가 왕(旺)하여 인준(認准)을 받게 될 것이다.

艮爲山㊏ 六 世 2.動 山風蠱
간위산   세   동 산풍고

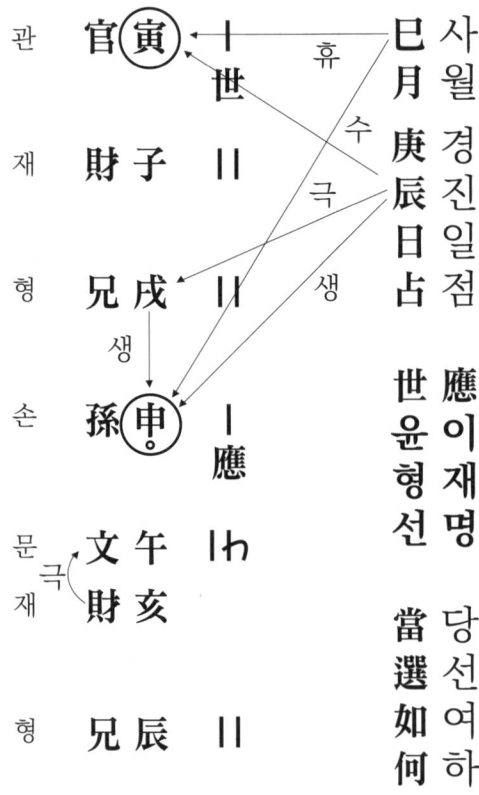

巳月 庚辰日占 사월 경진일점

應이재명 당선여하
世윤형선 當選如何

단왈 이 괘는 경기도 계양 국회의원 보궐 선거에서 어느 분이 당선 될 것인지 궁금하여 2022년 5월 27일 오전 7시 31분에 필자가 작괘(作卦)를 하였다. 7시에서 8을 나눌 수가 없으므로 그냥 7이 된다. 7은 간위산(艮爲山) 괘다. 시(時)는 하괘(下卦)다. 고(故)로 간위산(艮爲山) 하괘(下卦)가 된다. 31분에서 8을 나누면 7이 남는다. 7은 간위산(艮爲山) 괘다. 분(分)은 상괘(上卦)다. 고(故)로 간위산(艮爲山) 상괘(上卦)가 된다. 시(時)와 분(分)을 8로 나누는 이유는 괘(卦)가 8괘(卦)이기 때문이다. 7시에서 31분을 더하면 38이 된다. 38에서 6으로 나누면 2가 남는다. 2는 동효(動爻)가 된다. 38에서 6으로 나누는 이유는 효(爻)가 6효(爻)이기 때문이다. 고(故)로 이 괘는 간위산(艮爲山) 2효(爻)가 동(動)하게 된다. 그리고 이 괘 육효(六爻) 인목(寅木) 지세효(指世爻)는 월건사화(月建巳火)에 목생화(木生火)로 설기(洩氣)가 되고 일진진토(日辰辰土)에도 목극토(木剋土)로 설기(洩氣)가 되어 인목지세(寅木指世) 효(爻)는 쇠(衰)하고 있다. 삼효응효(三爻應爻) 신금(申金)은 이효오화(二爻午火)가 동(動)하여 응효신금(應爻申金)을 극하여 불리한데 다행히 오화(午火)가 화(化)하여 변효해수(變爻亥水)에 회두극(回頭剋)을 받아 오화(午火)가 피상(被傷) 당하여 응효신금(應爻申金)을 극하지 못한다. 그리고 응효신금(應爻申金)은 월건사화(月建巳火)에 극을 받아 불리하다. 그러나 일진진토(日辰辰土)에 생을 받고 사효술토(四爻戌土)는 일진진토(日辰辰土)와 진술충(辰戌沖)으로 암동(暗動)하여 술토(戌土) 또한 와서 응효신금(應爻申金)을 생하여 줌으로 응효신금(應爻申金)은 왕하고 또한 응효신금에 자손복덕(子孫福德) 길신이 임하여 심히 평안한 괘상이다. 고(故)로 이 괘는 응효신금(應爻申金)은 왕하고 육효(六爻) 지세인목(指世寅木)은 쇠(衰)하므로 응효신금(應爻申金)이 당선(當選)이 된 것이다.

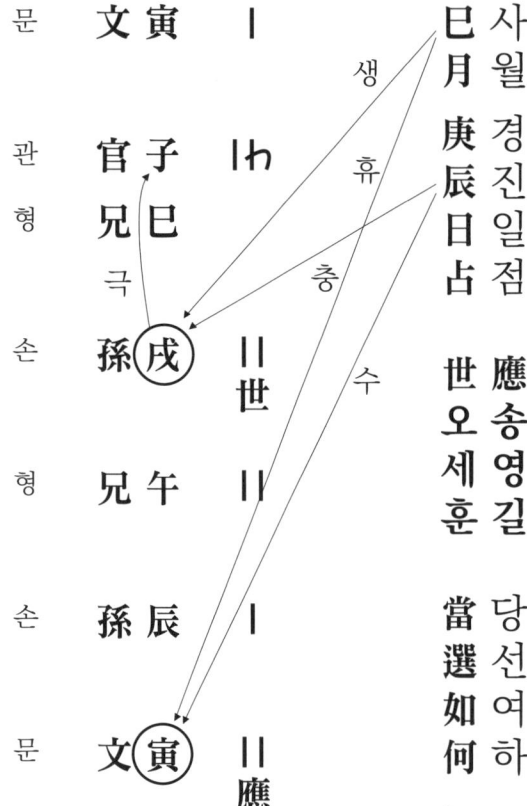

단왈 이 괘는 서울시장 선거에서 어느 분이 당선 될 것인지 궁금하여 2022년 5월 27일 14시 39분에 필자가 작괘(作卦)를 하였다. 14시에서 8을 나누면 6이 남는다. 6은 감위수(坎爲水) 괘다. 시(時)는 하괘(下卦)다. 고(故)로 감위수(坎爲水) 하괘(下卦)가 된다. 39분에서 8을 나누면 7이 남는다. 7은 간위산(艮爲山) 괘다. 분(分)은 상괘(上卦)다. 고(故)로 간위산(艮爲山) 상괘(上卦)가 된다. 시(時)와 분(分)을 8로 나누는 이유는 괘(卦)가 8괘이기 때문이다. 14시에서 39분을 더하면 53이 된다. 53에서 6으로 나누면 5가 남는다. 5는 동효(動爻)가 된다. 53에서 6으로 나누는 이유는 효(爻)가 6효이기 때문이다. 고(故)로 이 괘는 산수몽(山水蒙) 5효(爻)가 동(動)하게 된다. 그리고 이 괘 사효술토(四爻戌土) 지세효(指世爻)는 월건사화(月建巳火)에 생을 받아 왕하여 길하고 일진진토(日辰辰土)는 술토지세(戌土指世)를 진술충(辰戌沖)으로 암동(暗動)하여 오효자수(五爻子水)를 극(剋)하였고 또한 술토(戌土)에 자손복덕(子孫福德) 길신이 임(臨)하여 심히 평안한 괘상이라. 초효인목(初爻寅木) 응효(應爻)는 오효자수(五爻子水)가 동(動)하여 초효인목(初爻寅木)을 생하여 줌으로 좋은데 그만 오효자수(五爻子水)가 화(化)하여 사화(巳火)로 변하여 오효자수(五爻子水)가 무근기(無根氣)하여 초효인목(初爻寅木)을 생하지 못한다. 연이나 불리한 것은 초효인목(初爻寅木)은 월건사화(月建巳火)를 목생화(木生火)하여 설기(洩氣)가 되고 일진진토(日辰辰土)에도 목극토(木剋土)하여 설기(洩氣)가 되어 쇠(衰)하고 있다. 고(故)로 이 괘는 지세술토(指世戌土)는 왕(旺)하고 응효인목(應爻寅木)은 쇠(衰)하므로 지세술토(指世戌土)가 당선(當選)이 된 것이다.

雷山小過㊎ 四 世 1.動 雷火豊
뢰산소과　　　세　동　뢰화풍

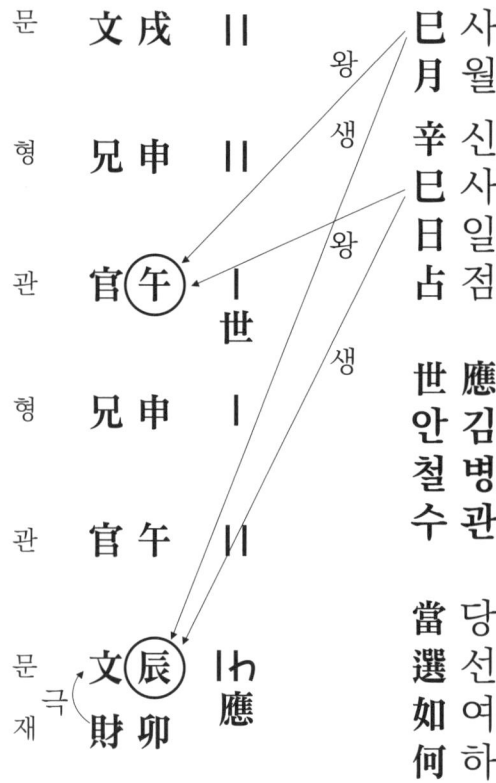

巳月 辛巳日占　應 김병관　當選如何
사월 신사일점　世 안철수　당선여하

단왈 이 괘는 분당 국회의원 보궐선거에서 어느 분이 당선 될 것인지 궁금하여 2022년 5월 28일 15시 52분에 필자가 작괘(作卦)를 하였다. 15시에서 8을 나누면 7이 남는다. 7은 간위산(艮爲山) 괘다. 시(時)는 하괘(下卦)다. 고(故)로 간위산(艮爲山) 하괘(下卦)가 된다. 52분에서 8을 나누면 4가 남는다. 4는 진위뢰(震爲雷)괘다. 분(分)은 상괘(上卦)다. 고(故)로 진위뢰(震爲雷) 상괘(上卦)가 된다. 시(時)와 분(分)을 8로 나누는 이유는 괘가 8괘(卦)이기 때문이다. 15시(時)에서 52분(分)을 더하면 67이 된다. 67에서 6으로 나누면 1이 남는다. 1은 동효(動爻)가 된다. 67에서 6으로 나누는 이유는 효(爻)가 6효(爻)이기 때문이다. 고(故)로 이 괘는 뢰산소과(雷山小過) 1효(爻)가 동(動)하게 된다. 그리고 이 괘 사효오화(四爻午火) 지세(指世)는 월건사화(月建巳火)에 득령(得令)하여 길하고 일진사화(日辰巳火)를 얻어 왕상(旺相)하여 지세오화(指世午火)는 왕하고 있다. 그리고 초효진토(初爻辰土) 응효(應爻)는 월건사화(月建巳火)에 생을 받아 왕하고 일진사화(日辰巳火)에 생을 받아 응효(應爻) 역시 왕하다. 단 불리한 것은 초효진토(初爻辰土) 응효(應爻)가 화(化)하여 변효묘목(變爻卯木)에 회두극(回頭剋)을 당하여 응효진토(應爻辰土)가 피상(被傷) 당하여 쇠약(衰弱)하다. 고(故)로 이 괘는 지세오화(指世午火)는 왕(旺)하고 응효진토(應爻辰土)는 쇠(衰)하므로 지세오화(指世午火)가 당선(當選)이 된 것이다.

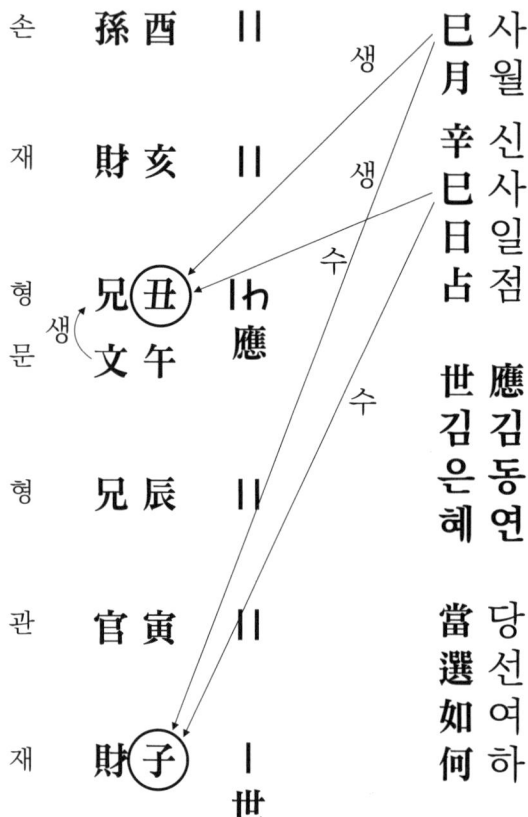

地雷復㊏ 一 世 4.動 震爲雷
지뢰복　　　세　동 진위뢰

巳月 辛巳日占　사월 신사일 점

應 김동연　世 김은혜　當選如何 당선여하

단왈 이 괘는 경기도 지사 선거에서 어느 분이 당선 될 것인지 궁금하여 2022년 5월 28일 20시 56분에 필자가 작괘(作卦)를 하였다. 20시에서 8을 나누면 4가 남는다. 4는 진위뢰(震爲雷) 괘다. 시(時)는 하괘(下卦)다. 고(故)로 진위뢰(震爲雷) 하괘(下卦)가 된다. 56분에서 8을 나누면 나머지가 없다. 나머지가 없으면 그냥 8이 된다. 8은 곤위지(坤爲地) 괘(卦)다. 분(分)은 상괘(上卦)다. 고(故)로 곤위지(坤爲地) 상괘(上卦)가 된다. 시(時)와 분(分)을 8로 나누는 이유는 괘가 8괘(卦)이기 때문이다. 20시에서 56을 더하면 76이 된다. 76에서 6으로 나누면 4가 남는다. 4는 동효(動爻)가 된다. 76에서 6으로 나누는 이유는 효(爻)가 6효(爻)이기 때문이다. 고(故)로 이 괘는 지뢰복(地雷復) 4효(爻)가 동(動)하게 된다. 그리고 이 괘는 초효자수(初爻子水) 지세효(指世爻)는 월건사화(月建巳火)를 수극화(水剋火)하여 설기(洩氣)가 되고 일진사화(日辰巳火)에도 수극화(水剋火)하여 설기(洩氣)가 되어 초효자수(初爻子水) 지세효(指世爻)는 쇠(衰)하고 있다. 사효응효(四爻應爻) 축토(丑土)는 월건사화(月建巳火)에 생을 받고 일진사화(日辰巳火)에도 생을 받아 왕하다. 연이나 사효응효(四爻應爻) 축토(丑土)가 동(動)하여 초효자수(初爻子水)를 극제(剋制)하니 초효자수(初爻子水)는 극을 받아 쇠약(衰弱)하다. 고(故)로 이 괘는 응효축토(應爻丑土)는 왕(旺)하였고 초효자수(初爻子水) 지세(指世)는 쇠(衰)하므로 응효축토(應爻丑土)가 당선(當選)이 된 것이다.

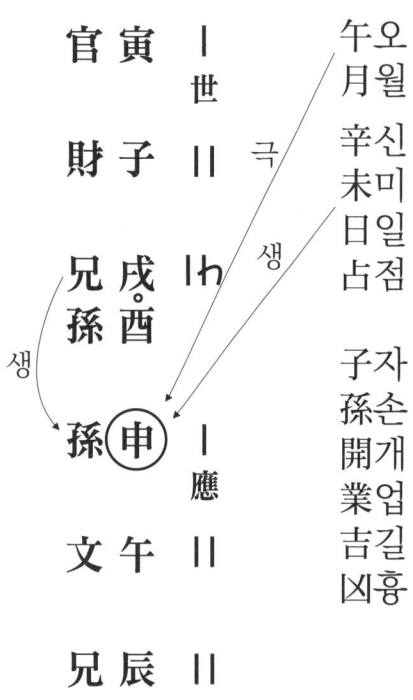

단왈(斷曰) 이 괘(卦)는 자손(子孫)의 개업(開業) 길흉(吉凶)을 문의(問議)한 점(占)인데 자손(子孫)은 손(孫)이 용신(用神)이라. 삼효(三爻) 신금(申金) 손(孫)이 위(爲) 용신(用神)인데 월건(月建) 오화(午火)에 극(剋)을 받아 불리(不利)하고 일진(日辰) 미토(未土)에 생(生)을 받아 일생일극(一生一剋)으로 가(可)히 상적(相敵)하여 무방(無妨)하다. 연(然)인데 사효술토(四爻戌土) 원신(原神)이 동(動)하여 용신(用神) 신금(申金)을 생(生)하고 있어 이는 이생일극(二生一剋)이 되어 성사(成事)가 되므로 사업(事業)에 유망(有望)이라 하였더니 그 후 술월(戌月)에 대획리(大獲利)하였다. 응(應) 술월(戌月)은 사효술토(四爻戌土) 원신(原神)이 순중공망(旬中空亡)이 되어 동(動)하여도 용신신금(用神申金)을 생(生)하지 못하고 있다가 술월(戌月)이 되면서 원신(原神) 술토(戌土)가 출공(出空)한 까닭이다.

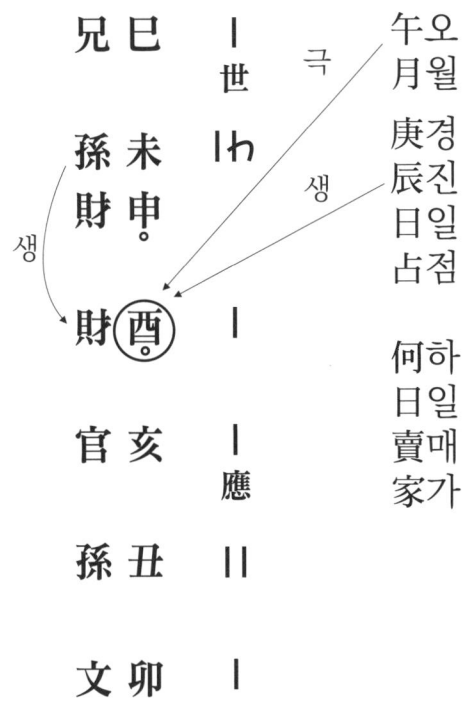

단왈(斷曰) 이 괘(卦)는 집이 어느 날에 팔릴 것인지 문의한 점인데 건물은 재(財)가 용신(用神)이라. 사효 유금(四爻酉金) 재(財)가 위(爲) 용신(用神)인데 월건오화(月建午火)에 극을 받아 불리하고 일진진토(日辰辰土)에 생을 받아 일생일극(一生一剋)으로 무방(無妨)하다. 연(然)인데 오효미토(五爻未土) 원신(原神)이 동하여 유금용신(酉金用神)을 생하고 있어 이는 이생일극(二生一剋)으로 성사가 되므로 건물(建物)이 곧 매도(賣渡)될 것이라 하였더니 그가 말하기를 그러면 어느 날인가 답 왈 (答曰) 용신유금(用神酉金)이 순중공망(旬中空亡)이 되어 좋은 생조(生助)를 못 받고 있다, 이는 반드시 출공(出空)하는 을유(乙酉)일에 매도(賣渡)될 것이라 하였더니 과연 적중했다.

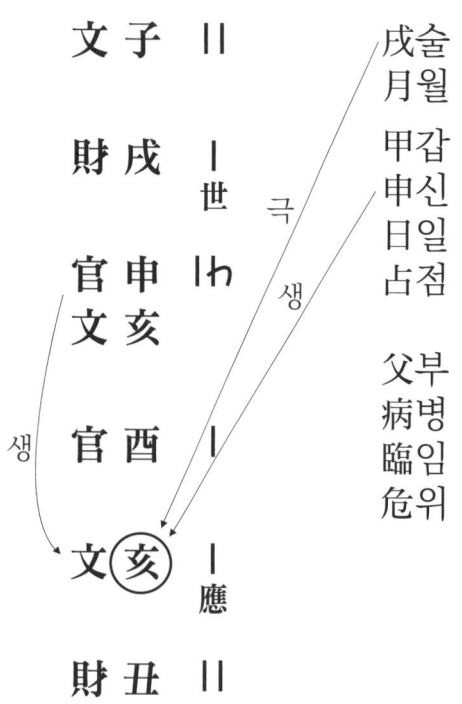

단왈(斷曰) 이 괘는 부친(父親)의 병점으로서 부친은 문서(文書)가 용신(用神)이라 이효해수(二爻亥水) 문서가 위(爲) 용신(用神)인데 월건 술토(月建戌土)에 극(剋)을 받아 불리하고 일진신금(日辰申金)에 생을 받아 길(吉)하다. 연인데 사효신금(四爻申金) 원신(原神)이 동(動)하여 용신해수(用神亥水)를 생하고 있어 이는 이생일극(二生一剋)이 되어 성사(成事)가 되므로 곧 쾌유(快癒)할 것이라 하였더니 그가 말하기를 그러면 어느 날인가 답 왈 이 괘(卦)는 병이 없다. (병은 앓는 병이 아니고 괘의 결점(缺點) 되는 병이다.) 고(故)로 단하여 말하기를 정해(丁亥)일에 쾌유(快癒)할 것이라 하였더니 적중(的中)했다. 응(應) 해일(亥日)은 용신해수(用神亥水)와 같은 오행(五行)이며 용신(用神)이 왕(旺)한 일진(日辰)이기 때문이다.

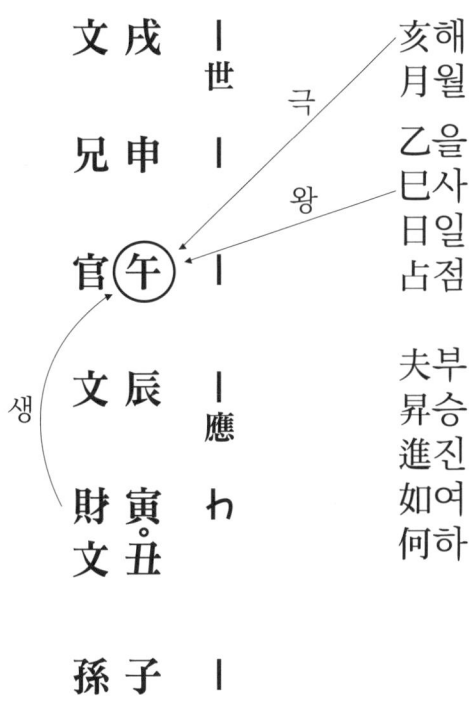

단왈(斷曰) 이 괘는 남편의 승진 점(昇進占)으로서 승진은 공명(功名)으로 사효오화(四爻午火) 관성(官星)이 위(爲) 용신(用神)인데 일진 사화(日辰巳火)를 얻어 왕(旺)하였고 월건해수(月建亥水)에 극을 받아 불리하다. 연이나 다행히 이효인목(二爻寅木) 원신(原神)이 동(動)하여 오화용신(午火用神)을 생하니 용신이 왕하여 곧 승진이 될 것이라 하였더니 그가 말하기를 그러면 어느 날인가 답 왈(答曰) 이효인목(二爻寅木) 원신이 순중공망(旬中空亡)이 되어 동(動)하여도 용신오화(用神午火)를 생하지 못하고 있다. 고(故)로 단(斷)하여 말하기를 갑인(甲寅)일에 승진이 될 것이라 하였더니 과연 적중(的中)했다. 응(應) 인일(寅日)은 원신인목(原神寅木)이 출공(出空)하는 날이기 때문이다.

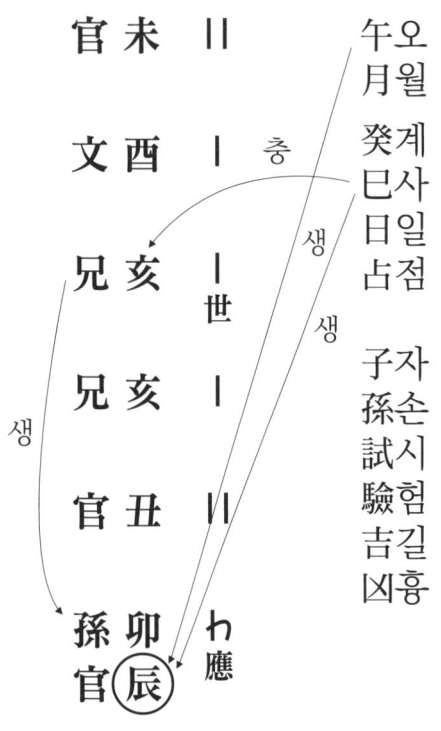

단왈 이 괘는 자손의 시험(試驗) 점(占)으로서 시험은 공명(功名)으로 관(官)이 용신(用神)이라. 그런데 사효해수(四爻亥水) 지세효(指世爻)가 일진사화(日辰巳火)와 사해(巳亥) 충(沖)으로 암동(暗動)하여 초효묘목(初爻卯木) 자손을 생하여 자손이 왕(旺)하였고 묘목(卯木) 손(孫)이 화(化)하여 변효진토(變爻辰土) 관(官)이 투출(透出)하여 월건오화(月建午火)에 생을 받고 일진사화(日辰巳火)에 생을 받아 관성(官星) 왕(旺)하여 시험 운이 좋다고 하였더니 그가 말하기를 저의 딸의 성적은 중위권이라 지방 대학에 수시로 넣으려고 하는데 어느 대학이 좋은지 묻기에 답 왈 사주에서 대운과 세운에서는 시험 운이 없으나 육효(六爻)에서는 시험 운이 있으니 서울에 있는 명문 대학에 넣어 보라고 하였더니 과연 서울 명문 대학에 수시로 합격하였다. 사주에서 대운과 세운에서 운이 없어도 육효(六爻)에서 운이 좋으면 시험에 합격하게 된다.

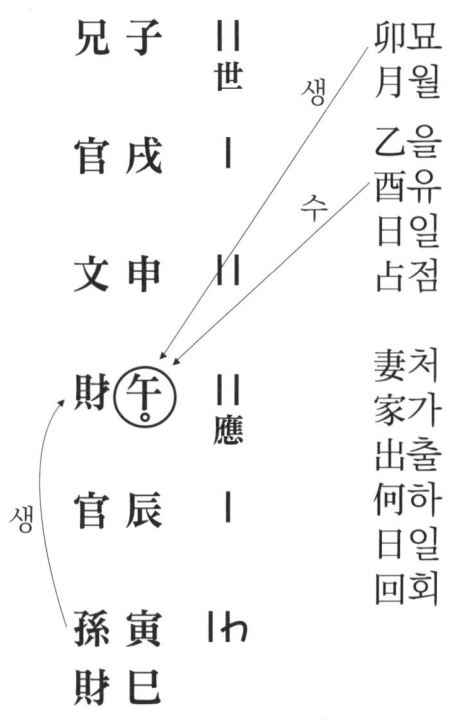

단왈 이 괘는 처가 가출하였는데 어느 날에 귀가(歸家)할 것인가를 문의한 점인데 처는 재(財)가 용신(用神)이라. 삼효오화(三爻午火) 재(財)가 위(爲) 용신(用神)인데 월건(月建) 묘목(卯木)에 생을 받아 길하고 일진유금(日辰酉金)에 설기(洩氣)가 되어 불리하다. 연인데 초효인목(初爻寅木)이 동(動)하여 용신 오화(午火)를 생하고 있어 이는 이생일극(二生一剋)이 되어 성사(成事)가 되므로 곧 귀가(歸家)할 것이라 하였더니 그가 말하기를 그러면 어느 날에 귀가할 것인가. 답 왈 오화용신(午火用神)이 순중공망(旬中空亡)이 되어 좋은 생조(生助)를 못 받고 있다. 고로 단(斷)하여 말하기를 갑오(甲午)일에 귀가할 것이라 하였더니 적중(的中)했다. 응(應) 오일(午日)은 용신오화(用神午火)가 출공(出空)한 까닭이다.

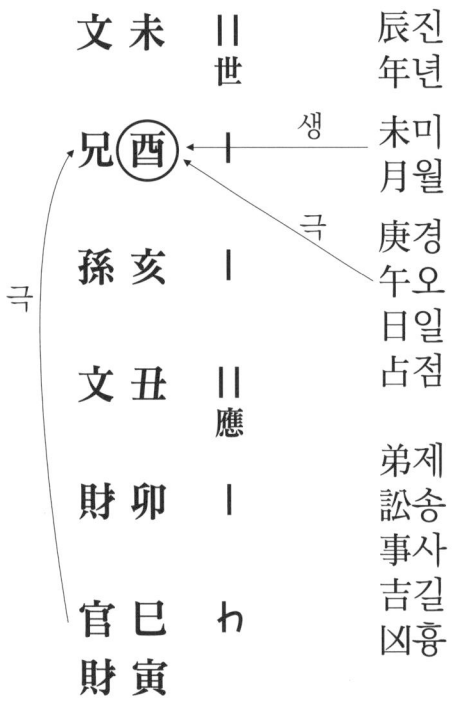

단왈 이 괘는 동생의 송사 사건으로서 형제는 형(兄)이 용신이다. 오효유금(五爻酉金) 형이 위(爲) 용신(用神)인데 월건미토(月建未土)에 생을 받아 길하고 일진오화(日辰午火)에 극을 받아 불리하다. 연이나 불행히도 초효사화(初爻巳火) 기신(忌神)이 동(動)하여 변효인목(變爻寅木)에 회두생(回頭生)을 받아 기신사화(忌神巳火)가 왕(旺)하여 일진오화(日辰午火)와 합세하여 용신유금(用神酉金)을 극하여 대흉지상(大凶之象)이라 하였더니 그가 말하기를 그러면 어느 때 위험하냐 답 왈(答曰) 금년은 진년(辰年)이 되어 용신유금(用神酉金)과 진유(辰酉)로 생합(生合)하여 무방(無妨)하고 내년(來年) 사년(巳年)에 불리하다고 하였더니 과연 사년묘월(巳年卯月)에 구속되었다. 응(應) 사년(巳年)은 초효(初爻) 사화기신(巳火忌神)과 일진오화(日辰午火)와 합세하여 이삼중으로 용신유금(用神酉金)을 극하고 묘월(卯月)은 용신유금 이 묘유(卯酉) 충(沖)으로 월파(月破)가 된 탓이다.

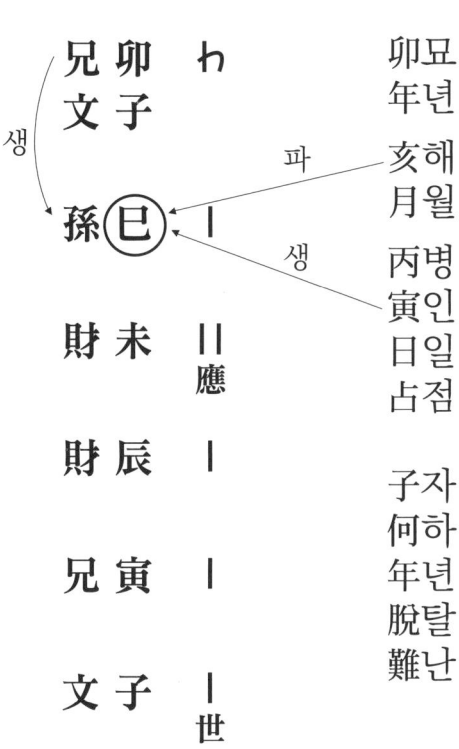

단왈 이 괘는 자손이 어려움에서 어느 때 벗어날 것인가를 문의한 점인데 자손은 손(孫)이 용신(用神)이라. 오효사화(五爻巳火) 손(孫)이 위(爲) 용신(用神)인데 월건해수(月建亥水)가 충(沖)하여 월파(月破)를 당하여 불리하고 일진인목(日辰寅木)에 생을 받아 길하다. 연인데 육효묘목(六爻卯木) 원신(原神)이 동(動)하여 용신사화(用神巳火)를 생하고 있어 이는 이생일파(二生一破)가 되어 용신(用神)이 왕하여 성사가 되므로 어려움에서 곧 풀릴 것이라 하였더니 그가 말하기를 그러면 어느 때인가 답 왈 금년(今年)은 묘년(卯年)이니 사년(巳年)에 회복(回復)할 것이라 하였더니 과연 사년(巳年)에 대획리(大獲利)하였다. 응(應) 사년(巳年)은 용신사화(用神巳火)가 월파(月破)를 당하였기 때문에 사년(巳年)은 파(破)를 메우는 년(年)이기 때문이다.

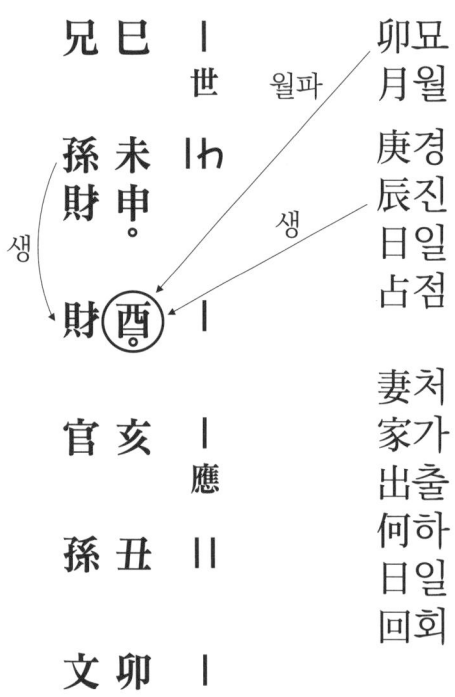

이 괘는 처가 가출을 하였는데 어느 날에 귀가할 것인가를 문의한 점으로서 처는 재(財)가 용신(用神)이라. 사효유금(四爻酉金) 재효(財爻)가 위(爲) 용신(用神)인데 월건(月建) 묘목(卯木)이 충(沖)하여 월파(月破)를 당하여 불리하다. 그러나 용신 유금은 일진진토(日辰辰土)에 생을 받아 길하고 오효미토(五爻未土) 원신(原神)이 동(動)하여 용신유금(用神酉金)을 생하니 이는 이생일파(二生一破)로서 용신이 왕하여 곧 귀가할 것이라 하였더니 그가 말하기를 그러면 어느 날에 귀가(歸家)할 것인가. 답 왈(答曰) 용신유금(用神酉金)이 월파(月破)를 당하였기 때문에 묘월(卯月)이 나가고 진월(辰月)에 귀가할 것이라 하였더니 과연(果然) 진월기유(辰月己酉)일에 귀가하였다. 응(應) 진월(辰月)은 용신유금(用神酉金)과 진유(辰酉)로 월파봉합(月破逢合)하는 월(月)이 되며 유일(酉日)은 유금용신(酉金用神)이 출공(出空)하는 날이기 때문이다.

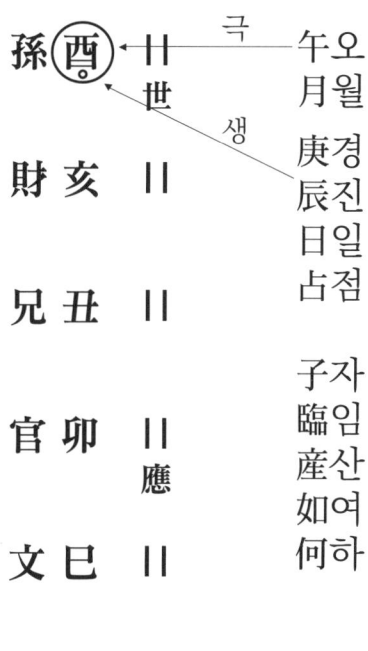

단왈 이 괘는 자손의 출산 점으로서 자손은 손(孫)이 용신(用神)이라. 육효유금(六爻酉金) 손(孫)이 위(爲) 용신(用神)인데 월건오화(月建午火)에 극(剋)을 당하여 불리하고 일진진토(日辰辰土)에 생을 받아 일생일극(一生一剋)으로 무방(無妨)하다. 그리고 이 괘(卦)는 동효(動爻)가 없어 무생무극(無生無剋)이 되었다. 그런데 이 괘는 오직유금 용신(用神)이 일진진토(日辰辰土)와 진유(辰酉)로 합하고 순중공망(旬中空亡)이 되어 이 점(占)의 신기(神機)가 이곳에 있어 이것은 반드시 출공(出空)하는 날을 기다려야 할 것이다. 고(故)로 단하여 말하기를 을유(乙酉)일에 필산(必産) 산모자(産母子) 평안(平安)하리라 하였더니 적중했다. (이 괘는 월극일생(月剋日生)을 무증생극(無憎生剋)이라.)

震爲雷㊍ 六 世 4.動 地雷復
진위뢰   지뢰복

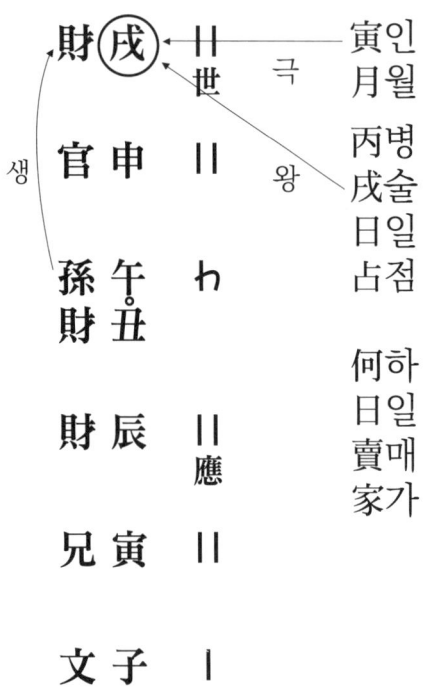

단왈(斷曰) 이 괘는 집이 어느 때 팔릴 것인지 문의한 점인데 건물(建物)은 재(財)가 용신(用神)이라. 세(世)가 붙은 육효술토(六爻戌土) 재(財)가 위(爲) 용신인데 일진 술토(戌土)를 얻어 왕상(旺相)하여 길하고 월건인목(月建寅木)에 극(剋)을 받아 불리하다. 연인데 사효오화(四爻午火) 원신(原神)이 동(動)하여 용신술토(用神戌土)를 생하고 있어 용신이 왕(旺)하여 건물이 곧 매도(賣渡)될 것이라 하였더니 그가 말하기를 그러면 어느 날인가. 답 왈 사효오화(四爻午火) 원신(原神)이 순중공망(旬中空亡)이 되어 동(動)하여도 용신(用神)을 생하지 못하고 있다. 고(故)로 단하여 말하기를 갑오(甲午)일에 매도(賣渡)될 것이라 하였더니 적중했다. 응(應) 오일(午日)은 오화(午火) 원신(原神)이 출공(出空)하는 날이기 때문이다.

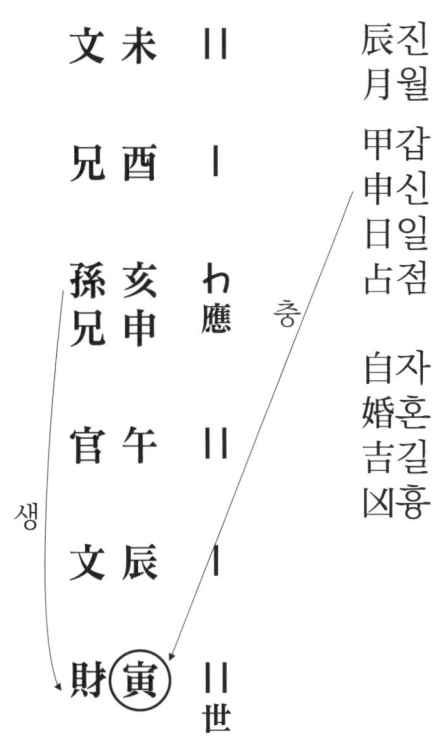

단왈 이 괘는 구혼(求婚) 점(占)으로서 구혼 점에는 재효(財爻)가 용신(用神)이라. 초효인목(初爻寅木) 재(財)가 위(爲) 용신인데 일월(日月)에 휴수(休囚)로서 용신이 쇠약하여 무연 실망이라. 그러나 다행히 사효해수(四爻亥水) 원신(原神)이 화(化)하여 변효신금(變爻申金)에 회두생(回頭生)을 받아 원신이 왕(旺)하여 용신인목(用神寅木)을 인해(寅亥)로 생합(生合)하니 용신(用神)이 왕하여 이 혼인은 성사될 것이라 하였더니 그가 말하기를 그러면 어느 날에 응(應)하겠는가. 답 왈 용신인목(用神寅木)이 일진신금(日辰申金)과 인신(寅申)으로 충(沖)하고 있다. 충(沖)이 되었을 때에는 합(合)하는 날을 기다려야 한다. 고로 단하여 말하기를 정해(丁亥)일에 윤혼(允婚)될 (혼인이 허락되는 것) 것이라 하였더니 적중했다. 응(應) 해일(亥日)은 용신(用神) 인목(寅木)과 인해(寅亥)로 충중봉합(沖中逢合)하는 날이기 때문이다.

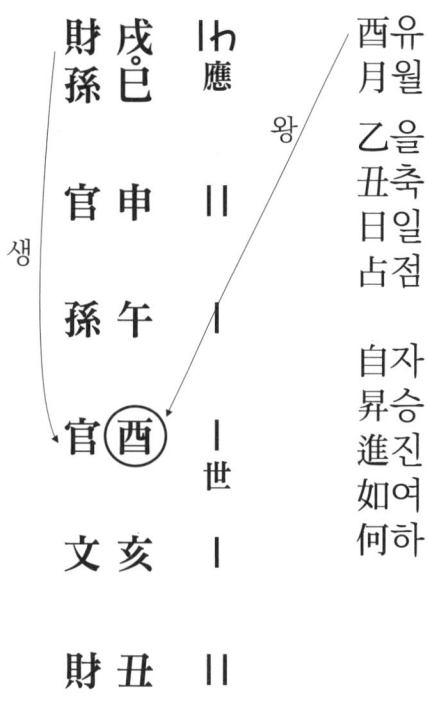

酉月 乙丑日 占
自昇進如何

단왈 이 괘는 자신(自身)의 승진 점으로서 승진은 공명(功名)으로 관성(官星)이 위(爲) 용신(用神)이라. 세(世)가 붙은 삼효유금(三爻酉金) 관성이 위(爲) 용신인데 월건유금(月建酉金)에 득령(得令)하여 길하다. 육효술토(六爻戌土) 원신(原神)이 화(化)하여 변효사화(變爻巳火)에 회두생(回頭生)을 받아 원신이 왕하여 용신유금(用神酉金)을 생하니 용신(用神)이 왕하여 승진이 될 것이라 하였더니 그가 말하기를 그러면 어느 때인가. 답 왈 원신술토(原神戌土)가 순중공망(旬中空亡)이 되어 용신유금(用神酉金)을 생하지 못하고 있다. 고(故)로 단하여 말하기를 술월(戌月)에 승진이 될 것이라 하였더니 적중했다. 응(應) 술월(戌月)은 육효술토(六爻戌土) 원신(原神)이 출공(出空)하는 월(月)이기 때문이다.

雷火豊㊌ 五 世 4.動 地火明夷
뢰화풍　　　　　　　지화명이

```
官 戌  ‖
文 ㊉  ‖ 世          卯묘
극↗              月월
財 午  l             辛신
官 丑                亥해
                    日일
兄 亥  l             占점

官 丑  ‖ 應         何하
                    日일
孫 卯  l             脫탈
                    難난
```

단왈(斷曰) 이 괘는 자신(自身)의 어려움이 어느 때 풀릴 것인지 문의한 점으로서 지세(指世)가 용신(用神)인데 오효신금(五爻申金) 지세효(指世爻)가 위(爲) 용신(用神)이라. 용신신금(用神申金)은 월건묘목(月建卯木)과 일진해수(日辰亥水)에 설기(洩氣)가 되어 불리(不利)하다. 연이나 불행히도 사효오화(四爻午火) 기신(忌神)이 동(動)하여 용신(用神) 신금(申金)을 극(剋)하고 있어 용신이 쇠약(衰弱)하다. 고(故)로 단(斷)하여 말하기를 용신신금(用神申金)이 득령(得令)하는 신년(申年)이나 신월(申月)에 회복(回復)할 것이라 하였더니 과연 신월(申月)에 대획리(大獲利)하였다. 용신(用神)이 쇠약(衰弱)해도 용신이 득령(得令)하는 년(年)이나 용신이 득령(得令)하는 월(月)에는 몸과 마음이 평안(平安)하고 재물(財物)이 더 많이 들어온다.

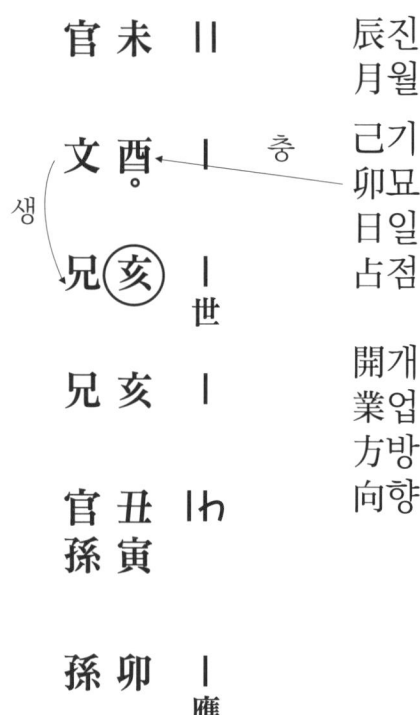

이 괘는 개업 방향(開業方向)을 문의한 점으로서 개업 방향은 용신(用神)이 득령(得令)하는 방향으로 가야 한다. 이 점(占)은 자신의 개업이므로 사효해수(四爻亥水) 지세효(指世爻)가 위(爲) 용신(用神)인데 해수용신(亥水用神)이 득령(得令)하는 방향은 해자(亥子)와 신유(申酉)이므로 해자(亥子)는 감방(坎方)으로 북방(北方)이며 신유(申酉)는 태방(兌方)으로 서방(西方)이 된다. 고(故)로 서북 방향(西北方向)이 길방(吉方)이라 하였더니 그 인이 서방(西方)으로 가서 사업을 하였는데 유월(酉月)에 대획리(大獲利)하였다. 응(應) 유월(酉月)은 오효유금(五爻酉金) 원신(原神)이 순공위(旬空位)에 일진묘목(日辰卯木)과 묘유(卯酉) 충(沖)으로 암동(暗動)하여 용신(用神) 해수(亥水)를 생하는데 순중공망(旬中空亡)이 되어 용신해수(用神亥水)를 생하지 못하고 있다가 유월(酉月)이 오면서 오효유금(五爻酉金) 원신(原神)이 출공(出空)한 까닭이다.

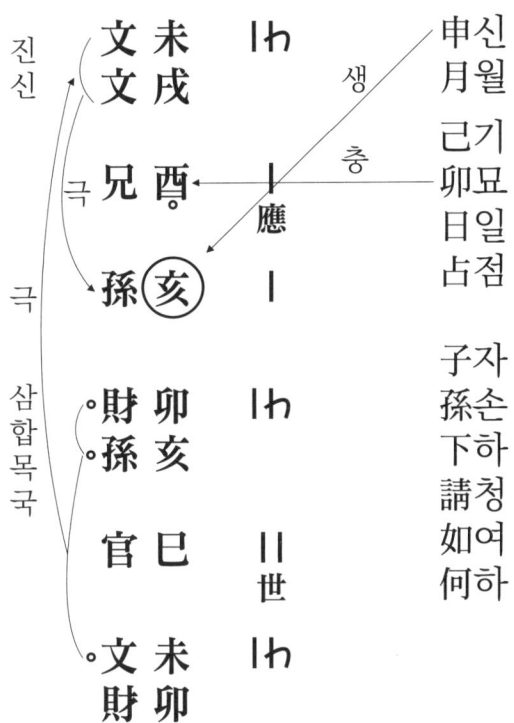

이 괘는 자손이 하청(下請)을 받을 수 있겠는가를 문의한 점인데 자손은 사효해수(四爻亥水) 손(孫)이 위(爲) 용신(用神)인데 월건신금(月建申金)에 생을 받아 길하다. 단(但) 불리한 것은 육효미토(六爻未土) 기신(忌神)이 화(化)하여 변효술토(變爻戌土)로 진신(進神)이 되어 용신해수(用神亥水)를 극(剋)하여 불리하다. 다행히 하괘(下卦) 삼효묘목(三爻卯木) 동효(動爻)와 변효해수(變爻亥水)와 초효미토(初爻未土) 동효(動爻)와 해묘미(亥卯未)로 삼합목국(三合木局)을 이루어 육효미토(六爻未土) 기신(忌神)을 극제(剋制)하니 육효미토(六爻未土) 기신(忌神)은 절(絶)하여 (절은 사(死) 절(絶) 묘(墓)의 절(絶)이 아니고 극절(剋絶)의 절(絶)을 의미한다.) 용신 해수(亥水)를 극(剋)하지 못한다. 고로 단(但)하여 말하기를 을유(乙酉)일에 하청을 받을 수 있다고 하였더니 적중했다. 응(應) 을유(乙酉)일은 오효유금(五爻酉金) 원신(原神)이 순중공망(旬中空亡)이 되어 용신해수(用神亥水)를 생하지 못하고 있다가 유일(酉日)은 원신유금이 출공(出空)하는 날이기 때문이다.

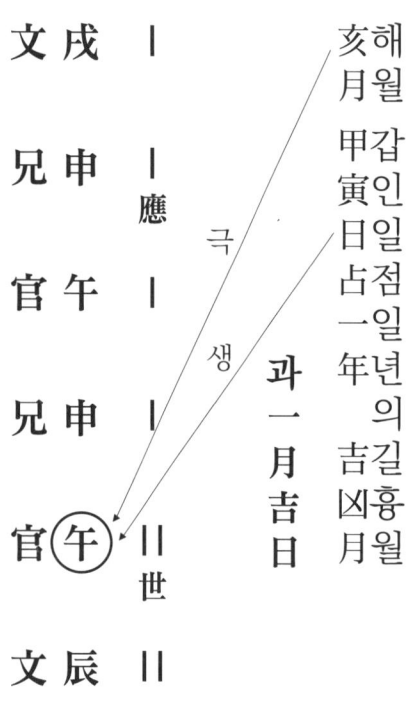

이 괘는 한해의 길흉(吉凶) 월(月)과 한 달의 길일(吉日)을 문의한 점인데 한 해의 길흉(吉凶) 월(月)과 길일(吉日)은 용신(用神)이 득령(得令)하는 오행(五行)이다. 이 점은 자신의 신수점이므로 이효오화(二爻午火) 지세효(指世爻)가 위(爲) 용신(用神)인데 오화(午火) 용신(用神)이 득령(得令)하는 오행(五行)은 사오(巳午)와 인묘(寅卯)다. 그러므로 인묘(寅卯)월(月)과 사오(巳午) 월(月)은 한 해중에서 다른 월(月)보다 몸과 마음이 평안하고 재물이 더 많이 들어온다. 한 해의 흉(凶)한 월(月)은 오화용신(午火用神)이 월파(月破)가 되는 자월(子月)과 오화용신(午火用神)이 입묘(入墓)하는 술월(戌月)이다. 고(故)로 해자(亥子) 월(月)과 술(戌) 월(月)은 건강과 재물을 조심해야 한다. 한 달의 길일도 역시 오화용신(午火用神)이 왕상(旺相)이 되는 일진(日辰)이다. 고(故)로 인묘(寅卯) 일진(日辰)과 사오(巳午) 일진(日辰)은 한 달 중에서도 몸과 마음이 평안하고 재물이 더 많이 들어온다. 이 점(占)은 자영업 하시는 분들의 한 달 수입을 보면 용신(用神)이 왕상(旺相)하는 사오일진(巳午日辰)과 인묘일진(寅卯日辰)에서 수입이 더 많은 것을 알 수 있다.

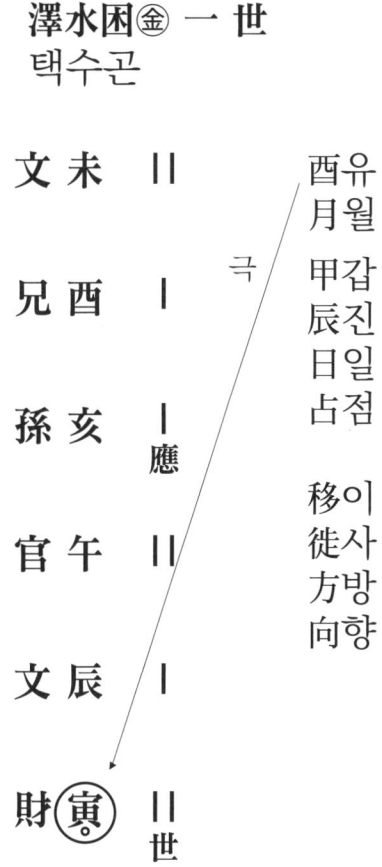

단왈 이 괘는 이사 방향을 문의한 점인데 이사 방향(移徙方向)은 용신(用神)이 득령(得令)하는 방향(方向)으로 가야 한다. 이 점은 자신의 이사(移徙)이므로 초효인목(初爻寅木) 지세효(指世爻)가 위(爲) 용신(用神)인데 인목(寅木)이 득령(得令)하는 것은 인묘(寅卯)와 해자(亥子)다. 인묘(寅卯)는 묘방(卯方)으로 동방(東方)이고 해자(亥子)는 감방(坎方)으로 북방(北方)이다. 고(故)로 동쪽과 북쪽으로 가야 한다. 그리고 이 괘는 인목(寅木) 용신(用神)이 순중공망(旬中空亡)이며 월건유금(月建酉金)에 극을 받아 용신(用神)이 쇠약(衰弱)하다. 그러나 용신이 쇠약(衰弱)해도 용신(用神)이 득령(得令)하는 방향으로 이사를 하면 앞날에 막힘이 없고 발전하며 화락(和樂)을 얻는 방향(方向)이다.

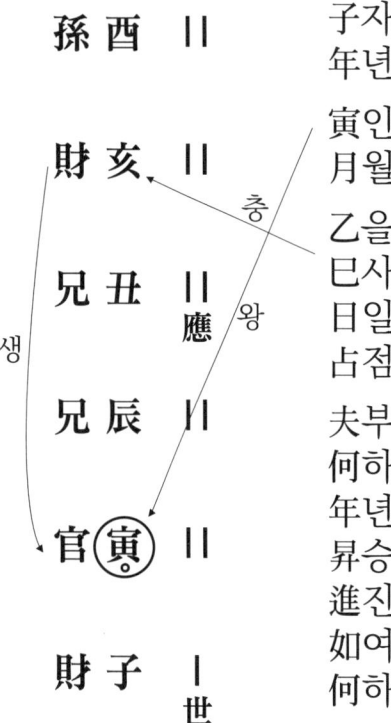

子年 寅月 乙巳日 占
夫 何年 昇進 如何

단왈 이 괘는 남편의 승진 점으로서 승진은 공명(功名)으로 관성(官星)이 위(爲) 용신(用神)이라. 이효인목(二爻寅木) 관성이 위(爲) 용신(用神)인데 월건인목(月建寅木)에 득령(得令)하여 길하다. 연(然)인데 오효해수(五爻亥水) 원신(原神)이 일진사화(日辰巳火)와 사해(巳亥) 충(沖)으로 암동(暗動)하여 용신인목(用神寅木)을 인해(寅亥)로 생합(生合)하니 용신이 왕(旺)하여 승진이 될 것이라 하였더니 그가 말하기를 그러면 어느 해인가. 답 왈(答曰) 금년은 자년(子年)이니 인년(寅年)에 승진할 것이라 하였더니 과연(果然) 적중했다. 응(應) 인년(寅年)은 인목용신(寅木用神)이 출공(出空)하는 년(年)이기 때문이다.

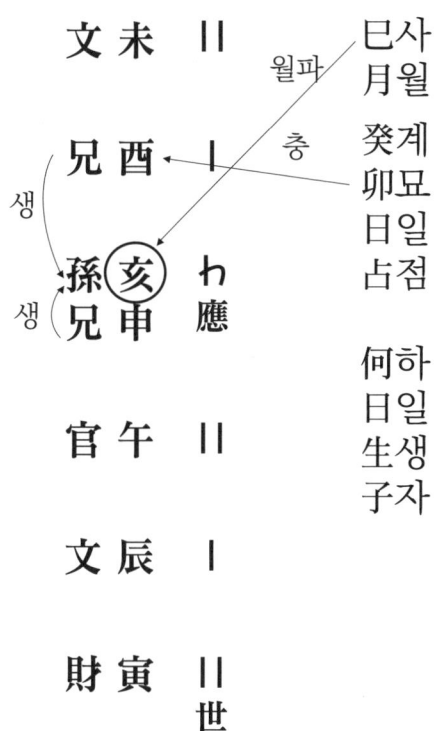

단왈 이 괘는 아기가 어느 때 생길 것인가를 문의한 점인데 자손은 손(孫)이 용신(用神)이라. 사효해수(四爻亥水) 손(孫)이 위(爲) 용신(用神)인데 월건사화(月建巳火)가 충(沖)하여 월파(月破)를 당하여 불리하다. 그러나 다행히 오효 유금(五爻酉金) 원신(原神)이 일진묘목(日辰卯木)과 묘유(卯酉) 충(沖)으로 암동(暗動)하여 용신해수(用神亥水)를 생하고 용신해수(用神亥水)는 화(化)하여 변효신금(變爻申金)에 회두생(回頭生)을 받아 용신(用神)이 왕(旺)하여 아기가 곧 생길 것이라 하였더니 그가 말하기를 그러면 어느 때인가. 답 왈 용신해수(用神亥水)가 월파(月破)를 당하였으니 해월(亥月)에 잉태(孕胎)할 것이라 하였더니 적중했다. 응(應) 해월(亥月)은 파(破)를 메우는 월(月)이기 때문이다.

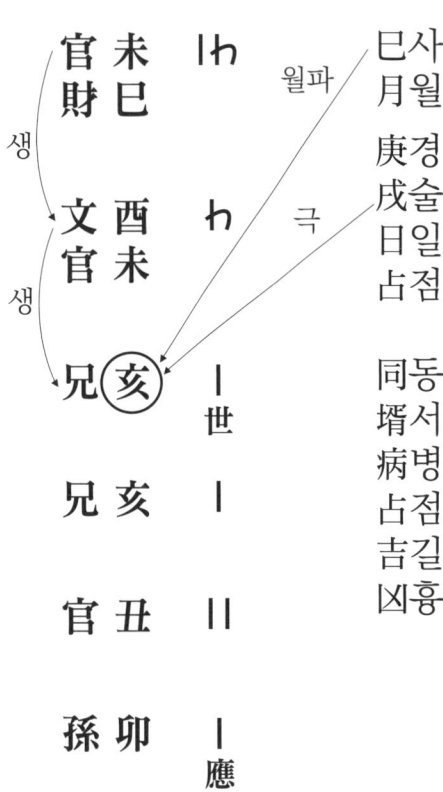

단왈 이 괘는 동서(同壻)의 병점으로서 동서는 형(兄)이 용신(用神)이라. 사효해수(四爻亥水) 형(兄)이 위(爲) 용신(用神)인데 육효미토(六爻未土) 기신(忌神)이 동(動)하여 해수용신(亥水用神)을 극하고 오효유금(五爻酉金) 원신(原神)은 동(動)하여 용신해수(用神亥水)를 생하고 있다. 이렇게 원신(原神)과 기신(忌神)이 구동(俱動)되었을 경우 그 기신(忌神)은 원신(原神)을 생하므로 직접 용신을 극하지 않는다. 이것을 탐생망극(貪生忘剋)이라고 한다. 고(故)로 시(是)는 길(吉)한데 단(但) 혐(嫌)하는 것은 일진술토(日辰戌土)에 극을 받고 월건사화(月建巳火)가 충(沖)하여 월파(月破)를 당하여 극지태과(剋之太過)로 위험하다고 하였더니 그 후 을묘(乙卯)일에 사망하였다. 응(應) 묘일(卯日)은 이 괘 오효유금(五爻酉金) 원신(原神)이 원동력(原動力) 역할을 하고 있는데 묘일(卯日)은 원신유금(原神酉金)을 묘유(卯酉) 충(沖)으로 활로를 끊는 바람에 일진술토(日辰戌土)와 육효미토(六爻未土) 기신(忌神)이 합세하여 용신해수(用神亥水)를 극(剋)한 까닭이다.

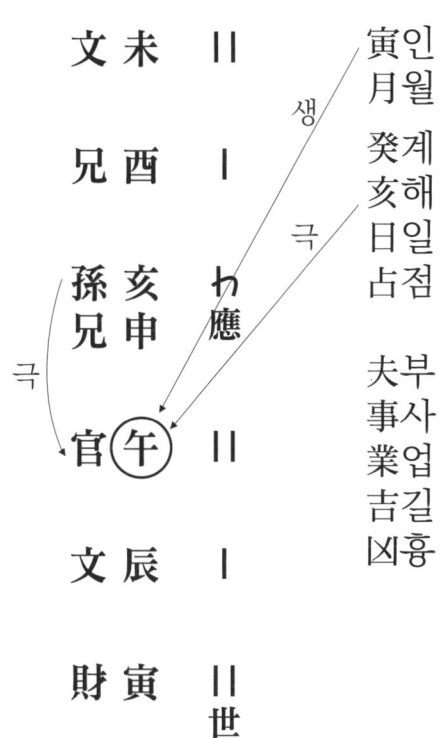

단왈 이 괘는 남편의 사업 길흉을 문의한 점인데 남편은 관(官)이 용신(用神)이라. 삼효오화(三爻午火) 관성(官星)이 위(爲) 용신(用神)인데 월건인목(月建寅木)에 생을 받아 길하다. 단(但) 불리한 것은 일진해수(日辰亥水)에 극(剋)을 받고 사효해수(四爻亥水) 기신(忌神)이 화(化)하여 변효신금(變爻申金)에 회두생(回頭生)을 받아 기신(忌神)이 왕하여 일진해수(日辰亥水)와 합세하여 용신오화(用神午火)을 극(剋)하여 사업에 불리하다고 하였더니 그가 말하기를 그러면 어느 때인가. 답 왈 지금은 인묘(寅卯) 월(月)과 사오(巳午) 월(月)은 용신오화(用神午火)가 득령(得令)하니 무방(無妨)할 것이고 두려운 것은 동절(冬節)로 향하는 자월(子月)에 불리하다고 하였더니 과연 자월(子月)에 대패(大敗)하였다. 응(應) 자월(子月)은 용신오화(用神午火)와 자오(子午) 충(沖)으로 월파(月破)를 만난 탓이다.

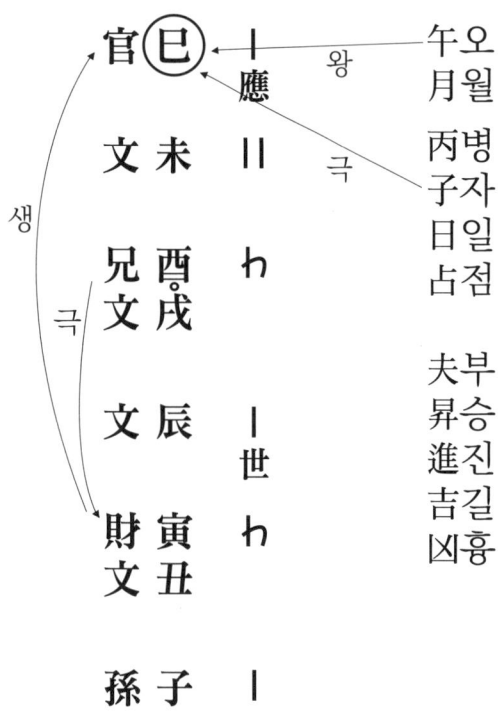

단왈 이 괘는 남편의 승진 점으로서 승진은 공명(功名)으로서 관(官)이 용신(用神)이라 육효사화(六爻巳火) 관성(官星)이 위(爲) 용신인데 월건오화(月建午火)에 득령(得令)하여 길(吉)하고 일진자수(日辰子水)에 극을 받아 일생일극(一生一剋)으로 무방(無妨)하다. 연인데 이효인목(二爻寅木) 원신(原神)이 동(動)하여 용신사화(用神巳火)을 생하여 대단(大端)히 좋은데 단 불리한 것은 사효유금(四爻酉金)이 동(動)하여 이효인목(二爻寅木) 원신(原神)을 극제(剋制)하여 이효인목(二爻寅木) 원신(原神)이 피상(被傷) 당(當)하여 용신사화(用神巳火)를 생하지 못한다. 고(故)로 이 괘는 승진에 불리하다고 하였더니 그 후 과연(果然) 인준(認准)받지 못하였다.

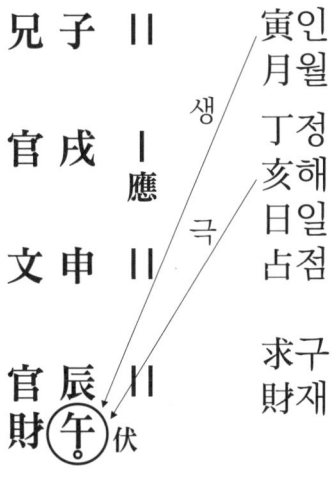

단왈 이 괘는 재물을 구하는 점에는 재(財)가 용신(用神)인데 이 괘는 수체(水體)이므로 화(火) 재(財)가 없다. 고(故)로 복신(伏神)을 찾아야 한다. 복신은 수체(首體)에서 찾는다. 수체(首體)는 감위수(坎爲水) 삼효오화(三爻午火)다. 삼효진토(三爻辰土) 지하(之下) 복신오화(伏神午火) 재(財)가 위(爲) 용신(用神)인데 오화(午火) 용신(用神)은 월건인목(月建寅木)에 생을 받아 길하고 일진해수(日辰亥水)에 극을 받아 불리하다. 그러나 일생일극(一生一剋)이 되어 무방(無妨)하며 용신(用神)이 왕(旺)하여 득재(得財)할 것이라 하였더니 그가 말하기를 그러면 어느 날인가. 답 왈 용신오화(用神午火)가 순중공망(旬中空亡)이 되어 좋은 생조(生助)를 못 받고 있다. 이는 반드시 출공하는 갑오(甲午)일에 득재(得財)할 것이라 하였더니 적중했다.

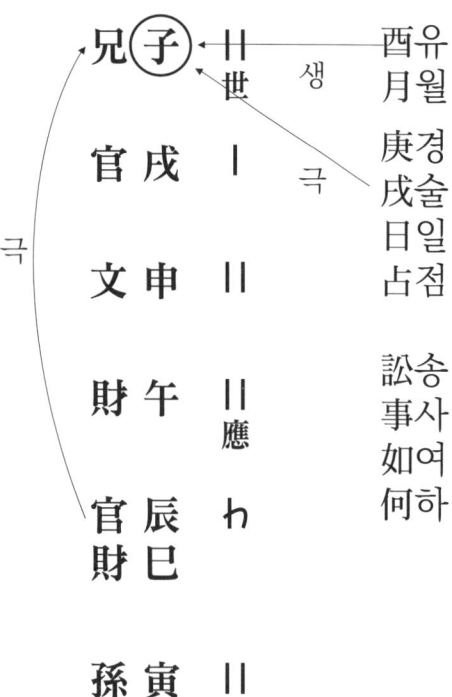

단왈 이 괘는 자신(自身)의 송사 사건으로서 육효자수(六爻子水) 지세효(指世爻)가 위(爲) 용신(用神)인데 월건유금(月建酉金)에 생을 받아 길하고 일진술토(日辰戌土)에 극(剋)을 받아 일생일극(一生一剋)으로 무방(無妨)하다. 연이나 불리한 것은 이효진토(二爻辰土) 기신(忌神)이 화(化)하여 변효사화(變爻巳火)에 회두생(回頭生)을 받아 기신(忌神)이 왕하여 일진술토(日辰戌土)와 합동(合動)하여 용신자수(用神子水)를 극하여 대흉지상(大凶之象)이라 하였더니 그가 말하기를 그러면 어느 때 불리한가. 답 왈(答曰) 지금은 유금월(酉金月)과 앞으로 해자월(亥子月)은 용신(用神)이 득령(得令)하여 무방할 것이고 두려운 것은 내년(來年) 오월(午月)에 불리하다고 하였더니 과연 오월(午月)에 구속(拘束)되었다. 응(應) 오월(午月)은 용신 자수(子水)와 자오(子午) 충(沖)으로 월파(月破)를 당하였고 오월(午月)은 이효진토(二爻辰土) 기신(忌神)을 생하여 기신(忌神)이 더욱 왕하여 용신자수(用神子水)를 극한 까닭이다.

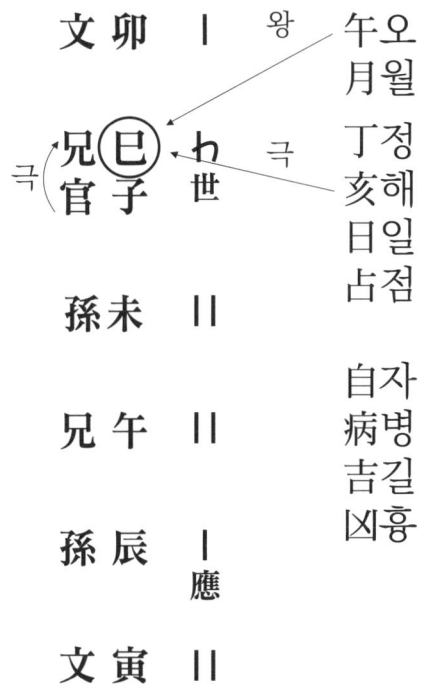

단왈 이 괘는 자신의 병점으로서 오효 사화(五爻巳火) 지세효(指世爻)가 위(爲) 용신(用神)인데 월건오화(月建午火)에 득령(得令)하여 길하다. 단(但) 불리한 것은 일진해수(日辰亥水)에 극을 받아 불리하고 용신사화(用神巳火)가 화(化)하여 변효자수(變爻子水)에 회두극(回頭剋)을 당하여 위험하다고 하였더니 그가 말하기를 그러면 어느 때 위험한가. 답 왈 지금은 용신사화(用神巳火)가 화왕절(火旺節)을 만나 지금은 무방(無妨)하나 동절로 향하는 해월(亥月)에 위험하다고 하였더니 과연 해월(亥月) 술일(戌日)에 숨을 거두고 말았다.

응(應) 해월(亥月)은 용신사화(用神巳火)를 사해(巳亥) 충(沖)으로 월파(月破)를 당하였고 해월은 회두극(回頭剋)하는 자수(子水)와 합세하여 용신사화(用神巳火)를 극하고 술일(戌日)은 용신사화(用神巳火)가 입묘(入墓)하는 날이기 때문이다. 병점에는 용신이 입묘고가 불리하다.

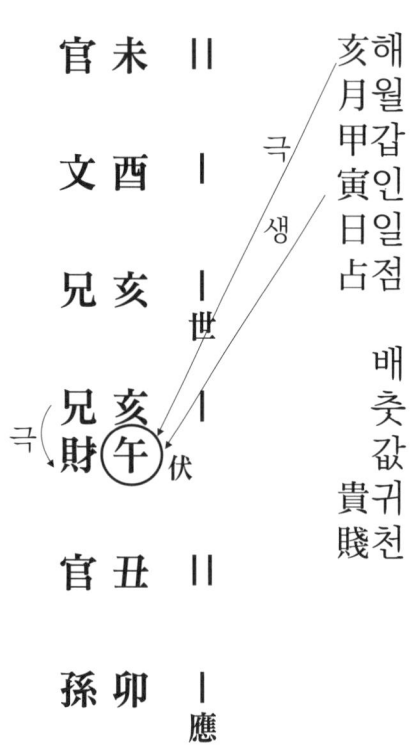

단왈 이 괘는 배춧값이 어느 날에 비쌀 것인지 문의한 점인데 가격(價格)은 재(財)가 용신(用神)이라. 그런데 이 괘는 재(財)가 없다. 복신(伏神)을 찾아야 한다. 복신은 수체(首體)에서 찾는다. 수체는 감위수(坎爲水) 삼효오화(三爻午火)다. 삼효해수(三爻亥水) 지하(之下) 오화복신(午火伏神) 재(財)가 용신(用神)인데 오화(午火) 용신은 일진인목(日辰寅木)에 생을 받아 왕하고 월건해수(月建亥水)에 극을 받아 쇠(衰)하고 있다. 연인데 비신해수(飛神亥水)에 극을 받아 용신이 쇠약하여 앞으로 배춧값 하락이라 하였더니 그가 말하기를 그러면 어느 날에 가격이 비싸고 어느 날에 가격이 하락하겠는가. 답 왈 지금은 갑인순중(甲寅旬中)인데 갑자순중(甲子旬中)에 해수비신(亥水飛神)이 순중공망(旬中空亡)이 되고 오화용신(午火用神)이 왕하는 기사(己巳) 경오(庚午)일에 팔아 처분함이 좋을 것이라 하였더니 과연 그대로 되었다. 응 사일(巳日)은 비신해수(飛神亥水)를 사해(巳亥)로 충거(沖去)되고 사일(巳日)은 오화용신(午火用神)이 왕한 일진(日辰)이 되며 오일(午日)도 역시 오화용신(午火用神)이 왕한 일진이다. 그 이후로는 가격이 하락하였다.

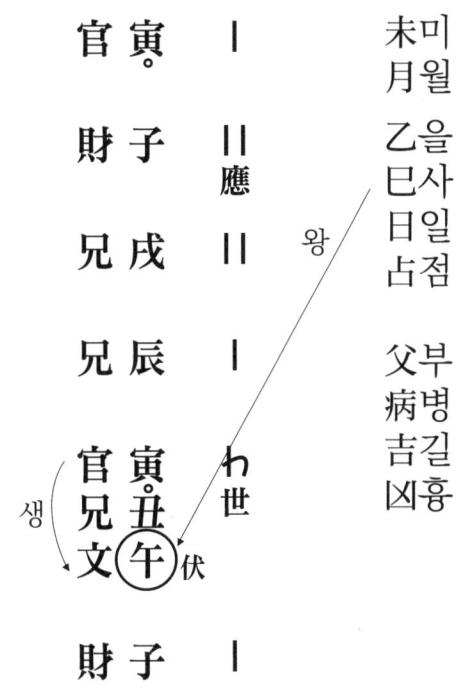

단왈 이 괘는 부친의 병점으로서 부친은 문서(文書)가 용신(用神)인데 이 괘는 토체(土體)이므로 화(火) 문서(文書)가 없다. 복신(伏神)을 찾아야 한다. 복신은 수체(首體)에서 찾는다. 수체(首體)는 간위산(艮爲山) 이효오화(二爻午火)다. 이효인목(二爻寅木) 지하(之下) 오화복신(午火伏神)이 위(爲) 용신(用神)인데 일진사화(日辰巳火)을 얻어 왕상(旺相)하고 비신인목(飛神寅木)이 용신오화(用神午火)를 생하고 있어 용신(用神)이 왕하여 곧 쾌유(快癒)할 것이라 하였더니 그가 말하기를 그러면 어느 날인가. 답 왈 비신인목(飛神寅木)이 순중공망(旬中空亡)이 되어 용신오화(用神午火)를 생하지 못하고 있다. 고(故)로 단하여 말하기를 갑인(甲寅)일에 쾌유할 것이라 하였더니 적중했다. 응(應) 인일(寅日)은 비신인목(飛神寅木)이 출공(出空)하는 날이기 때문이다.

地天泰㊏ 三 世 5.動 水天需
지천태　　　　　　수천수

```
       孫 酉  ‖          寅 인
              應          月 월
            생
       財 亥 ⚬━╋━        辛 신
    극⤴         ╲        酉 유
       兄 戌               日 일
                          占 점

       兄 丑  ‖          妻 처
                         弟 제
       兄 辰  │          事 사
              世         業 업
                         吉 길
       官 寅  │          凶 흉

       財 子  │
```

단왈 이 괘는 처제 사업의 길흉을 문의한 점인데 처제(妻弟)는 재(財)가 용신(用神)이라. 오효해수(五爻亥水) 재효(財爻)가 위(爲) 용신(用神)인데 일진유금(日辰酉金)에 생을 받아 길하다. 단 불리한 것은 용신해수(用神亥水)가 화(化)하여 변효술토(變爻戌土)에 회두극(回頭剋)을 당하여 용신해수(用神亥水)가 피상(被傷) 당하여 사업에 불리하다고 하였더니 그가 말하기를 그러면 어느 때 불리한가. 답 왈(答曰) 용신해수(用神亥水)가 월파(月破)가 되는 사월(巳月)에 위험하다고 하였더니 과연(果然) 사월(巳月)에 용신해수(用神亥水)가 사해(巳亥) 충(沖)으로 월파(月破)를 당하여 사업이 중지(中止)되어 버렸다.

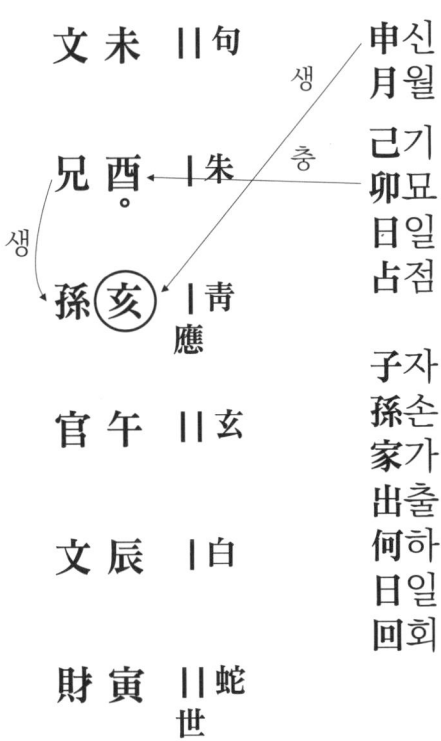

단왈 이 괘는 자손이 가출하였는데 어느 날에 귀가할 것인지 문의한 점인데 자손은 손(孫)이 용신(用神)이라. 사효해수(四爻亥水) 손이 위(爲) 용신인데 월건신금(月建申金)에 생을 받아 길하고 오효유금(五爻酉金) 원신(原神)이 순공위(旬空位)에 일진묘목(日辰卯木)과 묘유(卯酉) 충(沖)으로 암동(暗動)하여 용신해수(用神亥水)를 생하니 용신(用神)이 왕하여 곧 귀가(歸家)할 것이라 하였더니 그가 말하기를 혹시나 자손에 액(厄)이 없겠느냐고 묻기에 육수(六獸)를 붙여 보았다. 육수(六獸) 역시 자손(子孫)에 청용(靑龍) 길신이 임하여 자손 액은 없을 것이다. 그리고 제(第) 사효(四爻)는 외가인즉(外家因則) 외갓집에 한번 알아보라고 하였더니 과연 외가(外家) 집에서 태평(太平)하게 있었다.

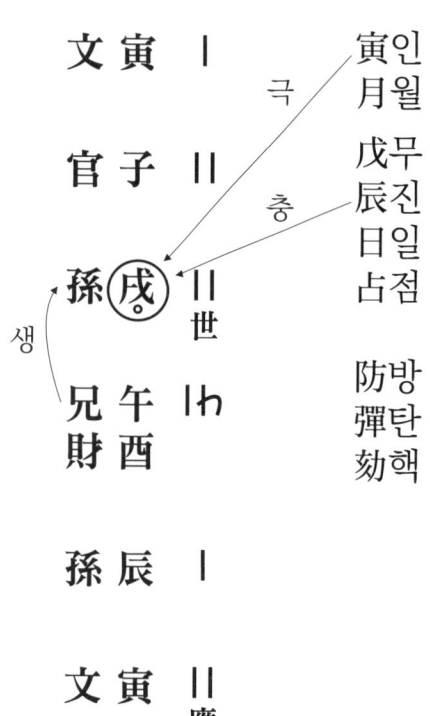

단왈 이 괘는 탄핵(彈劾)을 막을 수 있겠는가를 문의한 점인데 탄핵(彈劾)을 막는 것은 나의 일이므로 사효지세(四爻指世) 술토(戌土)가 위(爲) 용신(用神)인데 월건인목(月建寅木)에 극을 받아 불리하다. 연인데 일진진토(日辰辰土)가 용신술토(用神戌土)를 진술(辰戌)로 충(沖)하여 용신(用神)이 상(傷)하는 형상(形象)이라. 그러나 다행히 용신술토(用神戌土)가 순공위(旬空位)에 있어 충을 받아도 용신(用神)이 상(傷)하지 않는다. 연이데 삼효오화(三爻午火) 원신(原神)이 동(動)하여 용신술토(用神戌土)를 생하여 줌으로 용신(用神)이 왕하고 또한 용신술토(用神戌土)에 자손복덕(子孫福德) 길신(吉神)이 임(臨)하였으니 탄핵(彈劾)은 없으나 용신이 암동(暗動)하였으니 이임은 불면(不免)이라 하였더니 그 후 타처(他處)로 이임(移任)하였다가 미구(未久)에 다시 본사로 발령받았다.

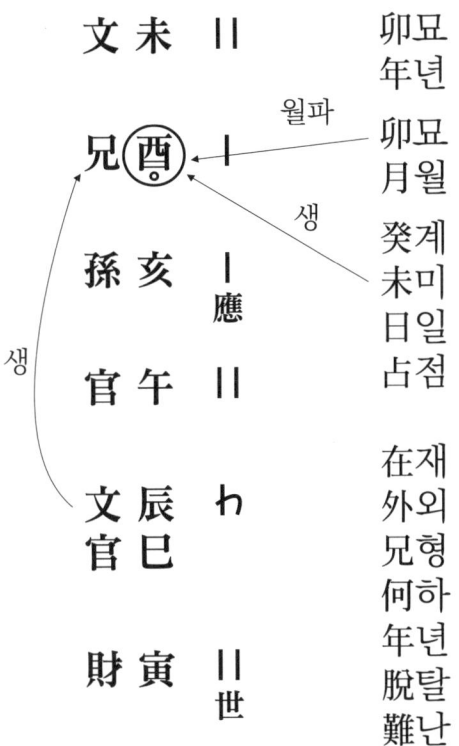

이 괘는 외국에 있는 형이 어려움에서 어느 때에 벗어날 것인가를 문의한 점인데 형제는 형(兄)이 용신(用神)이라. 오효유금(五爻酉金) 형(兄)이 위(爲) 용신(用神)인데 월건묘목(月建卯木)이 충(沖)하여 월파(月破)를 당하여 불리하다. 그러나 용신유금(用神酉金)은 일진미토(日辰未土)에 생을 받아 길하고 이효진토(二爻辰土) 원신(原神)이 화(化)하여 변효사화(變爻巳火)에 회두생(回頭生)을 받아 원신(原神)이 왕하여 용신유금(用神酉金)을 생하니 이는 이생일파(二生一破)로 용신(用神)이 왕하여 어려움에서 곧 풀릴 것이라 하였더니 그가 말하기를 그러면 어느 때인가.

답 왈 금년은 묘년(卯年)이니 내년(來年) 진년(辰年)에 회복(回復)할 것이라 하였더니 과연 진년유월(辰年酉月)에 대획리(大獲利)하였다. 응(應) 진년(辰年)은 용신유금(用神酉金)과 진유(辰酉)로 월파봉합(月破逢合)하는 년(年)이 되고 유월(酉月)은 용신유금(用神酉金)이 출공(出空)하는 월(月)이기 때문이다.

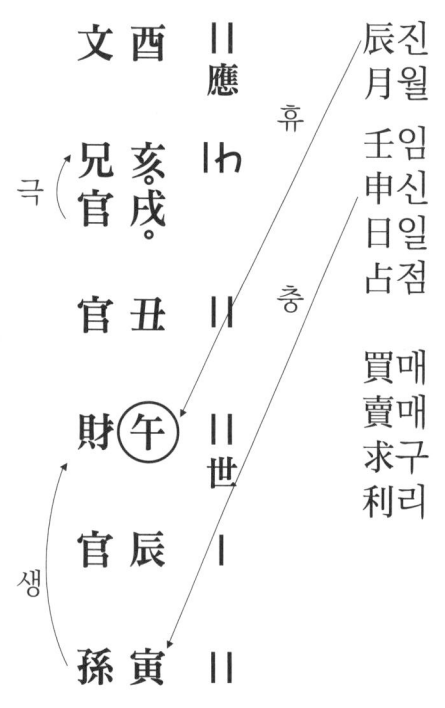

단왈 이 괘는 물건을 사고팔고 이익을 볼 수 있겠는가를 문의한 점(占)으로서 지세효(指世爻)가 위(爲) 용신(用神)이라. 삼효오화(三爻午火) 지세효(指世爻)가 위(爲) 용신(用神)인데 단 불리한 것은 오효해수(五爻亥水) 기신(忌神)이 동(動)하여 용신오화(用神午火)를 극하니 공위(恐危)라. 그러나 다행히 해수 기신(亥水忌神)이 순공위(旬空位)에 회두극(回頭剋)을 받아 길하다. (기신 구신자 봉공즉길.) 해수기신(亥水忌神)이 피상(被傷) 당하여 용신오화(用神午火)를 극하지 못한다. 연인데 초효인목(初爻寅木) 원신(原神)은 일진신금(日辰申金)과 인신(寅申) 충(沖)으로 암동(暗動)하여 용신오화(用神午火)를 생하니 용신(用神)이 왕하여 이익(利益)을 볼 수 있다고 하였더니 과연 오월(午月)에 대획리(大獲利)하였다. 응(應) 오월(午月)은 용신오화(用神午火)가 득령(得令)하는 월(月)이기 때문이다.

第二問 回頭剋
제이문 회두극

무엇을 회두극(回頭剋)이라고 하는가. 그리고 회두극(回頭剋)은 길(吉)하느냐 흉(凶)하느냐. 답 왈(答曰) 목효(木爻)가 동(動)하여 변금(變金)하고 금효(金爻)가 동(動)하여 변화(變火)하고 화효(火爻)가 동(動)하여 변수(變水)하고 수효(水爻)가 동(動)하여 변토(變土)하고 토효(土爻)가 동(動)하여 변목(變木)하는 것은 효지(爻指) 회두극(回頭剋)이라고 한다. 이 회두극(回頭剋)을 만난 자는 철저(徹底)히 극(剋)이 됨으로 용신(用神)이나 원신(原神)이 만나면 진(盡)하여 흉(凶)하고 기신(忌神)이나 구신(仇神)이 만나면 대단(大壇)히 좋다.

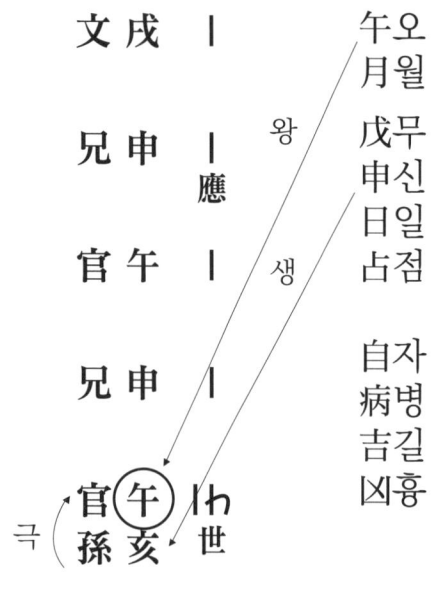

단왈 이 괘는 자신의 병점으로서 이효 오화(二爻午火) 지세효(指世爻)가 위(爲) 용신(用神)인데 월건오화(月建午火)에 득령(得令)하여 길하다. 단 불리한 것은 오화용신(午火用神)이 화(化)하여 변효해수(變爻亥水)에 회두극(回頭剋)을 당하였고 일진신금(日辰申金)이 이효변효(二爻變爻) 해수(亥水) 기신(忌神)을 생하여 기신(忌神)이 더욱 왕하여 용신오화(用神午火)를 극하여 대흉지상(大凶之象)이라 하였더니 그가 말하기를 그러면 어느 때에 위험한가. 답왈 지금은 용신오화(用神午火)가 화왕절(火旺節)을 만나 무방(無妨)하고 동절(冬節)로 향하는 자월(子月)에 위험하다고 하였더니 과연 자월(子月)에 세상을 떠나고 말았다. 응(應) 자월(子月)은 용신오화(用神午火)와 자오(子午) 충(沖)으로 월파(月破)를 당하였기 때문이다.

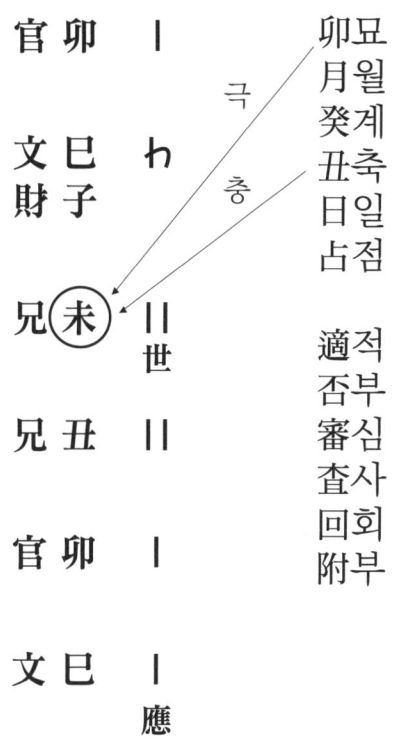

단왈 이 괘는 적부심사(適否審査)를 받는 점으로서 사효미토(四爻未土) 지세효(指世爻)가 위(爲) 용신(用神)인데 오효사화(五爻巳火) 원신(原神)이 동(動)하여 용신미토(用神未土)를 생하여 줌으로 좋은데, 단 불리한 것은 오효사화(五爻巳火) 원신(原神)이 화(化)하여 변효자수(變爻子水)에 회두극(回頭剋)을 받아 사화원신(巳火原神)이 피상(被傷) 당하여 용신미토(用神未土)를 생하지 못한다. 연이나 불행히도 월건묘목(月建卯木)에 극을 받고 일진축토(日辰丑土)는 용신미토(用神未土)를 축미(丑未) 충(沖)으로 미토용신(未土用神)은 기산(氣散)되어 의지(依支)할 곳이 없어 대흉지상(大凶之象)이라 하였더니 과연 본월(本月)에 구속되었다.

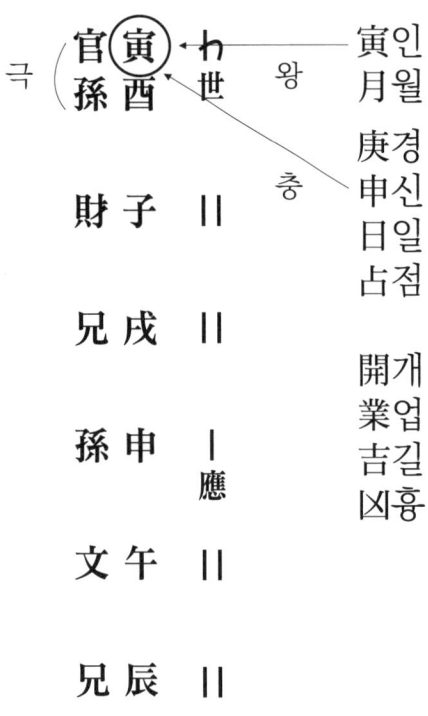

단왈 이 괘는 자신의 개업 길흉을 문의한 점으로서 육효인목(六爻寅木) 지세효(指世爻)가 위(爲) 용신(用神)인데 월건인목(月建寅木)에 득령(得令)하여 당시 개업이 가(可)하나 단 불리한 것은 일진신금(日辰申金)에 극을 받고 용신인목(用神寅木)이 화(化)하여 변효유금(變爻酉金)에 회두극(回頭剋)을 당하여 사업(事業)에 불리하다고 하였더니 그가 말하기를 이미 사업이 성사되었다고 말하였다. 그 후 미월(未月)에 인목용신(寅木用神)이 입묘(入墓)하여 사업이 부실(不實)하다가 유월(酉月)에 사업이 중지되어 버렸다. 응(應) 유월(酉月)은 회두극(回頭剋)하는 유금(酉金)과 합세하여 용신인목(用神寅木)을 극(剋)한 까닭이다.

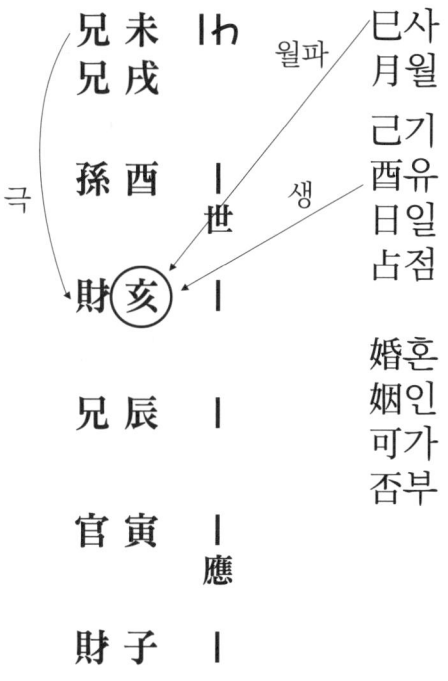

단왈 이 괘는 구혼(求婚) 점(占)으로서 구혼 점에는 재효(財爻)가 용신(用神)이라. 사효해수(四爻亥水) 재(財)가 위(爲) 용신(用神)인데 일진유금(日辰酉金)에 생을 받아 좋아 보이나 단 불리한 것은 월건사화(月建巳火)가 사해(巳亥) 충(沖)으로 월파(月破)를 당하여 불리하다. 연이나 불행히도 육효미토(六爻未土) 기신(忌神)이 화(化)하여 변효 술토(變爻戌土)로 진신(進神)이 되어 용신(用神) 해수(亥水)를 극(剋)하니 용신해수(用神亥水)가 피상(被傷) 당하여 이 구혼 점에는 불리하다고 하였더니 과연(果然) 본월(本月) 정사(丁巳)일에 파혼(破婚)되었다. 응(應) 사일(巳日)은 용신해수(用神亥水)와 사해(巳亥)로 충(沖)한 탓이다.

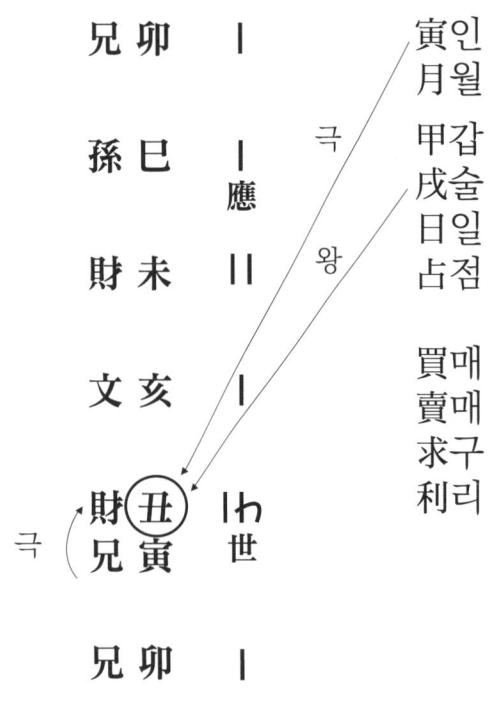

단왈 이 괘는 물품을 사고팔고 이익을 볼 수 있겠는가를 문의한 점인데 이효축토(二爻丑土) 지세효(指世爻)가 위(爲) 용신(用神)인데 일진술토(日辰戌土)를 얻어 왕상(旺相)하여 좋아 보이나 단 불리한 것은 월건인목(月建寅木)에 극을 받고 용신축토(用神丑土)가 화(化)하여 변효인목(變爻寅木)에 회두극(回頭剋)을 당하여 대흉지상(大凶之象)이라. 고(故)로 이 사업(事業)은 불리하니 하지 않는 것이 상책(上策)일 것이라 하였더니 그 인이 내 말에 불종(不從)하고 하다가 미월(未月)에 대패(大敗)하였다. 응(應) 미월(未月)은 용신축토(用神丑土)와 축미(丑未) 충(沖)으로 월파(月破)를 당하였기 때문이다.

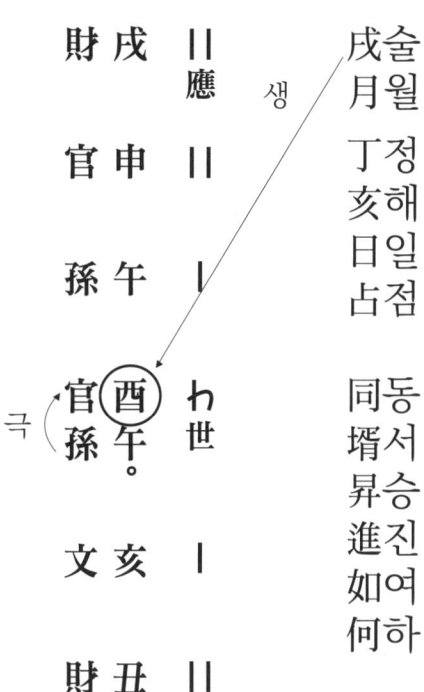

단왈 이 괘는 동서(同壻)의 승진(昇進) 점으로서 동서는 형(兄)이 용신(用神)인데 승진은 공명(功名)으로서 관(官)이 용신(用神)이라. 삼효유금(三爻酉金) 관성(官星)이 위(爲) 용신(用神)인데 월건술토(月建戌土)에 생을 받아 길하다. 단 불리한 것은 유금용신(酉金用神)이 화(化)하여 변효오화(變爻午火)에 회두극(回頭剋)을 받아 용신(用神)이 피상(被傷)당하여 승진(昇進)에 불리하다고 하였더니 그 후 과연 승진하지 못하였다.

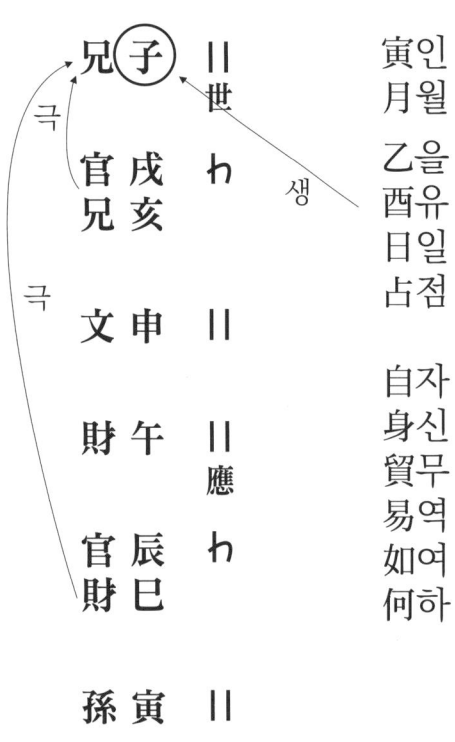

단왈 이 괘는 자신의 무역에 대하여 길흉을 문의한 점인데 육효자수(六爻子水) 지세효(指世爻)가 위(爲) 용신(用神)인데 일진유금(日辰酉金)에 생을 받아 길하다. 단 불리한 것은 감위수(坎爲水) 육충(六沖) 괘(卦)가 이효오효(二爻五爻)가 동(動)하여 곤위지(坤爲地) 육충(六沖) 괘(卦)로 변하였고 또한 수체(水體)가 토체(土體)에 극을 받고 있다. 이것을 괘지(卦之) 회두극(回頭剋)이라고 칭(稱)하며 대기(大忌)한다. 연이나 불행히도 이효진토(二爻辰土) 오효술토(五爻戌土) 기신(忌神)이 동(動)하여 자수용신(子水用神) 극하여 불리하다고 하였더니 그가 말하기를 그러면 어느 때 불리한가. 답 왈 단하여 말하기를 오월(午月)에 위험하다고 하였더니 과연 오월(午月)에 대패(大敗)하였다. 응(應) 오월(午月)은 용신자수(用神子水)를 자오(子午) 충(沖)으로 월파(月破)당하였고 오월(午月)은 이효진토(二爻辰土) 오효술토(五爻戌土) 기신(忌神)을 생하여 기신(忌神)이 더욱 왕하여 용신자수(用神子水)를 극(剋)한 까닭이다.

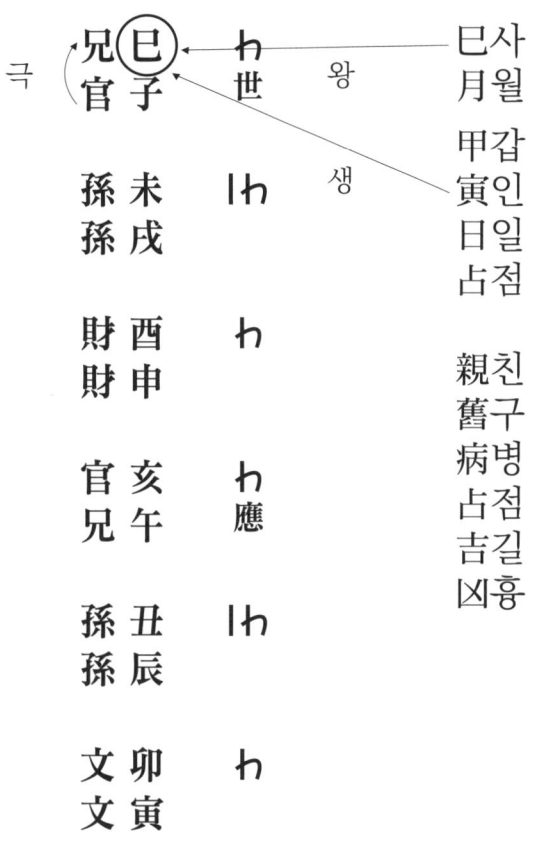

단왈 이 괘는 친구의 병점으로서 친구는 형(兄)이 용신(用神)이라. 육효사화(六爻巳火) 형(兄)이 위(爲) 용신(用神)인데 월건사화(月建巳火)에 득령(得令)하고 일진인목(日辰寅木)에 생을 받아 용신(用神)이 왕하여 불사지상(不死之象)이라. 단 불리한 것은 리위화(離爲火) 육충(六沖) 괘(卦)가 육효(六爻) 모두가 동(動)하여 감위수(坎爲水) 육충(六沖) 괘(卦)로 변하였고 또한 화체(火體)가 수체(水體)에게 극을 당하고 있다. 이것을 괘지(卦指) 회두극(回頭剋)이라고 칭(稱)하며 대기(大忌)한다. 고(故)로 이 괘는 심히 흉한 괘상이라 하였더니 그 후 해월(亥月)에 별세(別世)하였는데 해월(亥月)은 용신사화(用神巳火)와 사해(巳亥) 충(沖)으로 월파(月破)를 당하였고 해월(亥月)은 회두극(回頭剋)하는 감위수(坎爲水)괘와 합세하여 용신사화(用神巳火)를 극한 까닭이다.

第三問 原神生剋
제삼문 원신생극

원신(原神) 동(動)하여 용신(用神)을 생(生)하는 경우 용신(用神)이 출현(出現)하였거나 왕상(旺相)하였으면 길(吉)함이 배(倍)가 되지만 만약 그 용신(用神)이 쇠약(衰弱) 순공(旬空) 복신(伏神)이 되었을 경우 용신(用神)은 출공(出空) 득령(得令) 치일(値日) 기다려 소구필수(所求必遂)하게 되는 것이다. 이번에는 그와 반대(反對)로 용신(用神)은 왕상(旺相)하나 원신효(原神爻)가 휴수(休囚) 부동(不動) 혹 동(動)하여도 변극(變剋)을 당하였거나 변절(變絶) 변묘(變墓) 월파(月破) 일충(日沖) 혹 구신(仇神)이 동(動)하여 원신(原神)을 극(剋)하거나 혹 일월상극(日月相克) 혹 화(化) 퇴신(退神)이 되면 용신(用神)을 생(生)하지 못한다.

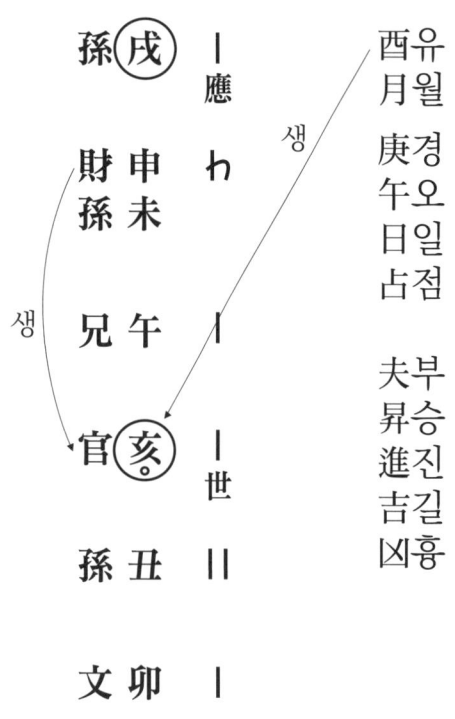

단왈 이 괘는 남편의 승진 점으로서 승진은 공명(功名)으로서 관(官)이 용신(用神)이라. 삼효해수(三爻亥水) 관성(官星)이 위(爲) 용신(用神)인데 월건유금(月建酉金)에 생을 받아 길하고 오효신금(五爻申金) 원신(原神)이 화(化)하여 변효미토(變爻未土)에 회두생(回頭生)을 받아 원신(原神)이 왕하여 용신(用神) 해수(亥水)를 생하여 줌으로 용신(用神)이 왕하여 승진이 될 것이라 하였더니 그가 말하기를 그러면 어느 날인가. 답 왈 용신해수(用神亥水)가 순중공망(旬中空亡)이 되어 좋은 생조(生助)를 못 받고 있다. 고(故)로 단하여 말하기를 을해(乙亥)일에 승진이 될 것이라 하였더니 적중했다. 응(應) 을해(乙亥)일은 해수용신(亥水用神)이 출공(出空)하는 날이기 때문이다. (용신이 공망일 때에는 대충(待沖) 또는 출공(出空)일에 사태(事態)가 발단하는 법이다.)

```
澤水困㊎ 一 世  4.動  坎爲水
택수곤              감위수

     文 未 ∥         午 오
                    月 월
     兄 酉 ㅣ         庚 경
                    辰 진
   ┌ 孫 亥 わ         日 일
 생 │ 兄 申。 應        占 점
   │ 官 午 ∥         求 구
   │                財 재
   │ 文 辰 ㅣ
   └ 財 ⓐ ∥
          世
```

단왈 이 괘는 재물을 구하는 점은 재(財)가 용신(用神)이라. 초효인목(初爻寅木) 재효(財爻)가 위(爲) 용신(用神)인데 일월(日月)에 휴수(休囚)로서 용신(用神)이 쇠약(衰弱)하여 무연실망(無緣失望)이라. 그러나 다행히 사효해수(四爻亥水) 원신(原神)이 화(化)하여 변효신금(變爻申金)에 회두생(回頭生)을 받아 원신(原神)이 왕하여 용신인목(用神寅木)과 인해(寅亥)로 생합(生合)하니 곧 득재(得財)할 것이라 하였더니 그가 말하기를 그러면 어느 날인가. 답 왈(答曰) 사효해수(四爻亥水) 원신(原神)이 화(化)하여 변효신금(變爻申金)이 순중공망(旬中空亡)이 되어 해수원신(亥水原神)이 동(動)하여도 용신인목(用神寅木)을 생하지 못하고 있다. 고(故)로 단하여 말하기를 갑신(甲申)일에 득재(得財)할 것이라 하였더니 적중했다. 응(應) 신일(申日)은 사효변효 신금이 출공(出空)하는 날이기 때문이다.

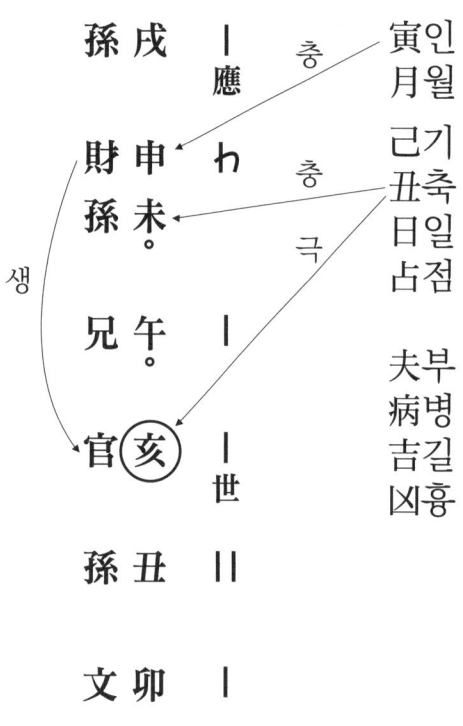

이 괘는 남편의 병점으로서 남편은 관(官)이 용신(用神)이라. 삼효해수(三爻亥水) 관성(官星)이 위(爲) 용신(用神)인데 오효신금(五爻申金) 원신(原神)이 화(化)하여 변효미토(變爻未土)에 회두생(回頭生)을 받아 원신(原神)이 왕하여 용신해수(用神亥水)를 생하여 줌으로 쾌유할 것같이 보이나 단 불리한 것은 월건인목(月建寅木)이 원신신금(原神申金)을 인신(寅申) 충(沖)으로 월파(月破)당하여 불리하고 신금원신(申金原神)을 회두생하는 변효미토(變爻未土)는 기축일점(己丑日占)에 순중공망(旬中空亡)이 되었고 일진축토(日辰丑土)는 오효(五爻) 변효미토(變爻未土)를 축미(丑未)로 충거(沖去)시켜 원신신금(原神申金)이 피상(被傷) 당하여 용신해수(用神亥水)을 생할 수 없어 이 괘는 위험하다고 하였더니 그가 말하기를 그러면 어느 날에 위험한가. 답 왈 단하여 말하기를 내일 경인(庚寅)일에 위험하다고 하였더니 과연 별세하였다. 응(應) 인일(寅日)은 원신신금(原神申金)이 인신(寅申)으로 충(沖)이 되며 절(絶)이 된 탓이다.

```
地風升㊗ 四 世 3.動  地水師
지풍승                    지수사

      官 酉  ‖          午오
                        月월
생    文 亥  ‖          庚경
      財 丑  ‖          寅인
               世       日일
                        占점
극    官 酉  〤
      孫 午。            丈장
                        人인
      文 亥  l          病병
                        占점
      財 丑  ‖          吉길
               應       凶흉
```

단왈 이 괘는 장인의 병점으로서 장인은 문서(文書)가 용신이라 오효해수(五爻亥水) 문서(文書)가 위(爲) 용신(用神)인데 삼효유금(三爻酉金) 원신(原神)이 화(化)하여 변효오화(變爻午火)에 회두극(回頭剋)을 당하여 원신유금(原神酉金)이 피상(被傷) 당하여 용신해수(用神亥水)를 생하지 못한다. 유금원신(酉金原神)의 생을 믿든 해수용신(亥水用神)은 의지(依支)할 곳이 없다. 고(故)로 이 괘는 위험하다고 하였더니 그가 말하기를 그러면 어느 날에 위험한가. 답왈 지금은 유금원신(酉金原神)을 회두극(回頭剋)하는 오화구신(午火仇神)이 순중공망(旬中空亡)이 되어 원신유금을 극하지 못하고 있으나 두려운 것은 출공(出空)하는 갑오(甲午)일에 위험하다고 하였더니 과연 갑오(甲午)일에 숨을 거두고 말았다. 이 괘의 오화와 같이 용신을 생하여 주는 원신효를 극하는 자를 이름 지어 구신(仇神)이라 한다.

第四問 月破
제사문 월파

월충(月沖)을 월파(月破)라고 칭(稱)하며 대기(大忌)한다. 월충(月沖)이 되면 용신(用神)의 신기(神氣)가 파(破)에 날아가고 화복지기(禍福之基)가 동(動)함에 있는 것이니 동(動)하여 생(生)함이 있고 극(剋)을 받지 않으면 효(爻)에 있어 출파(出破) 전시(塡是) 합파(合破)하는 때에 응사결(應事決)되는 법이고 안정효(安靜爻)에 있어 용신(用神)이 극(剋)을 받고 생(生)을 받지 못하면 불리하게 되는 것이다.

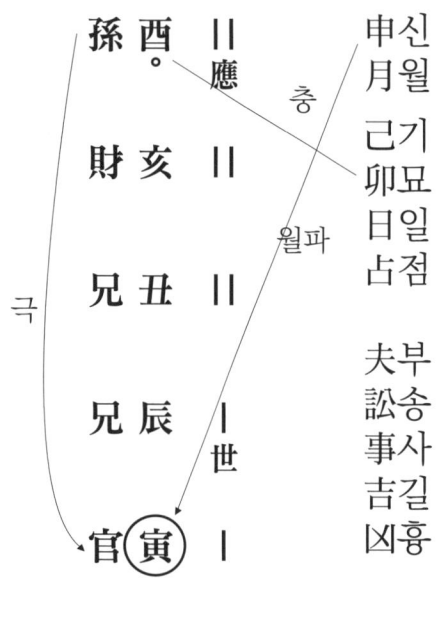

단왈 이 괘는 남편의 송사사건으로 남편은 관(官)이 용신(用神)이라. 이효인목(二爻寅木) 관성(官星)이 위(爲) 용신(用神)인데 단 불리한 것은 월건신금(月建申金)이 용신인목(用神寅木)을 인신(寅申) 충(沖)으로 월파(月破)를 당하였고 육효유금(六爻酉金) 기신(忌神)은 일진묘목(日辰卯木)과 묘유(卯酉) 충(沖)으로 암동(暗動)하여 용신인목(用神寅木)을 극하여 용신(用神)이 피상(被傷) 당하여 송치(送致)될 것이라 하였더니 그가 말하기를 그러면 어느 때인가. 답 왈 지금은 육효유금(六爻酉金) 기신(忌神)이 순중공망(旬中空亡)이 되어 암동(暗動)하여도 용신(用神)을 극하지 못한다. 고(故)로 단하여 말하기를 유월(酉月)에 불리하다고 하였더니 과연 유월(酉月)에 구속되었다. 응(應) 유월(酉月)은 육효유금(六爻酉金) 기신(忌神)이 출공(出空)한 까닭이다.

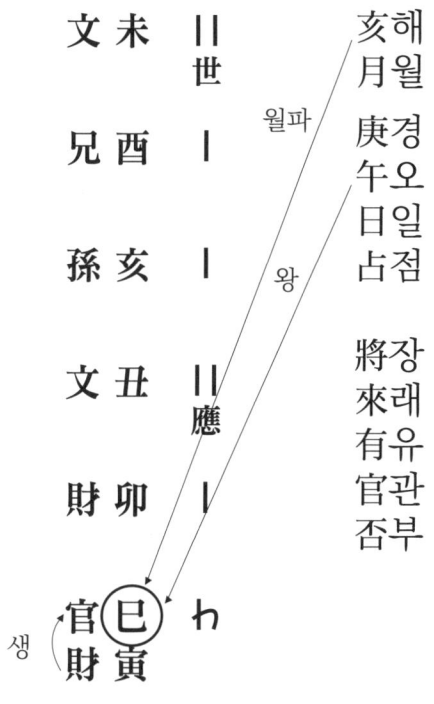

단왈 이 괘는 장래(將來)에 벼슬을 할 수 있겠는가를 문의한 점인데 벼슬은 공명(功名)으로서 초효사화(初爻巳火) 관성(官星)이 위(爲) 용신(用神)인데 일진오화(日辰午火)를 얻어 왕하다. 단 불리한 것은 월건해수(月建亥水)가 사해(巳亥) 충(沖)으로 월파(月破)를 당하여 불리하다. 그러나 다행히 초효사화(初爻巳火) 용신(用神)이 화(化)하여 변효인목(變爻寅木)에 회두생(回頭生)을 받아 용신(用神)이 왕하여 출사(出仕)(관에 임하는 것)할 수 있다고 하였더니 그가 말하기를 그러면 어느 해인가. 답왈 용신사화(用神巳火)가 월파(月破)를 당하였으니 사년(巳年)에 득관(得官)할 것이라 하였더니 적중했다. 응(應) 사년(巳年)은 용신(用神) 사화(巳火)가 사해(巳亥) 충(沖)으로 월파(月破)를 당하였기 때문에 사년(巳年)은 파(破)를 메우는 년이기 때문이다.

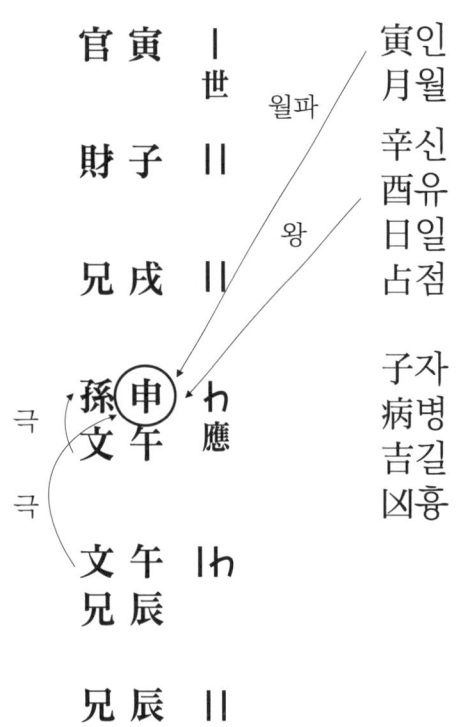

단왈 이 괘는 자손의 병점으로서 자손은 손(孫)이 용신(用神)이다. 삼효 신금(三爻申金) 손(孫)이 위(爲) 용신(用神)인데 일진유금(日辰酉金)을 얻어 왕상하여 좋아 보이나 단 불리한 것은 월건인목(月建寅木)이 충(沖)하여 월파(月破)를 당하여 불리하고 신금용신(申金用神)이 화(化)하여 변효 오화(變爻午火)에 회두극(回頭剋)과 이효오화(二爻午火) 기신(忌神)이 동(動)하여 용신신금(用神申金)을 극하여 도저히 살아날 가망이 없다고 하였더니 그가 말하기를 그러면 어느 날에 위험한가. 답 왈 용신신금(用神申金)이 월파(月破)를 당하였으니 본월(本月)을 넘기지 못할 것이다. 고(故)로 단하여 말하기를 병인(丙寅)일에 위험하다고 하였더니 과연 숨을 거두고 말았다. 응(應) 인일(寅日)은 용신신금(用神申金)이 인신(寅申)으로 충(沖)이 되고 절(絶)하며 인일(寅日)은 오화기신(午火忌神)을 생하여 오화기신(午火忌神)이 더욱 왕하여 용신신금(用神申金)을 극한 탓이다.

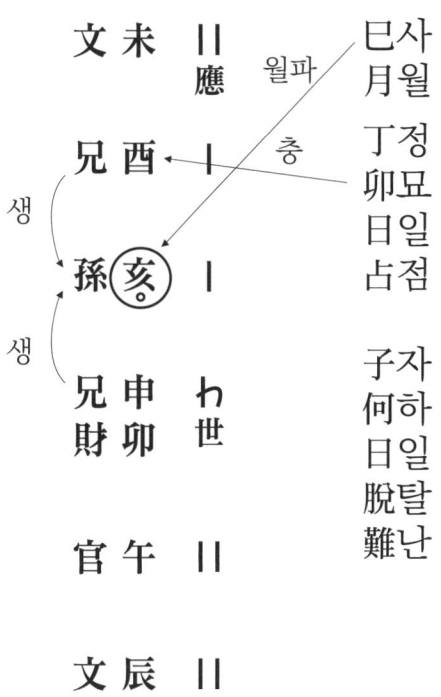

단왈 이 괘는 자손이 어려움에서 어느 때 풀릴 것인가를 문의한 점인데 자손은 사효해수(四爻亥水) 손(孫)이 위(爲) 용신(用神)인데 단 불리한 것은 월건사화(月建巳火)가 사해(巳亥) 충(沖)으로 월파(月破)를 당하였다. 그러나 다행한 것은 오효유금(五爻酉金) 원신(原神)은 일진묘목(日辰卯木)과 묘유(卯酉) 충(沖)으로 암동(暗動)하여 용신해수(用神亥水)를 생하고 삼효신금(三爻申金) 원신(原神)이 동(動)하여 용신해수(用神亥水)를 생하여 줌으로 용신(用神)이 왕하여 어려움에서 곧 풀릴 것이라 하였더니 그가 말하기를 그러면 어느 때인가. 답 왈 용신해수(用神亥水)가 월파(月破)를 당하였으니 해월(亥月)에 회복(回復)할 것이라 하였더니 과연 해월(亥月)에 대획리(大獲利)하였다. 응(應) 해월(亥月)은 용신해수(用神亥水)가 사해(巳亥) 충(沖)으로 월파(月破)를 당하였기 때문에 해월(亥月)은 파(破)를 메우는 월(月)이기 때문이다. (용신이 월파를 당하였을 때에는 파를 메우는 년이나 파를 메우는 월에 적중함을 많이 경험하고 있다.)

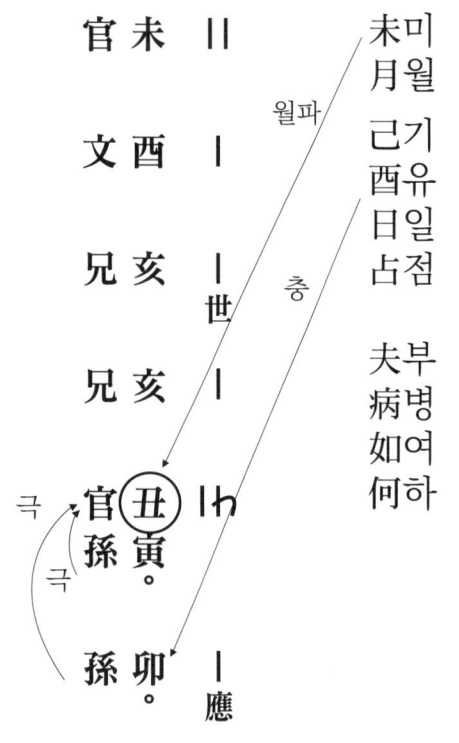

未미 月월
己기 酉유
酉유 日일
占점

夫부 病병
如여 何하

단왈 이 괘는 남편의 병점으로서 남편은 이효축토(二爻丑土) 관성(官星)이 위(爲) 용신(用神)인데 월건미토(月建未土)가 축미(丑未) 충(沖)으로 월파(月破)를 당하여 불리하고 초효묘목(初爻卯木)은 일진유금(日辰酉金)과 묘유(卯酉) 충(沖)으로 암동(暗動)하여 용신축토(用神丑土)를 극하고 또다시 용신축토(用神丑土)가 화(化)하여 변괘(變卦)의 인목(寅木)에 회두극(回頭剋)을 당하여 살아날 가망이 없다고 하였더니 그가 말하기를 그러면 어느 때 위험한가. 답왈 지금은 인목기신(寅木忌神)이 순중공망(旬中空亡)이 되어 용신축토(用神丑土)를 극하지 못하고 있으나 두려운 것은 기신인목(忌神寅木)이 출공(出空)하는 갑인(甲寅)일에 위험하다고 하였더니 과연 갑인(甲寅)일에 별세(別世)하고 말았다.

第五問 旬空
제오문 순공

효우순공(爻遇旬空)을 단정(斷定)하는 경우 도저전공(到底全空)을 어떻게 보며 또 전시(塡是)가 되면 어떻게 단정(斷定)하며 또 도저공(到底空)이란 무엇을 말하는가. 극(剋)함만이 있고 생(生)함이 없음을 도저전공(到底全空)이라고 한다. 용신(用神)이 괘효(卦爻)에 도저전공(到底全空)을 만나면 흉(凶)하게 되는 것이고 또 생(生)함이 있고 극(剋)함이 없으면 출공(出空) 또는 충공일(沖空日) 성사(成事)된다. (혹 그 월(月)도 된다.) 기신(忌神)이나 구신(仇神)되는 효(爻)는 순공(旬空)이 좋다.

風雷益㊍ 三世
풍뢰익

```
兄 卯  ｜
         應
孫 巳  ｜         巳 사 월
                 月 월
財 未  ‖         庚 경 일
                 子 자
財 ⟨辰⟩ ‖  생    日 일 점
         世       占
兄 寅  ‖         伏 복 회
                 何 하
文 子  ｜         日 일
                 回
```

단왈 이 괘는 노복(奴僕)이 어느 날에 귀가할 것인가를 문의한 점인데 노복(奴僕)은 재(財)가 용신(用神)이라. 삼효진토(三爻辰土) 재효(財爻)가 위(爲) 용신(用神)인데 순중공망(旬中空亡)이라. 일진자수(日辰子水)에 설기(洩氣)가 되나 월건사화(月建巳火)에 생을 받아 용신(用神)이 왕하여 곧 귀가(歸家)할 것이라 하였더니 그가 말하기를 그러면 어느 날에 귀가할 것인가. 답 왈 용신진토(用神辰土)가 순중공망(旬中空亡)이 되어 좋은 생조(生助)를 못 받고 있다. 고(故)로 단하여 말하기를 갑진(甲辰)일에 귀가(歸家)할 것이라 하였더니 적중했다. 응(應) 갑진(甲辰)일은 용신진토(用神辰土)가 출공(出空)하는 날이기 때문이다.

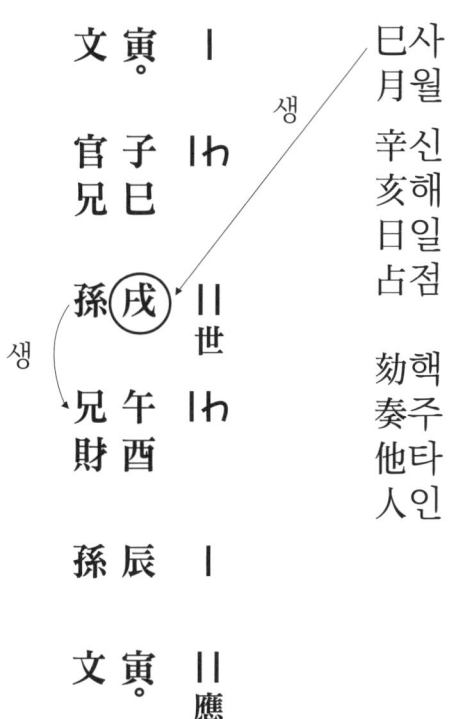

巳사 月월 辛신 亥해 日일 占점

劾핵 奏주 他타 人인

이 괘는 권리를 남용하는 권간자(權奸者)를 탄핵(彈劾)하고자 하는데 나에게 해(害)가 없겠는가를 문의한 점인데 구점자(求占者)는 지세(指世)가 용신(用神)이고 권간자(權奸者)는 응효(應爻)가 된다. 이 괘는 사효술토(四爻戌土) 지세(指世)가 위(爲) 용신(用神)인데 월건사화(月建巳火)에 생을 받아 길하고 삼효(三爻) 원신오화(原神午火)에 생을 받아 용신(用神)이 왕하다. 또한 용신술토(用神戌土)에 자손복덕(子孫福德) 길신(吉神)이 임하여 심히 평안(平安)한 괘상이라. 응효(應爻) 인목(寅木)은 일진해수(日辰亥水)에 생을 받아 왕하고 오효자수(五爻子水)가 동(動)하여 권간자(權奸者) 인목(寅木)을 생하여 권간자도 왕하다. 그러나 오효자수(五爻子水)는 화(化)하여 사화(巳火)로 변하여 무근기(無根氣)로 응효(應爻) 인목(寅木)을 생하지 못한다. 고(故)로 권간자(權奸者) 인목(寅木)은 쇠(衰)하였고 용신술토(用神戌土)는 왕하다. 그 후 권간자는 이임(離任)하였고 구점자(求占者)는 해(害)가 없었다.

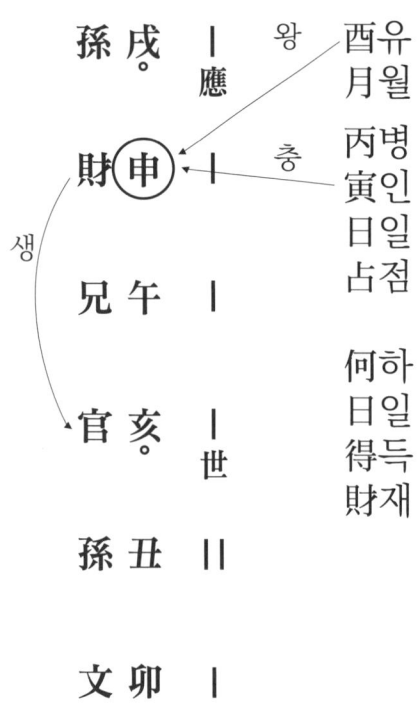

단왈 이 괘는 재물을 구하는 점에는 재(財)가 용신(用神)이라. 오효신금(五爻申金) 재효(財爻)가 위(爲) 용신(用神)인데 월건유금(月建酉金)과 공합(拱合)하여 용신(用神)이 왕하고 일진인목(日辰寅木)과 인신(寅申) 충(沖)으로 암흥(暗興)하여(암흥은 암동과 같은 뜻임) 삼효해수(三爻亥水) 지세효(指世爻)을 생하여 곧 득재(得財)할 것이라 하였더니 그가 말하기를 그러면 어느 날인가. 답 왈 해수지세(亥水指世) 효(爻)가 순중공망(旬中空亡)이라. 고(故)로 단하여 말하기를 을해(乙亥)일에 득재(得財)할 것이라 하였더니 적중했다. 응(應) 을해(乙亥)일은 해수순공(亥水旬空)이 출공(出空)하는 날이기 때문이다.

```
澤地萃㊎ 二 世 4.動  水地比
택지취              수지비

      文 未 ▯▯            辰 진
                         月 월
      兄 酉。 ▬            壬 임
           應            午 오
                         日 일
      孫 亥 ㇻ            占 점
      兄 申。
 생                       妻 처
      財 卯  ▯▯            病 병
                         吉 길
                         凶 흉
      官 巳  ▯▯
           世
      文 未  ▯▯
```

단왈 이 괘는 처의 병점으로서 처는 재(財)가 용신이라. 삼효묘목(三爻卯木) 재(財)가 위(爲) 용신(用神)인데 일월(日月)에 휴수(休囚)로서 용신(用神)이 쇠약(衰弱)하여 불리하다. 그러나 다행히 사효해수(四爻亥水)가 화(化)하여 변효신금(變爻申金)에 회두생(回頭生)을 받아 원신(原神)이 왕하여 용신묘목(用神卯木)을 생하여 줌으로 용신(用神)이 왕하여 곧 쾌유(快癒)할 것이라 하였더니 그가 말하기를 그러면 어느 날인가. 답 왈 해수원신(亥水原神)이 화(化)하여 변효신금(變爻申金)이 순중공망(旬中空亡)이 되어 원신이 동(動)하여도 용신묘목(用神卯木)을 생하지 못하고 있다. 고(故)로 단하여 말하기를 갑신(甲申)일에 쾌유할 것이라 하였더니 과연 적중했다. 응(應) 갑신(甲申)일은 사효변효(四爻變爻) 신금(申金)이 출공(出空)하는 날이기 때문이다.

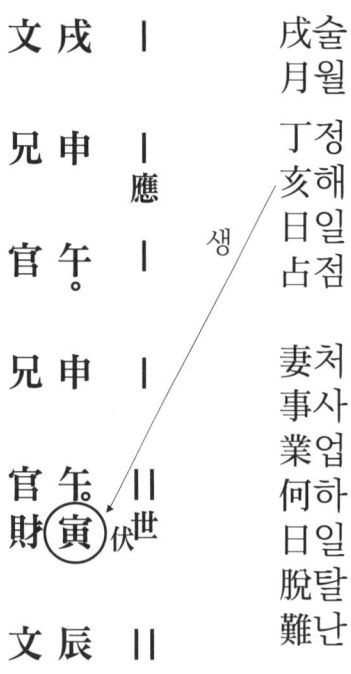

단왈 이 괘는 처의 사업이 어려움에서 어느 때 풀릴 것인지를 문의한 점으로서 처는 재(財)가 용신인데 이 괘는 금체(金體)이므로 목재(木財)가 없다. 복신(伏神)을 찾아야 한다. 복신은 수체(首體)에서 찾는다. 수체(首體)는 건위천(乾爲天) 이효인목(二爻寅木)이다. 이효오화(二爻午火) 지하(之下) 인목(寅木) 복신(伏神) 재(財)가 위(爲) 용신(用神)인데 월건술토(月建戌土)에 설기(洩氣)가 되나 일진해수(日辰亥水)에 생을 받아 용신이 왕하다. 그러나 비신효(飛神爻) 오화(午火)는 왕(旺)한 것으로서 용신인목(用神寅木)을 누르고 있는 법인데 다행히 비신효(飛神爻) 오화(午火)가 순중공망(旬中空亡)이 되어 길하다. 고(故)로 단하여 말하기를 자월(子月)에 회복(回復)할 것이라 하였더니 과연 자월(子月)에 대획리(大獲利)하였다. 응(應) 자월(子月)은 용신인목(用神寅木)을 누르고 있는 비신오화(飛神午火)을 자오(子午)로 충거(沖去)시키고 자월(子月)은 용신인목(用神寅木)이 득령(得令)하는 월(月)이기 때문이다.

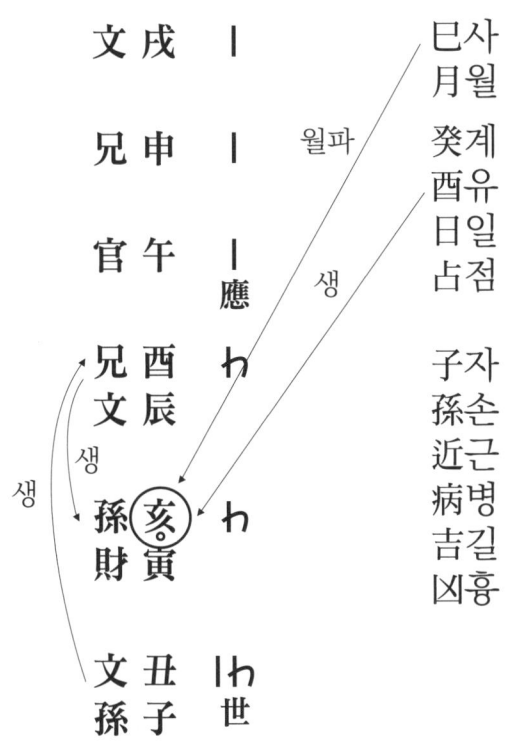

이 괘는 자손의 병점으로서 이효해수(二爻亥水) 손(孫)이 위(爲) 용신(用神)인데 일진유금(日辰酉金)의 생을 받아 길하다. 단 불리한 것은 월건사화(月建巳火)가 충(沖)하여 월파(月破)를 당하였고 초효축토(初爻丑土) 기신(忌神)이 동(動)하여 용신해수(用神亥水)를 극하여 위험에 임하고 있다. 그러나 다행한 것은 용신이 순중공망(旬中空亡)이 되어 근병(近病)에 공망(空亡)은 죽지 않는다. 연이나 삼효유금(三爻酉金) 원신(原神)이 동(動)하여 해수용신(亥水用神)을 생하고 있다. 초효축토(初爻丑土) 기신(忌神)은 삼효유금(三爻酉金) 원신(原神)을 생하고 삼효유금 원신(原神)은 용신해수(用神亥水)를 생하고 있다. 이렇게 원신(原神)과 기신(忌神)이 구동(俱動)되었을 경우 그 기신(忌神)은 원신(原神)을 생하므로 직접(直接) 용신(用神)을 극하지 않는다. 이것을 탐생망극(貪生忘剋)이라고 한다. 고(故)로 시(是)는 길한데 단 혐(嫌)하는 것은 용신(用神)이 순중공망(旬中空亡) 위(位)에 있어 이는 반드시 출공(出空)하는 날을 기다려야 할 것이다. 고(故)로 단하여 말하기를 을해(乙亥)일에 쾌유할 것이라 하였더니 적중했다.

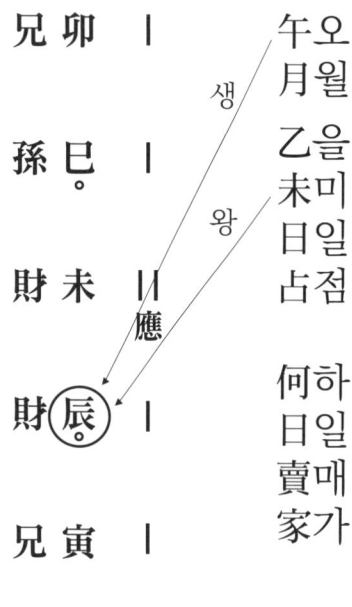

단왈 이 괘는 집이 어느 때 팔릴 것인지 문의한 점인데 건물(建物)은 재(財)가 용신(用神)이라. 삼효진토(三爻辰土) 재효(財爻)가 위(爲) 용신(用神)인데 순중공망(旬中空亡)이라. 연인데 용신진토(用神辰土)는 월건오화(月建午火)에 생을 받아 왕하고 일진미토(日辰未土)가 공합(拱合)하여 용신(用神)이 왕하여 곧 매도(賣渡)될 것이라 하였더니 그가 말하기를 그러면 어느 날인가. 답 왈 용신(用神)이 순중공망(旬中空亡)이 되어 좋은 생조(生助)를 못 받고 있다. 고(故)로 단하여 말하기를 갑진(甲辰)일에 매도(賣渡)될 것이라 하였더니 적중했다. 응(應) 갑진(甲辰) 일은 용신진토(用神辰土)가 출공(出空)하는 날이기 때문이다.

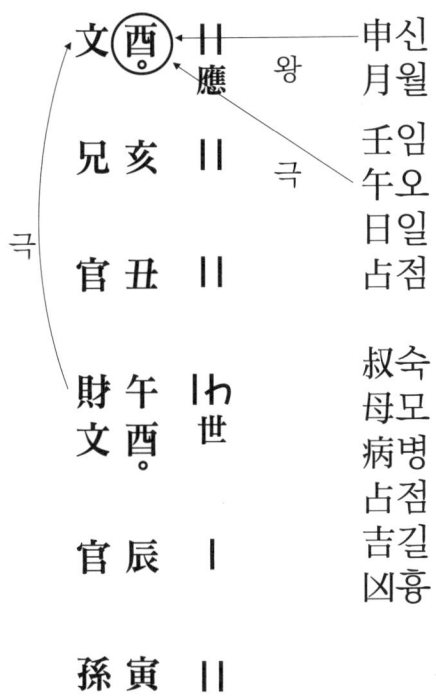

단왈 이괘는 숙모의 병점으로서 숙모는 문서(文書)가 용신이라 육효유금(六爻酉金) 문서(文書)가 위(爲) 용신(用神)인데 월건신금(月建申金)에 득령(得令)하여 길하고 일진오화(日辰午火)에 극을 받아 불리하다. 연이나 불행히도 삼효오화(三爻午火) 기신(忌神)이 동(動)하여 용신유금(用神酉金)을 극하고 있어 위험하다고 하였더니 그가 말하기를 그러면 어느 날에 위험한가. 답 왈 삼효오화(三爻午火) 기신(忌神)이 화(化)하여 변효유금(變爻酉金)이 순중공망(旬中空亡)이 되어 오화기신(午火忌神)이 동(動)하여도 용신유금(用神酉金)을 극하지 못한다. 고(故)로 순내(旬內)에는 무방(無妨)하나 출공(出空)하는 을유(乙酉)일에 위험하다고 하였더니 과연 숨을 거두고 말았다.

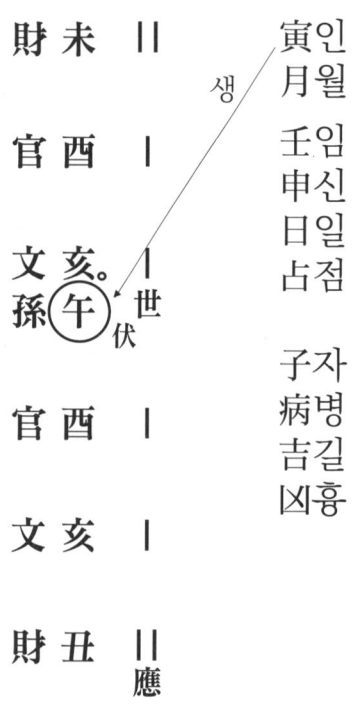

이 괘는 자손에 병점으로서 자손은 손(孫)이 용신인데 이괘는 목체(木體)이므로 화(火) 손(孫)이 없다. 복신(伏神)을 찾아야 한다. 복신은 수체(首體)에서 찾는다. 수체(首體)는 진위뢰(震爲雷) 사효오화(四爻午火)다. 사효해수(四爻亥水) 지하(之下) 오화복신(午火伏神) 손(孫)이 위(爲) 용신(用神)인데 월건인목(月建寅木)에 생을 받아 길하다. 단 불리한 것은 비신효(飛神爻) 해수(亥水)가 일진신금(日辰申金)에 생을 받아 비신해수(飛神亥水)가 더욱 왕하여 용신오화(用神午火)를 극하여 위험에 임하고 있다. 그리고 비신효(飛神爻) 해수(亥水)는 용신오화(用神午火)를 극하여 기신작용(忌神作用)이 되는데 그 기신해수(忌神亥水)가 순중공망(旬中空亡)이 되어 길하다. (기신 구신자 봉공즉길.) 고(故)로 이 괘는 용신(用神)이 왕하여 곧 쾌유할 것이라 하였더니 그가 말하기를 그러면 어느 날인가. 답 왈 단하여 말하기를 신사(辛巳)일이라 하였더니 과연 적중했다. 응(應) 사일(巳日)은 용신오화(用神午火)를 극하는 해수(亥水) 비신(飛神)을 사해(巳亥)로 충거(沖去)시키고 사일(巳日)은 용신오화(用神午火)가 왕한 일진이다.

地雷復㊏ 一 世 4.6.動 **火雷噬嗑**
지뢰복   화뢰서합

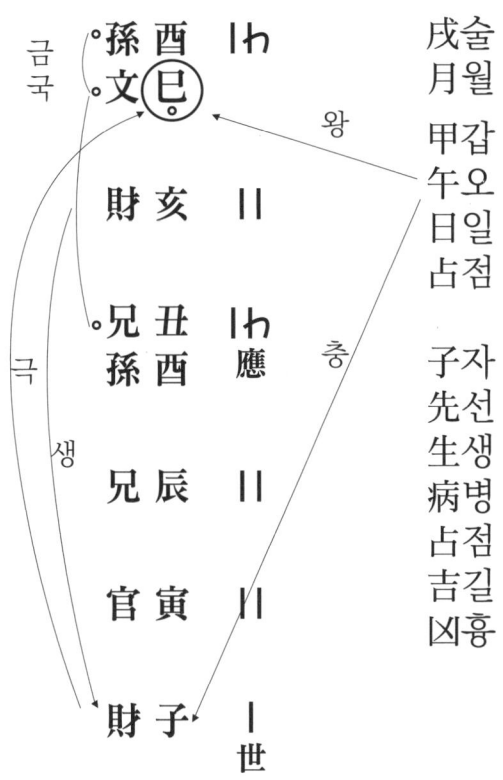

戌술
月월
甲갑
午오
日일
占점

子자
先선
生생
病병
占점
吉길
凶흉

이 괘는 자손의 선생 병점으로서 선생은 문서(文書)가 용신(用神)이라. 육효사화(六爻巳火) 문서(文書)가 위(爲) 용신(用神)인데 일진오화(日辰午火)와 공합(拱合)하고 갑오(甲午)일 점(占)에 용신사화(用神巳火)가 순중공망(旬中空亡)이 되어 근병(近病)에 공망(空亡)은 죽지 않는다. 단 불리한 것은 이 괘가 육합(六合) 괘(卦)이므로 점(占) 근병(近病)에 득(得) 육합(六合) 괘(卦)는 내가 누누이 경험한 결과 필사(必死)를 경험하고 있다. 연이나 불행히도 초효자수(初爻子水)가 일진오화(日辰午火)와 자오(子午) 충(冲)으로 암동(暗動)하여 육효사화(六爻巳火) 용신(用神)을 극하고 상괘(上卦) 육효유금(六爻酉金) 동효(動爻)와 변효사화(變爻巳火)와 사효축토(四爻丑土) 동효(動爻)가 합하여 사유축(巳酉丑) 삼합금국(三合金局)을 이루어 초효자수(初爻子水) 기신(忌神)을 생하니 자수기신(子水忌神)이 더욱 왕하여 용신사화(用神巳火)를 극하여 위험하다고 하였더니 그가 말하기를 그러면 어느 날에 위험한가. 답 왈 지금은 용신사화(用神巳火)가 순중공망(旬中空亡)이 되어 자수(子水)의 극(剋)을 피하고 있으나 두려운 것은 출공(出空)하는 을사(乙巳)일에 위험하다고 하였더니 과연 을사(乙巳)일에 별세하였다.

삼합(三合)은 어떻게 단정(斷定)하는가. 용신(用神)과 원신(原神) 이신(二神)이 국즉(局則) 길(吉)하고 기신(忌神)과 구신(仇神) 이신(二神)이 국즉(局則) 흉(凶)이다. 삼합(三合)은 삼효(三爻)로서 이루어지며 삼효(三爻)가 제발(齊發)하여 용신국(用神局) 이루었을 경우 그중 일효(一爻)는 필히 용신(用神)이 있어야 하고 또 원신국(原神局)을 이루었을 경우 그중 일효(一爻)는 필히 원신(原神)이 있어야 한다. 그리고 기신(忌神)과 구신국(仇神局)을 이루었을 경우 그중 일효(一爻)는 필히 기신(忌神)과 구신(仇神)이 있어야 하는데 그 괘상(卦象)의 정상(情狀)에 따라 유병관인(有病關因) 되는 일효(一爻)를 종주(宗主)로 정(定)하여 단정(斷情)한다. 그리고 중요(重要)한 삼자(三者)가 있으니 일왈(一曰) 암동(暗動)인데 이것은 정효(靜爻)가 일진충(日辰沖)을 만나는 것을 말함이다. 이왈(二曰) 실(實)인데 이것은 동효(動爻)가 순중공(旬中空)을 만나거나 일진(日辰) 충(沖)이 되는 것을 말함이다. (동충(動沖)은 비충(非沖).) 삼왈(三曰) 파(破)인데 이것은 월건(月建) 충(沖)을 말한다. 일효(一爻)는 정(靜)하고 이효(二爻)는 발(發)하였을 경우 반드시 정효(靜爻)로 필대치일(必待値日) 응사(應事)하는 것이고 또 가령 정효(靜爻)가 순공(旬空)이거나 혹 동(動)하여 내외(內外) 양국(兩局)을 이룬즉 피차간(彼此間)에 출공(出空)을 기다려 응사지(應事之) 길흉(吉凶)을 기(期)하게 되는 것이다. 그리고 공망(空亡)이 봉합(逢合)한 경우와 정(靜)이 봉합(逢合)한 경우 또 동(動)이 봉합(逢合)한 자(者)는 모두 충(沖)하는 날에 이르러 응사지(應事之) 길흉(吉凶)을 기(期)하는 것이고 자화묘(自化墓) 묘일자(墓日者)는 모두 충(沖)하는 날에 응사지(應事之) 길흉(吉凶)을 기(期)하는 것이고 또 자화절(自化絶) 절일자(絶日者)는 모두 필대(必待)하여 그 생(生)하는 날에 응사지(應事之) 길흉(吉凶)을 결(決)하는 것이다.

第六問 三合成局
제육문 삼합성국

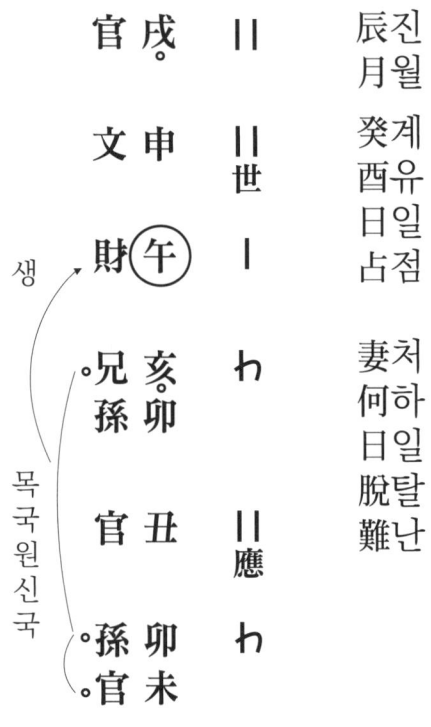

雷火風㈬ 五 世 1.3.動 雷地豫
뢰화풍　　　　　　　　뢰지예

단왈 이 괘는 처의 어려움이 어느 때 풀릴 것인가를 문의한 점으로서 사효오화(四爻午火) 재(財)가 위(爲) 용신(用神)인데 일월(日月)에 휴수(休囚)로서 무연실망(無緣失望)이다. 그러나 다행히 하괘(下卦) 삼효해수(三爻亥水) 동효(動爻)와 초효묘목(初爻卯木) 동효(動爻)와 변효미토(變爻未土)로 해묘미(亥卯未) 삼합(三合) 목국(木局)이 되어 원신국(原神局)을 이루어 용신오화(用神午火)를 생하니 용신(用神)이 왕하여 곧 회복(回復)될 것이라 하였더니 그가 말하기를 그러면 어느 때인가. 답 왈 삼효해수(三爻亥水)가 순중공망(旬中空亡)이 되어 동(動)하여도 용신오화(用神午火)를 생하지 못하고 있다. 고(故)로 단하여 말하기를 해월(亥月)에 회복(回復)할 것이라 하였더니 과연 해월(亥月)에 대획리(大獲利)하였다. 응(應) 해월(亥月)은 삼효해수(三爻亥水)가 출공(出空)하는 월(月)이기 때문이다.

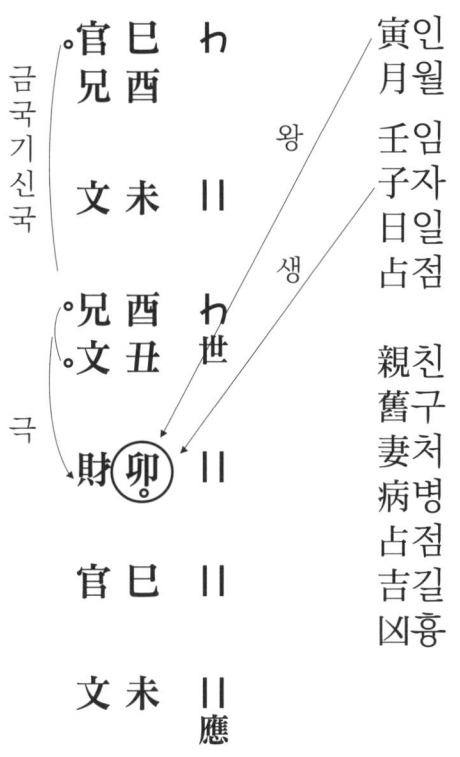

단왈 이 괘는 친구의 처 병점으로서 친구의 처(妻)는 재(財)가 용신(用神)이라. 삼효묘목(三爻卯木) 재(財)가 위(爲) 용신(用神)인데 월건인목(月建寅木)에 득령(得令)하여 왕하였고 일진자수(日辰子水)에 생을 받아 용신(用神)이 왕하여 곧 쾌유할 것 같이 보인다. 단 불리한 것은 육효사화(六爻巳火) 동효(動爻)와 사효유금(四爻酉金) 동효(動爻)와 변효축토(變爻丑土)로 사유축(巳酉丑) 삼합(三合) 금국(金局)이 되어 기신국(忌神局)을 이루어 용신묘목(用神卯木)을 극하여 위험하다고 하였더니 그가 말하기를 그러면 어느 날에 위험한가. 답 왈 지금은 용신묘목(用神卯木)이 순중공망(旬中空亡)이 되어 금(金)의 극(剋)을 피하고 있으나 두려운 것은 출공(出空)하는 을묘(乙卯)일에 위험하다고 하였더니 과연 을묘(乙卯)일에 세상을 떠나고 말았다.

乾爲天金 六 世 4.6.動 水天需
건위천　　　　　　　　수천수

화국용신국					巳사月월 乙을未미日일占점 夫부昇승進진吉길凶흉

○文 戌　わ世
　孫 子
　兄 申　ー
○官 ㊌　わ
　兄 申
　文 辰　ー應
○財 寅　ー
　孫 子　ー

단왈 이 괘는 남편의 승진 점으로서 승진은 공명(功名)으로서 관(官)이 용신(用神)이라. 사효오화(四爻午火) 관성(官星)이 위(爲) 용신(用神)인데 육효술토(六爻戌土) 동효(動爻)와 이효정효(二爻靜爻) 인목(寅木)과 인오술(寅午戌) 삼합(三合) 관국(官局)이 되어 용신국(用神局)을 이루어 육효술토(六爻戌土) 지세효(指世爻)를 생하여 이 괘는 이미 승진이 되어 있는 것이나 다름이 없다고 하였더니 그가 말하기를 그러면 어느 날인가. 답 왈 사효오화(四爻午火)와 육효술토(六爻戌土)는 동(動)하였는데 이효인목(二爻寅木)이 안정(安靜)하고 있어 이는 반드시 이효인목(二爻寅木)이 동(動)하는 날을 기다려야 할 것이다. 고(故)로 단하여 말하기를 임인(壬寅)일에 승진이 될 것이라 하였더니 적중했다.

澤地萃㊎ 二 世 1.3.動　澤火革
택지취　　　　　　　택화혁

```
文 未  ‖          辰진
                  月월
兄 酉  |
         應       庚경
                  子자
孫 亥  |           日일
                  占점

○財 卯  ‖ʍ       妻처
○孫 亥            昇승
                  進진
   官 ㊓ ‖ 世     吉길
                  凶흉
○文 未  ‖ʍ
   財 卯
```

목국원신국　생

단왈 이 괘는 처의 승진 점으로서 처는 재(財)가 용신인데 승진(昇進)은 공명(功名)으로서 관(官)이 용신(用神)이라. 이효사화(二爻巳火) 관성이 위(爲) 용신(用神)인데 하괘(下卦) 삼효묘목(三爻卯木) 동효(動爻)와 변효해수(變爻亥水)와 초효미토(初爻未土) 동효(動爻)와 해묘미(亥卯未)로 삼합목국(三合木局)이 되어 원신국(原神局)을 이루어 용신사화(用神巳火)를 생하니 용신(用神)이 왕하여 승진(昇進)이 될 것이라 하였더니 그가 말하기를 그러면 어느 때인가. 답 왈 용신사화(用神巳火)가 순중공망(旬中空亡)이 되어 좋은 생조(生助)를 못 받고 있다. 고(故)로 단하여 말하기를 사월(巳月)에 승진이 될 것이라 하였더니 적중했다. 응(應) 사월(巳月)은 용신사화(用神巳火)가 출공(出空)하는 월(月)이기 때문이다.

乾爲天㊎ 六 世 2.4.動 **風火家人**
건위천　　　　　　　　　풍화가인

午오　　　　　
月월　　　　　
癸계　　　　　
未미　　　　　
日일　　　　　
占점　　　　　

子자
昇승
進진
吉길
凶흉

단왈 이 괘는 자손의 승진 점으로서 자손은 손(孫)이 용신인데 승진은 공명(功名)으로서 관(官)이 용신(用神)이다. 사효오화(四爻午火) 관성(官星)이 위(爲) 용신(用神)인데 이효인목(二爻寅木) 동효(動爻)와 육효정효(六爻靜爻) 술토(戌土)와 인오술(寅午戌) 삼합(三合) 관국(官局)이 되어 용신국(用神局)을 이루어 육효술토(六爻戌土) 지세효(指世爻)를 생하니 이 괘는 용신(用神)이 왕하여 승진(昇進)이 될 것이라 하였더니 그가 말하기를 그러면 어느 날인가. 답왈 사효오화(四爻午火)가 화(化)하여 변효미토(變爻未土)로 오미(午未)로 합하고 있어 대(待) 충개(沖開)하는 무자(戊子)일이나 아니면 육효술토(六爻戌土) 정효(靜爻)가 동(動)하는 병술(丙戌)일에 승진이 될 것이라 하였더니 육효정효(六爻靜爻) 술토(戌土)가 동(動)하는 병술(丙戌)일에 승진이 되었다.

離爲火(火) 六 世 4.6.動   地火明夷
리위화   지화명이

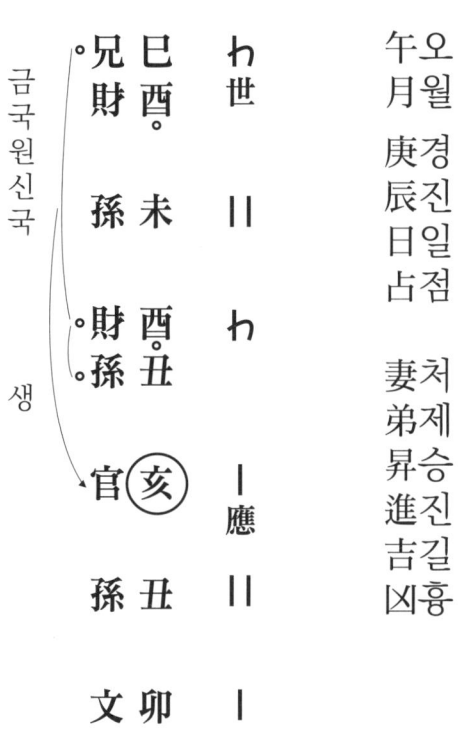

단왈 이 괘는 처제 승진 점으로서 처제는 재(財)가 용신(用神)인데 승진은 공명(功名)으로서 관(官)이 용신(用神)이라. 삼효해수(三爻亥水) 관성(官星)이 위(爲) 용신(用神)인데 상괘(上卦) 육효사화(六爻巳火) 동효(動爻)와 사효유금(四爻酉金) 동효(動爻)와 변효축토(變爻丑土)로 사유축(巳酉丑) 삼합(三合) 금국(金局)이 되어 원신국(原神局)을 이루어 용신해수(用神亥水)를 생하여 줌으로 용신(用神)이 왕하여 승진(昇進)이 될 것이라 하였더니 그가 말하기를 그러면 어느 때인가. 답 왈 육효유금(六爻酉金) 변효(變爻)와 사효유금(四爻酉金)이 순중공망(旬中空亡)이 되어 동(動)하여도 용신해수(用神亥水)를 생하지 못하고 있다. 고(故)로 단하여 말하기를 유월(酉月)에 승진이 될 것이라 하였더니 적중했다. 응(應) 유월(酉月)은 육효변효(六爻變爻) 유금(酉金)과 사효유금(四爻酉金)이 출공(出空)하는 월(月)이기 때문이다.

火澤睽㊉ 四 世 1.3.動	火風鼎
화택규	화풍정

```
           文 巳 |           亥해
                              月월
           兄 未 ||          壬임
                              寅인
           孫 酉 |            日일
                    世        占점
          ○兄 丑 |わ         同동
          ○孫 酉              堉서
  금   극                      昇승
  국                           進진
  기    官 卯 |                吉길
  신                           凶흉
  국   ○文 巳 |わ
           兄 丑     應
```

단왈 이 괘는 동서(同堉)의 승진 점으로서 동서(同堉)는 형(兄)이 용신(用神)인데 승진은 공명(功名)으로서 관(官)이 용신(用神)이라. 이효묘목(二爻卯木) 관성(官星)이 위(爲) 용신(用神)인데 월건해수(月建亥水)에 생을 받아 길하고 일진인목(日辰寅木)과 공합(拱合)하여 용신이 왕하여 승진이 되는 괘상(卦象)이라. 그러나 불리한 것은 하괘(下卦) 삼효축토(三爻丑土) 동효(動爻)와 변효유금(變爻酉金)과 초효사화(初爻巳火) 동효(動爻)와 사유축(巳酉丑) 삼합(三合) 금국(金局)이 되어 기신국(忌神局)을 이루어 용신묘목(用神卯木)을 극(剋)하고 있어 용신(用神)이 피상(被傷) 당하여 승진에 불리하다고 하였더니 그 후 과연 승진하지 못하였다.

第七問 沖中逢合
제칠문 충중봉합

충중봉합(沖中逢合)과 합처봉충(合處逢沖)은 어떻게 단정하는가. 합자(合者)는 취(聚)하고 충자(沖者)는 산(散)이니 충중봉합(沖中逢合)은 선산후취(先散後聚)에 선실후득(先失後得)하고 선염후농(先淡後濃)하는 것이고 합처봉충(合處逢沖)은 이에 반(反)하는 것이다. 즉(即) 선취후산(先聚後散)에 선득후실(先得後失) 또 선농후염(先濃後淡)하게 되는 것이다.

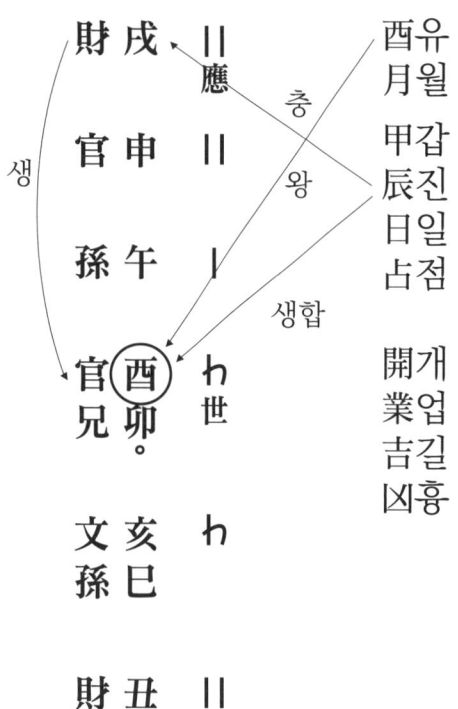

단왈 이 괘는 자신의 개업 길흉을 문의한 점인데 삼효유금(三爻酉金) 지세효(指世爻)가 위(爲) 용신(用神)인데 하괘(下卦) 사해(巳亥) 충(沖) 묘유(卯酉) 충(沖)으로 효지반음(爻之反吟)이 되었고 용신유금(用神酉金)이 반음(反吟) 괘(卦)가 되어 불리하다. 묘목(卯木)이 상충(相沖)하여 금(金)이 무력(無力)하고 있는 중 일진진토(日辰辰土)가 와서 진유(辰酉)로 생합(生合)하니 세상 사람들이 말하기를 충중봉합(沖中逢合)이라고 말한다. 연인데 용신유금(用神酉金)은 월건유금(月建酉金)에 득령(得令)하여 길하고 육효술토(六爻戌土)는 일진진토(日辰辰土)와 진술(辰戌) 충(沖)으로 암동(暗動)하여 술토(戌土) 또한 와서 용신유금(用神酉金)을 생하고 있다. 용신(用神)이 반음(反吟) 괘(卦)는 되었으나 생조(生助)가 많아 처음에는 손해(損害)를 보았으나 후일(後日)에는 이익(利益)을 볼 것이라 하였더니 과연 그대로 되었다.

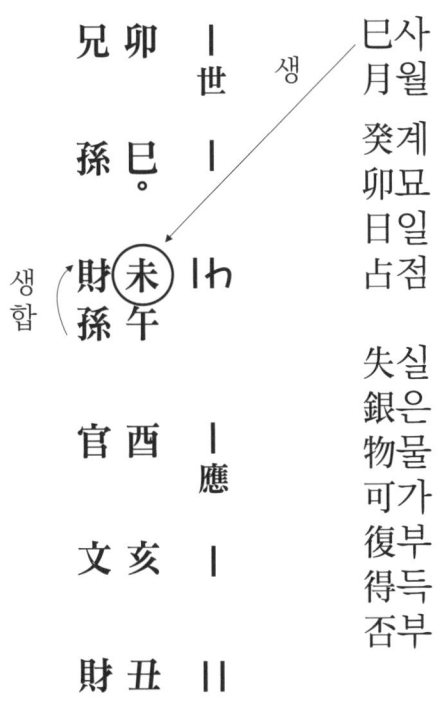

단왈 이 괘는 잃어버린 물건을 찾을 수 있겠는가를 문의한 점으로서 물건(物件)은 재(財)가 용신이라. 사효미토(四爻未土) 재효(財爻)가 위(爲) 용신(用神)인데 이 괘는 육충(六沖) 괘(卦)로서 불리하다. 그러나 미토용신(未土用神)이 화(化)하여 변효오화(變爻午火)가 회두생(回頭生)하며 또한 동시에 오미(午未)로 합하여 이에 충중봉합(沖中逢合)이 되어 흉화위길(凶禍爲吉)이다. 고로 잃어버린 물건(物件)을 찾을 수 있을 것이라 하였더니 그가 말하기를 그러면 어느 날인가. 답 왈 오효사화(五爻巳火) 원신(原神)이 순공위(旬空位)에 안정(安靜)하고 있다. 따라서 정효(靜爻)는 타를 생할 능력이 없어 이것은 반드시 출공(出空)하는 날을 기다려야 할 것이다. 고(故)로 단하여 말하기를 신해(辛亥)일이라 하였더니 적중했다. 응(應) 신해(辛亥)일은 원신사화(原神巳火)와 사해(巳亥) 충(沖)으로 충공(沖空)일이기 때문이다.

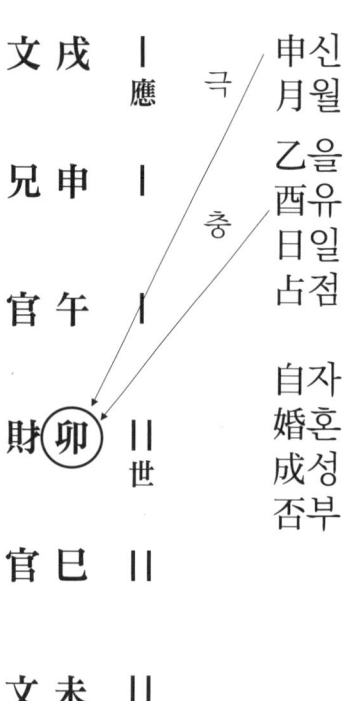

단왈 이 괘는 구혼 점으로서 구혼(求婚) 점에는 재효(財爻)가 용신이라. 삼효묘목(三爻卯木) 재효(財爻)가 위(爲) 용신(用神)인데 지세(指世)에 묘목(卯木) 재효(財爻)가 임(臨)하였고 타인(他人)이 되는 응효술토(應爻戌土)와 묘술(卯戌)로 합(合)하고 또한 이 괘 자체가 육합(六合) 괘(卦)가 되어 혼인(婚姻)에 마땅하다고 볼 수 있으나 묘목용신(卯木用神)은 일진유금(日辰酉金)과 묘유(卯酉) 충(沖)으로 이에 합처봉충(合處逢沖)이 되어 구혼(求婚)에 불리하다고 하였더니 그 후 유월(酉月)에 파혼되었다. 응(應) 유월(酉月)은 용신묘목(用神卯木)이 묘유(卯酉) 충(沖)으로 월파(月破)된 탓이다.

단왈 이 괘는 돈을 빌릴 수 있겠는가를 문의한 점인데 돈을 빌리는 것은 재효(財爻)가 용신이라. 사효유금(四爻酉金) 재효(財爻)와 삼효신금(三爻申金) 재효(財爻)가 있다. 어느 효로 용신(用神)을 결정할 것인가. 사효유금 재는 월파(月破)를 당하였고 삼효신금 재는 안정(安靜)하고 있다. 이렇게 용신이 다현하였을 경우 월파효(月破爻)로 위(爲) 용신(用神)한다. 초효진토(初爻辰土) 지세효(指世爻)가 응효(應爻) 유금용신(酉金用神)을 진유(辰酉)로 상생상합(相生相合)하였고 또 이 괘 자체가 육합(六合) 괘(卦)가 되어 돈을 빌릴 수 있을 것이라 하였더니 그가 말하기를 그러면 어느 날에 응

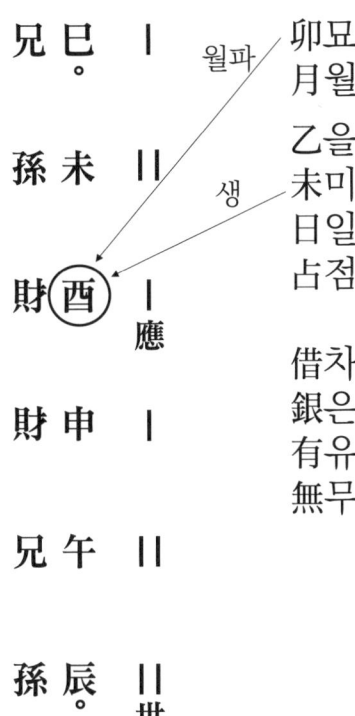

(應)하겠는가. 답 왈 유금용신(酉金用神)이 월파(月破)를 당하였으니 월파봉합(月破逢合)하는 갑진(甲辰)일에 될 것이라 하였더니 적중했다. 응(應) 진일(辰日)은 초효진토(初爻辰土) 지세효(指世爻)가 출공(出空)하며 동합(同合)하여 유금용신(酉金用神)을 진유(辰酉)로 생합(生合)하고 또 진일(辰日)은 용신유금(用神酉金)과 진유(辰酉)로 월파봉합(月破逢合)하는 날이기 때문이다.

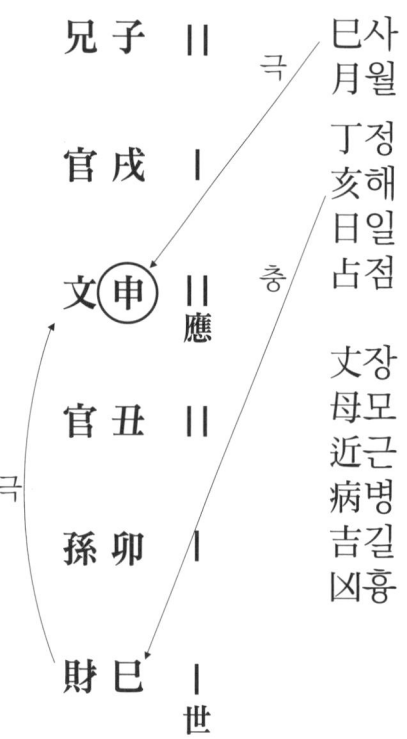

이 괘는 장모의 병점으로서 장모는 문서가 용신이라. 사효신금(四爻申金) 문서(文書)가 위(爲) 용신(用神)인데 단 불리한 것은 이 괘가 육합(六合) 괘(卦)이므로 점(占) 근병(近病)에 득(得) 육합(六合) 괘(卦)는 내가 누누이 경험한 결과 필사(必死)를 경험하고 있다. 그러나 다행히 초효사화(初爻巳火) 지세효(指世爻)가 일진해수(日辰亥水)와 사해(巳亥)로 충(沖)하니 근병(近病)에 봉충(逢沖)은 죽지 않는다. 그런데 초효사화(初爻巳火)가 일진해수(日辰亥水)와 사해(巳亥) 충(沖)으로 암동(暗動)하여 용신신금(用神申金)을 극하고 있어 위험하다고 하였더니 그가 말하기를 그러면 어느 날에 위험한가. 답 왈 용신신금(用神申金)이 입묘(入墓)하는 축일(丑日)에 위험하다가 인일(寅日)이 되면 쾌유할 것이라 하였더니 과연 축일(丑日)에 위험에 빠졌다가 인일(寅日)에 쾌유하였다. 응(應) 인일(寅日)은 용신신금(用神申金)과 인신(寅申) 충(沖)으로 합대봉충(合待逢沖)하는 날이기 때문이다.

단왈 이 괘는 시누이 승진 점으로서 승진은 공명(功名)으로 관(官)이 용신이라. 삼효묘목(三爻卯木) 관성(官星)이 위(爲) 용신(用神)인데 이 괘(卦)는 육충(六沖) 괘(卦)로서 승진 점에 불리하다. 그러나 다행히 묘목용신(卯木用神)은 월건해수(月建亥水)에 생을 받아 길하고 일진술토(日辰戌土)는 용신묘목(用神卯木)과 묘술(卯戌)로 합(合)하니 이는 충중봉합(沖中逢合)으로 흉화위길(凶禍爲吉)이다. 고(故)로 단하여 말하기를 승진이 될 것이라 하였더니 그가 말하기를 그러면 어느 날인가. 답 왈 용신묘목(用神卯木)이 일진술토(日辰戌土)와 묘술(卯戌)로 합(合)

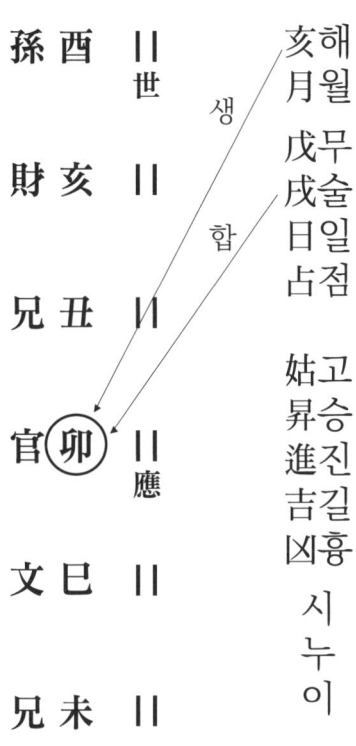

이 되어 있으니 합(合)이 되었을 때에는 충(沖)하는 날을 기다려야 한다. 고(故)로 단하여 말하기를 기유(己酉)일이라 하였더니 적중했다. 응(應) 유일(酉日)은 용신 묘목(用神卯木)과 묘유(卯酉) 충(沖)으로 합처봉충(合處逢沖)하는 날이기 때문이다.

第八問 六沖六合
제팔문 육충육합

육충육합(六沖六合)은 어떻게 단정하는가. 인지소악(人之小惡) 자(者)는 의충(宜沖)하고 소호자(所好者)는 의합(宜合)이니 유(惟) 점병(占病)에 근병(近病) 구병(久病)을 론(論)하여 근병(近病)에 봉충즉(逢沖則) 유(癒)하고 구병(久病)에 봉충즉(逢沖則) 사(死)라. 육충괘(六沖卦)에 일진(日辰)이 상합(相合) 또는 변효상합(變爻相合)은 위지충중(謂之沖中) 봉합(逢合)이며 육합괘유(六合卦有)에 일진(日辰)이 상충(相沖) 또는 변효상충(變爻相沖)은 위지(謂之) 합처봉충(合處逢沖)이다. 여(如) 충(沖) 기신(忌神)에 합(合) 용신(用神)이면 거살유은(去殺留恩)으로 제반유길(諸般有吉)하고 충(沖) 용신(用神)에 합(合) 기신(忌神)이면 류살해명(留殺害命)으로 건건(件件) 개흉(皆凶)이다.

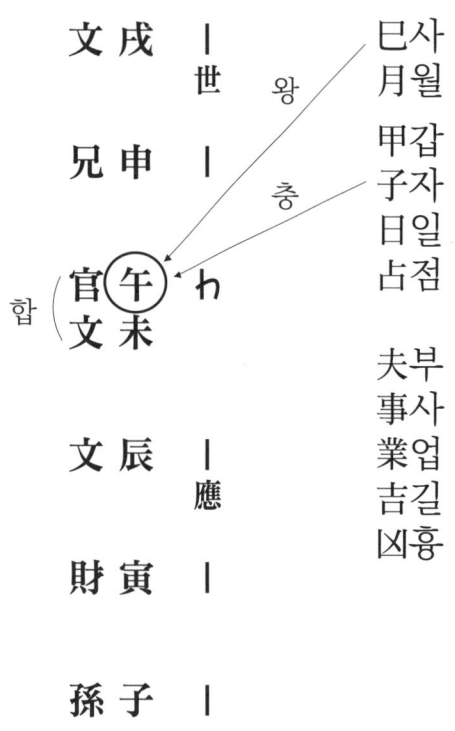

단왈 이 괘는 남편의 사업 길흉을 문의한 점인데 남편은 관(官)이 용신이라. 사효오화(四爻午火) 관성(官星)이 위(爲) 용신(用神)인데 이 괘는 육충(六沖) 괘(卦)로서 사업에 불리하다. 그러나 다행히 오화용신(午火用神)은 월건사화(月建巳火)에 득령(得令)하고 화(化)하여 변효미토(變爻未土)에 오미(午未)로 합하여 이에 충중봉합(沖中逢合)으로 길한데 단 불리한 것은 일진자수(日辰子水)가 용신오화(用神午火)를 자오(子午)로 충(沖)이 되어 앞으로 사업(事業)이 불리하다고 하였더니 그가 말하기를 지금(只今)은 사업(事業)이 무난(無難)한데 어떻게 이렇게 결(決)하는가. 답 왈 이 괘를 감안(勘案)할 때 용신(用神)이 합처봉충(合處逢沖)으로 금동(今冬)에 불리하다고 하였더니 과연 그 후 자월(子月)에 대패(大敗)하였다. 응(應) 자월(子月)은 용신오화(用神午火)와 자오(子午) 충(沖)으로 월파(月破)를 당하였기 때문이다.

巽爲風㈭ 六 世 5.6.動 地風升
손위풍　　　　　　　지풍승

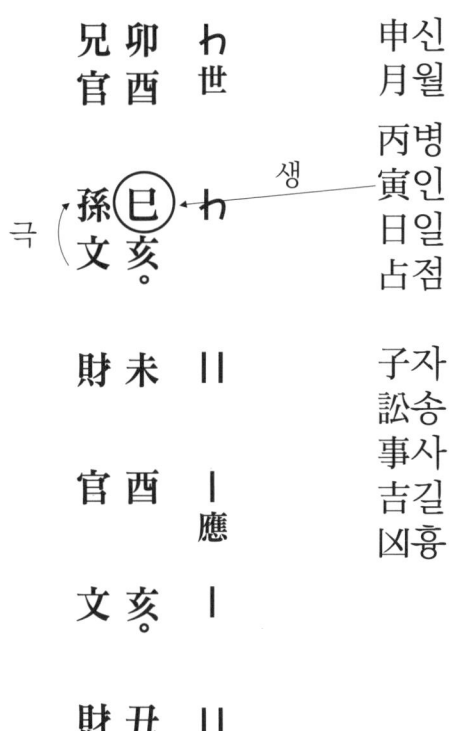

단왈 이 괘는 자손의 송사 사건으로서 자손은 손(孫)이 용신이라. 오효 사화(五爻巳火) 손(孫)이 위(爲) 용신(用神)인데 상괘(上卦) 사해(巳亥) 충(沖) 묘유(卯酉) 충(沖)으로 효지반음(爻之反吟)이 되어 있고 용신(用神)이 반음(反吟) 괘(卦)가 되어 송사 사건으로서 불리하다. 사화용신(巳火用神)은 일진인목(日辰寅木)에 생을 받아 길하다. 단 불리한 것은 사화용신(巳火用神)이 화(化)하여 변효해수(變爻亥水)에 회두극(回頭剋)을 받고 월건신금(月建申金)은 오효변효(五爻變爻) 해수기신(亥水忌神)을 생하여 기신(忌神)이 더욱 왕하여 용신사화(用神巳火)를 극하여 불리하다고 하였더니 그가 말하기를 그러면 어느 때 불리한가. 답 왈 지금은 해수기신(亥水忌神)이 순중공망(旬中空亡)이 되어 용신(用神) 사화(巳火)를 극하지 못하고 있으나 출공(出空)하는 해월(亥月)에 위험하다고 하였더니 그 후 과연 해월(亥月)에 구속(拘束)되었다..

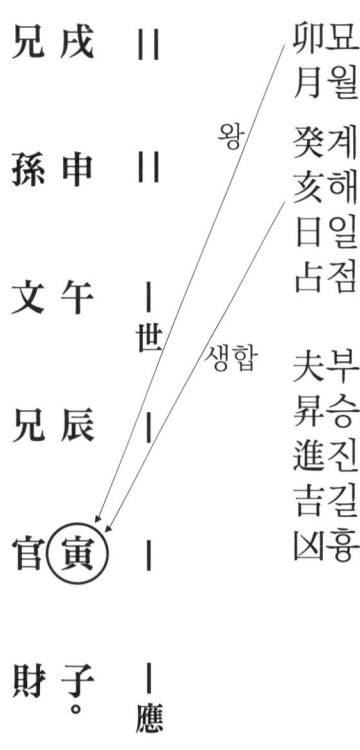

단왈(斷曰) 이 괘는 남편의 승진 점으로서 승진은 공명(功名)으로서 관(官)이 용신이라. 이효인목(二爻寅木) 관성(官星)이 위(爲) 용신(用神)인데 이 괘는 육충(六冲) 괘(卦)로서 불리하다. 그러나 다행히 용신인목(用神寅木)이 월건묘목(月建卯木)에 득령(得令)하였고 일진해수(日辰亥水)와 인해(寅亥)로 생합하니 이는 충중봉합(冲中逢合)으로 흉화위길(凶禍爲吉)이다. 고(故)로 이 괘는 승진(昇進)이 될 것이라 하였더니 그가 말하기를 그러면 어느 날인가. 답 왈 초효자수(初爻子水) 원신(原神)이 순중공망(旬中空亡)으로 병(病)이라. (병은 앓는 병이 아니고 괘의 결점되는 병이다.) 고(故)로 단하여 말하기를 내일(來日) 갑자(甲子)일에 승진할 것이라 하였더니 적중했다. 응(應) 갑자(甲子)일은 초효자수(初爻子水) 원신(原神)이 출공(出空)하는 날이기 때문이다.

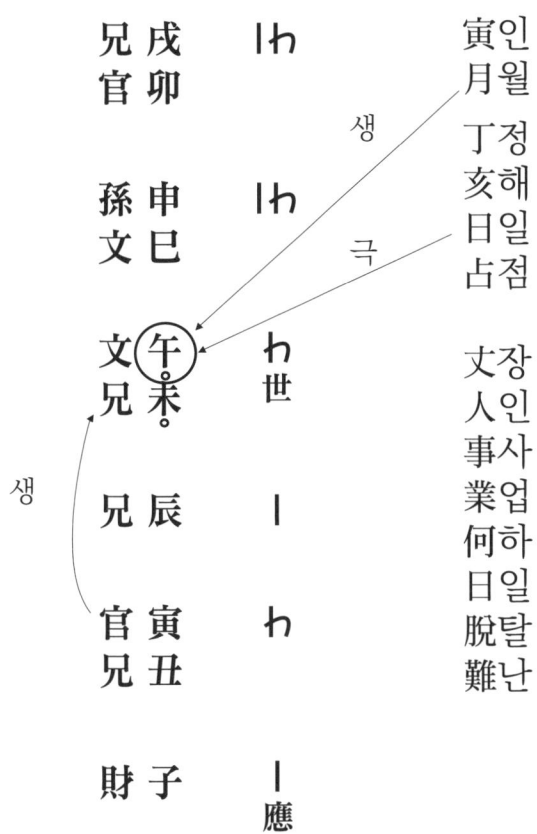

단왈 이 괘는 장인의 사업이 어려움에서 어느 때 풀릴 것인지 문의한 점인데 장인은 문서(文書)가 용신이라 사효오화(四爻午火) 문서(文書)가 위(爲) 용신(用神)인데 이 괘는 육충괘(六沖卦)로서 불리하다. 그러나 오화용신(午火用神)이 화(化)하여 변효미토(變爻未土)로 오미(午未)로 합하니 이에 충중봉합(沖中逢合)으로 흉화위길(凶禍爲吉)이다. 용신오화(用神午火)는 월건인목(月建寅木)에 생을 받아 길하고 일진해수(日辰亥水)에 극을 받아 불리하다. 그러나 이효인목(二爻寅木) 원신(原神)이 동(動)하여 용신오화(用神午火)를 생하여 이는 이생일극(二生一剋)으로 용신(用神)이 왕하여 곧 회복(回復)할 것이라 하였더니 그가 말하기를 그러면 어느 때인가. 답 왈 오화용신(午火用神)이 순중공망(旬中空亡)이 되어 좋은 생조(生助)를 못 받고 있다. 고(故)로 단하여 말하기를 오월(午月)에 회복할 것이라 하였더니 과연 오월(午月)에 대획리(大獲利)하였다. 응(應) 오월(午月)은 용신오화(用神午火)가 출공(出空)하는 월(月)이기 때문이다.

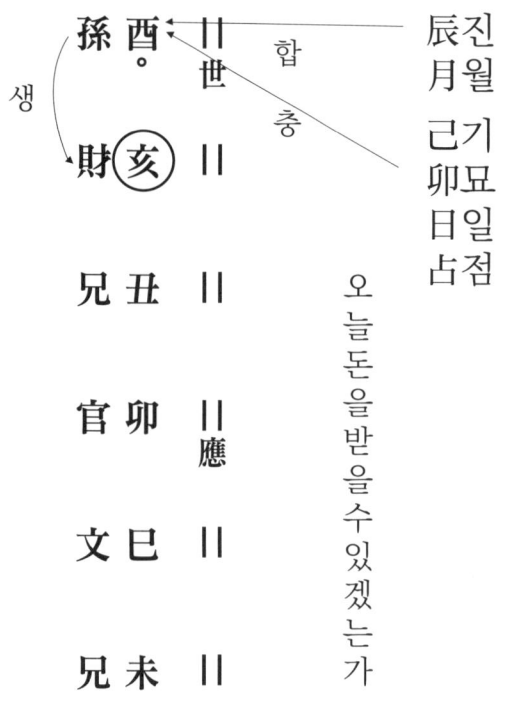

단왈 이 괘는 오늘 돈을 받을 수 있겠는가를 문의한 점인데 돈을 받는 것은 재(財)가 용신(用神)이라. 오효해수(五爻亥水) 재(財)가 위(爲) 용신(用神)인데 이 괘는 육충괘(六沖卦)로서 불리하다. 그러나 육효유금(六爻酉金) 지세효(指世爻)가 월건진토(月建辰土)와 진유(辰酉)로 합(合)하니 이에 충중봉합(沖中逢合)이 되어 길하다. 연인데 육효유금(六爻酉金) 원신(原神)이 순공위(旬空位)에 일진묘목(日辰卯木)과 묘유(卯酉) 충(沖)으로 암동(暗動)하여 용신해수(用神亥水)를 생하고 있어 오늘 돈을 받을 수 있을 것이라 하였더니 과연 금일(今日) 유시(酉時)에 반액(半額)을 받았다. 응(應) 유시(酉時)는 육효유금(六爻酉金) 원신(原神)이 출공(出空)하는 시(時)이기 때문이다.

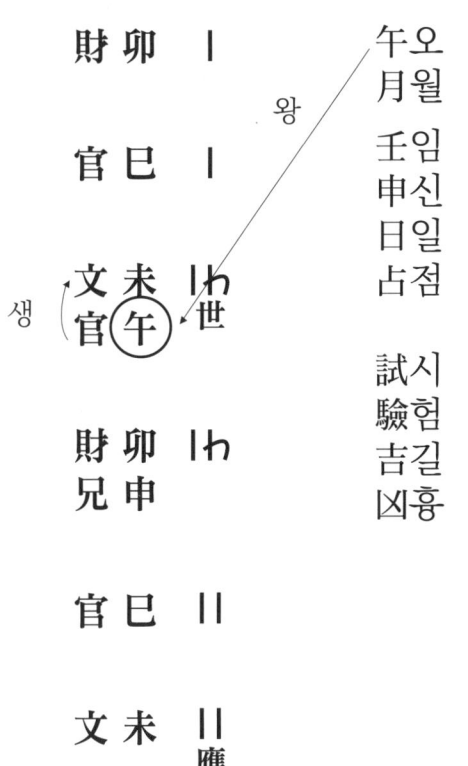

단왈 이 괘는 자손의 시험 점으로서 자손은 손(孫)이 용신인데 시험은 공명(功名)으로서 관(官)이 용신(用神)이라. 사효미토(四爻未土) 지세효(指世爻)가 화(化)하여 오화관성(午火官星)이 투출(透出)하여 월건오화(月建午火)와 합세(合勢)하여 미토(未土) 지세효(指世爻)를 생합(生合)하니 용신(用神)이 왕하여 이 괘는 승진이 되는 괘상(卦象)이라. 취중(就中) 삼효묘목(三爻卯木)이 동(動)하여 오화용신(午火用神)을 생하여 줌으로 좋은데 그만 삼효묘목(三爻卯木)은 자화신금(自化申金)에 회두극(回頭剋)을 당하여 생화(生火)할 수 없어 이것은 취(取)하지 못한다. 묘목(卯木)의 생을 바라지 않고도 오월조화(午月助火)로도 충분(充分)히 용신(用神)이 왕하여 합격(合格)할 것이라 하였더니 과연 우수(優秀)한 성적으로 합격(合格)하였다.

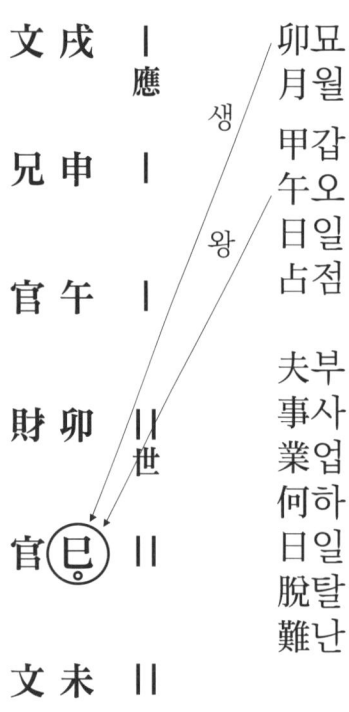

卯묘月월 甲갑午오日일 占점

夫부事사業업何하日일脫탈難난

단왈 이 괘는 남편의 사업이 어려움에서 어느 때 풀릴 것인지를 문의한 점인데 남편은 관(官)이 용신이라. 이효사화(二爻巳火) 관성(官星)이 위(爲) 용신(用神)인데 이 괘는 육합괘(六合卦)로서 범사성취(凡事成就)라. 연인데 용신사화(用神巳火)는 월건묘목(月建卯木)에 생을 받아 왕하였고 일진오화(日辰午火)가 공합(拱合)하여 용신(用神)이 왕하여 어려움에서 곧 풀릴 것이라 하였더니 그가 말하기를 그러면 어느 때인가. 답 왈 용신사화(用神巳火)가 순중공망(旬中空亡)이 되어 좋은 생조(生助)를 못 받고 있다. 고(故)로 단하여 말하기를 사월(巳月)에 회복(回復)할 것이라 하였더니 과연 사월(巳月)에 대획리(大獲利)하였다. 응(應) 사월(巳月)은 용신사화(用神巳火)가 출공(出空)하는 월(月)이기 때문이다.

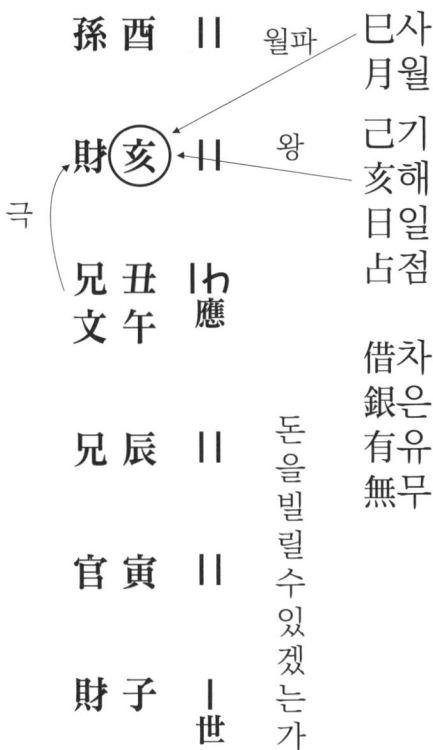

이 괘는 돈을 빌릴 수 있겠는가를 문의한 점인데 돈을 빌리는 것은 재(財)가 용신이라. 오효해수(五爻亥水) 재효(財爻)가 위(爲) 용신(用神)인데 이 괘는 육합(六合) 괘(卦)로서 범사성취(凡事成就)라. 단 불리한 것은 곤위지(坤爲地) 상괘(上卦) 축해유(丑亥酉)가 사효(四爻)가 동(動)하여 진위뢰(震爲雷) 상괘(上卦) 오신술(午申戌)로 변(變)하여 하괘(下卦) 자인진(子寅辰) 상괘(上卦) 변(變) 오신술(午申戌)로 충(沖)을 이루어 반음(反吟) 괘(卦)가 되어 불리하다. 연이나 용신해수(用神亥水)는 일진해수(日辰亥水)를 얻어 왕하여 좋아 보이나 단 불리한 것은 월건사화(月建巳火)가 사해(巳亥) 충(沖)으로 월파(月破)를 당하였고 사효축토(四爻丑土) 기신(忌神)이 동(動)하여 용신해수(用神亥水)를 극(剋)하니 극지태과(剋之太過)로 돈 빌리는 것은 불리하니 하지 말라고 하였더니 내 말에 불종(不從)하다가 그 후 돈을 빌리지 못하였다.

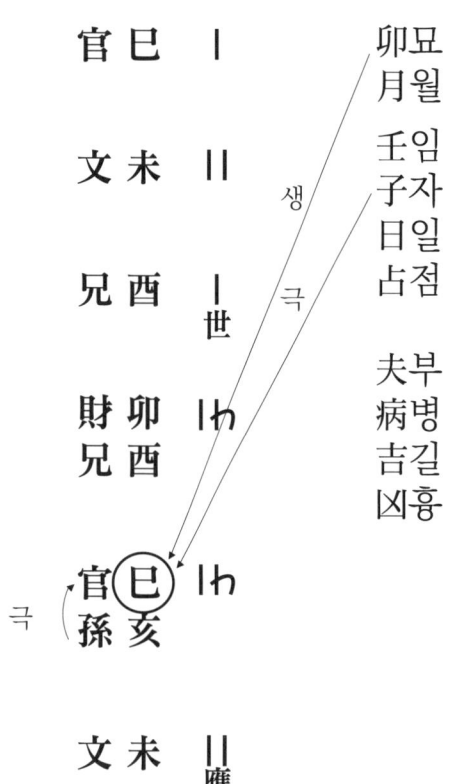

단왈 이 괘는 남편의 병점으로서 남편은 관(官)이 용신이라. 이효사화(二爻巳火) 관성(官星)이 위(爲) 용신(用神)인데 하괘(下卦) 사해(巳亥) 충(沖) 묘유(卯酉) 충(沖)으로 효지반음(爻之反吟)이 되어 있고 용신(用神) 사화(巳火)가 반음(反吟) 괘(卦)가 되어 병점(病占)으로 불리하다. 용신사화(用神巳火)는 월건묘목(月建卯木)에 생을 받아 길하다. 단 불리한 것은 일진자수(日辰子水)에 극을 받고 용신사화(用神巳火)가 화(化)하여 변효해수(變爻亥水)에 충극(沖剋)을 받아 위험하다고 하였더니 그가 말하기를 그러면 어느 날에 위험한가. 답왈 단(斷)하여 말하기를 계해(癸亥)일에 위험하다고 하였더니 과연 계해(癸亥)일에 숨을 거두고 말았다. 응(應) 계해(癸亥)일은 용신사화(用神巳火)와 사해(巳亥)로 충(沖)하며 회두극(回頭剋)하는 해수(亥水)와 합세(合勢)하여 용신사화(用神巳火)를 극한 탓이다.

第九問 四生四墓
제구문 사생사묘

사생(四生) 사묘(四墓) 사절(四絶)에 대(對)한 길흉(吉凶)은 어떻게 단정(斷定)하는가.
답 왈(答曰) 사생(四生) 사묘(四墓) 사절(四絶)이 유(有) 삼종(三種)하니 일왈(一曰)
사생(四生) 묘(墓) 절(絶)이 일진(日辰)이요 이왈(二曰) 사생(四生) 묘(墓) 절(絶)이
비신(飛神)이요 삼왈(三曰) 동이사생(動而四生) 묘(墓) 절(絶)이 변출자(變出者)라.
장생(長生)이면 화래불소(禍來不少)하고 용신(用神)이 잘생(長生)이면 길(吉)한 것은
물론이고 용신(用神)이 묘절(墓絶)에 유구(有救)면 무흉(無凶)으로 정법(定法)한다.
용신(用神)이 입묘(入墓)했다고 꼭 죽는다, 장생(長生)했다고 무조건(無條件)
산다는 고정(固定) 해석(解釋)만 하지 말고 그 괘상(卦象)의 정상(情狀)과
일주월건(日主月建) 등 기타(其他)의 제(諸) 조건(條件)을 참작(參酌)하여 산 해석을
내리고 그 변화상황(變化狀況)을 잘 살펴 활변(活變) 단정(斷定)을 내리는 것은 그
복역자(卜易者)의 역량(力量)에 있는 것이다.

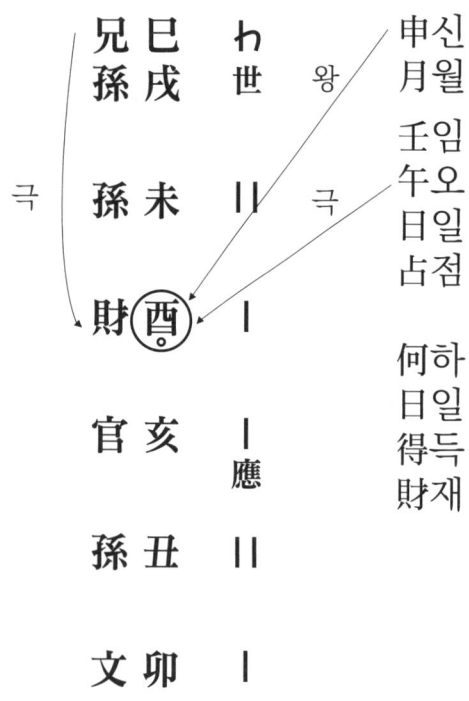

단왈 이 괘는 재물을 구하는 점은 재(財)가 용신이라. 사효유금(四爻酉金) 재효(財爻)가 위(爲) 용신(用神)인데 월건신금(月建申金)에 득령(得令)하여 길하고 일진오화(日辰午火)에 극을 받아 불리하다. 연이나 불행히도 육효사화(六爻巳火) 기신(忌神)이 동(動)하여 용신유금(用神酉金)을 극하여 이는 이극일생(二剋一生)으로 불리하다. 그러나 다행히 육효사화(六爻巳火) 기신(忌神)이 화(化)하여 변효술토(變爻戌土)에 입묘고(入墓庫)하여 기신사화(忌神巳火)가 무력(無力)하여 용신유금(用神酉金)을 극하지 못한다. 고(故)로 이 괘는 일생일극(一生一剋)으로 용신(用神)이 왕하여 곧 득재(得財)할 것이라 하였더니 그가 말하기를 그러면 어느 날인가. 답 왈 용신유금(用神酉金)이 순중공망(旬中空亡)이라. 이는 반드시 출공(出空)하는 을유(乙酉)일에 득재(得財)할 것이라 하였더니 과연 적중했다.

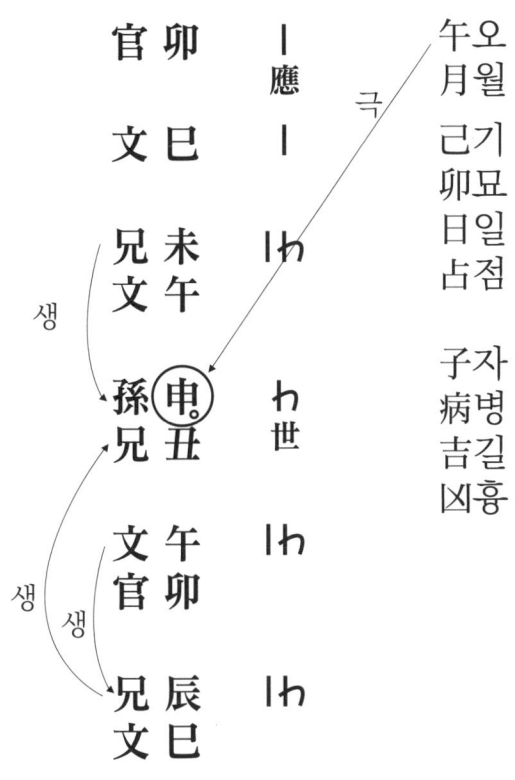

이 괘는 자손의 병점으로서 자손은 손(孫)이 용신이라. 삼효 신금(三爻申金) 손(孫)이 위(爲) 용신(用神)인데 화(化)하여 변효축토(變爻丑土)에 입묘고(入墓庫)하여 본시(本是) 불의(不宜)라. 연이나 불리한 것은 월건오화(月建午火)에 극을 받고 이효오화(二爻午火) 기신(忌神)이 동(動)하여 용신신금(用神申金) 극하여 위험에 임(臨)하고 있다. 그러나 다행한 것은 초효진토(初爻辰土) 원신(原神)과 사효미토(四爻未土) 원신(原神)이 동(動)하여 용신신금(用神申金)을 생하고 있다. 이효오화(二爻午火) 기신(忌神)은 초효진토(初爻辰土) 원신(原神)을 생하고 초효진토(初爻辰土) 원신(原神)은 용신신금(用神申金)을 생하고 있어 이렇게 원신(原神)과 기신(忌神)이 구동(俱動)되었을 경우 그 기신(忌神)은 원신(原神)을 생하므로 직접(直接) 용신(用神)을 극하지 않는다. 이것을 탐생망극(貪生忘剋)이라고 한다. 고(故)로 시(是)는 길한데 단 혐(嫌)하는 것은 용신(用神) 신금(申金)이 순중공망(旬中空亡) 위(位)에 있어 이는 반드시 출공(出空)하는 갑신(甲申)일에 쾌유(快癒)할 것이라 하였더니 적중했다.

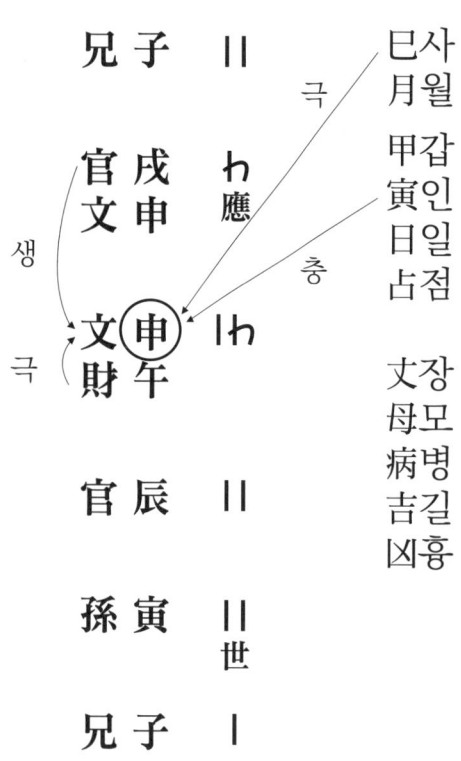

이 괘는 장모의 병점으로서 장모(丈母)는 문서(文書)가 용신(用神)이라. 사효신금(四爻申金) 문서(文書)가 위(爲) 용신(用神)인데 오효술토(五爻戌土) 원신(原神)이 화(化)하여 변효신금(變爻申金)에 장생(長生)으로 원신(原神)이 왕하여 용신(用神)을 생하고 있어 불사지상(不死之象)이라. 단 불리한 것은 용신신금(用神申金)은 월건사화(月建巳火)에 극을 받고 일진인목(日辰寅木)은 용신신금(用神申金)과 인신(寅申)으로 충(沖)이 되며 절(絶)하고 신금용신(申金用神)이 화(化)하여 변효오화(變爻午火)에 회두극(回頭剋)을 받고 일진인목(日辰寅木)은 오화기신(午火忌神)을 생하니 오화기신(午火忌神)이 더욱 왕하여 용신신금(用神申金)을 극하고 있어 도저히 살아날 가망이 없다고 하였더니 그가 말하기를 그러면 어느 날에 위험한가. 답 왈 금일(今日)에 위험하다고 하였더니 과연 본일(本日) 오시(午時)에 죽고 말았다. 응(應) 오시(午時)는 오화기신(午火忌神)과 합세(合勢)하여 용신신금(用神申金)을 극한 까닭이다.

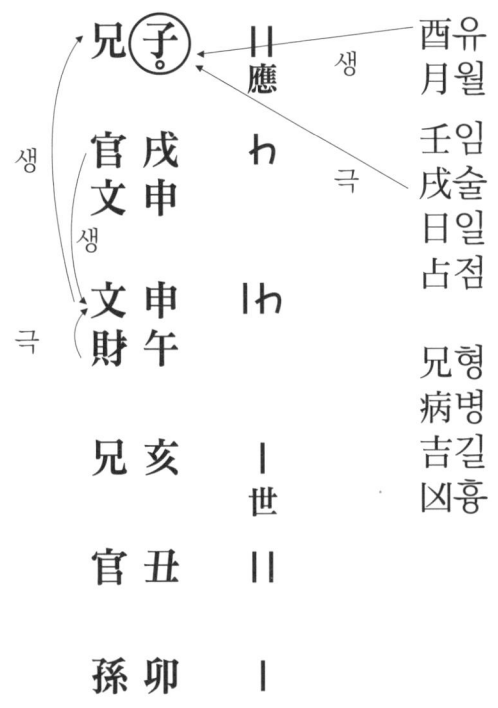

이 괘는 형제의 병점으로서 형제는 형(兄)이 용신이라. 육효자수(六爻子水) 형(兄)이 위(爲) 용신(用神)인데 월건유금(月建酉金)에 생을 받아 길하고 일진술토(日辰戌土)에 극을 받아 불리하다. 연이나 불리한 것은 오효술토(五爻戌土) 기신(忌神)이 화(化)하여 변효신금(變爻申金)에 장생(長生)으로 용신자수(用神子水)를 극하여 불리하다. 그러나 다행한 것은 사효신금(四爻申金) 원신(原神)이 동(動)하고 있어 오효술토(五爻戌土) 기신(忌神)은 사효신금(四爻申金) 원신(原神)을 생하고 사효신금(四爻申金) 원신(原神)은 용신자수(用神子水)를 생하고 있다. 이것을 살인상생(殺印相生)이라고 한다. 고(故)로 시(是)는 길한데 단 혐(嫌)하는 것은 사효신금(四爻申金) 원신(原神)이 화(化)하여 변효오화(變爻午火)에 회두극(回頭剋)을 당하여 용신자수(用神子水)를 생하지 못하고 있다. 고(故)로 단하여 말하기를 갑자(甲子)일에 쾌유할 것이라 하였더니 적중했다. 응(應) 갑자(甲子)일은 용신자수(用神子水)가 출공(出空)하며 또한 원신신금(原神申金)을 회두극(回頭剋)하는 오화구신(午火仇神)을 자오(子午)로 충거(沖去)시킨 까닭이다.

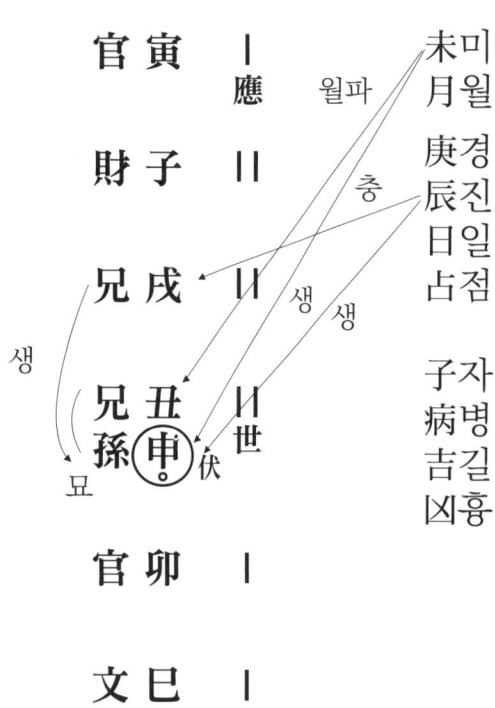

이 괘는 자손의 병점으로서 자손은 손(孫)이 용신이라. 그런데 이 괘(卦)는 토체(土體)이므로 금(金)손(孫)이 없다. 복신(伏神)을 찾아야 한다. 복신(伏神)은 수체(首體)에서 찾는다. 수체(首體)는 간위산(艮爲山) 삼효신금(三爻申金)이다. 삼효축토(三爻丑土) 지하(之下) 신금복신(申金伏神) 손(孫)이 위(爲) 용신(用神)인데 비신효(飛神爻) 축토(丑土)는 금성묘고(金星墓庫) 지하(之下)로서 본시(本是) 불의(不宜)라. 다행히 월건미토(月建未土)가 비신효(飛神爻) 축토(丑土)를 축미(丑未)로 충거(沖去)시키고 일진진토(日辰辰土)는 용신신금(用神申金)을 생하고 사효술토(四爻戌土)는 일진진토(日辰辰土)와 진술(辰戌) 충(沖)으로 암동(暗動)하여 술토(戌土) 또한 용신신금(用神申金)을 생하고 있어 용신(用神)이 왕하여 곧 쾌유할 것이라 하였더니 그가 말하기를 그러면 어느 날인가. 답 왈 용신신금(用神申金)이 순중공망(旬中空亡)이 되어 좋은 생조(生助)를 못 받고 있다. 고로 단하여 말하기를 갑신(甲申)일에 쾌유할 것이라 하였더니 적중했다. 응(應) 신(申)일은 용신신금(用神申金)이 출공(出空)하는 날이기 때문이다.

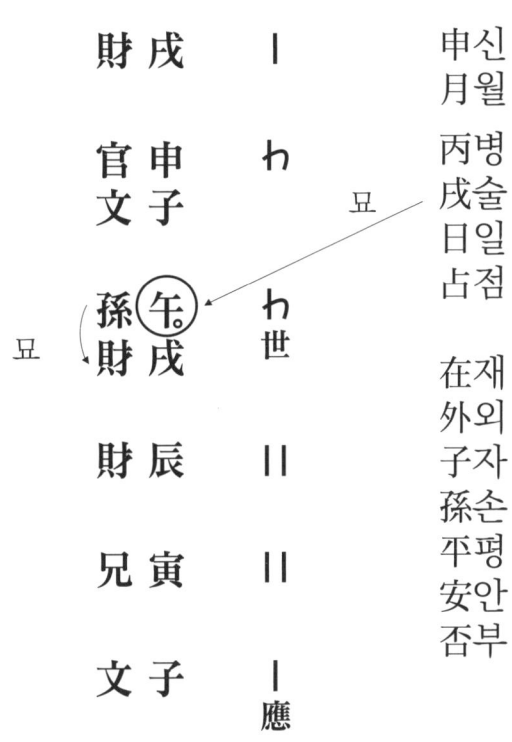

단왈 이 괘는 해외(海外)에 있는 자손의 평안부를 문의한 점인데 자손은 손(孫)이 용신(用神)이라. 사효오화(四爻午火) 손(孫)이 위(爲) 용신(用神)인데 화(化)하여 변효술토(變爻戌土)에 입묘고(入墓庫)하여 본시(本是) 불의(不宜)라. 묘(墓)되는 술토(戌土)는 일진술토(日辰戌土)와 더불어 왕하고 있어 이 괘는 심히 불리한 괘상이라. 연이나 오효도로(五爻道路) 신금관귀(申金官鬼)는 월건신금(月建申金)과 더불어 발동(發動)하고 있으니 이 괘는 도로(道路)를 조심해야 한다고 하였더니 그 후 자월(子月)에 아들이 교통사고를 당하였다. 응(應) 자월(子月)은 용신오화(用神午火)가 자오(子午) 충(沖)으로 월파(月破)를 만난 탓이다.

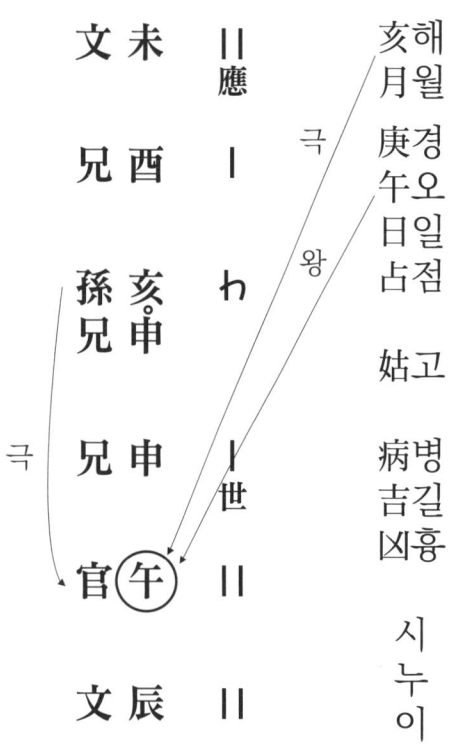

단왈 이 괘는 시누이 병점으로서 시누이는 남편의 자매(姉妹)이므로 관(官)이 용신이라. 이효오화(二爻午火) 관성(官星)이 위(爲) 용신(用神)인데 일진오화(日辰午火)가 공합(拱合)하여 좋아 보이나 단 불리한 것은 월건해수(月建亥水)에 극을 받아 불리하고 사효해수(四爻亥水) 기신(忌神)이 화(化)하여 변효신금(變爻申金)이 회두생(回頭生)하며 장생(長生)으로 해수기신(亥水忌神)이 왕하여 월건해수(月建亥水)와 합세(合勢)하여 용신오화(用神午火)를 극하여 대흉지상(大凶之象)이라 하였더니 그가 말하기를 그러면 어느 날에 위험한가. 답 왈 해수기신(亥水忌神)이 순중공망(旬中空亡)이 되어 지금(只今)은 용신오화(用神午火)를 극하지 못한다. 고(故)로 순내(旬內)에는 무방(無妨)하나 출공(出空)하는 을해(乙亥)일에 위험하다고 하였더니 과연 을해(乙亥)일에 숨을 거두고 말았다.

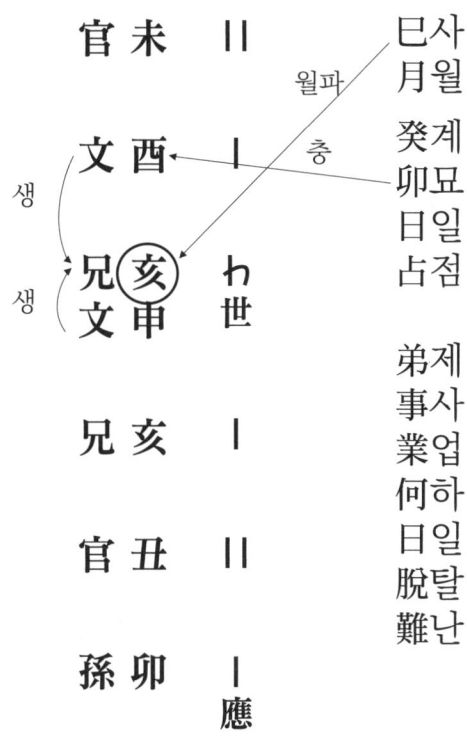

단왈 이 괘는 동생의 사업이 어려움에서 어느 때 벗어날 것인지 문의한 점인데 동생은 형(兄)이 용신이라. 사효해수(四爻亥水) 형(兄)이 위(爲) 용신(用神)인데 단 불리한 것은 월건사화(月建巳火)가 충(沖)하여 월파(月破)당하였다. 그러나 다행히 오효유금(五爻酉金) 원신(原神)이 일진묘목(日辰卯木)과 묘유(卯酉) 충(沖)으로 암동(暗動)하여 용신해수(用神亥水)를 생하고 해수용신(亥水用神)이 화(化)하여 변효신금(變爻申金)에 회두생(回頭生)을 받아 왕하다. 용신(用神)이 월파(月破)는 당(當)하였으나 용신(用神)이 왕하여 어려움에서 곧 벗어날 것이라 하였더니 그가 말하기를 그러면 어느 때인가. 답 왈 해월(亥月)에 회복(回復)할 것이라 하였더니 적중했다. 응(應) 해월(亥月)은 용신(用神)이 월파(月破)를 당하였기 때문에 해월(亥月)은 파(破)를 메우는 월(月)이기 때문이다. 용신이 월파를 당하였을 때에는 파를 메우는 년(年), 월(月)에 적중함을 많이 경험하고 있다.

第十問 伏神
제십문 복신

용신(用神)이 괘(卦)에 나타나지 않았을 경우에는 용신(用神)이 어느 효(爻) 아래 복신(伏神) 되었는가를 보며 용신(用神)이 득출(得出) 불득출(不得出)되는 경우는 어떻게 논(論)하겠는가. 답 왈(答曰) 복신(伏神)이 득출(得出)되는 경우가 유(有) 삼(三)한다. 일왈(一曰) 일월생자(日月生者)와 일월지자(日月指者)요 이왈(二曰) 비신(飛神)이 생복(生伏)과 동효(動爻)가 생복(生伏)하는 자요 삼왈(三曰) 비신(飛神)이 공(空) 파(破)나 휴수묘절(休囚墓絶) 일자(日者)다. 이상(以上) 삼자(三者)는 개(皆) 유용지(有用之) 복신(伏神)이다. 복신(伏神)이 불득자(不得者) 유(有) 사(四)하니 일왈(一曰) 복신(伏神)이 일월(日月)에 휴수(休囚) 또는 극(剋)을 받아 무기(無氣)한 자요. 이왈(二曰) 비신(飛神)이 일월(日月)의 생조(生助)를 받아 왕상(旺相)하여 그 복신(伏神)을 극해(剋害)하는 경우요. 삼왈(三曰) 복신(伏神)이 휴수겸(休囚兼) 공망(空亡) 또는 월파(月破)된 자요. 사왈(四曰) 복신(伏神)이 일월(日月)이나 비신(飛神)에 절(絶)되는 자다. 이상(以上) 사자(四者)는 개(皆) 무용지복신(無用之伏神)이다. 이것은 비록 있다 하나 없는 것과 같아서 종불득출(終不得出)하는 법이다. 그러나 용신(用神)이 왕(旺)하였을 때에는 순공위(旬空位)에 있으면 출공(出空)하는 날에 득출(得出)하는 것이다.

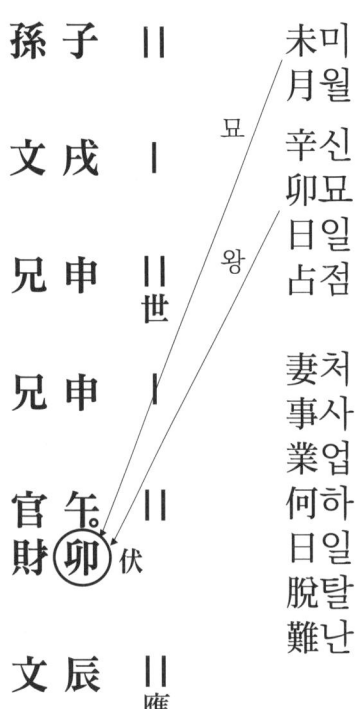

이 괘는 처의 사업이 어려움에서 어느 때 벗어날 것인지 문의한 점인데 처는 재(財)가 용신이라. 그런데 이 괘(卦)는 금체(金體)이므로 목재(木財)가 없다. 복신(伏神)을 찾아야 한다. 복신(伏神)은 수체(首體)에서 찾는다. 수체(首體)는 태위택(兌爲澤) 이효묘목(二爻卯木)이 된다. 이효오화(二爻午火) 지하(之下) 묘목(卯木) 복신(伏神) 재(財)가 위(爲) 용신(用神)인데 일진묘목(日辰卯木)과 공합(拱合)하여 길하고 월건미토(月建未土)에 묘목용신(卯木用神)이 입묘(入墓)하여 불리하다. 연인데 비신오화(飛神午火)는 왕한 것으로서 묘목용신(卯木用神)을 누르고 있는 법인데 다행히 비신오화(飛神午火)가 순중공망(旬中空亡)이 되어 길하다. 고(故)로 단하여 말하기를 자월(子月)에 회복(回復)할 것이라 하였더니 과연 자월(子月)에 대획리(大獲利)하였다. 응(應) 자월(子月)은 용신묘목(用神卯木)을 누르고 있는 비신(飛神) 오화(午火)를 자오(子午)로 충거(沖去)시키고 자월(子月)은 용신묘목(用神卯木)이 왕한 시기(時機)를 만난 탓이다.

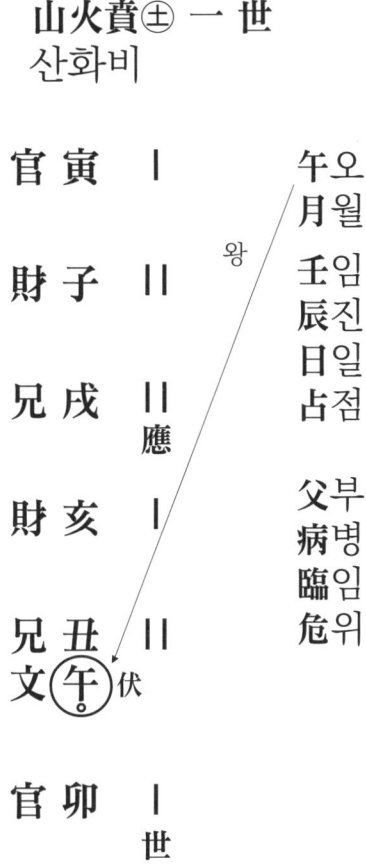

단왈 이 괘는 부친의 병점으로서 부친(父親)은 문서(文書)가 용신인데 이 괘(卦)는 토체(土體)이므로 화문서(火文書)가 없다. 복신(伏神)을 찾아야 한다. 복신은 수체(首體)에서 찾는다. 수체(首體)는 간위산(艮爲山) 이효오화(二爻午火)다. 이효축토(二爻丑土) 지하(之下) 오화복신(午火伏神) 문서(文書)가 위(爲) 용신(用神)인데 순중공(旬中空)은 가허(可許)라. 용신오화(用神午火)는 일진진토(日辰辰土)에 설기(洩氣)가 되나 월건오화(月建午火)에 득령(得令)하여 용신(用神)이 왕하여 곧 쾌유(快癒)할 것이라 하였더니 그가 말하기를 그러면 어느 날인가. 답 왈 용신오화(用神午火)가 순중공망(旬中空亡)이라. 고(故)로 단하여 말하기를 갑오(甲午)일에 쾌유할 것이라 하였더니 적중했다. 응(應) 갑오(甲午)일은 오화용신(午火用神)이 출공(出空)하는 날이기 때문이다.

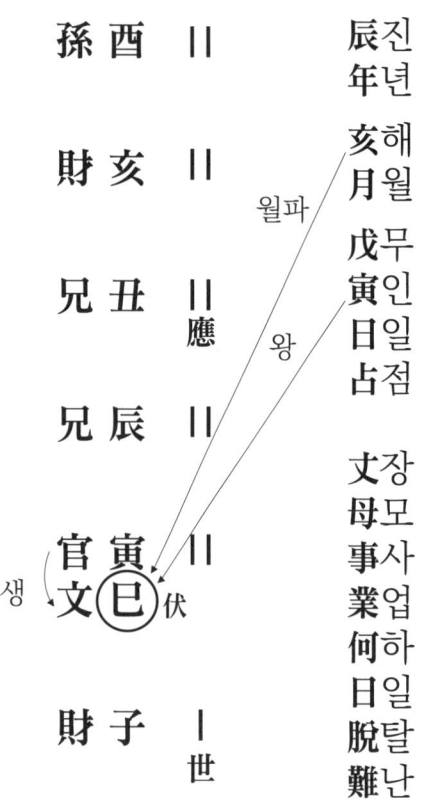

이 괘는 장모의 사업이 어려움에서 어느 때 벗어날 것인가를 문의한 점인데 장모는 문서(文書)가 용신(用神)인데 이 괘(卦)는 토체(土體)이므로 화문서(火文書)가 없다. 복신(伏神)을 찾아야 한다. 복신(伏神)은 수체(首體)에서 찾는다. 수체(首體)는 곤위지(坤爲地) 이효사화(二爻巳火)다. 이효인목(二爻寅木) 지하(之下) 사화복신(巳火伏神) 문서(文書)가 위(爲) 용신(用神)인데 일진인목(日辰寅木)에 생을 받아 왕하다. 그러나 월건해수(月建亥水)가 충(沖)하여 월파(月破)를 당하여 불리하다. 다행히 비신인목(飛神寅木)이 용신사화(用神巳火)를 생하니 월파(月破)는 당하였으나 용신(用神)이 왕하여 어려움에서 곧 벗어날 것이라 하였더니 그가 말하기를 그러면 어느 해인가. 답 왈 금년(今年)은 진년(辰年)이니 내년(來年) 사년(巳年)에 회복(回復)할 것이라 하였더니 과연 사년(巳年)에 대획리(大獲利)하였다. 응(應) 사년(巳年)은 용신사화(用神巳火)가 사해(巳亥) 충(沖)으로 월파(月破)를 당하였기 때문에 사년(巳年)은 파(破)를 메우는 년(年)이기 때문이다.

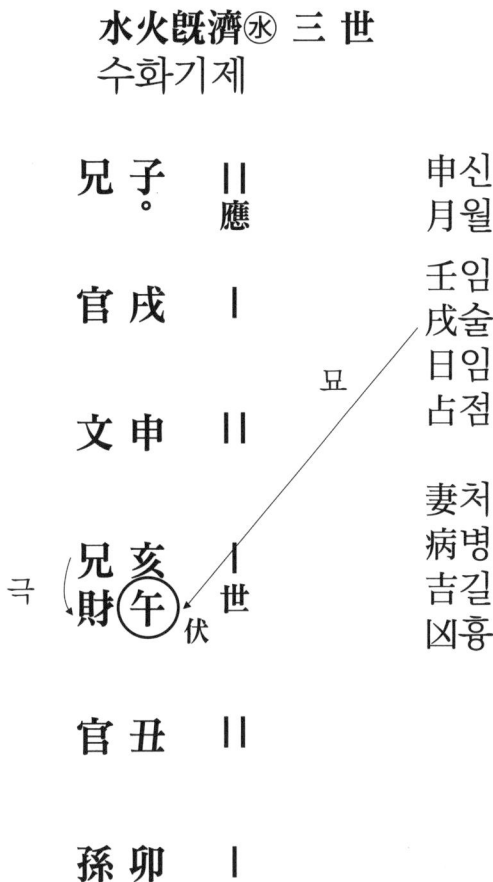

이 괘는 처의 병점으로서 처는 재가 용신인데 이 괘(卦)는 수체(水體)이므로 화재(火財)가 없다. 복신(伏神)을 찾아야 한다. 복신(伏神)은 수체(首體)에서 찾는다. 수체(首體)는 감위수(坎爲水) 삼효오화(三爻午火)다. 삼효해수(三爻亥水) 지하(之下) 오화복신(午火伏神) 재(財)가 위(爲) 용신(用神)인데 일진술토(日辰戌土)에 입묘고(入墓庫)하여 불리하다. 연이나 불행히도 비신해수(飛神亥水)는 월건신금(月建申金)에 생을 받아 기신해수(忌神亥水)가 더욱 왕하여 용신오화(用神午火)를 극하고 있어 위험하다고 하였더니 그가 말하기를 그러면 어느 날에 위험한가. 답 왈 육효자수(六爻子水) 기신(忌神)이 순중공망(旬中空亡)이라고(故)로 단하여 말하기를 갑자(甲子)일에 위험하다고 하였더니 과연 갑자(甲子)일에 숨을 거두고 말았다. 응(應) 자일(子日)은 육효자수(六爻子水) 기신(忌神)이 출공(出空)하며 오화용신(午火用神)을 자오(子午)로 충(沖)하며 비신해수(飛神亥水)와 합세(合勢)하여 용신오화(用神午火)를 극한 탓이다.

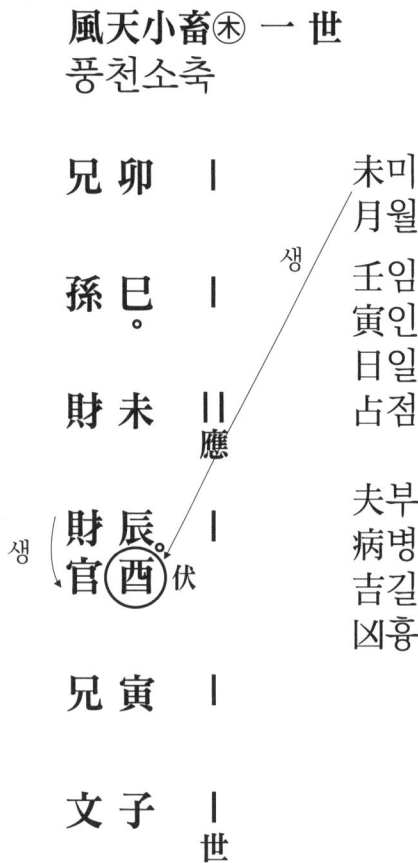

단왈 이 괘는 남편의 병점으로서 남편은 관(官)이 용신(用神)인데 이 괘(卦)는 목체(木體)이므로 금관(金官)이 없다. 복신(伏神)을 찾아야 한다. 복신(伏神)은 수체(首體)에서 찾는다. 수체(首體)는 손위풍(巽爲風) 삼효유금(三爻酉金)이다. 삼효진토(三爻辰土) 지하(之下) 유금(酉金) 복신(伏神) 관성(官星)이 위(爲) 용신(用神)인데 월건미토(月建未土)에 생을 받아 길하고 비신진토(飛神辰土)에 생을 받아 용신(用神)이 왕하다. 고(故)로 곧 쾌유(快癒)할 것이라 하였더니 그가 말하기를 그러면 어느 날인가. 답 왈 비신진토(飛神辰土)가 순중공망(旬中空亡)이 되어 용신유금(用神酉金)을 생하지 못하고 있다. 이는 반드시 비신진토(飛神辰土)가 출공(出空)하는 갑진(甲辰)일에 쾌유할 것이라 하였더니 적중했다.

第十一問 進神退神
제십일문 진신퇴신

진퇴신(進退神)은 내(乃) 동효(動爻) 변출지신(變出之神)인데 길흉화복(吉凶禍福)과 희기지분(喜忌之分) 있는데 어떻게 논(論)하는가. 답 왈(答曰) 길신(吉神)은 화(化)하여 진신(進神)됨이 좋고 기신(忌神)은 동(動)하여 퇴(退)함이 좋은 것이 진퇴지법(進退之法)인데 진신법(進神法)이 유(有) 삼(三)하니 왕상자(旺相者) 승세이진(乘勢而進)이 그 일(一)이요, 휴수자(休囚者) 대시이진(待時而進)함이 그 이(二)요, 동효(動爻)나 변효중(變爻中) 그 어느 하나가 봉공(逢空) 충파(沖破) 유합(有合)인 경우 점일진(占日辰)을 기(期)하여 봉공(逢空)에 출공(出空) 또는 충공(沖空)하는 날에 그리고 충파(沖破)는 보전(補塡)이나 합(合)하는 날을 기다려 진행(進行)함이 그 삼(三)이 되는 것이다. 퇴거지법(退去之法)이 또한 유(有) 이(二)하니 휴수(休囚)된 자 즉시(卽時)로 퇴(退)함이 그 일(一)이요, 동효(動爻)나 변효중(變爻中) 어느 한 효중(爻中) 봉공(逢空) 일월충파(日月沖破) 일월합(日月合)은 대기(待期)하여 순공(旬空)에는 출공(出空) 또는 충공(沖空)하는 날에 일월충파(日月沖破)는 합(合)하는 때에 일월합(日月合)은 충(沖)하는 날에 각각(各各) 퇴(退)함이 그 이(二)가 된다.

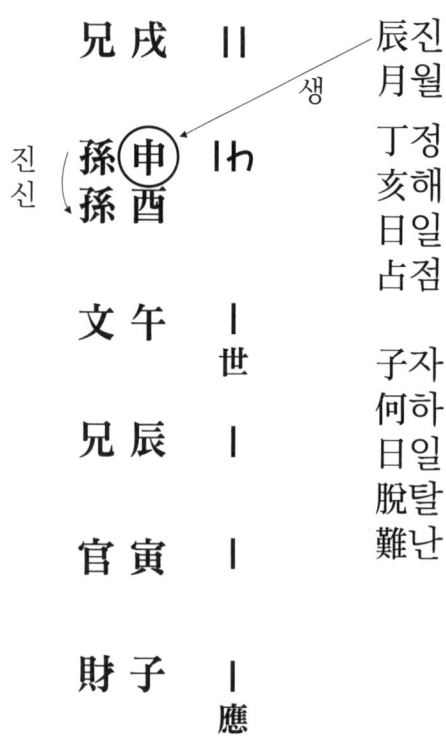

단왈 이 괘는 자손이 어려움에서 어느 때 벗어날 것인지 문의한 점으로서 자손은 손(孫)이 용신이라. 오효신금(五爻申金) 손(孫)이 위(爲) 용신(用神)인데 화(化)하여 변효유금(變爻酉金)으로 진신(進神)이 되어 길하다. 그리고 일진해수(日辰亥水)에 설기(洩氣)가 되나 월건진토(月建辰土)에 생을 받아 용신(用神)이 왕하여 어려움에서 곧 벗어날 것이라 하였더니 그가 말하기를 그러면 어느 때인가. 답 왈 용신신금(用神申金)이 화(化)하여 변효(變爻) 유금(酉金)으로 진신(進神)이 되었으니 유월(酉月)에 회복(回復)할 것이라 하였더니 과연 적중했다. 응(應) 유월(酉月)은 오효변효(五爻變爻) 유금진신(酉金進神)과 합작(合作)하는 월(月)이기 때문이다.

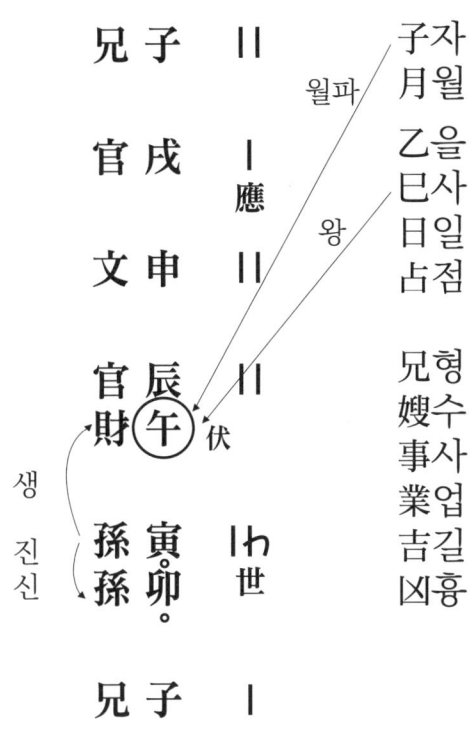

단왈 이 괘는 형수(兄嫂) 사업 길흉을 문의한 점인데 형수는 재(財)가 용신인데 이 괘(卦)는 수체(水體)이므로 화재(火財)가 없다. 복신(伏神)을 찾아야 한다. 복신(伏神)은 수체(首體)에서 찾는다. 수체(首體)는 감위수(坎爲水) 삼효오화(三爻午火)다. 삼효진토(三爻辰土) 지하(之下) 오화복신(午火伏神) 재효(財爻)가 위(爲) 용신(用神)인데 일진사화(日辰巳火)와 공합(拱合)하여 길하다. 단 불리한 것은 월건자수(月建子水)가 용신오화(用神午火)를 자오(子午) 충(沖)으로 월파(月破)를 당하여 불리하다. 그러나 다행히 이효인목(二爻寅木) 원신(原神)이 화(化)하여 변효묘목(變爻卯木)으로 진신(進神)이 되어 용신오화(用神午火) 생하니 용신(用神)이 왕하여 사업에 유망(有望)이라 하였더니 그가 말하기를 그러면 어느 때인가. 답 왈 용신오화(用神午火)가 월파(月破)를 당하였으니 오월(午月)에 회복(回復)할 것이라 하였더니 과연 오월(午月)에 대획리(大獲利)하였다. 응(應) 오월(午月)은 오화용신(午火用神)이 자오(子午) 충(沖)으로 월파(月破)를 당하였기 때문에 오월(午月)은 파(破)를 메우는 월(月)이기 때문이다.

火雷噬嗑㉣ 五 世 4.5.6.動 **水雷屯**
화뢰서합　　　　　　　　　　수뢰둔

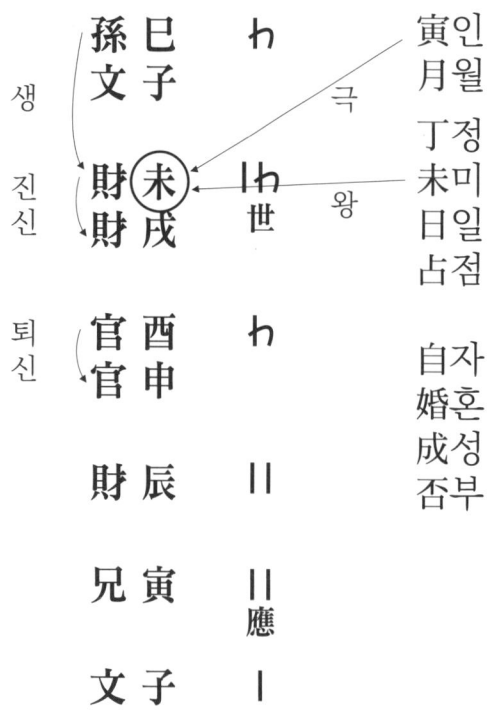

단왈 이 괘는 구혼 점으로서 구혼(求婚)은 재가 용신이라. 오효 미토(五爻未土) 재효(財爻)가 위(爲) 용신(用神)인데 화(化)하여 변효술토(變爻戌土)로 진신(進神)이 되어 길하고 육효사화(六爻巳火) 원신(原神)이 동(動)하여 용신미토(用神未土)를 생하고 있어 이 혼인(婚姻)은 성사될 것이라고 하였더니 그가 말하기를 그러면 어느 날에 응(應)하겠는가. 답 왈 육효사화(六爻巳火) 원신(原神)이 화(化)하여 변효자수(變爻子水)에 회두극(回頭剋)을 당하여 용신미토(用神未土)를 생하지 못하고 있다. 고(故)로 단하여 말하기를 무오(戊午)일에 윤혼(允婚)될 것이라 하였더니 적중했다. 응(應) 오일(午日)은 육효사화(六爻巳火) 원신(原神)을 회두극(回頭剋) 하는 자수구신(子水仇神)을 (용신을 생하여 주는 원신효를 극하는 자를 이름 지어 구신이라 한다.) 자오(子午)로 충거(沖去)시키고 육효사화(六爻巳火) 원신(原神)과 합세(合勢)하여 용신미토(用神未土)를 생한 까닭이다.

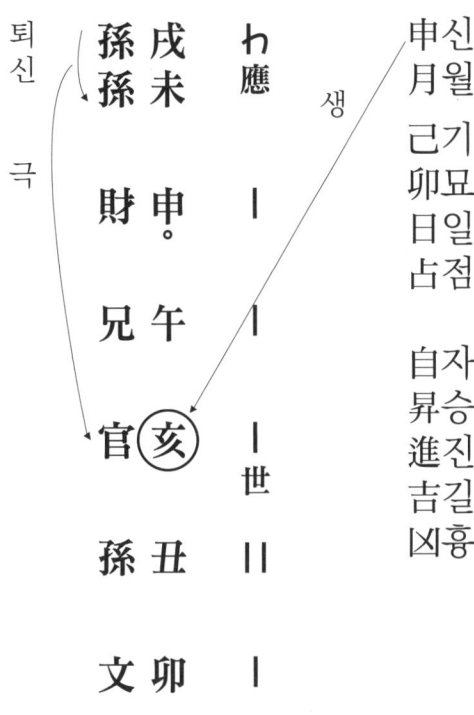

단왈 이 괘는 자신의 승진 점으로서 승진은 공명(功名)으로 관(官)이 용신이라. 세가 붙은 삼효해수(三爻亥水) 관(官)이 위(爲) 용신(用神)인데 월건신금(月建申金)에 생을 받아 길하다. 단 불리한 것은 육효술토(六爻戌土) 자손복덕(子孫福德)이 동(動)하여 관(官)을 극(剋)하는 것은 종래무관(從來無官)이라고 할 수 있는데 다행히 술토기신(戌土忌神)이 화(化)하여 변효미토(變爻未土)로 퇴신(退神)이 되어 용신해수(用神亥水)를 극하지 못한다. 또한 기신술토(忌神戌土)가 동(動)하여 일진묘목(日辰卯木)과 묘술(卯戌)로 합하니 합(合)이 탐(貪)이 나서 용신해수(用神亥水) 극하지 않는다. 고(故)로 단하여 말하기를 승진이 될 것이라 하였더니 그가 말하기를 그러면 어느 날인가. 답 왈 오효신금(五爻申金) 원신(原神)이 재(在) 순공(旬空)으로 병인데 이는 반드시 출공(出空)하는 갑신(甲申)일에 승진이 될 것이라 하였더니 적중했다.

第十二問 反吟
제십이문 반음

반음(反吟)이란 동변효(動變爻)가 충(沖)이 되는 것을 말한다. 반음지흉(反吟之凶)에도 경중분별(輕重分別)함이 있는가. 답 왈(答曰) 대개(大槪)를 얻었을 때 반음괘(反吟卦)의 용신(用神)은 불변(不變)하고 충극자(沖剋者) 사태(事態)는 비록 반복(反復)한다 하나 역시(亦是) 성사(成事)가 된다. 단(但) 혐(嫌)하는 것은 용신(用神)이 화(化) 충극(沖剋) 당(當)하는 것이 범모대흉(凡謀大凶)이다.

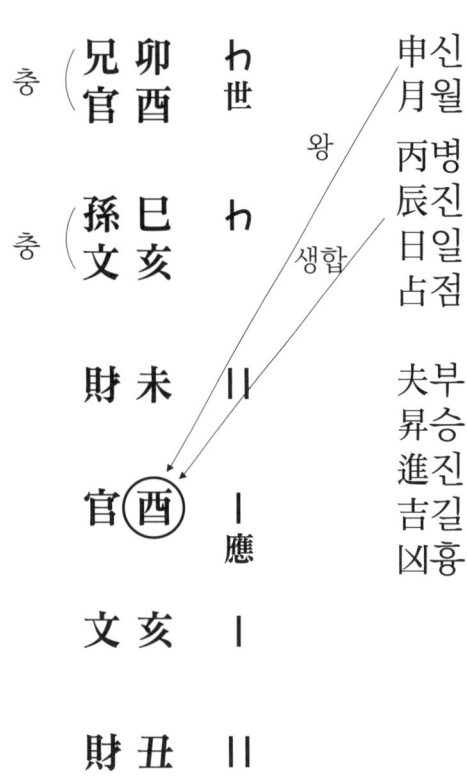

이 괘는 남편의 승진 점으로서 승진은 공명(功名)으로서 관이 용신이라. 삼효유금(三爻酉金) 관(官)이 위(爲) 용신(用神)인데 월건신금(月建申金)에 득령(得令)하여 길하고 일진진토(日辰辰土)가 용신유금(用神酉金)을 진유(辰酉)로 생합(生合)하여 용신(用神)이 왕하여 승진이 될 것이라 하였더니 그가 말하기를 그러면 어느 날인가. 답 왈 용신유금(用神酉金)이 일진진토(日辰辰土)와 진유(辰酉)로 합(合)이 되어 있다. 합(合)이 되어 있을 경우에는 용신(用神) 유금(酉金)이 충(沖)하는 날을 기다려야 한다. 고(故)로 단하여 말하기를 정묘(丁卯)일에 승진이 될 것이라 하였더니 적중했다. 응(應) 묘일(卯日)은 용신유금(用神酉金)과 묘유(卯酉)로 합처봉충(合處逢沖)하는 날이기 때문이다. 그런데 이 괘는 상괘(上卦) 사해(巳亥) 충(沖) 묘유(卯酉) 충(沖)으로 반음(反吟) 괘(卦)가 되어 승진하여 곧바로 타처(他處)로 발령(發令)받았다가 미구(未久)에 다시 본사로 취경(就京)하였다.

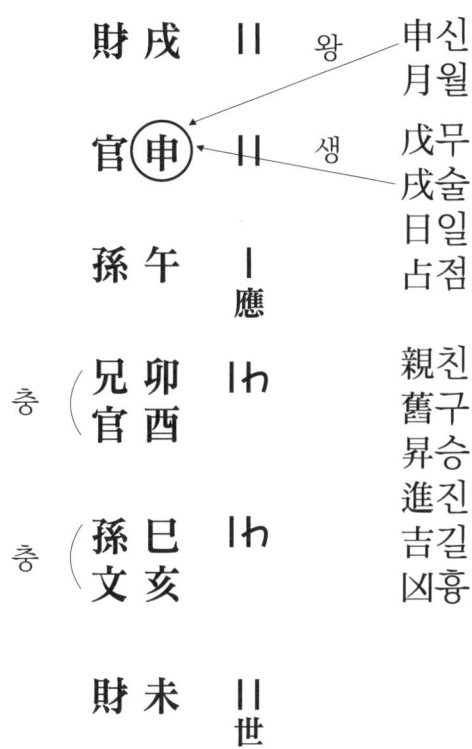

단왈 이 괘는 친구의 승진 점으로서 친구는 형이 용신인데 승진은 공명(功名)으로서 오효신금(五爻申金) 관(官)이 위(爲) 용신(用神)인데 월건신금(月建申金)에 득령(得令)하여 길하고 일진술토(日辰戌土)에 생을 받아 용신(用神)이 왕하여 이 괘는 본월(本月)에 승진이 되었다. 그런데 하괘(下卦) 사해(巳亥) 충(沖) 묘유(卯酉) 충(沖)으로 반음(反吟) 괘(卦)가 되어 승진하여 타처(他處)로 발령받지 않고 있다가 미구(未久)에 다시 타처(他處)로 발령(發令)받게 되었다. 상괘(上卦) 반음(反吟)과 하괘(下卦) 반음(反吟)과의 차이(差異)점은 상괘반음(上卦反吟)은 승진하여 곧바로 타처(他處)로 발령받게 되는 것이고 하괘반음(下卦反吟)은 승진하여 타처(他處)로 발령받지 않고 있다가 미구(未久)에 다시 타처(他處)로 발령받게 된다.

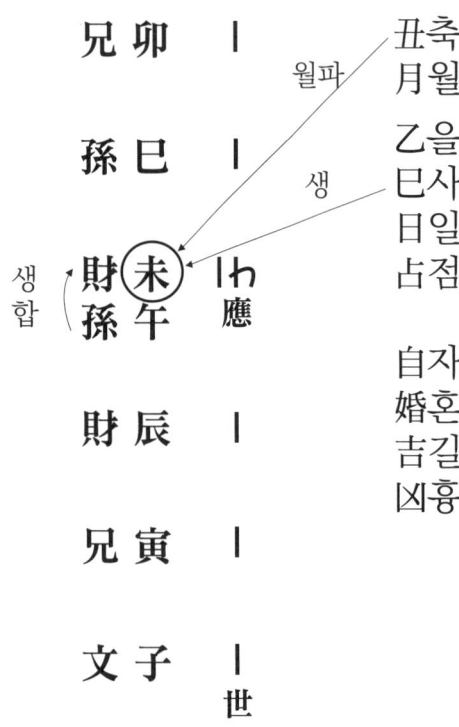

단왈 이 괘는 구혼(求婚) 점으로서 구혼 점에는 재(財)가 용신이라. 사효미토(四爻未土) 재효(財爻)가 위(爲) 용신(用神)인데 손위풍(巽爲風) 상괘(上卦) 미사묘(未巳卯)가 사효(四爻)가 동(動)하여 건위천(乾爲天) 상괘(上卦) 오신술(午申戌)로 변(變)하여 하괘(下卦) 자인진(子寅辰) 상괘(上卦) 변(變) 오신술(午申戌)로 충(沖)이 되어 반음(反吟)괘로서 불리한데, 다행히 용신미토(用神未土)가 변효오화(變爻午火)와 오미(午未)로 합하니 이에 충중봉합(沖中逢合)으로 흉화위길(凶禍爲吉)이라. 고(故)로 이 혼인은 성사될 것이라 하였더니 그가 말하기를 그러면 어느 때 응(應)하겠는가. 답 왈 용신미토(用神未土)가 축월(丑月)에 축미(丑未) 충(沖)으로 월파(月破)를 당하였기 때문에 오월(午月)에 윤혼(允婚)될 것이라 하였더니 적중했다. 응(應) 오월(午月)은 용신미토(用神未土)가 오월(午月)에 오미합(午未合)으로 월파봉합(月破逢合)하는 월(月)이기 때문이다.

山地剝㊎ 五 世 6.動 坤爲地
산지박　　　　　　　곤위지

```
財㊃　←わ　묘　未미
兄酉　　　　　　月월

　　　　　　　　　辛신
孫子  ∥　　　　　丑축
　　  世　　　　　日일
　　　　　　　　　占점

文戌  ∥　　　　　妾첩
　　　　　　　　　病병
　　　　　　　　　吉길
財卯  ∥　　　　　凶흉

官巳  ∥
　　  應

文未  ∥
```

이 괘는 첩(妾)의 병점으로서 첩은 재(財)가 용신이라. 육효인목(六爻寅木) 재효(財爻)가 위(爲) 용신(用神)인데 간위산(艮爲山) 상괘(上卦) 술자인(戌子寅)이 육효(六爻)가 동(動)하여 곤위지(坤爲地) 상괘(上卦) 축해유(丑亥酉)로 변(變)하여 들어오니, 하괘(下卦) 미사묘(未巳卯) 상괘(上卦) 변(變) 축해유(丑亥酉)로 충(沖)이 되어 반음괘(反吟卦)로서 병점에 용신(用神)이 반음(反吟) 괘(卦)가 되어 불리하다. 연이나 불행히도 육효인목(六爻寅木) 용신(用神)이 화(化)하여 변효유금(變爻酉金)에 회두극(回頭剋)을 당하였고 용신인목(用神寅木)은 월건미토(月建未土)에 입묘고(入墓庫)하여 위험하다고 하였더니 그가 말하기를 그러면 어느 날에 위험한가. 답 왈 단하여 말하기를 미월(未月)이 나가고 신월(申月)이 오면 위험하다고 하였더니 과연 신월(申月)에 세상을 떠나고 말았다. 응(應) 신월(申月)은 용신인목(用神寅木)과 인신(寅申) 충(沖)으로 월파(月破)를 당하였고 신월(申月)은 회두극(回頭剋)하는 유금(酉金)과 합세(合勢)하여 용신인목(用神寅木)을 극한 까닭이다.

第十三問 卜者誠心
제십삼문 복자성심

문복자(問卜者)가 성심(誠心)으로 묻고 복역자(卜易者)가 정명(精明)으로 단결(斷決)하여도 때로는 점괘(占卦)가 맞지 않는데 그것은 무슨 연고(緣故)인가. 답 왈(答曰) 그 연고는 문복자(問卜者)에 있음이요 복역자(卜易者)에게 있는 것은 아니다. 문복자(問卜者)가 아무리 성의(誠意)를 갖추어 묻는다 하더라도 비밀(祕密)된 말을 하기 어려워 진실(眞實)을 말하지 않고 또 어떤 사람은 마음을 다른 곳에 두고 점(占)을 물음이 있는 것을 보게 되는데 그 모두가 이런 까닭에 불험(不驗)한 연고(緣故)를 빚어 내게 되는 것이다.

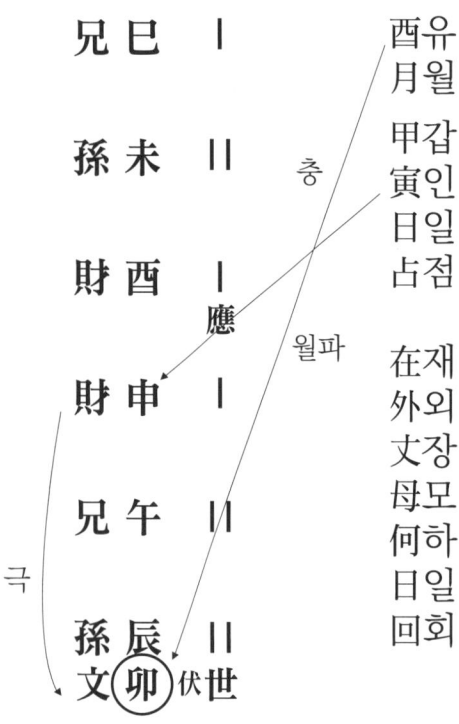

이 괘는 외국에 있는 장모가 어느 날에 귀국할 것인가를 문의한 점인데 장모는 문서(文書)가 위(爲) 용신(用神)인데 이 괘는 화체(火體)이므로 목(木) 문서(文書)가 없다. 복신(伏神)을 찾아야 한다. 복신(伏神)은 수체(首體)에서 찾는다. 수체(首體)는 리위화(離爲火) 초효묘목(初爻卯木)이다. 초효진토(初爻辰土) 지하(之下) 묘목복신(卯木伏神) 문서(文書)가 위(爲) 용신(用神)인데 만약 이 점이 장모 평안부(平安否)를 묻는다면 묘목용신(卯木用神)이 월건유금(月建酉金)이 충(沖)하여 월파(月破)를 당하여 불리하고 삼효신금(三爻申金)은 일진인목(日辰寅木)과 인신(寅申) 충(沖)으로 암동(暗動)하여 묘목용신(卯木用神)을 극하고 있어 용신(用神)이 피상(被傷) 당하여 불안(不安)하다고 하게 되는데 이 물음이 그것이 아니고 장모가 어느 날에 귀국(歸國)할 것인가를 묻는 점이기 때문에 그와 같이 불안(不安)으로 단정하는 것이 아니고 용신(用神)이 충극(沖剋)을 받아 피상(被傷) 당하였으므로 귀국하지 못한다고 하게 되는 것이다. 그 후 장모는 외국에서 평안하게 있었다.

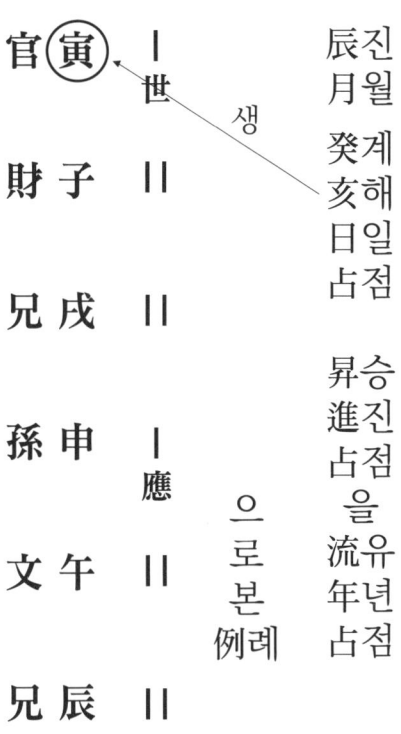

이 괘는 승진 점을 유년 점으로 본 예(例)인데, 이 점을 만약 유년 점으로 해석하면 육효인목(六爻寅木) 지세효(指世爻)가 위(爲) 용신(用神)인데 지세(指世)에 관귀(官鬼)가 임하였다. 인목용신(寅木用神)은 일진해수(日辰亥水)와 인해(寅亥)로 생합(生合)하여 용신(用神)이 왕하여 한 해에 평안할 것 같이 보인다. 그러나 불리한 것은 인목용신(寅木用神)에 관귀(官鬼)가 임하여 불리하다. 공명점(功名占)은 관귀(官鬼)로 위(爲) 용신(用神)하여 복(福)으로 하고 유년 점은 관귀(官鬼)로 위화(爲禍)하는 법이므로 그 한 해는 불리하게 된다.

그러나 이 점을 공명점(功名占)으로 해석(解釋)하면 육효지세(六爻指世)에 인목관귀(寅木官鬼)가 임(臨)하였고 일진해수(日辰亥水)와 인해(寅亥)로 생합(生合)하여 용신(用神)이 왕하여 이미 승진이 되어 있는 것이나 다름이 없다고 하였더니 그가 말하기를 그러면 어느 날에 승진이 될 것인가. 답 왈 용신인목(用神寅木)이 일진해수(日辰亥水)와 인해(寅亥)로 생합(生合)하니 합(合)이 되어 있을 때에는 용신인목(用神寅木)을 충(沖)하는 날을 기다려야 한다. 고(故)로 단하여 말하기를 임신(壬申)일에 승진이 될 것이라 하였더니 적중했다. 응(應) 신일(申日)은 용신인목(用神寅木)과 인신(寅申) 충(沖)으로 합처봉충(合處逢沖)하는 날이기 때문이다.

風天小畜㊍ 一 世 4.動 乾爲天
풍천소축　　　　　　　　건위천

```
兄 卯 ㅣ            巳月　甲辰日 占
孫 巳 ㅣ
財 未 ㅣㅣ 應       母病占을 流年占으로 본 예례
孫 午
財 辰 ㅣ
兄 寅 ㅣ
文 子 ㅣ 世
```
(극)

이 괘는 모(母) 병점을 유년 점으로 본 예인데 만약 이 점이 자영업(自營業) 매매(買賣)하시는 분의 유년(流年) 점이라면 사효미토(四爻未土) 재효(財爻)가 위(爲) 용신(用神)인데 월건사화(月建巳火)에 득령(得令)하고 일진진토(日辰辰土)가 공합(拱合)하고 용신미토(用神未土)가 화(化)하여 변효오화(變爻午火)가 회두생(回頭生)하여 용신(用神)이 왕하여 대획리(大獲利)할 것이라 하였더니 그가 말하기를 내 그것이 아니고 어머니의 병이 있어 점치러 왔으니 어느 날에 차도(差度)가 있겠습니까. 답 왈(答曰) 모(母) 병점과 유년점(流年占)은 근본적으로 다른 것이다. 모(母) 병점에는 초효자수(初爻子水) 문서(文書)가 위(爲) 용신(用神)인데 일진진토(日辰辰土)에 입묘고(入墓庫)하여 불리하고 사효미토(四爻未土) 기신(忌神)이 화(化)하여 변효오화(變爻午火)에 회두생(回頭生)을 받아 기신(忌神)이 왕하여 용신자수(用神子水)를 극하여 위험하다고 하였더니 그가 말하기를 그러면 어느 때 위험한가. 답 왈 용신자수(用神子水)가 월파(月破)가 되는 오월(午月)에 위험하다고 하였더니 과연 오월(午月)에 별세(別世)하였다. 응(應) 오월(午月)은 용신자수(用神子水)와 자오(子午) 충(沖)으로 월파(月破)를 당하였기 때문이다.

第十四問 用神多現
제십사문 용신다현

용신(用神)이 다현(多現)하였을 경우 어떠한 효(爻)로 용신(用神)을 결정(決定)할 것인가 기로(岐路)에 서게 된다. 용신(用神)이 똑같은 상황(狀況)일 때에는 지세(指世) 효(爻)로 용신(用神)으로 정(定)한다. 용신(用神)이 월파(月破)와 불파(不破)가 있을 때에는 월파(月破) 효(爻)로 용신(用神)을 정(定)한다. 용신(用神)이 월파(月破)와 순중공망(旬中空亡)이 있을 때에는 순중공(旬中空)이 되는 효(爻)로 용신(用神)으로 정(定)한다.

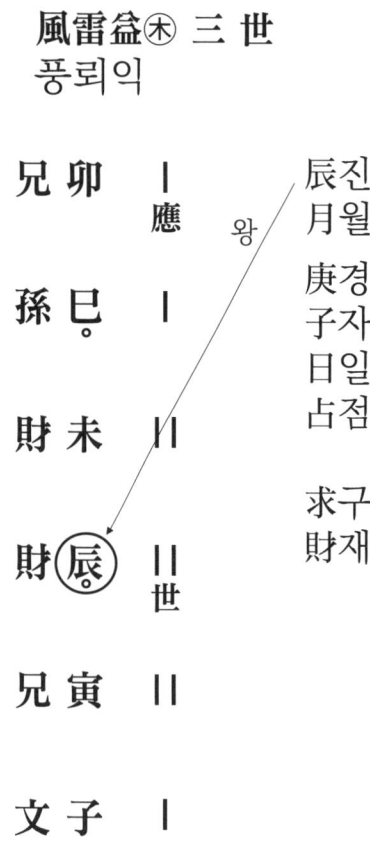

단왈 이 괘는 재물을 구하는 점은 재(財)가 용신이라. 삼효진토(三爻辰土) 재(財)와 사효미토(四爻未土) 재(財)가 있는데 이렇게 용신(用神)이 다현(多現)하였을 경우 어느 효로 용신(用神)을 결정(決定)할 것인가 기로(岐路)에 서게 된다. 삼효진토(三爻辰土) 재(財)는 순중공망(旬中空亡)이고 사효미토(四爻未土) 재(財)는 불공(不空)이라 이렇게 용신이 다현(多現)하였을 때에는 불공(不空)한 사효미토(四爻未土) 재(財)를 버리고 순중공망(旬中空亡)이 되는 삼효진토(三爻辰土) 재(財)를 용신(用神)으로 정한다. 진토용신(辰土用神)은 월건진토(月建辰土)에 득령(得令)하여 용신(用神)이 왕하다. 이 괘는 토효(土爻) 재(財)가 되어 진월(辰月) 중으로 득재(得財)할 것이라 하였더니 그가 말하기를 그러면 어느 날인가. 답 왈 용신진토(用神辰土)가 순중공망(旬中空亡)이라. 고(故)로 단하여 말하기를 갑진(甲辰)일에 득재(得財)할 것이라 하였더니 적중했다. 응(應) 진일(辰日)은 용신(用神) 진토(辰土)가 출공(出空)하는 날이기 때문이다.

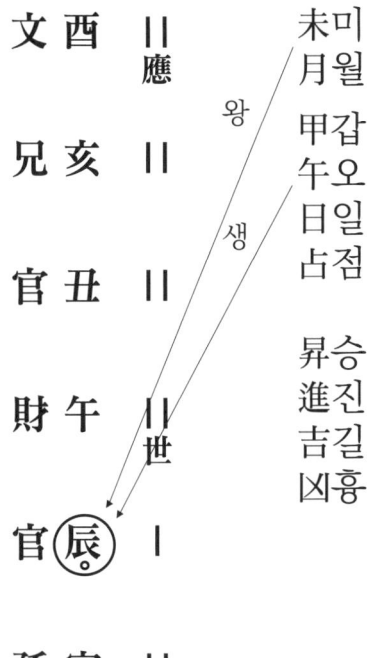

이 괘는 승진 점으로서 승진은 공명(功名)으로 관(官)이 용신(用神)인데 이효진토(二爻辰土) 관(官)과 사효축토(四爻丑土) 관(官)이 있다. 이렇게 용신(用神)이 다현(多現)하였을 경우 어느 효로 용신(用神)을 결정(決定)할 것인가 기로(岐路)에 서게 된다. 이효진토(二爻辰土) 관(官)은 순중공망(旬中空亡)이고 사효축토(四爻丑土) 관(官)은 월건미토(月建未土)와 축미(丑未) 충(沖)으로 월파(月破)가 되어 일공일파(一空一破)다. 장차(將次) 어느 효로 용신(用神)을 결정(決定)할 것이며 또 어느 때 승진할 것인가. 이런 때에는 월파효(月破爻)를 버리고 순중공망(旬中空亡)이 되는 이효진토(二爻辰土) 관(官)으로 위(爲) 용신(用神)한다. 용신진토(用神辰土)는 월건미토(月建未土)에 득령(得令)하여 길하고 일진오화(日辰午火)에 생을 받아 용신이 왕하여 승진이 될 것이라 하였더니 그가 말하기를 그러면 어느 때인가. 답 왈 용신(用神)이 순중공망(旬中空亡)이 되어 좋은 생조(生助)를 받지 못하고 있다. 고(故)로 단하여 말하기를 내년진월(來年辰月)에 승진이 될 것이라 하였더니 적중했다. 응(應) 진월(辰月)은 용신진토(用神辰土)가 출공(出空)하는 월(月)이기 때문이다.

雷地豫㊖ 一 世 1.2.3.動 雷天大壯
뢰지예   뢰천대장

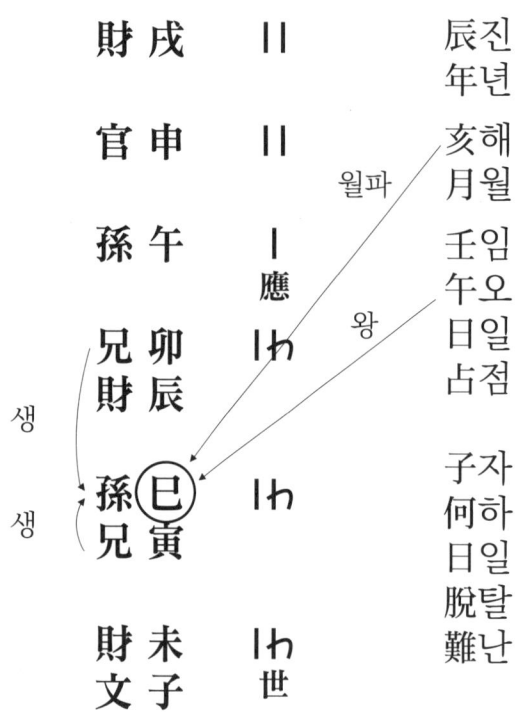

이 괘는 자손이 어려움에서 어느 때 풀려날 것인가를 문의한 점인데 자손은 손(孫)이 용신이라. 이효사화(二爻巳火) 손(孫)과 사효오화(四爻午火) 손(孫)이 있다. 이렇게 용신이 다현(多現)하였을 경우 어느 효로 용신(用神)을 결정(決定)할 것인가 기로(岐路)에 서게 된다. 이효사화(二爻巳火) 손은 월파(月破)를 당하였고 사효오화(四爻午火) 손은 안정(安靜)하고 있다. 이런 때에는 안정된 사효오화(四爻午火)를 버리고 월파(月破)가 되는 이효사화(二爻巳火) 손(孫)을 용신(用神)으로 정한다. 연인데 삼효묘목(三爻卯木) 원신(原神)이 동(動)하여 용신사화(用神巳火)를 생하고 용신사화(用神巳火)는 화(化)하여 변효인목(變爻寅木)에 회두생(回頭生)을 받아 용신(用神)이 왕하여 어려움에서 곧 풀려날 것이라 하였더니 그가 말하기를 그러면 어느 때인가. 답 왈 금년(今年)은 진년(辰年)이니 내년(來年) 사년(巳年)에 회복(回復)할 것이라 하였더니 과연 사년(巳年)에 대획리(大獲利)하였다. 응(應) 사년(巳年)은 용신사화(用神巳火)가 월건해수(月建亥水)와 사해(巳亥) 충(沖)으로 월파(月破)를 당하였기 때문에 사년(巳年)은 파(破)를 메우는 년(年)이기 때문이다.

第十五問 三刑六害
제십오문 삼형육해

삼형자(三刑者)는 필(必)히 동지원칙(動之原則) 삼형(三刑)이 범지(犯之)면 필흉(必凶)한가. 인사신(寅巳申) 축술미(丑戌未)가 위(爲) 삼형(三刑)하고 자묘(子卯) 양우(兩遇)가 위(爲) 상형(相刑)하고 진오유해(辰午酉亥)가 위(爲) 자형(自刑)인데 대개(大槪) 삼형자(三刑者) 용신(用神)이 휴수(休囚) 유타효지(有他爻之) 극내유겸(剋內有兼) 범(犯) 삼형자(三刑者) 주(主)는 흉재(凶災)하고 괘중(卦中)에 삼형(三刑)이 구전(俱全)이래도 용신(用神)을 손상(損傷)치 않고 생조(生助)를 받으면 흉(凶)함은 성립(成立)되지 않는다.

巽爲風㊍ 六 世 1.4.5.動 火天大有
손위풍　　　　　　　　　화천대유

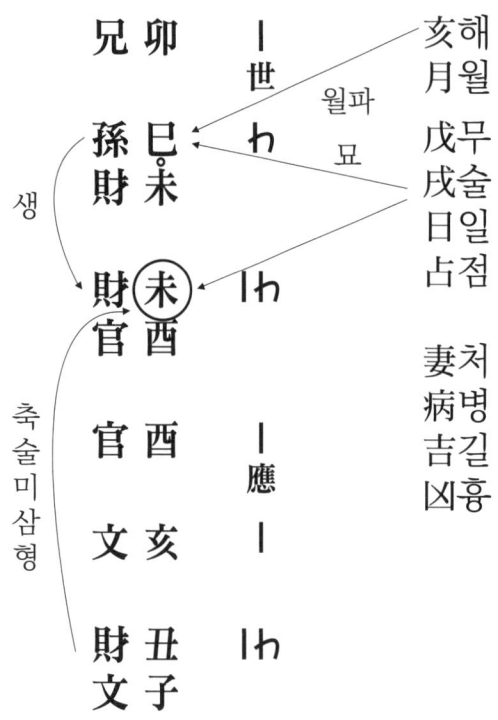

단왈 이 괘는 처의 병점으로서 처는 재가 용신이라. 사효미토(四爻未土) 재(財)가 위(爲) 용신(用神)인데 화(化)하여 변효유금(變爻酉金) 관귀(官鬼)(귀신鬼神)으로 변하여 불의(不宜)라. 미토용신(未土用神)은 일진술토(日辰戌土)와 공합(拱合)하고 오효사화(五爻巳火) 원신(原神)이 동(動)하여 미토용신(未土用神)을 생하여 줌으로 용신(用神)이 왕하여 좋아 보이나 단 불리한 것은 오효사화(五爻巳火) 원신(原神)은 무술(戊戌)일 점에 사화원신(巳火原神)이 순중공망(旬中空亡)이 되었고 월건해수(月建亥水)가 원신사화(原神巳火)를 사해(巳亥) 충(沖)으로 월파(月破)를 당하여 원신사화(原神巳火)가 피상(被傷) 당하여 용신(用神)을 생하지 못하므로 용신(用神)이 쇠약(衰弱)하다. 그리고 초효축토(初爻丑土) 동효(動爻)와 일진술토(日辰戌土)와 용신미토(用神未土)가 합하여 축술미(丑戌未)로 삼형살(三刑殺)이 되어 위험하다고 하였더니 그 후 신축(辛丑)일에 세상을 떠나고 말았다(병점에는 삼형살이 불리하다).

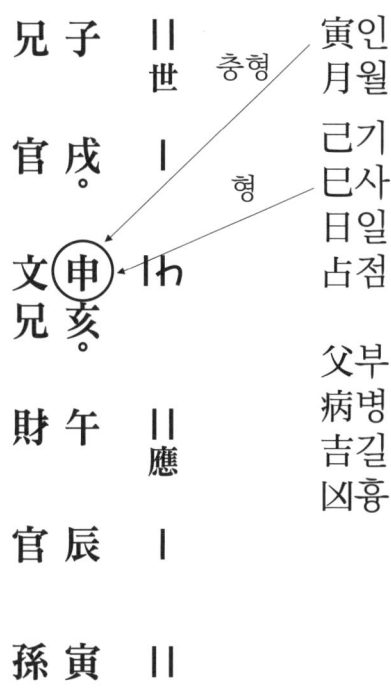

단왈 이 괘는 부친의 병점으로서 부친은 문서가 용신이라. 사효신금(四爻申金) 문서(文書)가 위(爲) 용신(用神)인데 단 불리한 것은 월건인목(月建寅木)이 신금용신(申金用神)을 인신(寅申) 충(沖)으로 월파(月破)를 당하였고 일진사화(日辰巳火)에 극을 받아 용신이 쇠약(衰弱)하다. 연이나 불리한 것은 월건인목(月建寅木)과 일진사화(日辰巳火)와 용신신금(用神申金)이 합하여 인사신(寅巳申)으로 삼형살(三刑殺) 되어 위험하다고 하였더니 그가 말하기를 그러면 어느 날에 위험한가. 답 왈 용신신금(用神申金)이 월파(月破)를 당하였으니 본월(本月)을 넘기지 못할 것이며 용신(用神)이 화(化)하여 변효해수(變爻亥水)가 순중공망(旬中空亡)이 되어 순내(旬內)에는 무방(無妨)하나 출공(出空)하는 을해(乙亥)일에 위험하다고 하였더니 과연 을해(乙亥)일에 숨을 거두고 말았다(병점에는 형살이 불리하다).

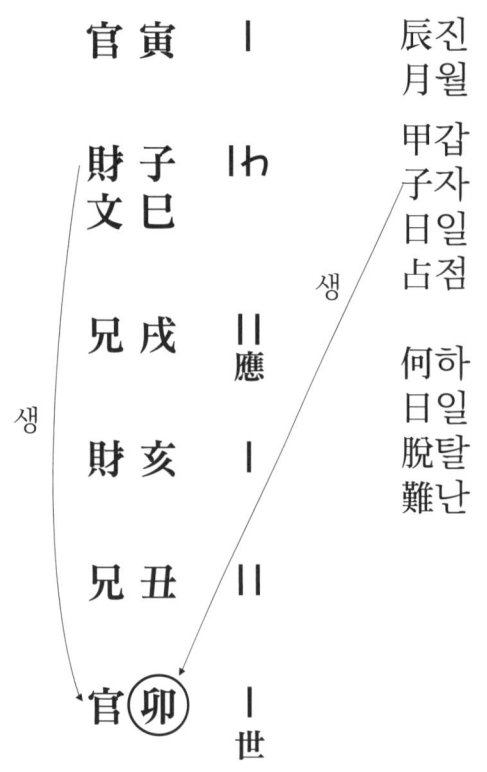

단왈 이 괘는 자신의 어려움이 어느 때 풀릴 것인가를 문의한 점인데 자신은 지세(指世)가 용신(用神)이라. 초효묘목(初爻卯木) 지세효(指世爻)가 위(爲) 용신(用神)인데 이 괘는 육합(六合) 괘(卦)로서 범사성취(凡事成就)라. 용신묘목(用神卯木)은 월건진토(月建辰土)에 설기(洩氣)가 되나 일진자수(日辰子水)에 생을 받고 오효자수(五爻子水) 원신(原神)이 동(動)하여 용신묘목(用神卯木)을 생하여 대단히 좋은데 그만 자수원신(子水原神)이 화(化)하여 사화(巳火)로 변하여 원신(原神) 자수(子水)가 무근기(無根氣)하여 용신(用神)을 생하지 못한다. 고(故)로 단하여 말하기를 자월(子月)에 회복(回復)할 것이라 하였더니 과연 자월(子月)에 대획리(大獲利)하였다. 응(應) 자월(子月)은 자수원신(子水原神)이 득령(得令)하는 월(月)이기 때문이다. 곁에 있던 사람이 말하기를 지세묘목(指世卯木)과 일진자수(日辰子水)가 자묘(子卯)로 형살(刑殺)인데 어떻게 길하다고 말하는가. 답 왈 대개(大槪) 괘를 추리(推理)할 때 용신(用神) 지세(指世) 생극을 위중으로 하는데 이 괘는 형중상생(刑中相生)이라.

第十六問 伏吟
제십육문 복음

복음(伏吟)은 제자리걸음으로 신음(呻吟)지상이다. 복음(伏吟)은 신음지상(呻吟之象)인데 내괘(內卦) 복음(伏吟)이면 내적(內的)으로 불리(不利)하고 외괘(外卦) 복음(伏吟)이면 외적(外的)으로 불리하게 되는 것인데 모든 점(占)에 있어서 불여의(不如意)하고 동(動)한 것은 동(動)것만 같지 못하고 번뇌(煩腦)함이 많게 되는데 관인(官人)은 벼슬길에 층등(蹭蹬)함이 많게 되고 또 사업가(事業家) 대부업자(貸付業者)에게는 본리(本利) 소모(消耗)함이 많게 되고 가택(家宅) 분묘점(墳墓占)에는 그를 능(能)히 지키지 못함으로 불리(不利)하게 되고 병점(病占)에는 구병(久病)으로 신임(呻吟)하며 혼인점(婚姻占)에는 난취(難就)하고 출행일점(出行日占)에는 막힘이 많고 내괘복음(內卦伏吟)인 경우에는 아심불수(我心不遂)하고 외괘(外卦)인 경우에는 타의(他意)로 난(難)이라. 길흉(吉凶) 점 치건대 용신(用神)을 기준(基準)으로 연구(硏究)하여 용신생극(用神生剋)으로 화복(禍福)을 알게 되는 것이니 용신(用神)의 기신(忌神) 복음(伏吟)을 반드시 잘 살펴보아야 한다. 이 괘는 오신술(午申戌)이 변하여 오신술(午申戌) 자인진(子寅辰)이 변하여 자인진(子寅辰)으로 제자리에 있는 형상(形象)이 되어 조금도 진전이 없어 발목이 묶여 엎드려 신음(呻吟)하는 상을 말하는 것이다.

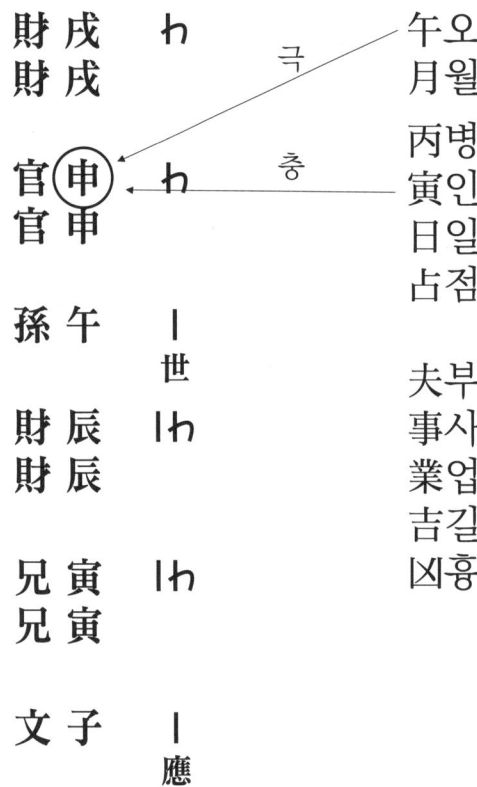

단왈 이 괘는 남편의 사업 길흉을 문의한 점인데 남편은 관(官)이 용신(用神)이라. 오효신금(五爻申金) 관(官)이 위(爲) 용신(用神)인데 복음(伏吟) 괘(卦)를 만나서 신음지상(呻吟之象)이라. 연이나 불리한 것은 월건오화(月建午火)에 극을 받고 일진인목(日辰寅木)은 용신신금(用神申金)을 인신(寅申)으로 충(沖)하여 용신(用神)이 쇠약(衰弱)하여 앞으로 사업이 불리하다고 하였더니 그가 말하기를 지금은 사업이 무난(無難)하다고 하였다. 답 왈 그러나 이 괘를 감안(勘案)할 때 용신인목(用神寅木)이 월파(月破)가 되는 내년(來年) 인월(寅月)에 불리하니 투자(投資) 조심하라 하였더니 과연 차세(次歲) 인월(寅月)에 사업이 중지되어 버렸다. 응(應) 인월(寅月)은 복음(伏吟) 용신(用神)이 월파(月破)를 만난 탓이다.

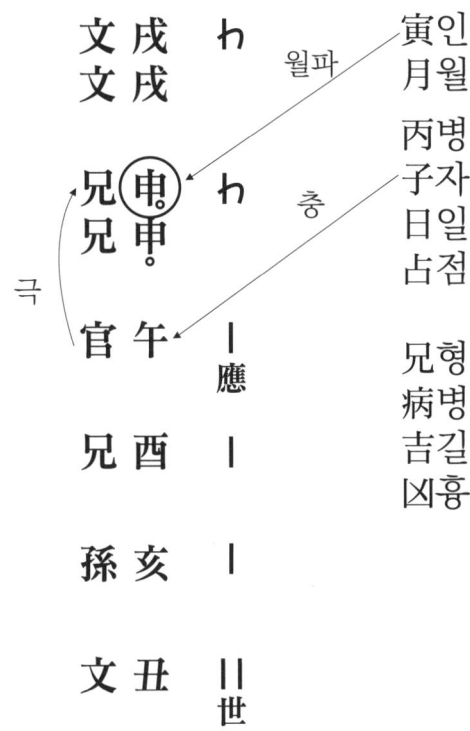

단왈 이 괘는 형의 병점으로서 형제는 형이 용신이라. 오효신금(五爻申金) 형(兄)이 위(爲) 용신(用神)인데 복음(伏吟) 괘(卦)를 만나서 신음지상(呻吟之象)인데 월건인목(月建寅木)이 충(冲)하여 월파(月破)당하여 불리하고 사효 오화(四爻午火)는 일진자수(日辰子水)와 자오(子午) 충(冲)으로 암동(暗動)하여 용신신금(用神申金)을 극하고 있어 용신(用神)이 피상(被傷) 당하여 위험하다고 하였더니 그가 말하기를 그러면 어느 날에 위험한가. 답 왈 지금은 용신(用神)이 순중공망(旬中空亡)이 되어 극을 피하고 있으나 두려운 것은 출공(出空)하는 갑신(甲申)일에 위험하다고 하였더니 과연 갑신(甲申)일에 숨을 거두고 말았다.

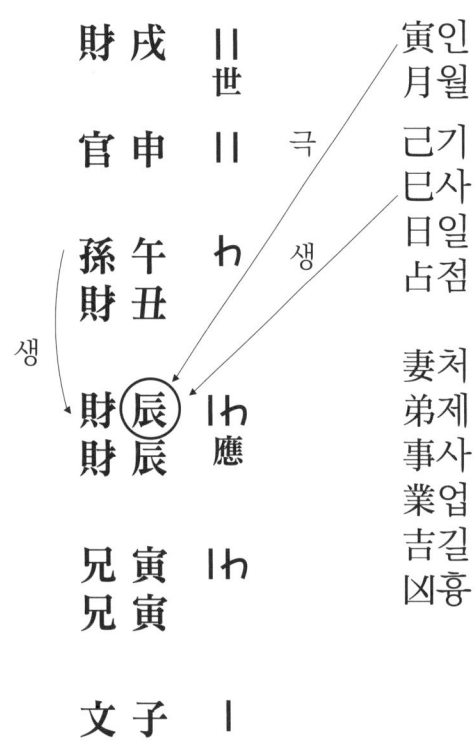

단왈 이 괘는 처제 사업 길흉을 문의한 점인데 처제는 재(財)가 용신이라. 삼효진토(三爻辰土) 재(財)가 위(爲) 용신(用神)인데 복음(伏吟) 괘(卦)를 만나서 신음지상(呻吟之象)이라. 단 불리한 것은 월건인목(月建寅木)에 극을 받아 불리하고 일진사화(日辰巳火)에 생을 받아 길하다. 연인데 사효오화(四爻午火) 원신(原神)이 동(動)하여 용신진토(用神辰土)를 생하고 있어 용신(用神)이 복음(伏吟) 괘(卦)는 되었으나 생조(生助)가 많아 용신(用神)이 왕하여 사업에 유망(有望)이라 하였더니 그가 말하기를 그러면 어느 때인가. 답 왈 용신진토(用神辰土)가 득령(得令)하는 오월(午月)에 회복(回復)할 것이라 하였더니 과연 오월(午月)에 대획리(大獲利)하였다. 응(應) 오월(午月)은 용신진토(用神辰土)가 득령(得令)하고 사효오화(四爻午火) 원신(原神)과 합세하여 용신진토(用神辰土)를 생한 까닭이다.

第十七問 盡靜盡發
제십칠문 진정진발

진정(盡靜)이나 진발(盡發)은 어떻게 단하는가. 육효(六爻)가 안정(安靜)하고 일진(日辰) 충(沖)하는 암동(暗動)까지도 없는 것을 진정(盡靜)이라 하는 것이고 또 육효(六爻)가 모두 동(動)한 것은 진발(盡發)이라고 하는 것이다. 연인데 진정(盡靜)자는 꽃이 봄날을 만난 것 같아서 사람의 그 묘함이 보이지 않는다 하더라도 시우(時雨)가 자묘(滋苗)함과 같이 아름다워 지는 것이고 진발(盡發)자는 전력(全力)을 다하여 핀 형상(形狀)이 되어 이미 만발(滿發)하여 일우광풍(一遇狂風)에 돌연(突然) 낙화(落花)하는 것과 같이 불미(不美)스럽게 되는 것이다. 따라서 진정(盡靜)자는 항미(恒美)하고 진발(盡發)자는 상구(常咎)하는 것이다.

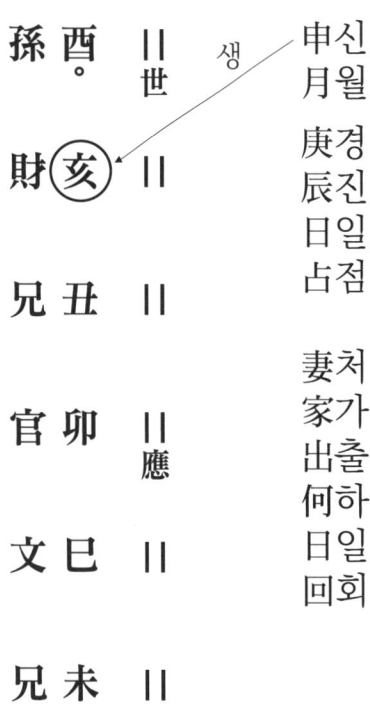

단왈 이 괘는 처가 가출을 하였는데 어느 날에 귀가(歸家)할 것인가를 문의한 점인데 처는 재가 용신이라. 오효해수(五爻亥水) 재(財)가 위(爲) 용신(用神)인데 이 괘는 동효(動爻)가 없어 진정괘(盡靜卦)로 되어 있다. 용신해수(用神亥水)는 월건신금(月建申金)에 생을 받아 용신(用神)이 왕(旺)하여 처가 곧 귀가할 것이라 하였더니 그가 말하기를 그러면 어느 날인가. 답왈 육효유금(六爻酉金) 원신(原神)이 순중공망(旬中空亡)이며 안정(安靜)하고 있다. 따라서 정효(靜爻)는 타(他)를 생할 능력(能力) 없어 이것은 반드시 출공(出空)하는 날을 기다려야 한다. 고로 단하여 말하기를 을유(乙酉)일에 귀가할 것이라 하였더니 적중했다. 응(應) 을유(乙酉)일은 육효유금(六爻酉金) 원신(原神)이 출공(出空)하는 날이기 때문이다.

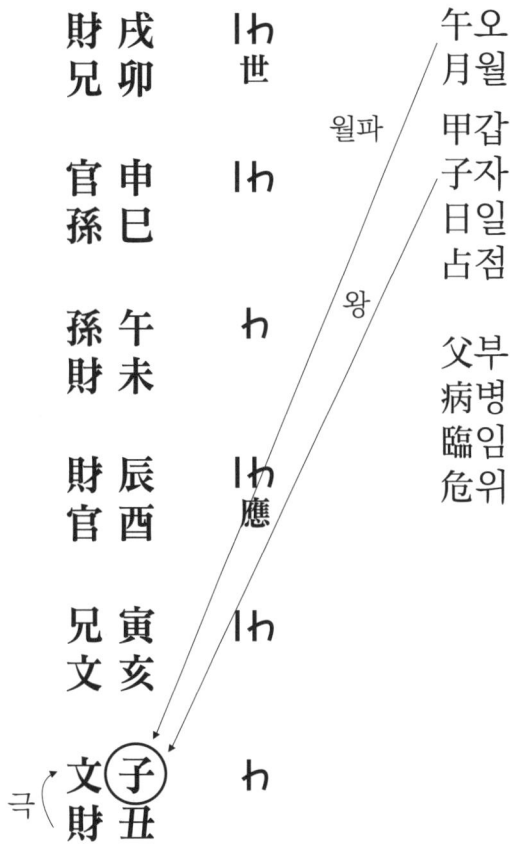

단왈 이 괘는 부친의 병점으로서 부친은 문서가 용신이라. 이 괘는 진위뢰(震爲雷) 육충(六沖) 괘(卦)가 육효(六爻) 모두가 동(動)하여 진발(盡發) 괘(卦)로 되어 있고 또한 손위풍(巽爲風) 육충(六沖) 괘(卦)로 변하여 이 괘는 심(甚)히 흉(凶)한 괘상이라. 다시 불필(不必) 세론(細論)이라. 초효자수(初爻子水) 문서(文書)가 위(爲) 용신(用神)인데 일진자수(日辰子水)와 공합(拱合)하여 좋아 보이나 단 불리한 것은 월건오화(月建午火)가 충(沖)하여 월파(月破)를 당하였고 자수용신(子水用神)이 화(化)하여 변효축토(變爻丑土)에 회두극(回頭剋)을 당하여 위험하다고 하였더니 그 후 과연 경오(庚午)일에 죽고 말았다. 응(應) 오일(午日)은 쇠약(衰弱)한 용신(用神)이 자오(子午)로 충(沖)이 된 탓이다.

第十八問 獨靜獨發
제십팔문 독정독발

독정(獨靜) 독발(獨發)은 어떻게 단(斷)하는가. 육효(六爻) 중에서 오효(五爻)가 모두 동(動)하고 일효(一爻)만이 안정(安靜)되어 있는 것을 독정(獨靜)이라 하고, 육효(六爻) 중에서 오효(五爻)가 모두 안정(安靜)하고 일효(一爻)만이 동(動)하였음을 독발(獨發)이라고 한다. 또한 육효(六爻)가 모두 안정(安靜)되어 있는데 그중 일효(一爻)가 일진(日辰)의 충(沖)을 받아 암동(暗動)하여도 독발(獨發)이라고 한다. 그런데 독발(獨發) 독정(獨靜)은 관사지(觀事之) 성패(成敗)와 지속(遲速) 관계(關係)를 정(定)함에 불과(不過)한 것이니 길흉(吉凶) 판단(判斷)에 이르러서는 용신(用神)으로 추리(推理)하는 것이 마땅하다. 그러니까 용신(用神)을 버리고 이 법(法)으로 결사(決事)한다고 하면 그것은 크게 그릇된 일이라 아니할 수 없다.

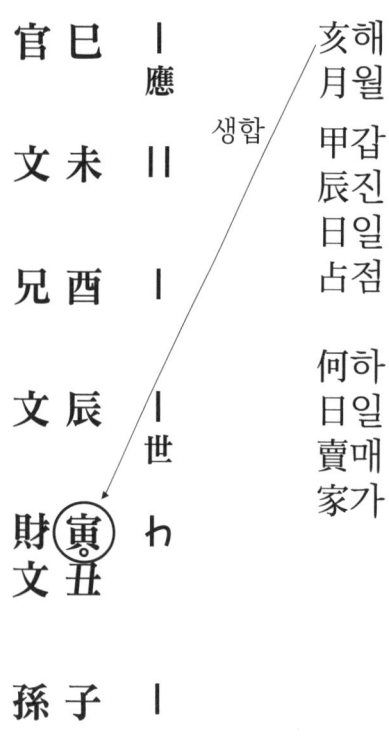

단왈 이 괘는 집이 어느 때 팔릴 것인지 문의한 점인데 건물(建物)은 재(財)가 위(爲) 용신이라. 이효인목(二爻寅木) 재효(財爻)가 위(爲) 용신(用神)인데 독발(獨發)하여 순중공망(旬中空亡)이라. 만약 일월동효(日月動爻)에서 용신생극(用神生剋) 보지 않고 결(決)한다면 인월(寅月)에 매도(賣渡)될 것인가. 이 괘(卦) 인목용신(寅木用神)은 일진진토(日辰辰土)에 설기(洩氣)가 되나 월건해수(月建亥水)의 생을 받아 용신(用神)이 왕하다. 고(故)로 집이 곧 매도(賣渡)될 것이라 하였더니 그가 말하기를 그러면 어느 때인가.

답 왈 독발용신(獨發用神)이 순중공망(旬中空亡)이 되어 좋은 생조(生助)를 받지 못하고 있다. 이는 반드시 차세인월(次歲寅月)에 매도(賣渡)될 것이라 하였더니 적중했다. 응(應) 인월(寅月)은 독발용신(獨發用神)이 출공(出空)하는 월(月)이기 때문이다.

澤火革㊌ 四 世 4.動　水火既濟
택화혁　　　　　　　　수화기제

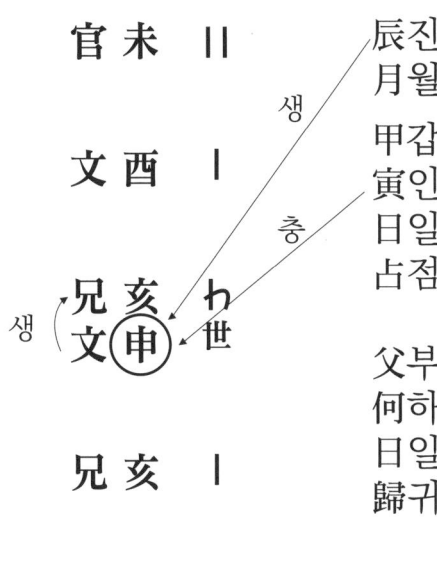

辰진
月월

甲갑
寅인
日일
占점

父부
何하
日일
歸귀

단왈 이 괘는 부친(父親)이 가출하였는데 어느 날에 귀가(歸家)할 것인가를 문의한 점인데 부친(父親)은 문서(文書)가 위(爲) 용신(用神)이라. 이 괘는 사효해수(四爻亥水)가 독발(獨發)하여 문서(文書) 용신(用神)이 화출(化出) 명시(明示)하였고 지세해수(指世亥水)를 회두생(回頭生)하고 있어 부친(父親)이 곧 귀가(歸家)할 것이라 하였더니 그가 말하기를 그러면 어느 때에 귀가할 것인가. 답 왈 일진인목(日辰寅木)이 부(父) 신금(申金)을 인신(寅申)으로 충(冲)하여 회두생(回頭生)이 끊어져 있다. 고(故)로 다시 회두생(回頭生)하는 신월(申月)에 귀가(歸家)할 것이라 하였더니 적중했다.

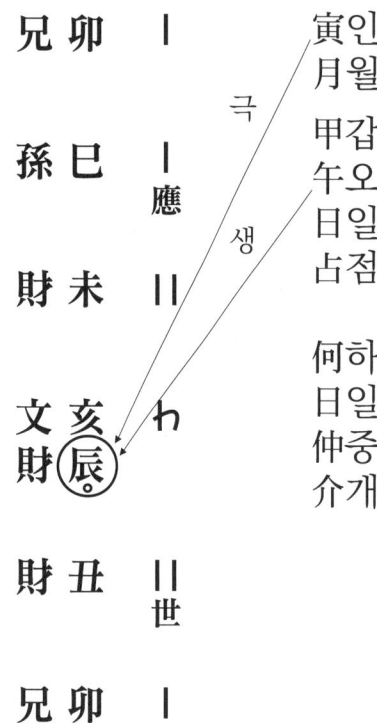

단왈 이 괘는 중개(仲介)를 어느 때 할 것인가를 문의한 점인데 중개(仲介)를 하는 것은 재(財)가 용신(用神)이라. 삼효해수(三爻亥水)가 독발(獨發)하여 진토재효(辰土財爻)가 투출(透出)하여 순중공망(旬中空亡)이라. 용신진토(用神辰土)는 월건인목(月建寅木)에 극을 받아 불리하고 일진오화(日辰午火)에 생을 받아 일생일극(一生一剋)으로 무방(無妨)하다. 고(故)로 단하여 말하기를 용신(用神)이 왕하여 곧 중개(仲介)할 것이라 하였더니 그가 말하기를 그러면 어느 때인가. 답 왈 독발용신(獨發用神)이 순중공망(旬中空亡)이라 이는 반드시 출공(出空)하는 진월(辰月)에 중개(仲介)할 것이라 하였더니 적중했다.

火水未濟㊋ 三 世 2.3.4.5.6.動 **水山蹇**
화수미제   수산건

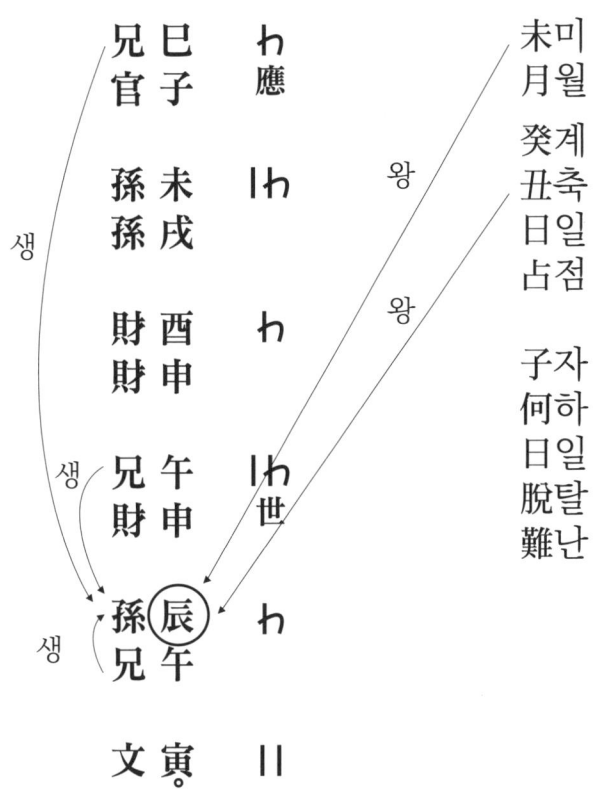

이 괘는 자손이 어려움에서 어느 때 풀려날 것인가를 문의한 점인데 자손은 손(孫)이 용신이라. 그런데 이 괘는 초효인목(初爻寅木)이 독정(獨靜)이며 순중공망(旬中空亡)이라. 만약 일월동효(日月動爻)에서 용신(用神) 생극을 보지 않고 결(決)한다면 독정인목(獨靜寅木)이 출공(出空)하는 인월(寅月)에 어려움에서 풀릴 것인가. 이 괘는 이효진토(二爻辰土) 손(孫)이 위(爲) 용신(用神)인데 화(化)하여 변효오화(變爻午火)에 회두생(回頭生)을 받아 용신(用神)이 왕하고 오효미토(五爻未土) 손(孫)은 화(化)하여 변효술토(變爻戌土)로 진신(進神)이 되어 길하다. 삼효오화(三爻午火) 원신(原神)과 육효사화(六爻巳火) 원신(原神)이 동(動)하여 용신(用神)을 생하여 줌으로 용신(用神)이 왕하여 어려움에서 곧 풀릴 것이라 하였더니 그가 말하기를 그러면 어느 때인가. 답 왈 단하여 말하기를 차세인월(次歲寅月)에 회복할 것이라 하였더니 적중했다. 응(應) 인월(寅月)은 초효인목(初爻寅木) 독정(獨靜)이 출공(出空)하는 월(月)이기 때문이다.

사주의 기초

1. 천간(天干)과 지지(地支) (※꼭 외울 것)

☯ 오행(五行) = 목(木), 화(火), 토(土), 금(金), 수(水)

☯ 천간 =   갑 을 병 정 무 기 경 신 임 계
   天干 =   甲 乙 丙 丁 戊 己 庚 辛 壬 癸

☯ 지지 =   자 축 인 묘 진 사 오 미 신 유 술 해
   地支 =   子 丑 寅 卯 辰 巳 午 未 申 酉 戌 亥

☯ 십간천간(十干天干)

양(陽)	甲	丙	戊	庚	壬	→ 적극성(積極性)
	木	火	土	金	水	
음(陰)	乙	丁	己	辛	癸	→ 소극성(消極性)

※ 일지에 따라 적극과 소극성이 달라진다.

☯ 십이지지지(十二支地支)

양(陽)	子(水)	寅(木)	辰(土)	午(火)	申(金)	戌(土)
	合土	合木	合金	合火	合水	合火
음(陰)	丑(土)	亥(水)	酉(金)	未(土)	巳(火)	卯(木)

※ 금생수(金生水), 수생목(水生木), 목생화(木生火), 화생토(火生土), 토생금(土生金), 금생수(金生水)
   작용(作用) = 부모(父母)와 자손(子孫)의 관계(關係)
※ 금극(金剋), 목극(木剋), 토극(土剋), 수극(水剋), 화극(火剋), 금극(金剋)
   작용(作用) = 부부관계(夫婦關係)
※ 채(体) 해사(亥巳) = 음이지만 양으로 사용
※ 채(体) 자오(子午) = 양이지만 음으로 사용

2. 육십갑자(六十甲子) (※꼭 외울 것)

☯ 육십갑자(六十甲子)의 구성과 순서는 아래와 같다.

갑(甲) 인(寅)	갑(甲) 진(辰)	갑(甲) 오(午)	갑(甲) 신(申)	갑(甲) 술(戌)	갑(甲) 자(子)
을(乙) 묘(卯)	을(乙) 사(巳)	을(乙) 미(未)	을(乙) 유(酉)	을(乙) 해(亥)	을(乙) 축(丑)
병(丙) 진(辰)	병(丙) 오(午)	병(丙) 신(申)	병(丙) 술(戌)	병(丙) 자(子)	병(丙) 인(寅)
정(丁) 사(巳)	정(丁) 미(未)	정(丁) 유(酉)	정(丁) 해(亥)	정(丁) 축(丑)	정(丁) 묘(卯)
무(戊) 오(午)	무(戊) 신(申)	무(戊) 술(戌)	무(戊) 자(子)	무(戊) 인(寅)	무(戊) 진(辰)
기(己) 미(未)	기(己) 유(酉)	기(己) 해(亥)	기(己) 축(丑)	기(己) 묘(卯)	기(己) 사(巳)
경(庚) 신(申)	경(庚) 술(戌)	경(庚) 자(子)	경(庚) 인(寅)	경(庚) 진(辰)	경(庚) 오(午)
신(辛) 유(酉)	신(辛) 해(亥)	신(辛) 축(丑)	신(辛) 묘(卯)	신(辛) 사(巳)	신(辛) 미(未)
임(壬) 술(戌)	임(壬) 자(子)	임(壬) 인(寅)	임(壬) 진(辰)	임(壬) 오(午)	임(壬) 신(申)
계(癸) 해(亥)	계(癸) 축(丑)	계(癸) 묘(卯)	계(癸) 사(巳)	계(癸) 미(未)	계(癸) 유(酉)
↓ 자(子) 축(丑)	↓ 인(寅) 묘(卯)	↓ 진(辰) 사(巳)	↓ 오(午) 미(未)	↓ 신(申) 유(酉)	공망 ↓ (空亡) 술(戌) 해(亥)

3. 년주(年柱) 세우는 법(法)

☯ 년주(年柱)를 세우는 법(法)은 그 출생(出生)한 년도(年度)를 그대로 기록(紀錄)하면 된다. 그러나 앞에서 말한 원칙(原則) 외(外)에 특별례(特別例)가 있으니 그것은 입춘절(立春節) 기준(基準)으로 하여 정(定)하는 것이므로 아무리 정월생(正月生)이라 하더라도 입춘절(立春節)이 들기 전(前) 시간(時間)까지는 그 전년도(前年度) 생년년주(生年年柱)로 정(定)하는 것이고 또 십이월생(十二月生)이라 하더라도 입춘절(立春節)이 이미 지난 입절후(入節後) 출생자(出生者)는 신년도년주(新年度年柱)로 정(定)해야 한다.

☯ 전자(前者)의 예(例)로 경자년도(庚子年度) 1960년 실례(實例)를 들어 보면 경자년(庚子年) 입춘(立春)은 초9일인시(初九日寅時)에 입절(立節)하였으므로 경자년 정월 초9일인시전(庚子年正月初九日寅時前)에 출생(出生)한 사람은 날짜상으로는 신년도(新年度)인 경자년생(庚子年生)이 되는 것이 아니고 그 전년도(前年度) 기해년주(己亥年柱)로 정(定)해야 한다.

      癸   丁   己
      亥   丑   亥

4. 사주구성법(四柱構成法)

1) 신년도(新年度) 출생(出生)하고도 입춘(立春) 전(前)이 되어 전년도(前年度) 생(生)이 되는 예(例)

> 정유년(丁酉年)정월오일진시생(正月五日辰時生)
> 정월오일사시입춘입절(正月五日巳時立春入節)

실(實)	화(花)	묘(苗)	근(根)
시(時)	일(日)	월(月)	년(年)
甲	丁	辛	丙
辰	未	丑	申

☯ 정유년(丁酉年) 1월 5일 진시생(正月五日辰時生)의 경우 만세력(萬歲曆)을 보면 정유년(丁酉年) 1957년 1월 5일 사시(正月五日巳時)에 입춘(入春)이 든다, 생년(生年) 월(月) 일(日) 시(時)는 날짜상으로는 이미 해가 바뀌고 달이 바뀌었으나 입절(入節)을 원칙(原則)하는 입춘절(立春節)이 들기 전의 시간(時間)이 되어 전년도(前年度) 12월 소한절(小寒節)에 해당하므로 (정유년(丁酉年) 1월이라 하여 정유년(丁酉年) 임인월(壬寅月)로 정하면 안 된다.) 병신년(丙申年) 신축월(辛丑月)로 정하면 된다.

☯ 다음 일진(日辰)은 오일생(五日生)이므로 만세력(萬歲曆)을 보면 정미(丁未) 일진(日辰)이 된다.

☯ 다음 시간(時間)은 진시생(辰時生)이므로 갑진시(甲辰時)가 된다. 그러므로 정유년(丁酉年) 1월 5일 진시생(辰時生)은 병신년(丙申年) 신축월(辛丑月) 정미일(丁未日) 갑진시(甲辰時)로 완전사주(完全四柱)가 구성(構成)된다.

2) 전년도(前年度)에 출생(出生)하고도 입춘절(立春節)이 지나 신년도생(新年度生)이 되는 예(例)

> 을미년(乙未年) 12월 24일 진시생(辰時生)
> 을미년(乙未年) 12월 24일 묘시(卯時) 입춘(立春) 입절(入節)

시(時)	일(日)	월(月)	년(年)
甲	壬	庚	丙
辰	寅	寅	申

☯ 을미년(乙未年)(1955년) 만세력(萬歲曆)을 보면 십이월(十二月)이십사일(二十四日) 묘시(卯時) 입춘(立春)이라고 기록(記錄)되어 있다. 이십사일(二十四日)이 입춘절(立春節)에 든 다음에 출생(出生)하였음이 분명(分明)하기 때문에 신년도(新年度) 정월절(正月節)을 잡아서(입춘(立春)부터는 신년도(新年度) 정월절(正月節)인 까닭임) 을미년(乙未年) 12월 24일은 병신년(丙申年) 경인월(庚寅月)이 된다.

☯ 보통 일진(日辰)은 만세력(萬歲曆)을 보면 경인월(庚寅月) 이십사일은 임인(壬寅) 일진(日辰)이 된다.

☯ 다음 시간(時間)은 진시생(辰時生)이므로 임일(壬日)의 진시(辰時)는 갑진시(甲辰時)가 된다.

☯ 을미년(乙未年) 12월 24일 진시생(辰時生)은 병신년(丙申年) 경인월(庚寅月) 임인일(壬寅日) 갑진시(甲辰時)로 완전사주(完全四柱)가 구성(構成)된다.

3) 그 달에 출생(出生)하고도 다음 달로 정하는 예(例)

> 갑진년(甲辰年) 2월 23일 묘시생(卯時生)
> 갑진년(甲辰年) 2월 23일 인시(寅時) 청명(淸明) 입절(入節)

시(時)	일(日)	월(月)	년(年)
丁	甲	戊	甲
卯	申	辰	辰

☉ 갑진년(甲辰年)(1964년) 만세력(萬歲曆)을 보면 2월 23일(二月二十三日寅時) 인시(寅時)에 청명(淸明)이 입절(入節)하고 있다. 2월은 묘월(卯月)이지만 23일 인시(寅時)에 청명(淸明)이 입절(入節)하였고 출생일(出生日)은 2월 23일 묘시(卯時)에 출생(出生)하여 인시(寅時)를 지났으므로 묘월(卯月)로 쓰지 않고 진월(辰月)로 되는 것이다. 그러므로 갑진년(甲辰年) 무진월(戊辰月)이 된다.

☉ 다음 일진日辰은 이십삼일(二十三日)이므로 갑신일(甲申日)이 된다.

☉ 다음 시간(時間)은 묘시생(卯時生)으로 갑일(甲日)의 묘시(卯時)는 정묘시(丁卯時)가 된다.

☉ 갑진년(甲辰年) 2월 23일 묘시생(卯時生)은 갑진년(甲辰年) 무진월(戊辰月) 갑신일(甲申日) 정묘시(丁卯時)로 완전사주(完全四柱)가 구성(構成)된다.

4) 그 달에 출생(出生)하고도 전월생(前月生)이 되는 예(例)

> 갑진년(甲辰年) 8월 2일 해시생(亥時生)
> 갑진년(甲辰年) 8월 2일 자시(子時) 백로(白露) 입절(入節)

시(時)	일(日)	월(月)	년(年)
乙	己	壬	甲
亥	未	申	辰

☯ 만세력(萬歲曆)을 보면 (1964년도) 8월 2일 자시(八月二日子時)에 백로(白露)가 입절(入節)하고 있다. 아직 백로입절전(白露入節前) 시간(時間)에 출생(出生)하였기 때문에 팔월(八月)에 출생(出生)하였어도 팔월생(八月生)이 되는 게 아니라 칠월생(七月生)이 되어 갑진년(甲辰年) 임신월(壬申月)이 된다(계유월(癸酉月)이 아님).

☯ 일진(日辰)은 기미일(己未日)이 된다.

☯ 시간(時間)은 해시생(亥時生)이므로 기일주(己日柱)의 해시(亥時)는 을해시(乙亥時)가 된다.

☯ 그러므로 갑진년(甲辰年) 임신월(壬申月) 기미일(己未日) 을해시(乙亥時)로 완전사주(完全四柱)가 구성(構成)된다.

5. 월간조견표(月干早見表)

갑기년-병인두   을경년-무인두   병신년-경인두
甲己年-丙寅頭   乙庚年-戊寅頭   丙辛年-庚寅頭
정임년-임인두   무계년-갑인두
丁壬年-壬寅頭   戊癸年-甲寅頭

月別	月建	갑기년 甲己年	을경년 乙庚年	병신년 丙辛年	정임년 丁壬年	무계년 戊癸年
1월	寅	병인(丙寅)	무인(戊寅)	경인(庚寅)	임인(壬寅)	갑인(甲寅)
2월	卯	정묘(丁卯)	기묘(己卯)	신묘(辛卯)	계묘(癸卯)	을묘(乙卯)
3월	辰	무진(戊辰)	경진(庚辰)	임진(壬辰)	갑진(甲辰)	병진(丙辰)
4월	巳	기사(己巳)	신사(辛巳)	계사(癸巳)	을사(乙巳)	정사(丁巳)
5월	午	경오(庚午)	임오(壬午)	갑오(甲午)	병오(丙午)	무오(戊午)
6월	未	신미(辛未)	계미(癸未)	을미(乙未)	정미(丁未)	기미(己未)
7월	申	임신(壬申)	갑신(甲申)	병신(丙申)	무신(戊申)	경신(庚申)
8월	酉	계유(癸酉)	을유(乙酉)	정유(丁酉)	기유(己酉)	신유(辛酉)
9월	戌	갑술(甲戌)	병술(丙戌)	무술(戊戌)	경술(庚戌)	임술(壬戌)
10월	亥	을해(乙亥)	정해(丁亥)	기해(己亥)	신해(辛亥)	계해(癸亥)
11월	子	병자(丙子)	무자(戊子)	경자(庚子)	임자(壬子)	갑자(甲子)
12월	丑	정축(丁丑)	기축(己丑)	신축(辛丑)	계축(癸丑)	을축(乙丑)

☯ 이 월건(月建)을 정하는 데 있어서도 십이지(十二支) 배열표(配列表)에 의하는데 원칙외(原則外)에 특별례(特別例)가 있으니 그것은 십이절(十二節)을 표준(標準)으로하여 월건(月建)을 정해야 하는 것이다. 예(例)를 들면 십이지(十二支) 배열표(配列表)에 의하여 정월(正月)은 인월(寅月)이 원칙이지만 십이절(十二節)을 표준으로 한다면 정월생(正月生)이라도 아직 입춘절이 들기 전(前)이면 전년도(前年度) 축월(丑月)로 하는 것이고 또 정월생(正月生)이 분명하더라도 경칩(驚蟄)이 입절(立節)한 후에 출생(出生)하였으면 그것은 인월(寅月)로 하지 않고 묘월(卯月), 월건(月建)으로 정(定)해야 한다. 그 하나의 실례(實例)를 들어 본다면 1964년 1월 22일 해시 경칩(一月二十二日亥時驚蟄), 1964년 1월 22일 해시(亥時)에 경칩(驚蟄)이 입절(立節)하고 있다. 출생(出生)한 사람은 1964년 1월 22일 자시(子時) 11시부터 다음 날 오전 1시 전(前)까지 출생하였으므로 인월(寅月)에 출생(出生)하였으나 경칩(驚蟄)인 묘월(卯月)로 결정(決定)되는 것이다. 요약(要約)해서 말한다면 월건(月建)을 정(定)함에 있어 절기(節氣)를 따라 정월(正月)이라도 경칩(驚蟄)부터는 이월절(二月節)이 되고 또 아무리 정월(正月)이라도 입춘절(立春節)이 들기 전까지는 전년도소한절(前年度小寒節)이 되는 것과 같이 이하(以下) 모두가 십이지절(十二支節)에 의하여 월건(月建)이 결정(決定)되는 것이다.

甲　　乙　　癸　　壬
辰　　卯　　丑　　子

6. 일주(日柱) 세우는 법(法)

☯ 이 법(法)은 간단하다. 만세력(萬歲曆)을 펴 보아 그 출생(出生)한 생년(生年), 생월(生月)을 찾아서 출생(出生)한 일진(日辰) 그대로 기록(記錄)하면 된다.

7. 시주(時住) 세우는 법(法)

☯ 먼저 일간(日干)을 기준(基準)하여 시간(時間)을 돌려 짚는 요령부터 암기(暗記)해야 하는바 아래와 같다.

◎ 갑일(甲日)이나 기일(己日)에 출생한 사람은 갑자(甲子)에서 시작
◎ 을일(乙日)이나 경일(庚日)에 출생한 사람은 병자(丙子)에서 시작
◎ 병일(丙日)이나 신일(辛日)에 출생한 사람은 무자(戊子)에서 시작
◎ 정일(丁日)이나 임일(壬日)에 출생한 사람은 경자(庚子)에서 시작
◎ 무일(戊日)이나 계일(癸日)에 출생한 사람은 임자(壬子)에서 시작

정시속견표(定時速見表)

현재시(時)	생시(生時)	갑기일(甲己日)	을경일(乙庚日)	병신일(丙辛日)	정임일(丁壬日)	무계일(戊癸日)
11시~1시(밤)	子時	갑자(甲子)	병자(丙子)	무자(戊子)	경자(庚子)	임자(壬子)
1시~3시(새벽)	丑時	을축(乙丑)	정축(丁丑)	기축(己丑)	신축(辛丑)	계축(癸丑)
3시~5시	寅時	병인(丙寅)	무인(戊寅)	경인(庚寅)	임인(壬寅)	갑인(甲寅)
5시~7시	卯時	정묘(丁卯)	기묘(己卯)	신묘(辛卯)	계묘(癸卯)	을묘(乙卯)
7시~9시(오전)	辰時	무진(戊辰)	경진(庚辰)	임진(壬辰)	갑진(甲辰)	병진(丙辰)
9시~11시	巳時	기사(己巳)	신사(辛巳)	계사(癸巳)	을사(乙巳)	정사(丁巳)
11시~13시(낮)	午時	경오(庚午)	임오(壬午)	갑오(甲午)	병오(丙午)	무오(戊午)
13시~15시(오후)	未時	신미(辛未)	계미(癸未)	을미(乙未)	정미(丁未)	기미(己未)
15시~17시	申時	임신(壬申)	갑신(甲申)	병신(丙申)	무신(戊申)	경신(庚申)
17시~19시	酉時	계유(癸酉)	을유(乙酉)	정유(丁酉)	기유(己酉)	신유(辛酉)
19시~21시(저녁)	戌時	갑술(甲戌)	병술(丙戌)	무술(戊戌)	경술(庚戌)	임술(壬戌)
21시~23시	亥時	을해(乙亥)	정해(丁亥)	기해(己亥)	신해(辛亥)	계해(癸亥)

※ 이 표(表)를 보는 법(法)은 간단하다. 가령 오전(午前) 9시 30분(九時三十分)에 출생(出生)이라면 이 표(表)에 오전(午前) 9시에서 열한 시 사이에는 사시(巳時)라고 기록(記錄)되어 있으므로 병일(丙日)이 가령 병신일(丙辛日)인 경우 병신일(丙辛日)란 사시(巳時)를 대조하여 보면 계사시(癸巳時)라는 것을 알 수 있다. 즉, 병신일(丙辛日) 사시(巳時)는 계사시(癸巳時)로 결정(決定)되는 것이다.

8. 십이지배절표(十二支配節表)

十二支 숫자	十二支	十二節	十二支 숫자	十二支	十二節
1월	인월(寅月)	입춘(立春)	7월	신월(申月)	입추(立秋)
2월	묘월(卯月)	경칩(驚蟄)	8월	유월(酉月)	백로(白露)
3월	진월(辰月)	청명(淸明)	9월	술월(戌月)	한로(寒露)
4월	사월(巳月)	입하(立夏)	10월	해월(亥月)	입동(立冬)
5월	오월(午月)	망종(芒種)	11월	자월(子月)	대설(大雪)
6월	미월(未月)	소서(小暑)	12월	축월(丑月)	소한(小寒)

9. 대운설정법(大運說定法)

대운(大運)은 생년(生年)의 간지(干支)에 의(依)하여 출생월(出生月)을 기준(基準)하여 정(定)하는 것이다.

☯ 양남음녀(陽男陰女)는 월주전(月柱前) 일위(一位)로 순행(順行)한다.
☯ 음남양녀(陰男陽女)는 월주후(月柱後) 일위(一位)로 역행(逆行)한다.

여기서 양남음녀(陽男陰女) 또는 음남양녀(陰男陽女)라 함은 생년(生年)의 천간(天干)이 양(陽干)인가 음(陰干)인가를 말한다.
예(例) 甲丙戊庚壬은 양간년(陽干年)이고, 乙丁己辛癸年은 음간년(陰干年)이다.

☯ 정운법(定運法)
※ 양남음녀(陽男陰女)는 미래절(未來節)
※ 음남양녀(陰男陽女)는 과거절(過去節)

해설(解說)

☯ 양남음녀(陽男陰女)는 미래절(未來節)이라 함은 甲丙戊庚壬 생(生) 남자(男子)는 양남(陽男)이며, 乙丁己辛癸 생(生) 여자(女子)는 음녀(陰女)다. 이는 각자(各自)의 생일(生日)에서부터 앞날의 입절일(入節日)을 잡아서 운(運)을 계산(計算)하는 법(法)이다.

☯ 음남양녀(陰男陽女)는 과거절(過去節)이라 함은 乙丁己辛癸 생(生) 남자(男子)는 음남(陰男), 甲丙戊庚壬 생(生) 여자(女子)는 양녀(陽女)로 전례(前例)와 반대(反對)로 각자(各自)의 생일(生日)에서부터 지나간 입절일(入節日)을 잡아서 운(運)을 정(定)하는 법(法)이다.

☯ 운수(運數)를 계산하는 법(法)은, 각자(各自)의 생일(生日)부터 법식(法式)에 의(依)하여 절기(節氣)까지를 총계산(總計算) 삼 일(三日)에 운(運) 일식(一式)을 정(定)하는데 그 계산(計算) 끝에 이 일(二日)이 남으면 일(一)을 더하여 이미 정(定)하여진 운(運)에 일(一)을 가산(加算)하여 세우는 법(法)이다. 만약 계산(計算) 끝에 일(一)이 남으면 일(一)을 끊어 버리고 셈하지 않는다.

실례(實例) ❶ 남자(男子)가 양년생(陽年生)인 경우 1964년 1월 16일 진시생(辰時生)

甲	丁	丙	甲
辰	未	寅	辰

52	42	32	22	12	2
壬	辛	庚	己	戊	丁
申	未	午	巳	辰	卯

☯ 이 사주는 양남(陽男)이 되어 병인월건(丙寅月建) 다음 정묘(丁卯)에서 무진(戊辰) 기사(己巳)식으로 앞으로 진행(進行)한다. 운계산(運計算)도 앞으로 순행(順行)하므로 일월십육일(一月十六日)에서 입절일(入節日) 경칩(驚蟄)까지의 일수(日數)는 칠 일(七日)이 된다. (7÷3=2...1) 7 나누기 3 하면 2가 되고 1이 남는다. 그러므로 대운수(大運數)는 2가 되고 나머지 1은 끊어 버리고 셈하지 않는다.

실례(實例) ❷ 여자(女子)가 음년생(陰年生)인 경우 1963년 8월 12일 묘시생(卯時生)

己	乙	辛	癸
卯	亥	酉	卯

54	44	34	24	14	4
丁	丙	乙	甲	癸	壬
卯	寅	丑	子	亥	戌

☯ 이 사주는 계묘생(癸卯生) 음여(陰女)가 되어 신유월건(辛酉月建) 다음 임술(壬戌) 계해(癸亥) 갑자(甲子)식으로 시작(始作)하여 앞으로 진행(進行)한다. 운계산(運計算)도 앞으로 순행(順行)하므로 8월 12일에서 입절일(入節日) 한로(寒露)까지의 일수(日數)는 11일이다. (11÷3=3...2) 11을 3으로 나누면 3 하고 2가 남는다. 2가 남으면 1을 더 가산(加算)하므로 대운(大運) 3에서 1을 더하면 대운(大運)은 4가 된다.

실례(實例) ❸ 남자(男子)가 음년생(陰年生)인 경우 1963년 2월 5일 신시생(申時生)

戊	壬	甲	癸
申	寅	寅	卯

58	48	38	28	18	8
戊	乙	庚	辛	壬	癸
申	酉	寅	亥	子	丑

☯ 이 사주는 계묘생(癸卯生) 음남(陰男)이 되어 갑인월건(甲寅月建) 뒤 계축(癸丑) 임자(壬子) 신해(辛亥)로 역행(逆行)하여 진행(進行)한다. 운계산(運計算)은 역행(逆行)하여 진행(進行)하므로 2월 5일에서 지나간 입절일(入節日) 입춘(立春)까지의 일수(日數)는 25일이 된다. (25÷3=8...1) 25 나누기 3 하면 8이 되고 1이 남는다. 1은 끊어 버리고 셈하지 않는다 그러므로 대운수(大運數)는 8로 결정된다.

실례(實例) ❹ 여자(女子)가 양년생(陽年生)인 경우 1964년 8월 24일 축시생(丑時生)

己	辛	癸	甲
丑	巳	酉	辰

58	48	38	28	18	8
乙	戊	己	庚	辛	壬
卯	辰	巳	午	未	申

☯ 이 사주는 갑진생(甲辰生) 양여(陽女)가 되어 계유월건(癸酉月建) 뒤 임신(壬申)에서 시작(始作)하여 신미(辛未) 경오(庚午) 식으로 역행으로 거슬러 올라간다. 운계산(運計算)은 뒤로 역행(逆行)하므로 8월 24일에서 입절일(入節日) 백로(白露)까지의 일수는 23일이다. (23÷3=7...2) 23을 3으로 나누면 7하고 2가 남는다. 2가 남는다. 2가 남으면 1을 더 가산(加算)하므로 대운(大運) 7에서 1을 더하면 대운(大運)은 8이 된다.

10. 육친조견표(六親早見表) (※꼭 외울 것)

십신 (十神)	일간 (日干)	갑(甲) 육친六親
비견 (比肩)	갑(甲)	남(男) = 형제, 친우, 동서, 동창생 여(女) = 동서, 형제, 친우, 동창생
겁재 (劫財)	을(乙)	남(男) = 동생, 여동생, 누나, 이복형제, 동서 여(女) = 남동생, 동생, 이복형제, 동서, 시아버지
식신 (食神)	병(丙)	남(男) = 손자, 조카, 장모 여(女) = 아들, 딸
상관 (傷官)	정(丁)	남(男) = 외손자, 장인, 처가 식구 여(女) = 아들, 딸
편재 (偏財)	무(戊)	남(男) = 부친, 첩, 처의 형제 여(女) = 부친, 시어머니
정재 (正財)	기(己)	남(男) = 처, 아버지 형제 여(女) = 시어머니, 형제
편관 (偏官)	경(庚)	남(男) = 아들, 딸, 사촌 형제 여(女) = 남편, 남자 친구, 정부
정관 (正官)	신(辛)	남(男) = 아들, 딸, 질녀 여(女) = 남편
편인 (偏印)	임(壬)	남(男) = 계모, 이모, 유모 여(女) = 계모, 이모, 유모
정인 (正印)	계(癸)	남(男) = 모친 여(女) = 모친

11. 육신(六神) (※꼭 외울 것)

- ☯ **생아자(生兒者)** = 부모(父母) = 나를 낳아 주는 부모다. 정인(正印) 편인(偏印)
- ☯ **아생자(我生者)** = 자손(子孫) = 내가 낳은 자는 자손이다. 식신(神) 상관(傷官)
- ☯ **극아자(剋我者)** = 관귀(官鬼) = 나를 극하는 자는 관귀다. 정관(正官) 편관(偏官)
- ☯ **아극자(我剋者)** = 내가 남을 극하는 오행은 처재다. 정재(正財) 편재(偏財)
- ☯ **비견자(比肩者)** = 형제(兄弟) = 나와 같은 형제다. 비견(比肩) 겁재(劫財)

- **인수(印綬)** = 일간(日干)을 생(生)하는 것으로 음, 양이 다른 것
- **편인(偏印)** = 일간(日干)을 생(生)하는 것으로 음, 양이 같은 것
- **정관(正官)** = 일간(日干)을 극(剋)하는 것으로 음, 양이 다른 것
- **편관(偏官)** = 일간(日干)을 극(剋)하는 것으로 음, 양이 같은 것
- **정재(正)財** = 일간(日干)이 극(剋)하는 것으로 음, 양이 다른 것
- **편재(偏財)** = 일간(日干)이 극(剋)하는 것으로 음, 양이 같은 것
- **상관(傷官)** = 일간(日干)이 생(生)하는 것으로 음, 양이 다른 것
- **식신(食神)** = 일간(日干)이 생(生)하는 것으로 음, 양이 같은 것
- **겁재(劫財)** = 일간(日干)과 오행(五行)이 같으나 음, 양이 다른 것
- **비견(比肩)** = 일간(日干)과 오행(五行)이 같으나 음, 양이 같은 것

12. 육친활용개요(六親活用槪要) (※꼭 외울 것)

☯ 인수(印綬)

귀인, 교육, 수양, 학문, 명성, 예술, 결사, 건축, 소식, 수표, 보증, 증권, 계약, 문서, 출판, 신문, 잡지, 학원, 극장, 문화, 교회, 서당, 필방, 통신, 여관, 호텔, 카바레, 의상, 타자, 편물, 양제, 골통사, 대서, 그림, 창고, 언론

☯ 비견겁(比肩劫)

배신, 극부, 극처, 탈부처, 강압, 탐욕, 쟁투, 쟁재, 의부, 의처, 방적, 아만, 도적

☯ 상관식신(傷官食神)

자궁, 유방, 모략, 구설, 관재, 위법, 불안, 말조심, 사기, 도박, 기예, 재주, 투기, 밀수, 극관

☯ 정관편관(正官偏官)

직장, 법률, 권력, 명예, 병액, 증오, 수려, 행정, 무관, 정부, 군인

☯ 정재편재(正財偏財)

유산, 봉급, 도박, 욕심, 학마, 애인, 횡재, 음식, 대금, 재물, 밀수

13. 월률분야장간조화도(月律分野藏干造化圖)

사(巳) 무(戊) 7일(日) 2분(分) 경(庚) 7일(日) 2분(分) 병(丙) 16일(日) 5분(分)	오(午) 병(丙) 10일(日) 3분(分) 기(己) 10일(日) 정(丁) 10일(日) 6분(分)	미(未) 정(丁) 9일(日) 3분(分) 을(乙) 3일(日) 기(己) 18일(日) 6분(分)	신(申) 무(戊) 7일(日) 2분(分) 임(壬) 7일(日) 2분(分) 경(庚) 16일(日) 5분(分)
진(辰) 을(乙) 9일(日) 3분(分) 계(癸) 3일(日) 1분(分) 무(戊) 18일(日) 6분(分)		**월률분야도** **(月律分野圖)**	유(酉) 경(庚) 10일(日) 3분(分) 신(辛) 20일(日) 6분(分)
묘(卯) 갑(甲) 10일(日) 3분(分) 을(乙) 20일(日) 6분(分)			술(戌) 신(辛) 9일(日) 3분(分) 정(丁) 3일(日) 1분(分) 무(戊) 18일(日) 6분(分)
인(寅) 무(戊) 7일(日) 2분(分) 병(丙) 7일(日) 2분(分) 갑(甲) 16일(日) 5분(分)	축(丑) 계(癸) 9일(日) 3분(分) 신(辛) 3일(日) 3분(分) 기(己) 18일(日) 6분(分)	자(子) 임(壬) 10일(日) 3분(分) 계(癸) 20일(日) 3분(分)	해(亥) 무(戊) 7일(日) 2분(分) 갑(甲) 7일(日) 2분(分) 임(壬) 16일(日) 5분(分)

14. 십이지암장법(十二支暗藏法) (※꼭 외울 것)

地支	子	丑	寅	卯	辰	巳	午	未	申	酉	戌	亥
=	壬	癸	戊	甲	乙	戊	丙	丁	戊	庚	辛	戊
	癸	辛	丙		癸	庚	己	乙	壬		丁	甲
		己	甲	乙	戊	丙	丁	己	庚	辛	戊	壬

15. 음양 생극(陰陽 生剋)과 육친(六親) (※꼭 외울 것)

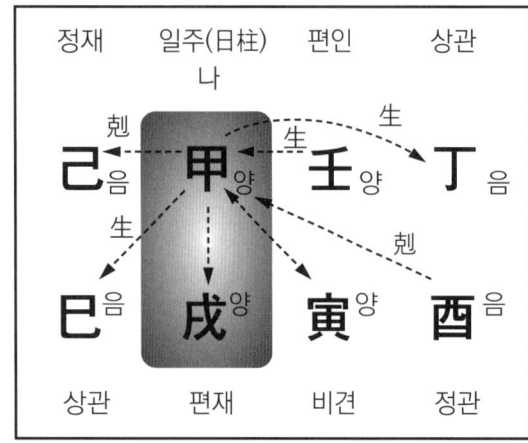
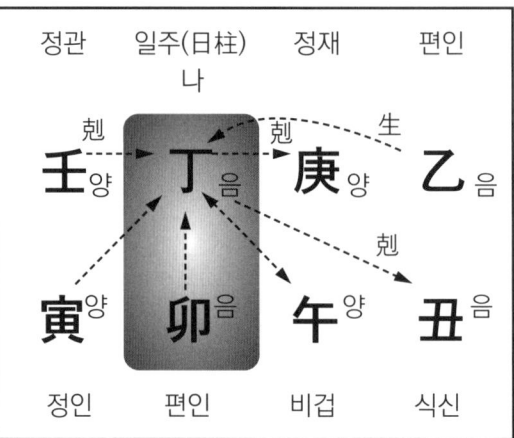
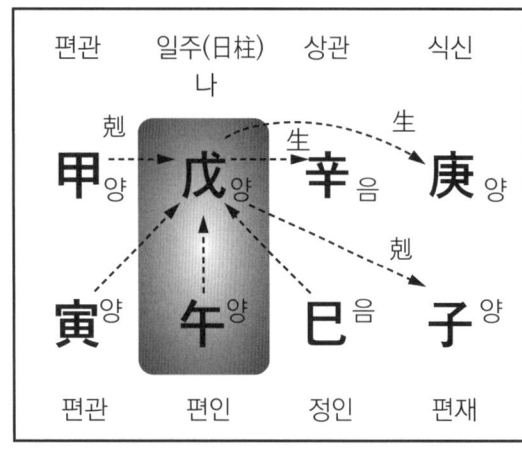
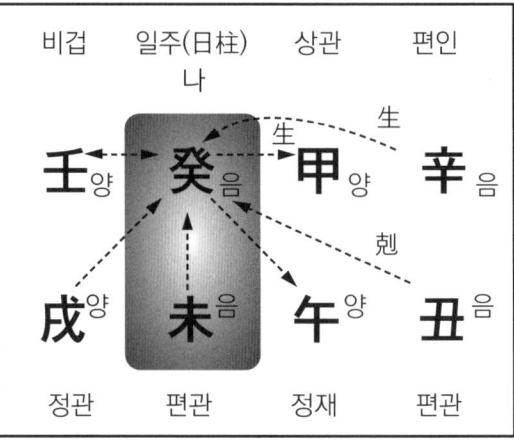

☯ **모든 변화(變化)는 일주(日柱)에서 발생(發生)한다.**

① 일주(日柱)는 본인(本人)인 나 자신(自身)이다.
② 내가 남을 생(生)하여 주는 오행(五行)은 상관식신(傷官食神)이다.
③ 나를 생(生)하여 주는 오행(五行)은 정인편인(正印偏印)이다.
④ 내가 다른 오행(五行)을 극(剋)하는 것은 정재편재(正財偏財)다.
⑤ 다른 오행(五行)이 일주(日柱) 나를 극(剋)하는 자는 정관편관(正官偏官)이다.
⑥ 일주(日柱) 나와 똑같은 오행(五行)은 비견비겁(比肩比劫)이다.

16. 천간지지합충법(天干地支合沖法) (※꼭 외울 것)

☯ 천간합(天干合)

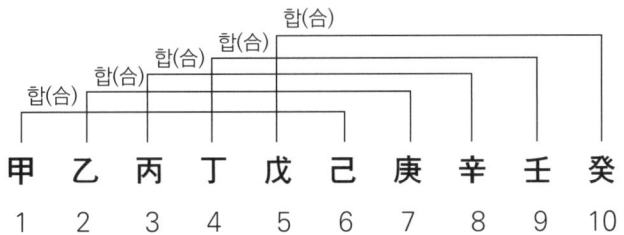

이 천간합(天干合)은 육합(六合)이라 하는데 이는 갑(甲)에서 기(己)까지는 여섯 번째요, 을(乙)에서 경(庚)까지 또한 여섯 번째 닿는 곳에 합(合)이 이루어진다고 하여 육합(六合)이라고 한다.

※ 작용(作用) = 합(合)은 길(吉), 희(喜), 집(集) ◎ 합(合)은 정이 많다.

☯ 천간충(天干沖)

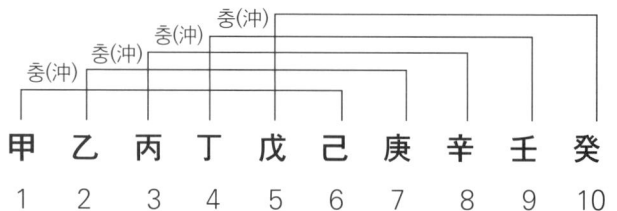

이 천간충(天干沖)을 칠충(七沖)이라고 하는데 이는 갑(甲)에서 경(庚)까지는 일곱 번째요, 을(乙)에서 신(辛)까지 또한 일곱 번째 닿는 곳에 충(沖)이 이루어진다고 하여 칠충(七沖)이라고 한다. 이하 동법.

※ 작용(作用) = 충(沖)은 이탈(離脫), 비(悲), 깨어짐이다.

※ 육합(六合) 甲己 = 合 乙庚 = 合 丙辛 = 合 丁壬 = 合 戊癸 = 合

※ 칠충(七沖) 甲庚 = 沖 乙辛 = 沖 丙壬 = 沖 丁癸 = 沖

17. 지지합충법(地支合沖法) (※꼭 외울 것)

☯ 지지합(地支合)

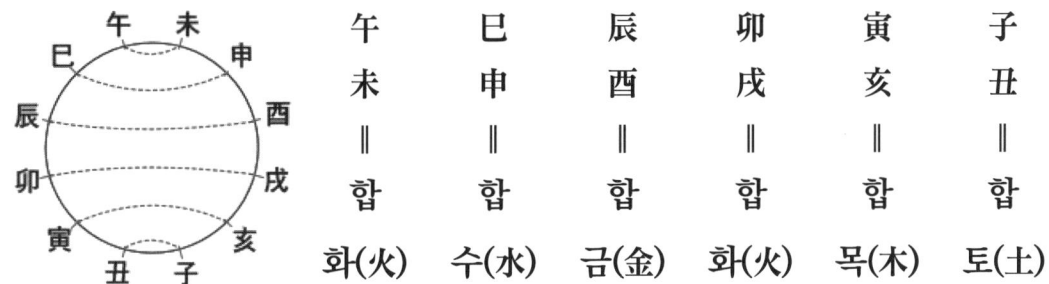

午未	巳申	辰酉	卯戌	寅亥	子丑
=	=	=	=	=	=
합	합	합	합	합	합
화(火)	수(水)	금(金)	화(火)	목(木)	토(土)

☯ 지지충(地支沖)

巳亥	辰戌	卯酉	寅申	丑未	子午
=	=	=	=	=	=
沖	沖	沖	沖	沖	沖

※ 작용(作用) = 충(沖)은 항상불안정(恒常不安定), 지체(沚滯), 여상부극자(傷夫剋子) 일시충부부궁부실(日時沖夫婦宮不實)

☯ 십이지지삼합(十二地支三合)

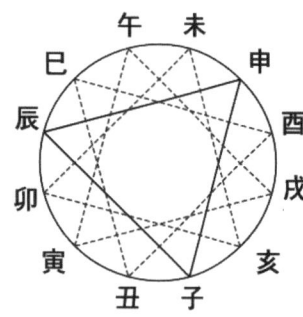

1. 申子辰 = 수국(水局) 동(冬)
2. 巳酉丑 = 금국(金局) 추(秋)
3. 寅午戌 = 화국(火局) 하(夏)
4. 亥卯未 = 목국(木局) 춘(春)

☯ 지지방합(地支方合), 계절합(季節合)

1. 寅卯辰 = 동방(東方) 춘(春)
2. 巳午未 = 남방(南方) 하(夏)
3. 申酉戌 = 서방(西方) 추(秋)
4. 亥子丑 = 북방(北方) 동(冬)

18. 형살법(刑殺法) (※꼭 외울 것)

☯ 삼형살(三刑殺)

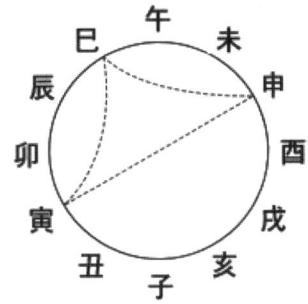

寅巳申 = 　　無恩之刑 = 　　寅 巳 寅
　　　　　　　　　　　　　　 巳 申 申

※ 작용(作用) = 형살(刑殺)은 관재(官災), 수술(手術)

축술미(丑戌未) = 　　持勢之刑 = 　　丑 未 丑
　　　　　　　　　　　　　　　　　 戌 戌 未

※ 작용(作用) = 형살(刑殺)은 관재(官災), 수술(手術)

상형살(相刑殺) = 子卯 = 無禮之刑 = 子刑卯, 卯刑子

※ 작용(作用) = 남에게 해를 준다, 관재(官災), 수술(手術)

자형살(自刑殺) = 辰午酉亥 = 辰辰, 午午, 酉酉, 亥亥

※ 작용(作用) = 자형살(自刑殺)은 무력(無力)하고 지구력(持久力)이 부족하다.

◎ 원진살(怨嗔殺) (※꼭 외울 것)

子 = 寅 = 辰 = 丑 = 卯 = 巳
未   酉   亥   午   申   戌

◆ 배우자(配偶者)가 년년(年年)에 원진살(怨嗔殺)이 있으면 부부(夫婦) 궁(宮)이 부실하다.

※ 작용(作用) = 일시(日時)에 있으면 부부, 처자 불화 (夫婦, 妻子不和)

◎ 귀문관살(鬼門關殺) (※꼭 외울 것)

◆ 일주대(日柱對) 생년(生年)으로 본다.

子 丑 寅 申 辰 巳
酉 午 未 卯 亥 戌

※ 작용(作用) = 정신이상(精神異常), 신경과민(神經過敏)

19. 십이신살(十二神殺)

☯ **겁살(劫殺)** = 탈재(奪財), 도실(盜失), 속패(速敗)
　재살(災殺) = 관재(官災), 수옥(囚獄), 구금(拘禁)
　천살(天殺) = 불의손재(不意損才), 천재(天災)
　지살(地殺) = 동(動), 이사(移舍), 전근(轉勤), 환경(還境)의 변화
　년살(年殺) = 남녀도화작용(男女桃花作用), 당년재앙(當年災殃)
　월살(月殺) = 질고(疾苦), 고초살(枯焦殺)
　망신살(亡身殺) = 부모객사(父母客死), 패가(敗家)
　장성(將星) = 출세(出世), 예술(藝術), 의사(醫師), 합격(合格)
　반안(攀鞍) = 출세(出世), 명예(名譽), 부귀(富貴)
　역마(驛馬) = 동(動), 여행(旅行), 고독(孤獨)
　육해(六害) = 구병(久病), 마병(馬病)
　화개(華蓋) = 신앙(信仰), 총명(聰明)

1 겁(劫), 망(亡), 7	2 재(災), 장(將), 8	3 천(天), 반(攀), 9	4 지(地), 역(驛), 10	5 년(年), 육(六), 11	6 월(月), 화(華), 12

　　　　巳酉丑(사유축) = 劫起寅(겁기인)
　　　　寅午戌(인오술) = 劫起亥(겁기해)
　　　　亥卯未(해묘미) = 劫起申(겁기신)
　　　　申子辰(신자진) = 劫起巳(겁기사)

사유축(巳酉丑) = 인(寅)에서부터 겁(劫) 재(財) 천(天) 지(地) 년(年)으로 시작
인오술(寅午戌) = 해(亥)에서부터 겁(劫) 재(財) 천(天) 지(地) 년(年)으로 시작
해묘미(亥卯未) = 신(申)에서부터 겁(劫) 재(財) 천(天) 지(地) 년(年)으로 시작
신자진(申子辰) = 사(巳)에서부터 겁(劫) 재(財) 천(天) 지(地) 년(年)으로 시작

20. 흉살(凶殺)

☯ 백호대살(白虎大殺) (※꼭 외울 것)

| 甲 | 乙 | 丙 | 丁 | 戊 | 壬 | 癸 |
| 辰 | 未 | 戌 | 丑 | 辰 | 戌 | 丑 |

◆ 주중(柱中)에 육친(六親)으로 본다.
※ 작용(作用): 급사(急死), 횡사(橫死), 육친참조(六親參照), 극부(克夫), 극처(克妻)

☯ 괴강살(魁罡殺) (※꼭 외울 것)

庚(경)	庚(경)	壬(임)	壬(임)
辰(진)	戌(술)	辰(진)	戌(술)
日(일)	日(일)	日(일)	日(일)
生(생)	生(생)	生(생)	生(생)

※ 작용(作用): 남(男) = 군인(軍人), 법관(法官), 경찰(警察)
　　　　　　여(女) = 정부(情夫), 남편이 무책임, 일가부양, 직업여성, 독수공방

☯ 고란살(孤鸞殺), 신음살(呻吟殺) (※꼭 외울 것)

| 甲 | 乙 | 丁 | 戊 | 辛 |
| 寅 | 巳 | 巳 | 申 | 亥 |

※ 작용(作用): 이 일주(日柱)에 출생(出生)한 여명(女命)은 남편(南便)이 바람기가 있거나 남편과 이별(離別)하여 항상 독수공방(獨守空房)으로 살게 되는 예가 많다.

※ **동지(冬至)** = 子=1양=丑=2양=寅=3양=卯=4양=辰=5양=巳=6양=양노음(陽老陰)
　하지(夏至) = 午=1음=未=2음=申=3음=酉=4음=戌=5음=亥=6음=노음(老陰)

고과살(孤寡殺)

인묘진생년(寅卯辰生年) 남자(男子)=사(巳)는 상처살(喪妻殺)
　　　　　　　　　　 여자(女子)=丑(축)은 과숙살(寡宿殺)
사오미생년(巳午未生年) 남자(男子)=신(申)은 상처살(喪妻殺)
　　　　　　　　　　 여자(女子)=진(辰)은 과숙살(寡宿殺)
신유술생년(申酉戌生年) 남자(男子)=해(亥)는 상처살(喪妻殺)
　　　　　　　　　　 여자(女子)=미(未)는 과숙살(寡宿殺)
해자축생년(亥子丑生年) 남자(男子)=인(寅)은 상처살(喪妻殺)
　　　　　　　　　　 여자(女子)=술(戌)은 과숙살(寡宿殺)

◆ 일주대(日柱對) 생년(生年)으로 본다. 상처(喪妻), 부살(夫殺)
※ 작용(作用): 홀아비, 과부살

급각살(急脚殺)

인묘진월(寅卯辰月) 생인(生人)이 일시(日時)에 해(亥)나 자(子)를 놓은 자
사오미월(巳午未月) 생인(生人)이 일시(日時)에 묘(卯)나 미(未)를 놓은 자
신유술월(申酉戌月) 생인(生人)이 일시(日時)에 인(寅)이나 술(戌)을 놓은 자
해자축월(亥子丑月) 생인(生人)이 일시(日時)에 축(丑)이나 진(辰)을 놓은 자

◆ 이 살(殺)은 생월(生月)을 기준으로 하여 생일(生日) 또는 생시(生時)로 본다.
※ 작용(作用): 수족 골절(手足 骨折), 낙상(落傷)

단교관살(斷橋關殺)

寅月	卯月	辰月	巳月	午月	未月	申月	酉月	戌月	亥月	子月	丑月	= 월지(月支)기준
正	二	三	四	五	六	七	八	九	十	十一	十二	
‖	‖	‖	‖	‖	‖	‖	‖	‖	‖	‖	‖	
寅	卯	申	丑	戌	酉	辰	巳	午	未	亥	子	= 일시(日時)에 있는 자

◆ 이 살(殺)은 생월대(生月對), 생일(生日) 또는 생시(生時)로 본다.
※ 작용(作用): 수족 골절(手足 骨折), 낙상(落傷)

☯ 낙정관살(落井關殺)

甲(갑) 己(기) ‖ 日生 **巳巳** 일시	乙(을) 庚(경) ‖ 日生 **子子** 일시	丙(병) 辛(신) ‖ 日生 **申申** 일시	丁(정) 壬(임) ‖ 日生 **戌戌** 일시	戊(무) 癸(계) ‖ 日生 **卯卯** 일시

◆ 일주대(日柱對) 지지일시(地支日時)로 본다.
※ 작용(作用): 수액(水厄) 함정(陷穽) 물 조심

☯ 탕화살(湯火殺) (※꼭 외울 것)

인(寅) 오(午) 축(丑)
寅(인)日 午(오) 丑(축) 巳(사) 申(신)
午(오)日 午(오) 辰(진) 丑(축)
丑(축)日 午(오) 戌(술) 未(미)

인일생(寅日生)이 지지주중(地支柱中)에 오(午), 축(丑), 사(巳), 신(申)이 있는 자
오일생(午日生)이 지지주중(地支柱中)에 오(午), 진(辰), 축(丑)이 있는 자
축일생(丑日生)이 지지주중(地支柱中)에 오(午), 술(戌), 미(未)가 있는 자
※ 작용(作用): 화재(火災), 음독(飮毒), 총상(銃傷), 구금(拘禁), 염세증(厭世症)

◐ 음양차석살(陰陽差昔殺)

丙(병)	丁(정)	戊(무)	丙(병)	丁(정)	戊(무)
子(자)	丑(축)	寅(인)	午(오)	未(미)	申(신)
신(辛)	임(壬)	계(癸)	신(辛)	임(壬)	계(癸)
묘(卯)	진(辰)	사(巳)	유(酉)	술(戌)	해(亥)

◆ 음양차석살(陰陽差昔殺)은 일주(日柱)나 시(時)로 본다.
※ 작용(作用): 남녀외숙고독(男女外叔孤獨) 시지(時支)에 있으면 처남 고독

◐ 양인살(羊刃殺) (※꼭 외울 것)

甲	丙戊	庚	壬
‖	‖	‖	‖
卯	午	酉	子

※ 작용(作用): 무관(武官), 난폭(亂暴), 잔인(殘忍)
※ 극(剋)= 부모(父母), 처자(妻子), 부(夫), 형제(兄弟)

◐ 천라지망살(天羅地網殺)

戌(술)   辰(진)
       =
亥(해)   巳(사)

※ 작용(作用): 형살(刑殺)과 동일(同一) 악살(惡殺)
   술해(戌亥) = 천문성(天文星)은 인자함, 통솔력, 신앙심

◐ 양기(陽氣)와 음기(陰氣)의 시작

```
              1  2  3  4  5  6
동지(冬至) =  子 丑 寅 卯 辰 巳   陽老陰
하지(夏至) =  午 未 申 酉 戌 亥   陰老陰
              1  2  3  4  5  6
```

사주의 기초 • 211

☯ 수옥살(囚獄殺) (※꼭 외울 것)

申子辰(신자진) = 午(오)가 수옥살(囚獄殺)
寅午戌(인오술) = 子(자)가 수옥살(囚獄殺)
巳酉丑(사유축) = 卯(묘)가 수옥살(囚獄殺)
亥卯未(해묘미) = 酉(유)가 수옥살(囚獄殺)

※ 작용(作用): 관재(官災), 구설(口舌), 감금(監禁)

☯ 순중공망(旬中空亡) (※꼭 외울 것)

갑자	계유	술해	갑술	계미	신유	갑신	계사	오미
甲子 =	癸酉 =	(戌亥)	甲戌 =	癸未 =	(申酉)	甲申 =	癸巳 =	(午未)
갑오	계묘	진사	갑진	계축	인묘	갑인	계해	자축
甲午 =	癸卯 =	(辰巳)	甲辰 =	癸丑 =	(寅卯)	甲寅 =	癸亥 =	(子丑)

※ 작용(作用): 관재(官災), 구설(口舌), 감금(監禁)
　　　　　년(年)에 공망(空亡)은 선조덕무
　　　　　월(月)에 공망(空亡)은 부모, 형제, 박연, 이별
　　　　　일(日)에 공망(空亡)은 자신, 처, 덕무
　　　　　시(時)에 공망(空亡)은 자손, 처, 미래

☯ 천전살(天轉殺)

寅卯辰月(인묘진월)에 乙卯日(을묘일)
巳午未月(사오미월)에 丙午日(병오일)
申酉戌月(신유술월)에 辛酉日(신유일)
亥子丑月(해자축월)에 壬子日(임자일)

◈ 월지(月支)에서 일주(日柱)로 본다.
※ 작용(作用): 자연(自然)의 방해(妨害)

☯ 지전살(地轉殺)

寅卯辰月(인묘진월)에 辛卯日(신묘일)
巳午未月(사오미월)에 戊午日(무오일)
申酉戌月(신유술월)에 癸酉日(계유일)
亥子丑月(해자축월)에 丙子日(병자일)

◆ 월지(月支)에서 일주(日柱)로 본다.
※ 작용(作用): 불의지변(不意地變)

☯ 효신살(梟神殺)

甲	乙	丙	丁	戊	己	庚	辛	庚	辛	壬	癸
子	亥	寅	卯	午	巳	辰	未	戌	丑	申	酉
‖	‖	‖	‖	‖	‖	‖	‖	‖	‖	‖	‖
日	日	日	日	日	日	日	日	日	日	日	日

◆ 일주(日柱)로만 보며 일지편인(日支編印)을 말함.
※ 작용(作用): 조실부모(早失父母) 아니면 전모(前母), 서모(庶母), 동방불인지조(東方不人之鳥)

☯ 부벽살(斧劈殺)

寅卯辰月(인묘진월)에 辛卯日(신묘일)
巳午未月(사오미월)에 戊午日(무오일)
申酉戌月(신유술월)에 癸酉日(계유일)
亥子丑月(해자축월)에 丙子日(병자일)

◆ 월지(月支)에서 일시지(日時支)로 본다.
※작용(作用): 비견겁다(比肩劫多)면 속성속패(速成速敗)

☯ 육친가족관계(六親家族關係) (※꼭 외울 것)

生我者(생아자) = 印綬(인수) 正印(정인) 偏印(편인)
我生者(아생자) = 食神(식신) 傷官(상관)
　　　　　　※男子 = 部下從業員(부하종업원)
　　　　　　※女子 = 子孫(자손)
比我者(비아자) = 比肩比劫(비견비겁)은 兄弟(형제) 親舊(친구)
我剋者(아극자) = 財(재) 正財(정재) 妻(처) 偏財(편재)=父(부)
剋我者(극아자) = 官(관) 正官(정관) 偏官(편관) 男子 아들, 딸
　　　　　　　　　　　　　　　　　　女子 남편, 정부

◆ 正(정) =　　陽(양), 陰(음), 陰(음), 陽(양)　　= 傷官(상관)
　偏(편) =　　　　陽(양), 陽(양)　　　　　　= 食神(식신)

☯ 십간록(十干祿) (※꼭 외울 것)

甲祿在, 寅(갑록재, 인) = 甲木(갑목)의 록은, 寅(인)이다.
乙祿在, 卯(을록재, 묘) = 乙木(을목)의 록은, 卯(묘)다.
丙戊祿在, 巳(병무록재, 사) = 丙火(병화)와 戊土(무토)의 록은, 巳(사)다.
丁己祿在, 午(정기록재, 오) = 정화(丁火)와 기토(己土)의 록은, 오(午)다.
庚祿在, 申(경록재, 신) = 경금(庚金)의 록은, 신(申)이다.
辛祿在, 酉(신록재, 유) = 신금(辛金)의 록은, 유(酉)다.
壬祿在, 亥(임록재, 해) = 임수(壬水)의 록은, 해(亥)다.
癸祿在, 子(계록재, 자) = 계수(癸水)의 록은, 자(子)다.

※작용(作用): 록좌인(祿座人) 신뢰(信賴)

천월덕귀인(天月德貴人)

月支(월지) =	인 寅	묘 卯	진 辰	사 巳	오 午	미 未	신 申	유 酉	술 戌	해 亥	자 子	축 丑
天德(천덕) =	丁 정	申 신	壬 임	辛 신	亥 해	甲 갑	癸 계	庚 경	丙 병	乙 을	巳 사	庚 경
月德(월덕) =	丙 병	甲 갑	壬 임	庚 경	丙 병	甲 갑	壬 임	寅 인	丙 병	甲 갑	壬 임	庚 경

◆ 월지대(月支對) 천간(天干)으로 본다. 년월일시(年月日時) 주중(柱中)에 있으면 된다.

※ 작용(作用): 천덕(天德) = 선조유덕(先祖遺德) 재앙(災殃) 소멸(消滅)
　　　　　　　월덕(月德) = 횡액(橫厄)을 면한다.

子午卯酉	寅申巳亥	辰戌丑未
1. 사정위(四正位)	1. 사생지국(四生之局)	1. 사고지국(四庫之局)
2. 사왕지국(四旺之局)	2. 역마지살(驛馬之殺)	2. 잡기(雜氣)
3. 도화작용(桃花作用)	3. 교통작용(交通作俑)	3. 고작용(庫作用)
		4. 중계작용(中季作用)

☯ 옥당천을귀인(玉堂天乙貴人) (※꼭 외울 것)

甲戊庚日柱 (갑무경일주) = 丑(축)未(미) = 갑무경일주는 丑(축)이나 未(미)가 玉堂天乙貴人(옥당천을귀인)이다.

乙己日柱(을기일주) = 子(자)申(신) = 을기일주는 子(자)나 申(신)이 天乙貴人(천을귀인)이다.

丁丙日柱(정병일주) = 亥(해)酉(유) = 정병일주는 亥(해)나 酉(유)가 天乙貴人(천을귀인)이다.

辛日柱(신일주) = 午(오)寅(인) = 신일주는 午(오)나 寅(인)이 天乙貴人(천을귀인)이다.

壬癸日柱(임계일주) = 卯(묘)巳(사) = 임계일주는 卯(묘)나 巳(사)가 天乙貴人(천을귀인)이다.

◆ 천간일주대(天干日柱對) 지지주중(地支柱中)으로 본다.
※ 지혜(智慧) 총명(聰明)

21. 왕상휴수사법(旺相休囚死法) (※꼭 외울 것)

壬癸 水	庚辛 金	戊己 土	丙丁 火	甲乙 木	일주(日柱) \ 계절(季節)
휴(休)	수(囚)	사(死)	상(相)	왕(旺)	봄(春) 목(木)
수(囚)	사(死)	상(相)	왕(旺)	휴(休)	여름(夏) 화(火)
상(相)	왕(旺)	휴(休)	수(囚)	사(死)	가을(秋) 금(金)
왕(旺)	휴(休)	수(囚)	사(死)	상(相)	겨울(冬) 수(水)
사(死)	상(相)	왕(旺)	휴(休)	수(囚)	사계(四季) 토(土)
사(死)	수(囚)	휴(休)	상(相)	왕(旺)	
‖	‖	‖	‖	‖	
절(節)이 나를 극(剋)함	내가 절(節)을 극(剋)함	내가 절(節)을 생(生)함	절(節)이 나를 생(生)함	절(節)과 오행(五行) 동일(同一)	

21. 포태법(胞胎法)

계(癸)	임(壬)	신(辛)	경(庚)	정(丁) 기(己)	병(丙) 무(戊)	을(乙)	갑(甲)	
자(子)	해(亥)	유(酉)	신(申)	오(午)	사(巳)	묘(卯)	인(寅)	관(冠)
해(亥)	자(子)	신(申)	유(酉)	사(巳)	오(午)	인(寅)	묘(卯)	왕(旺)
술(戌)	축(丑)	미(未)	술(戌)	진(辰)	미(未)	축(丑)	진(辰)	쇠(衰)
유(酉)	인(寅)	오(午)	해(亥)	묘(卯)	신(申)	자(子)	사(巳)	병(病)
신(申)	묘(卯)	사(巳)	자(子)	인(寅)	유(酉)	해(亥)	오(午)	사(死)
미(未)	진(辰)	진(辰)	축(丑)	축(丑)	술(戌)	술(戌)	미(未)	장(藏)
오(午)	사(巳)	묘(卯)	인(寅)	자(子)	해(亥)	유(酉)	신(申)	포(胞)
사(巳)	오(午)	인(寅)	묘(卯)	해(亥)	자(子)	신(申)	유(酉)	태(胎)
진(辰)	미(未)	축(丑)	진(辰)	술(戌)	축(丑)	미(未)	술(戌)	양(養)
묘(卯)	신(申)	자(子)	사(巳)	유(酉)	인(寅)	오(午)	해(亥)	생(生)
인(寅)	유(酉)	해(亥)	오(午)	신(申)	묘(卯)	사(巳)	자(子)	욕(浴)
축(丑)	술(戌)	술(戌)	미(未)	미(未)	진(辰)	진(辰)	축(丑)	대(帶)

(※ ▭부분은 꼭 외울 것)

◐ 포태십이운성(胞胎十二運星)

※ 작용(作用):

관(冠) = 관록(官祿)을 득(得)한다. **왕(旺)** = 만인(萬人)의 선망(善望)이 된다. **쇠(衰)** = 매사(每事) 퇴(退)하는 운(運). **병(病)** = 불의사고(不意事故) 중절상태(中折狀態). **사(死)** = 절망시기(絕望時期) 재기불능(再起不能). **장(藏)** = 타인(他人)으로부터 앙시(仰視). **포(胞)** = 활동불능(活動不能) 대기(待期)한다. **태(胎)** = 무언가 하려고 한다. **양(養)** = 계획성립(計劃成立)하나 성립(成立) 불가능(不可能). **생(生)** = 사업진행(事業進行)에 희망(希望). **욕(浴)** = 매사(每事) 침체(沈滯)가 많다. **대(帶)** = 타인(他人)으로부터 앙시(仰視).

22. 육십갑자납음오행(六十甲子納音五行)

갑甲해海 자子중中 을乙금金 축丑	갑甲산山 술戌두頭 을乙화火 해亥	갑甲천泉 신申중中 을乙수水 유酉	갑甲사沙 오午중中 을乙금金 미未	갑甲복覆 진辰등燈 을乙화火 사巳	갑甲대大 인寅계溪 을乙수水 묘卯
병丙로爐 인寅중中 정丁화火 묘卯	병丙윤潤 자子하下 정丁수水 축丑	병丙옥屋 술戌상上 정丁토土 해亥	병丙산山 신申하下 정丁화火 유酉	병丙천天 오午하河 정丁수水 미未	병丙사沙 진辰중中 정丁토土 사巳
무戊대大 진辰림林 기己목木 사巳	무戊성城 인寅두頭 기己토土 묘卯	무戊벽霹 자子력靂 기己화火 축丑	무戊평平 술戌지地 기己목木 해亥	무戊대大 신申역驛 기己토土 유酉	무戊천天 오午상上 기己화火 미未
경庚로路 오午방傍 신辛토土 미未	경庚백白 진辰랍蠟 신辛금金 사巳	경庚송松 인寅백栢 신辛목木 묘卯	경庚벽壁 자子상上 신辛토土 축丑	경庚채釵 술戌훈訓 신辛금金 해亥	경庚석石 신申류瑠 신辛목木 유酉
임壬검劍 신申봉鋒 계癸금金 유酉	임壬양楊 오午류柳 계癸수水 미未	임壬장長 진辰류流 계癸수水 사巳	임壬금金 인寅박箔 계癸금金 묘卯	임壬상桑 자子자 계癸목木 축丑	임壬대大 술戌해海 계癸수水 해亥

☯ 납음 오행으로 사주(四柱)를 감정하는 사람은 거의 없으므로 너무 집착하지 말 것.

☯ 이 외에도 신살(神殺)과 길신(吉神) 흉신(凶神)이 많으나 사주(四柱)를 감정하는 데 있어서 신살(神殺)은 잘 사용하지 않는다. 상기 기록한 신살(神殺)도 대부분 사용하지 않으며 거기에 몇 가지만 사용하므로 '꼭 외울 것'이라 써 놓은 것만 암기하면 된다.

54년(음) 2월 5일 축(丑)시 남자

```
乙  甲  丁  甲
丑  子  卯  午

59  49  39  29  19   9
癸  壬  辛  庚  己  戊
酉  申  未  午  巳  辰
```

이 사주는 갑목일주(甲木日柱)가 중춘묘월(中春卯月) 양인월(羊刃月)에 출생하여 득령(得令)하고 묘중을목(卯中乙木) 비겁(比劫)이 시상(時上)에 투출(透出)하고 년상갑목(年上甲木) 비견(比肩)과 일지자수(日支子水) 인수(印綬)가 있어 신왕사주(身旺四柱)다. 신왕사주(身旺四柱)에는 갑목일주(甲木日柱)를 제(制)하는 관살(官殺)이나 갑목일주(甲木日柱)가 설기(泄氣)하는 상관식신(傷官食神)으로 용신(用神)함이 좋은데 갑목일주(甲木日柱)를 제(制)하는 관살(官殺)은 없고 갑목일주(甲木日柱)가 설기(泄氣)하는 상관(傷官)이 월상(月上)에 투출(透出)하여 정화상관(丁火傷官)이 용신(用神)이 되며 이런 격(格)을 가상관격(假傷官格)이라고 한다. 이 사주는 남자(男子)의 사주로서 수사 기관에서 근무하여 초년(初年)에 오화대운(午火大運)이 좋아 승진이 빨랐으나 그 이후로는 운(運)이 없어 평범하게 살고 있는 사주다. 그리고 년지오화(年支午火)와 일지자수(日支子水)는 수옥살(囚獄殺)이므로 사주에 수옥살(囚獄殺)을 놓은 사람들은 법조계(法曹界)로 직업을 많이 갖는데 법조계에 직업을 갖지 않으면 감옥(監獄)살이를 한번 할 수 있다.

> ❶ 세운병자년(歲運丙子年): 신축, 문서, 변화, 이사, 전근
> ❷ 질병(疾病): 간(肝), 풍(風), 냉(冷), 저혈압(低血壓)
> ❸ 남녀성격: (남) 의지 굳다, 무뚝뚝하다, 웃음이 적다, 냉정하다, 임사즉결,
>   멋쟁이, 권모술수, 눈치가 빠르다, 신경 예민, 처궁불미
>   (여) 의지 굳다, 인자함, 무뚝뚝하다, 웃음이 적다, 부궁불미

☯ 세운•질병•남녀성격의 해설(歲運•疾病•男女性格의 解說)

❶ 세운병자년(歲運丙子年) = ※신축, 문서, 변화, 이사, 전근은 ※세운병자년(歲運丙子年)의 자수(子水)는 갑목일주(甲木日柱)의 인수(印綬)로 세운(歲運)에서 인수운(印綬運)이 들어오면 ※집을 짓는다든가 또는 증축을 한다든가 또는 문서를 잡는다든가 사업체를 벌이는 일이 많다. 그리고 ※변화, 이사, 전근은 ※세운병자년(歲運丙子年)의 자수(子水)는 일지자수(日支子水)와 자자(子子)로 삼합(三合)이 되므로 일지(日支) 삼합운(三合運)이 들어오면 ※**변화가 생긴다든가 또는 이사를 한다든가 또는 직장을 옮기는 일이 많다.**

❷ 질병(疾病)은 일주(日柱)에서 발생(發生)한다.

❸ 남녀성격은 일주(日柱)에서 발생(發生)한다.

50년(음) 10월 27일 진(辰)시 여자

庚	乙	丁	庚
辰	亥	亥	寅

59	49	39	29	19	9
辛	壬	癸	甲	乙	丙
巳	午	未	申	酉	戌

이 사주는 을목일주(乙木日柱)가 초겨울 해월(亥月)에 출생하여 득령(得令)하고 년지인목(年支寅木) 비겁(比劫)과 일지해수(日支亥水)에 생(生)을 받아 을목일주(乙木日柱)는 신왕사주(身旺四柱)다. 신왕사주(身旺四柱)에는 일주(日柱)를 제(制)하는 관살(官殺)로 용신(用神)함이 좋은데 다행히 시상(時上) 경금정관(庚金正官)이 있어 경금정관(庚金正官)로 용신(用神)한다. 그리고 토재(土財)는 희신(喜神)이 된다. 그런데 이 사주는 삼귀(三貴)를 가지고 있다. 시상경금(時上庚金)은 정관(正官)이며 시지진토(時支辰土)는 정재(正財)가 되고 해중임수(亥中壬水)는 정인(正印)으로 재관인(財官印) 삼귀(三貴)를 놓아 귀격사주(貴格四柱)로서 국제록(國際祿)까지 먹어 본 사주인데 대운(大運)이 남방(南方) 사오미(巳午未) 화운(火運)으로 용신경금(用神庚金)을 극(剋)하여 국제록(國際祿)은 먹어 보았으나 출세를 못한 사주다.

> ❶ 세운병자년(歲運丙子年): 이별수, 신축, 문서, 관재, 불성
> ❷ 질병(疾病): 풍(風), 냉(冷)
> ❸ 남녀성격: (남) 의지 굳다, 무뚝뚝하다, 강직하다, 영리하다, 인정 있다,
>   외유내강, 항상 바쁨, 예감이 빠름, 신앙심, 지혜롭다
>   (여) 의지 굳다, 무뚝뚝하다, 인자함, 영리하다, 장수한다, 부궁불미

◯ 세운·질병·남녀성격의 해설(歲運·疾病·男女性格의 解說)

❶ 세운병자년(歲運丙子年) = ※이별수, 신축, 문서, 관재, 불성은 ※세운병자년(歲運丙子年)의 자수(子水)는 을목일주(乙木日柱)의 인수(印綬)로 신왕(身旺)한 여자(女子) 사주에 세운(歲運)에서 인수운(印綬運)이 들어오면 ※**가정에 불화가 많이 생긴다든가 또는 남편과 떨어져 산다든가 또는 이혼한다든가 또는 남편이 사망하는 수도 있다.** 그리고 ※신축, 문서는 ※세운병자년(歲運丙子年)의 자수(子水)는 을목일주(乙木日柱)의 인수(印綬)로 세운(歲運)에서 인수운(印綬運)이 들어오면 ※**집을 짓는다든가 또는 증축을 한다든가 또는 사업체를 벌인다든가 또는 문서를 잡는 일이 많다.** 그리고 ※관재, 불성은 ※세운병자년(歲運丙子年)의 병화(丙火)는 을목일주(乙木日柱)의 상관(傷官)으로 세운(歲運)에서 천간(天干) 상관운(傷官運)이 들어오면 ※**관재수를 조심해야 하며 모든 일이 잘 풀리지 않고 대차계약도 잘 이루어지지 않는다.**

❷ 질병(疾病)은 일주(日柱)에서 발생(發生)한다.

❸ 남녀성격은 일주(日柱)에서 발생(發生)한다.

52년(음) 8월 18일 해(亥)시 남자

丁	乙	己	壬
亥	酉	酉	辰

51	41	31	21	11	1
乙	甲	癸	壬	辛	庚
卯	寅	丑	子	亥	戌

이 사주는 을목일주(乙木日柱)가 중추유월(中秋酉月)에 출생하여 실시(失時)하고 월일지(月日支) 양유금(兩酉金)과 년지(年支) 진토재(辰土財)가 있어 재살(財殺)이 태왕(太旺)이다. 다행히 유금살(酉金殺)의 정기(正氣)는 시지해수(時支亥水)를 생(生)하고 그 해수는 을목일주(乙木日柱)를 생(生)하니 이런 사주를 살인상생(殺印相生)이라고 하며 시지(時支) 해중임수(亥中壬水) 인수(印綬)가 용신(用神)이 되고 목비견겁(木比肩劫)은 희신(喜神)이 된다. 이 사주는 남자(男子)의 사주(四柱)로서 다행히 대운(大運)이 수목운(水木運)으로 잘 들어와 고위직(高位職) 공무원(公務員)으로 승승장구(乘勝長驅)하였으며 처자(妻子) 모두 행복하게 잘 살고 있는 사주다.

❶ 세운병자년(歲運丙子年): 신축, 문서, 관재, 불성, 신경과민
❷ 질병(疾病): 간(肝), 담(膽), 간경화(肝硬化)
❸ 남녀성격: (남) 무뚝뚝하다, 의지 굳다, 사리 분명, 거취 분명, 만인 신망, 처 덕 있다, 처궁불미, 남에게 잘함, 임기응변, 인정 있다
(여) 의지 굳다, 무뚝뚝하다, 인자함, 근면 성실, 남편 말을 잘 듣는다

☯ 세운·질병·남녀성격의 해설(歲運·疾病·男女性格의 解說)

❶ **세운병자년(歲運丙子年)** = ※**신축, 문서, 관재, 불성, 신경과민**은 ※세운병자년(歲運丙子年)의 자수(子水)는 을목일주(乙木日柱)의 인수(印綬)로 세운(歲運)에서 인수운(印綬運)이 들어오면 ※**집을 짓는다든가 또는 증축을 한다든가 또는 사업체를 벌이는 일이 많으며 문서도 잡는 일이 많다.** 그리고 ※**관재, 불성**은 ※세운병자년(歲運丙子年)의 병화(丙火)는 을목일주(乙木日柱)의 상관(傷官)으로 세운(歲運)에서 천간(天干) 상관운(傷官運)이 들어오면 ※**관재수를 조심해야 하며 또는 모든 일이 잘 풀리지 않고 대차계약도 잘 이루어지지 않는다.** 그리고 ※**신경과민**은 ※세운병자년(歲運丙子年)의 자수(子水)는 일지유금(日支酉金)과 자유(子酉)로 귀문관살(鬼門關殺)이므로 세운(歲運)에서 일지(日支) 귀문(鬼門) 관살운(關殺運)이 들어오면 ※**그해에는 모든 일에 신경을 많이 쓰게 된다.**

❷ 질병(疾病)은 일주(日柱)에서 발생(發生)한다.

❸ 남녀성격은 일주(日柱)에서 발생(發生)한다.

53년(음) 5월 3일 자(子)시 여자

丙	乙	戊	癸
子	未	午	巳

58	48	38	28	18	8
甲	癸	壬	辛	庚	己
子	亥	戌	酉	申	未

이 사주는 을목일주가 중하오월(中夏午月)에 출생하여 실시(失時)하고 지지(地支)는 사오미(巳午未) 화국(火局)을 이루고 시상병화(時上丙火)가 투출(透出)하여 상관식신(傷官食神)이 태왕(太旺)이다. 상관식신(傷官食神)을 제(制)하고 을목일주를 생(生)하여 주는 시지자수(時支子水) 인수(印綬)가 용신(用神)이 된다. 이 사주는 여자(女子)의 사주로서 일찍이 남편과 이혼하고 직장 생활을 하던 중 우연히 철학관을 찾아 모든 문의를 상담하다가 48세 계수대운(癸水大運)에 운(運)이 들어왔다는 말을 듣고 사업을 경영하다 3년 동안 재산을 탕진하고 남의 집에서 서빙을 하며 살다가 좋은 남자 친구를 만나 그 남자 친구에게 사업 자금을 빌려 53세 해수대운(亥水大運)에 수억금을 번 사주다. 그런데 계수대운(癸水大運)에 왜 사업에 실패하였는가 하면 계수(癸水)는 을목일주의 인수운(印綬運)으로 좋을 것 같으나 그 계수(癸水)는 을목일주를 생(生)하여 주지 않고 월상무토(月上戊土)와 무계합(戊癸合)으로 합거(合去)되어 사통(私通)한 까닭이다. 원명사주(源命四柱) 천간(天干) 년월일시(年月日時) 중 대운(大運)에서 천간합운(天干合運)이 들어오면 사업을 하는 사람은 백전백패며 직장 생활을 하는 사람은 근신(勤愼)해야 하며 투기(投機)는 절대 금물이다.

❶ 세운병자년(歲運丙子年): 이별수, 신축, 문서
❷ 질병(疾病): 간(肝), 담(膽), 위장(胃臟)
❸ 남녀성격: (남) 의지 굳다, 무뚝뚝하다, 인정 있다, 총명하다, 근면 성실, 학문, 예술, 자수성가, 처궁불미, 성격이 까다롭다, 옷에 신경, 편식한다, 신앙심
(여) 의지 굳다, 무뚝뚝하다, 인자함, 부궁불미, 정부, 시모불합, 자식에게 애정 많음

☯ 세운·질병·남녀성격의 해설(歲運·疾病·男女性格의 解說)

❶ **세운병자년(歲運丙子年)** = ※**이별수, 신축, 문서**는 ※세운병자년(歲運丙子年)의 병화(丙火)는 을목일주(乙木日柱)의 상관(傷官)으로 여자(女子) 사주(四柱)에 상관식신(傷官食神)이 태왕(太旺)인데 세운(歲運)에서 상관(傷官) 식신운(食神運)이 들어오면 ※**가정에 불화가 많이 생긴다든가 또는 남편과 떨어져 산다든가 또는 이혼한다든가 또는 남편이 사망하는 수도 있다.** 그리고 ※**신축, 문서**는 ※세운병자년(歲運丙子年)의 자수(子水)는 을목일주의 인수(印綬)로 세운(歲運)에서 인수운(印綬運)이 들어오면 ※**집을 짓는다든가 또는 증축을 한다든가 또는 사업체를 벌인다든가 또는 문서를 잡는 일이 많다.**

❷ 질병(疾病)과 ❸ 남녀성격은 일주(日柱)에서 발생(發生)한다.

53년(음) 7월 13일 해(亥)시 여자

時	日	月	年
丁	乙	庚	癸
亥	巳	申	巳

56	46	36	26	16	6
丙	乙	甲	癸	壬	辛
寅	丑	子	亥	戌	酉

이 사주는 을목일주(乙木日柱)가 초가을 신월(申月)에 출생하여 실시(失時)하고 신궁경금(申宮庚金)이 월상(月上)에 투출(透出)하여 정관격(正官格)으로 신약사주(身弱四柱)다. 다행히 년상계수(年上癸水)가 투출(透出)하여 그 계수(癸水)는 시지(時支) 해중임수(亥中壬水)에 근(根)하므로 관인상생(官印相生)으로 계수인수(癸水印綬)가 용신(用神)이며 목비견겁(木比肩劫)은 희신(喜神)이 된다. 이 사주는 여자(女子)의 사주로서 사업을 경영하여 36세 갑자대운(甲子大運)에 수억금을 벌었으며 46세 을목대운(乙木大運)에 월상경금(月上庚金)과 을경합(乙庚合)으로 합거(合去)되어 재산을 탕진하고 남편과 이혼하고 병(病)까지 얻어 방광(膀胱) 수술을 하고 힘들게 살아가고 있는 사주다. 방광(膀胱)을 수술하게 된 것은 월간지(月干支) 경신(庚申)과 일간지(日干支) 을사(乙巳)는 천간(天干)으로 을경합(乙庚合)이며 지지(地支)로는 사신합(巳申合)으로 곤랑(滾浪) 도화살(桃花殺)이므로 사주에 곤랑(滾浪) 도화살(桃花殺)이 있으면 방광과 치질과 임질과 비색증(鼻塞症)을 조심해야 한다.

❶ 세운병자년(歲運丙子年): 신축, 문서, 관재
❷ 질병(疾病): 간(肝), 담(膽), 방광(膀胱), 치질(痔疾), 임질(淋疾)
❸ 남녀성격: (남) 의지 굳다, 무뚝뚝하다, 웃음이 적다, 인정 있다, 예의 있다, 명랑하다, 영리하다, 처궁불미, 고독하다, 돈이 잘 빠져나간다
(여) 의지 굳다, 무뚝뚝하다, 인자하다, 부궁불미, 정부, 재가, 애교 많음

☯ 세운・질병・남녀성격의 해설(歲運・疾病・男女性格의 解說)

❶ **세운병자년(歲運丙子年) = ※신축, 문서, 관재**는 ※세운병자년(歲運丙子年)의 자수(子水)는 을목일주의 인수(印綬)로 세운에서 인수운(印綬運)이 들어오면 ※**집을 짓는다든가 또는 증축을 한다든가 또는 사업체를 벌인다든가 문서를 잡는 일이 많다.** 그리고 ※관재는 ※세운병자년(歲運丙子年)의 병화(丙火)는 을목일주의 상관(傷官)으로 세운에서 천간(天干) 상관운(傷官運)이 들어오면 ※**관재수를 조심해야 한다.**

❷ 질병(疾病)은 간, 담은 일주(日柱)에서 발생(發生)하며 ※방광, 치질, 임질은 ※원명사주에 월일간지(月日干支) 을경합(乙庚合) 사신합(巳申合)으로 곤랑도화(滾浪桃花)를 놓고 있다. 원명사주에 곤랑도화를 놓은 사람은 ※방광, 치질, 임질을 조심해야 한다.

❸ 남녀성격은 일주(日柱)에서 발생(發生)한다.

59년(음) 10월 29일 사(巳)시 남자

辛	乙	乙	己
巳	卯	亥	亥

57	47	37	27	17	7
己	庚	辛	壬	癸	甲
巳	午	未	申	酉	戌

이 사주는 을목일주(乙木日柱)가 초겨울 해월(亥月)에 출생하여 득령(得令)하고 년지해수(年支亥水) 일지묘목(日支卯木)에 생조를 받아 신왕사주(身旺四柱)다. 신왕사주(身旺四柱)에는 관살(官殺)로 일주(日柱)를 제(制)하거나 상관식신(傷官食神)으로 설기(泄氣)함이 좋은데 시상신금(時上辛金) 편관(偏官)이 있다 하나 시상신금(時上辛金)은 무근(無根)이며 자좌사화(自坐巳火)에 살지(殺地)에 앉아 용신(用神)으로 쓸 수가 없다. 다행히 시지사화(時支巳火)가 있어 사화상관(巳化傷官)으로 설기(泄氣)함으로 이런 사주를 가상관격(假傷官格)이라고 한다. 그러므로 사중병화(巳中丙火) 상관(傷官)이 용신(用神)이 된다. 그리고 이 사주는 남자의 사주로서 공무원으로 52세 오화대운(午火大運)에 고위 공직 생활을 하고 있는 사주이다.

> ❶ 세운병자년(歲運丙子年): 신축, 문서, 관재, 수술
> ❷ 질병(疾病): 중풍(中風), 위산과다(胃酸過多), 비색증(鼻塞症)
> ❸ 남녀성격: (남) 의지 굳다, 강직하다, 미남이다, 농담 잘함, 주관이 강함, 인정 있다, 인색하다, 처궁불미, 영리하다, 지구력 부족, 분주다사, 마음 약
> (여) 의지 굳다, 무뚝뚝하다, 고집 대단, 친정형제 걱정, 부궁불미, 정부, 마음 약, 근심이 많다

☯ **세운·질병·남녀성격의 해설(歲運·疾病·男女性格의 解說)**

❶ **세운병자년(歲運丙子年)** = ※신축, 문서, 관재, 수술은 ※세운병자년(歲運丙子年)의 자수(子水)는 을목일주(乙木日柱)의 인수(印綬)로 세운(歲運)에서 인수운(印綬運)이 들어오면 ※**집을 짓는다든가 또는 증축을 한다든가 또는 사업체를 벌인다든가 또는 문서를 잡는 일이 많다.** 그리고 ※**관재**는 ※세운병자년(歲運丙子年)의 병화(丙火)는 을목일주(乙木日柱)의 상관(傷官)으로 세운(歲運)에서 천간(天干) 상관운(傷官運)이 들어오면 ※**관재수를 조심해야 한다.** 그리고 ※**수술**은 ※세운병자년(歲運丙子年)의 자수(子水)는 일지묘목(日支卯木)과 자묘(子卯)로 형살(刑殺)이 되므로 세운(歲運)에서 일지(日支) 형살운(刑殺運)이 들어오면 ※**수술을 조심해야 한다.**

❷ 질병(疾病)은 ※**중풍, 위산과다는 일주(日柱)에서 발생(發生)하며** ※**비색증은** ※**을목일주(乙木日柱)가 해월(亥月)에 출생하면** ※**축농증이나 비염이나 코막힘을 조심해야 한다.**

❸ **남녀성격은 일주(日柱)에서 발생(發生)한다.**

53년(음) 8월 5일 인(寅)시 남자

庚	丙	辛	癸
寅	寅	酉	巳

51	41	31	21	11	1
乙	丙	丁	戊	己	庚
卯	辰	巳	午	未	申

이 사주는 병화일주(丙火日柱)가 중추유월(中秋酉月)에 출생하여 실시(失時)하고 유중신금(酉中辛金)이 월상(月上)에 투출(透出)하여 정재격(正財格)이며 신약사주(身弱四柱)다. 그런데 병화일주(丙火日柱)는 년지사화(年支巳火)에 록근(祿根)하고 일시지(日時支) 양인목(兩寅木)에 장생(長生)하여 4대 4로 신왕사주(身旺四柱) 같이 보이나 병화일주(丙火日柱)는 유월(酉月)에 실시(失時)하고 월시상(月時上) 경신금(庚辛金)은 유월(酉月)에 득령(得令)하고 월지유금(月支酉金)은 한 개지만 두 개 이상의 힘을 가지고 있으므로 신약사주(身弱四柱)가 된다. 그러므로 많은 재(財)를 제(制)하고 일주(日柱)를 보신(補身)하는 화비견겁(火比肩劫)이 용신(用神)이며 목인수(木印綬)는 희신(喜神)이 된다. 이 사주는 남자(男子)의 사주로서 사업을 하였으나 51세 을목대운(乙木大運)에 시상경금(時上庚金)과 을경합(乙庚合)으로 합거(合去)되어 손해를 많이 보았으나 56세 묘목희신(卯木喜神) 대운(大運)에 재산을 복구하고 승승장구(乘勝長驅)하고 있는 사주다.

> ❶ 세운병자년(歲運丙子年): 관재, 손재, 신액, 불성
> ❷ 질병(疾病): 심장(心臟), 기관지(氣管支)
> ❸ 남녀성격: (남) 말을 잘한다, 예의 있다, 명랑하다, 남을 생각하지 않고 직선적으로 말함, 용기 있다, 의젓하다, 멋쟁이, 영리하다, 일독십지, 명예우선, 성질 급, 박력 있다, 타의 군림, 남을 멸시한다
> (여) 말을 잘한다, 총명하다, 금방 좋았다가 금방 싫어짐, 박력 있다, 부궁불미

☯ 세운·질병·남녀성격의 해설(歲運·疾病·男女性格의 解說)

❶ **세운병자년(歲運丙子年)** = ※관재, 손재, 신액, 불성은 ※세운병자년(歲運丙子年)의 자수(子水)는 병화일주(丙火日柱)의 정관(正官)으로 원명사주(源命四柱)에 재살(財殺)이 태왕(太旺)한데 세운(歲運)에서 재(財)나 관살운(官殺運)이 들어오면 ※관재수를 조심해야 하며 또는 손재수를 조심해야 하며 또는 건강을 조심해야 한다. 그리고 ※불성은 ※세운병자년(歲運丙子年)의 병화(丙火)는 병화일주(丙火日柱)의 비견(比肩)으로 세운(歲運)에서 비견겁운(比肩劫運)이 들어오면 ※모든 일이 잘 풀리지 않고 대차계약도 잘 이루어지지 않는다.

❷ 질병(疾病)은 일주(日柱)에서 발생(發生)한다.

❸ 남녀성격은 일주(日柱)에서 발생(發生)한다.

54년(음) 7월 20일 유(酉)시 남자

丁	丙	壬	甲
酉	午	申	午

57	47	37	27	17	7
戊	丁	丙	乙	甲	癸
寅	丑	子	亥	戌	酉

이 사주는 병화일주(丙火日柱)가 초가을 신월(申月)에 출생하여 실시(失時)하고 신궁임수(申宮壬水)가 월상(月上)에 투출(透出)하여 편관격(偏官格)으로 신약사주(身弱四柱)이나 년일지(年日支) 양오화(兩午火) 양인(羊刃)과 오중정화(午中丁火)가 시상(時上)에 투출(透出)하고 년상갑목(年上甲木) 인수(印綬)가 있어 병화일주(丙火日柱)는 약화위강(弱化爲强)으로 신왕사주(身旺四柱)다. 신왕사주(身旺四柱)에는 일주(日柱)를 제(制)하는 관살(官殺)로 용신(用神)함이 좋은데 다행히 월상임수(月上壬水)가 투출(透出)하여 임수편관(壬水偏官)으로 용신(用神)한다. 이 사주는 남자(男子)의 사주로서 체육관을 경영하여 해자대운(亥子大運)에는 많은 돈을 벌어 승승장구(乘勝長驅)하며 사업을 확장하였으나 47세 정화대운(丁火大運)에 월상임수(月上壬水)와 정임합(丁壬合)으로 합거(合去)되어 재산을 탕진하고 처(妻)와 이혼하고 방황하며 살고 있는 사주다.

> ❶ 세운병자년(歲運丙子年): 관재, 수술, 손재, 처액, 불성
> ❷ 질병(疾病): 혈압(血壓), 심장(心臟), 폐(肺), 비뇨기(泌尿器)
> ❸ 남녀성격: (남) 말을 잘한다, 명랑하다, 성질 급, 남을 생각하지 않고 직선적으로 말함, 처궁불미, 인내심 부족, 타인 경시, 자립정신, 속성속패, 암기력, 영리하다
> (여) 말을 잘한다, 명랑하다, 금방 좋았다가 금방 싫어짐, 시모불합, 남편 말 잘 안 듣는다, 부궁불미, 정부, 영리하다

☺ 세운·질병·남녀성격의 해설(歲運·疾病·男女性格의 解說)

❶ **세운병자년(歲運丙子年)** = ※관재, 수술, 손재, 처액, 불성은 ※세운병자년(歲運丙子年)의 자수(子水)는 일지오화(日支午火)와 자오충(子午沖)으로 세운(歲運)에서 일지충운(日支沖運)이 들어오면 **※관재수를 조심해야 하며 또는 수술을 조심해야 한다.** 그리고 ※손재, 처액은 ※세운병자년(歲運丙子年)의 병화(丙火)는 병화일주의 비견(比肩)으로 신왕(身旺)한 남자 사주에 세운에서 비견겁운(比肩劫運)이 들어오면 **※손재수를 조심해야 하며 또는 가정에 불화가 많이 생긴다든가 또는 처가 가출한다든가 또는 처의 건강을 조심해야 한다.** 그리고 ※불성은 ※세운병자년(歲運丙子年)의 병화(丙火)는 병화일주(丙火日柱)의 비견(比肩)으로 세운에서 비견겁운(比肩劫運)이 들어오면 **※모든 일이 잘 풀리지 않고 대차계약도 잘 이루어지지 않는다.**

❷ 질병(疾病)은 일주(日柱)에서 발생(發生)한다.

❸ 남녀성격은 일주(日柱)에서 발생(發生)한다.

58년(음) 5월 13일 진(辰)시 여자

甲	丁	戊	戊
辰	丑	午	戌

58	48	38	28	18	8
壬	癸	甲	乙	丙	丁
子	丑	寅	卯	辰	巳

이 사주는 정화일주(丁火日柱)가 중하오월(中夏午月)에 출생하여 록근(祿根)하고 시상갑목(時上甲木) 인수(印綬)가 있어 신왕사주(身旺四柱)같이 보인다. 그러나 년월무토(年月戊土)가 투출(透出)하고 년일시지(年日時支) 진축술토(辰丑戌土)로 상관식신(傷官食神)이 태왕(太旺)으로 정화일주가 설기(泄氣)가 심(甚)하여 많은 상관식신(傷官食神)은 일주(日柱)의 병(病)이 되므로 시상갑목(時上甲木) 인수(印綬)로 많은 상관식신(傷官食神)을 제(制)하면서 정화일주(丁火日柱)를 생(生)하여 줌으로 시상갑목(時上甲木) 인수(印綬)가 용신(用神)이 되며 화비견겁(火比肩劫)은 희신(喜神)이 된다. 이 사주는 여자의 사주로서 조실부모(早失父母)하고 어려서부터 돈이 되는 일이라면 직업을 가리지 않고 일을 하여 자본금을 마련하여 28세 을묘갑인(乙卯甲寅) 대운(大運)에 사업 성공하여 수억금을 벌어서 잘살고 있는 사주인데 여자 사주에 상관식신(傷官食神)이 태왕(太旺)이면 부궁(夫宮)이 부실하여 재혼하거나 혼자 사는 사람들이 많으며 이 사주도 독수공방으로 외롭게 살고 있다.

> ❶ 세운병자년(歲運丙子年): 이별수, 불성
> ❷ 질병(疾病): 냉(冷), 하원윤습(下元潤濕)
> ❸ 남녀성격: (남) 말을 잘한다, 인심 좋다, 예의 있다, 재물 욕심, 재복 있다, 영리하다, 임기응변, 재간 있다, 근면 성실, 주머니 돈 안 떨어진다, 신앙심, 새벽잠이 없다
> (여) 명랑하다, 예의 있다, 금방 좋았다가 금방 싫어짐, 부궁불미, 정부, 재가, 인정 있다, 요리솜씨, 말을 잘한다

☯ 세운·질병·남녀성격의 해설(歲運·疾病·男女性格의 解說)

❶ **세운병자년(歲運丙子年)** = ※이별수, 불성은 ※세운병자년(歲運丙子年)의 자수(子水)는 정화일주(丁火日柱)의 편관(偏官)으로 남편이 되므로 여자 사주에 상관식신(傷官食神)이 태왕(太旺)인데 세운(歲運)에서 관살운(官殺運)이 들어오면 ※**가정에 불화가 많이 생긴다든가 또는 남편과 떨어져 산다든가 또는 이혼한다든가 또는 남편이 사망하는 수도 있다.** ※**많은 상관식신(傷官食神)은 부성(夫星)이 되는 관살(官殺)을 제(制)하기 때문이다.** 그리고 ※불성은 ※세운병자년(歲運丙子年)의 병화(丙火)는 정화일주의 비겁(比劫)으로 세운(歲運)에서 비견겁운(比肩劫運)이 들어오면 ※**모든 일이 잘 풀리지 않고 대차계약도 잘 이루어지지 않는다.**

❷ 질병(疾病)은 일주(日柱)에서 발생(發生)한다.

❸ 남녀성격은 일주(日柱)에서 발생(發生)한다.

54년(음) 9월 11일 진(辰)시 여자

壬	丙	癸	甲
辰	申	酉	午

60	50	40	30	20	10
丁	戊	己	庚	辛	壬
卯	辰	巳	午	未	申

이 사주는 병화일주(丙火日柱)가 중추유월(中秋酉月)에 출생하여 실시(失時)하고 일지신금(日支申金)과 월시상(月時上) 임계수(壬癸水)가 투출(透出)하여 재살(財殺)이 태왕(太旺)으로 신약사주(身弱四柱)다. 그러나 병화일주(丙火日柱)는 년지오화(年支午火) 양인(羊刃)이 있어 사주에 재(財)가 왕(旺)하므로 많은 재(財)를 제(制)하고 일주(日柱)를 보신(補身)하는 비견겁(比肩劫)이 용신(用神)이며 목인수(木印綬)는 희신(喜神)이 된다. 이 사주는 여자(女子)의 사주로서 미용실을 경영하여 35세 오사대운(午巳大運)에는 돈을 많이 벌었으나 50세 무토대운(戊土大運)에 부동산(不動産)에 투자하여 단 한 번의 실패로 재산을 탕진하고 남편(男便)과 이혼(離婚)하고 혼자 살고 있는 사주다. 부궁(夫宮)이 부실한 것은 년간지(年干支) 갑오생(甲午生)의 공망(空亡)은 시지진토(時支辰土)로서 일시지(日時支)에 공망(空亡)이 있으면 부궁(夫宮)이 부실하여 재혼(再婚)하거나 혼자 사는 사람들이 많다.

❶ 세운병자년(歲運丙子年): 변화, 이사, 전근, 관재, 손재, 신액, 불성
❷ 질병(疾病): 심장 약(心臟 弱)
❸ 남녀성격: (남) 말을 잘한다, 영리하다, 다재다능, 재복 있다, 처 덕 있다, 꾀가 많다, 고독하다
(여) 말을 잘한다, 명랑하다, 금방 좋았다가 금방 싫어짐, 부궁불미, 정부, 시모불합, 잔병조심, 말조심, 고독하다

☯ 세운•질병•남녀성격의 해설(歲運・疾病・男女性格의 解說)

❶ 세운병자년(歲運丙子年) = ※변화, 이사, 전근, 관재, 손재, 신액, 불성은 ※세운병자년(歲運丙子年)의 자수(子水)는 일지신금(日支申金)과 자신(子申)으로 삼합(三合)이 되므로 세운(歲運)에서 일지(日支) 삼합운(三合運)이 들어오면 **※변화가 생긴다든가 또는 이사를 한다든가 또는 직장을 옮기는 일이 많다.** 그리고 ※관재, 손재, 신액은 ※세운병자년(歲運丙子年)의 자수(子水)는 병화일주(丙火日柱)의 정관(正官)으로 원명사주(源命四柱)에 재살(財殺)이 태왕(太旺)인데 세운(歲運)에서 재(財)나 관살운(官殺運)이 들어오면 **※관재수를 조심해야 하며 또는 손재수를 조심해야 하며 또는 건강을 조심해야 한다.** 그리고 ※불성은 ※세운병자년(歲運丙子年)의 병화(丙火)는 병화일주(丙火日柱)의 비견(比肩)으로 세운(歲運)에서 비견겁운(比肩劫運)이 들어오면 **※모든 일이 잘 풀리지 않고 대차계약도 잘 이루어지지 않는다.**

❷ 질병(疾病)과 ❸ 남녀성격은 일주(日柱)에서 발생(發生)한다.

58년(음) 9월 25일 묘(卯)시 여자

癸	丁	壬	戊
卯	亥	戌	戌

59	49	39	29	19	9
丙	丁	戊	己	庚	辛
辰	巳	午	未	申	酉

이 사주는 정화일주(丁火日柱)가 계추술월(季秋戌月)에 출생하여 실시(失時)하고 술중무토(戌中戊土)가 년상(年上)에 투출(透出)하여 상관격(傷官格)으로 설기(泄氣)가 심(甚)하여 신약사주(身弱四柱)다. 다행히 시지묘목(時支卯木) 인수(印綬)가 있어 묘목인수(卯木印綬)로 많은 상관(傷官)을 제(制)하면서 정화일주(丁火日柱)를 생(生)하여 줌으로 묘목인수(卯木印綬)가 용신(用神)이며 화비견겁(火比肩劫)은 희신(喜神)이 된다. 이 사주는 여자(女子)의 사주로서 사업을 경영하였으나 초년(初年)에는 운(運)이 없어 고생을 많이 하다가 44세 오화대운(午火大運)에 사업이 번창하여 수억금을 벌었으며 49세 정화대운(丁火大運)에 월상임수(月上壬水)와 정임합(丁壬合)으로 합거(合去)되어 재산을 탕진하고 남편(男便)과 이혼하고 혼자 살고 있는 사주다. 부궁(夫宮)이 부실한 것은 여자(女子) 사주에 상관식신(傷官食神)이 태왕(太旺)이면 부궁(夫宮)이 부실하여 재혼(再婚)하거나 혼자 사는 사람들이 많다.

> ❶ 세운병자년(歲運丙子年): 이별수, 불성
> ❷ 질병(疾病): 심장(心臟), 냉증(冷症)
> ❸ 남녀성격: (남) 예의 있다, 외유내강, 지혜롭다, 지구력 부족, 처세가 좋다, 영리하다, 장수한다, 항상 바쁨, 꿈이 많다, 처 덕 있다, 자손귀자, 명예를 좋아함, 예감 빠름, 신앙심
> (여) 명랑하다, 예의 있다, 금방 좋았다가 금방 싫어짐, 애교 많다, 식복, 남편 의처증, 정부, 자손근심

☯ 세운・질병・남녀성격의 해설(歲運・疾病・男女性格의 解說)

❶ 세운병자년(歲運丙子年) = ※이별수, 불성은 ※세운병자년(歲運丙子年)의 자수(子水)는 정화일주(丁火日柱)의 편관(偏官)으로 여자(女子) 사주에 상관식신(傷官食神)이 태왕(太旺)인데 세운(歲運)에서 관살운(官殺運)이 들어오면 ※가정에 불화가 많이 생긴다든가 또는 남편과 떨어져 산다든가 또는 이혼한다든가 또는 남편이 사망하는 수도 있다. 그리고 ※불성은 ※세운병자년(歲運丙子年)의 병화(丙火)는 정화일주(丁火日柱)의 비겁(比劫)으로 세운(歲運)에서 비견겁운(比肩劫運)이 들어오면 ※모든 일이 잘 풀리지 않고 대차계약도 잘 이루어지지 않는다.

❷ 질병(疾病)은 일주(日柱)에서 발생(發生)한다.

❸ 남녀성격은 일주(日柱)에서 발생(發生)한다.

51년(음) 9월 24일 사(巳)시 여자

乙	丁	戊	辛
巳	酉	戌	卯

55	45	35	25	15	5
甲	癸	壬	辛	庚	己
辰	卯	寅	丑	子	亥

이 사주는 정화일주(丁火日柱)가 계추술월(季秋戌月)에 출생하여 실시(失時)하고 술중무토(戌中戊土)와 신금(辛金)이 투출(透出)하여 어느 오행(五行)으로 격(格)을 잡느냐의 기로(岐路)에 서게 된다. 날짜상으로 보아 술중무토(戌中戊土)가 사령(司令)하므로 월상무토(月上戊土) 상관(傷官)으로 격(格)을 잡는다. 그러므로 상관격(傷官格)으로 일주(日柱)는 설기(泄氣)가 심(甚)하여 신약사주(身弱四柱)다. 다행히 정화일주(丁火日柱)는 시간지(時干支) 을사인수(乙巳印綬)와 비겁(比劫)이 있으며 시상을목(時上乙木)은 년지묘목(年支卯木)에 록근(祿根)하였으나 사주에 재(財)가 왕(旺)하므로 많은 재(財)를 제(制)하고 일주(日柱)를 보신(補身)하는 화비견겁(火比肩劫)이 용신(用神)이며 목인수(木印綬)는 희신(喜神)이 된다. 이 사주는 여자(女子)의 사주로서 약사(藥師)인데 초년(初年)에는 고생을 많이 하였으나 40세 인목대운(寅木大運)에 돈을 많이 벌어 부동산을 투자하였으나 45세 계수대운(癸水大運)에 월상무토(月上戊土)와 무계합(戊癸合)으로 합거(合去)되어 손해를 많이 보았으며 50세 묘목대운(卯木大運)부터 희신운(喜神運)이 들어와 사업이 번창하여 수억금을 벌었으며 잘살고 있는 사주다.

❶ 세운병자년(歲運丙子年): 신경과민, 불성
❷ 질병(疾病): 심장(心臟), 간(肝), 담(膽)
❸ 남녀성격: (남) 말을 잘한다, 고집 대단, 미남형, 남에게 잘함, 학업 열중, 학업 장애, 재복 있다, 처 덕 있다, 청백하다, 예의 있다, 고독하다
(여) 명랑하다, 예의 있다, 금방 좋았다가 금방 싫어짐, 욕심 많다, 정부, 미모 수려, 이성수신, 자손귀자, 말을 잘한다

☯ **세운·질병·남녀성격의 해설(歲運·疾病·男女性格의 解說)**

❶ **세운병자년(歲運丙子年)** = ※신경과민, 불성은 ※세운병자년(歲運丙子年)의 자수(子水)는 일지유금(日支酉金)과 자유(子酉)로 귀문관살(鬼門關殺)이 되므로 세운(歲運)에서 일지(日支) 귀문(鬼門) 관살운(關殺運)이 들어오면 ※**그 해에는 모든 일에 신경을 많이 쓰게 된다.** 그리고 ※불성은 ※세운병자년(歲運丙子年)의 병화(丙火)는 정화일주(丁火日柱)의 비겁(比劫)으로 세운(歲運)에서 비견겁운(比肩劫運)이 들어오면 ※**모든 일이 잘 풀리지 않고 대차계약도 잘 이루어지지 않는다.**

❷ 질병(疾病)은 일주(日柱)에서 발생(發生)한다.

❸ 남녀성격은 일주(日柱)에서 발생(發生)한다.

52년(음) 7월 9일 인(寅)시 남자

壬	丁	戊	壬
寅	未	申	辰

53	43	33	23	13	3
甲	癸	壬	辛	庚	己
寅	丑	子	亥	戌	酉

이 사주는 정화일주(丁火日柱)가 초가을 신월(申月)에 출생하여 실시(失時)하고 신궁임수(申宮壬水)가 투출(透出)하여 정관격(正官格)으로 일주(日柱)는 신약사주(身弱四柱)다. 년시상(年時上)에 양임수(兩壬水)가 투출(透出)하여 관살(官殺)이 혼잡하여 흠(欠)이다. 다행히 시상임수(時上壬水)는 정화일주(丁火日柱)와 정임(丁壬)으로 합거(合去)하였고 년상임수(年上壬水)는 월지신금(月支申金)에 장생(長生)하고 자고(自庫)인 진중계수(辰中癸水)에 근(根)하여 정관격(正官格)으로 살인상생(殺印相生)을 시키는 목인수(木印綬)가 용신(用神)이며 화비견겁(火比肩劫)은 희신(喜神)이 된다. 이 사주는 남자의 사주로서 재관인(財官印) 삼귀(三貴)를 놓고 있다. 시지(時支) 인중갑목(寅中甲木)은 정인(正印)이며 년상임수(年上壬水)는 정관(正官)이며 신궁경금(申宮庚金)은 정재(正財)로서 재관인(財官印) 삼귀(三貴)를 갖추어져 공직(公職) 생활을 하였으나 운(運)이 없어 승진이 안 되어 퇴직하고 사업을 하였으나 43세 계축대운(癸丑大運)에 재산을 탕진하고 처와 이혼하고 방황하며 살다가 53세 갑인대운(甲寅大運)에 사업을 재기하여 돈을 많이 벌어 잘살고 있는 사주다. 처궁(妻宮)이 부실한 것은 일간지(日干支) 정미일주(丁未日柱)의 공망(空亡)은 시지인목(時支寅木)으로서 일시지(日時支)에 공망(空亡)이 있으면 처궁이 부실하다.

❶ 세운병자년(歲運丙子年): 관재, 손재, 신액, 불성
❷ 질병(疾病): 간(肝), 담(膽)
❸ 남녀성격: (남) 말을 잘한다, 마음이 넓다, 남에게 잘함, 명랑하다, 예의 있다, 편식, 박력 있다, 고집 대단, 성격이 까다롭다, 옷에 신경, 처궁불미
　　　　　(여) 명랑하다, 예의 있다, 금방 좋았다가 금방 싫어짐, 인덕 없다, 정부, 재가, 부궁불미, 신앙심, 말을 잘한다, 고집 대단

☯ 세운·질병·남녀성격의 해설(歲運·疾病·男女性格의 解說)

❶ **세운병자년(歲運丙子年)** = ※관재, 손재, 신액, 불성은 ※세운병자년(歲運丙子年)의 자수(子水)는 정화일주(丁火日柱)의 편관(偏官)으로 원명사주에 재관(財官)이 왕(旺)한데 세운(歲運)에서 재(財)나 관살운(官殺運)이 들어오면 **※관재수나 손재수나 건강을 조심해야 한다.** 그리고 ※**불성**은 ※세운병자년(歲運丙子年)의 병화(丙火)는 정화일주(丁火日柱)의 비겁(比劫)으로 세운(歲運)에서 비견겁운(比肩劫運)이 들어오면 **※모든 일이 잘 풀리지 않고 대차계약도 잘 이루어지지 않는다.**

❷ **질병(疾病)**과 ❸ **남녀성격**은 일주(日柱)에서 발생(發生)한다.

53년(음) 5월 25일 인(寅)시 여자

이 사주는 정화일주(丁火日柱)가 중하오월(中夏午月)에 출생하여 록근(祿根)하고 년일지(年日支) 양사화(兩巳火)와 시지인목(時支寅木) 인수(印綬)로 신왕사주(身旺四柱)다. 신왕사주(身旺四柱)에는 일주(日柱)를 제(制)하는 관살(官殺)이나 상관식신(傷官食神)으로 설기(泄氣)함이 좋은데 년상계수(年上癸水) 편관(偏官)은 무근(無根)이며 자좌절지(自坐絶地)에 앉았으며 시상임수(時上壬水) 정관(正官)도 무근(無根)이며 자좌인목(自坐寅木)에 설기(泄氣)가 심(甚)하여 용신(用神)으로 쓸 수가 없다. 다행히 월상무토(月上戊土)가 투출(透出)하여 무토상관(戊土傷官)으로 용신(用神)한다. 이 사주는 여자(女子)의 사주로서 화장품 판매업을 하였으나 초년(初年)에는 운(運)이 없어 고생을 많이 하다가 36세 술토대운(戌土大運)에 사업이 번창하여 여러 대리점을 확장하여 경영하였으나 41세 계수대운(癸水大運)에 월상무토(月上戊土)와 무계합(戊癸合)으로 합거(合去)되어 재산을 탕진하고 그 이후로도 운(運)이 없어 남편과 이혼하고 혼자 힘들게 살고 있는 사주다.

> ❶ 세운병자년(歲運丙子年): 이별수, 불성
> ❷ 질병(疾病): 심장(心臟), 혈압(血壓), 신경쇠약(神經衰弱), 부인병(婦人病)
> ❸ 남녀성격: (남) 말을 잘한다, 외유내강, 매사 열중, 예의 있다, 명랑하다, 항상 바쁨, 거짓말을 못함, 남을 생각하지도 않고 직선적으로 말함, 영리하다, 고독하다
> (여) 명랑하다, 예의 있다, 금방 좋았다가 금방 싫어짐, 말을 잘함, 정부, 재가, 부궁불미, 독수공방

☯ **세운·질병·남녀성격의 해설(歲運·疾病·男女性格의 解說)**

❶ **세운병자년(歲運丙子年)** = ※이별수, 불성은 ※세운병자년(歲運丙子年)의 병화(丙火)는 정화일주의 비겁(比劫)으로 신왕(身旺)한 여자(女子) 사주에 세운에서 비견겁운(比肩劫運)이 들어오면 ※**가정에 불화가 많이 생긴다든가 또는 떨어져 산다든가 또는 이혼한다든가 또는 남편이 사망하는 수도 있다.** 그리고 ※**불성**은 ※세운병자년(歲運丙子年)의 병화(丙火)는 정화일주의 비겁(比劫)으로 세운에서 비견겁운(比肩劫運)이 들어오면 ※**모든 일이 잘 풀리지 않고 대차계약도 잘 이루어지지 않는다.**

❷ 질병(疾病)은 심장, 혈압은 일주(日柱)에서 발생(發生)하며 ※신경쇠약, 부인병은 ※정화일주(丁火日柱)가 목화(木火)가 왕(旺)하면 ※신경쇠약이나 부인병을 조심해야 한다.

❸ 남녀성격은 일주(日柱)에서 발생(發生)한다.

59년(음) 11월 12일 인(寅)시 여자

壬	丁	丙	己
寅	卯	子	亥

59	49	39	29	19	9
壬	辛	庚	己	戊	丁
午	巳	辰	卯	寅	丑

이 사주는 정화일주(丁火日柱)가 중동자월(中冬子月)에 출생하여 실시(失時)하고 년지해수(年支亥水)와 해자(亥子)로 수국(水局)을 이루고 해중임수(亥中壬水)가 시상(時上)에 투출(透出)하여 관살(官殺)이 태왕(太旺)이며 정화일주는 약(弱)한 불로서 신약사주(身弱四柱)다. 다행히 정화일주(丁火日柱)는 일지묘목(日支卯木)과 시지인목(時支寅木)이 있어 이 왕(旺)한 관살(官殺)은 일지묘목(日支卯木)을 생(生)하고 묘목인수(卯木印綬)는 정화일주를 생(生)하여 살인상생(殺印相生)으로 묘목인수(卯木印綬)가 용신(用神)이며 화비견겁(火比肩劫)은 희신(喜神)이 된다. 이 사주는 여자(女子)의 사주로서 공인중개사로 대운(大運) 경진운(庚辰運)에는 고생을 많이 하다가 49세 신금대운(辛金大運)에 경매 사업을 하였으나 월상병화(月上丙火)와 대운신금(大運辛金)과 병신합(丙辛合)으로 합거(合去)되어 재산을 탕진하였으나 54세 사화대운(巳火大運)에는 사업이 번창하리라고 본다.

❶ 세운병자년(歲運丙子年): 이별수, 관재, 손재, 신액, 불성
❷ 질병(疾病): 풍질(風疾)
❸ 남녀성격: (남) 말을 잘한다, 명랑하다, 근심이 많다, 영리하다, 풍류를 즐긴다, 지구력 부족, 처궁불미, 마음 약, 소심하다, 인자한 성품, 운동 잘함
(여) 명랑하다, 예의 있다, 금방 좋았다가 금방 싫어짐, 부궁불미, 정부, 친모 걱정 많이 한다, 예능에 소질

☯ 세운·질병·남녀성격의 해설(歲運·疾病·男女性格의 解說)

❶ **세운병자년(歲運丙子年)** = ※이별수, 관재, 손재, 신액, 불성은 ※세운병자년(歲運丙子年)의 자수(子水)는 정화일주의 편관(偏官)으로 여자(女子) 사주에 관살(官殺)이 태왕(太旺)인데 세운에서 관살운(官殺運)이 들어오면 ※**가정에 불화가 많이 생긴다든가 또는 남편과 떨어져 산다든가 또는 이혼한다든가 또는 남편이 사망하는 수도 있다.** 그리고 ※**관재, 손재, 신액**은 ※세운병자년(歲運丙子年)의 자수(子水)는 정화일주(丁火日柱)의 편관(偏官)으로 원명사주에 관살(官殺)이 왕(旺)한데 세운에서 재(財)나 관살운(官殺運)이 들어오면 ※**관재수나 손재수나 건강을 조심해야 한다.** 그리고 ※**불성**은 ※세운병자년(歲運丙子年)의 병화(丙火)는 정화일주의 비겁(比劫)으로 세운에서 비견겁운(比肩劫運)이 들어오면 ※**모든 일이 잘 풀리지 않고 대차계약도 잘 이루어지지 않는다.**

❷ **질병(疾病)**과 ❸ **남녀성격**은 일주(日柱)에서 발생(發生)한다.

54년(음) 9월 3일 묘(卯)시 남자

| 乙 | 戊 | 癸 | 甲 |
| 卯 | 子 | 酉 | 午 |

53	43	33	23	13	3
己	戊	丁	丙	乙	甲
卯	寅	丑	子	亥	戌

이 사주는 무토일주(戊土日柱)가 중추유월(中秋酉月)에 출생하여 진상관격(盡傷官格)이며 자중계수(子中癸水)가 월상(月上)에 투출(透出)하고 시간지(時干支)을 묘목(乙卯木)과 년상갑목(年上甲木)으로 재살(財殺)이 태왕(太旺)으로 신약사주(身弱四柱)다. 다행히 년지오화(年支午火) 양인(羊刃)이 있어 살인상생(殺印相生)으로 화인수(火印綬)가 용신(用神)이며 토비견겁(土比肩劫)은 희신(喜神)이 된다. 이 사주는 남자(男子)의 사주로서 경찰관으로 근무하였으나 운(運)이 없어 승진이 안 되어 고생을 많이 하다가 43세 무토대운(戊土大運)에 퇴직하여 주류업을 경영하였으나 월상계수(月上癸水)와 대운무토(大運戊土)와 무계합(戊癸合)으로 합거(合去)되어 재산을 탕진하고 그 이후로도 운(運)이 없어 빌딩 경비원으로 일하고 있는 사주다.

> ❶ 세운병자년(歲運丙子年): 변화, 이사, 전근, 신축, 문서, 관재, 손재, 신액
> ❷ 질병(疾病): 비(脾), 위(胃)
> ❸ 남녀성격: (남) 군자의 성품, 언행 조심, 외강내유, 지혜롭다, 고집 대단, 신경 예민, 권모술수, 처 덕 있다, 돈이 잘 빠져나감, 처 말을 잘 듣는다, 눈치 빠름
>   (여) 순진, 신용, 하는 일에 겁이 없다, 부궁불미, 정부, 재가, 독수공방, 직업, 재복 있다, 신앙심

☯ 세운·질병·남녀성격의 해설(歲運·疾病·男女性格의 解說)

❶ **세운병자년(歲運丙子年)** = ※**변화, 이사, 전근, 신축, 문서, 관재, 손재, 신액**은 ※세운병자년(歲運丙子年)의 자수(子水)는 일지자수(日支子水)와 자자(子子)로 삼합(三合)이 되므로 세운(歲運)에서 일지(日支) 삼합운(三合運)이 들어오면 ※**변화가 생긴다든가 또는 이사를 한다든가 또는 직장을 옮기는 일이 많다.** 그리고 ※**신축, 문서**는 ※세운병자년(歲運丙子年)의 병화(丙火)는 무토일주(戊土日柱)의 인수(印綬)로 세운(歲運)에서 인수운(印綬運)이 들어오면 ※**집을 짓는다든가 또는 증축을 한다든가 또는 사업체를 벌인다든가 또는 문서를 잡는 일이 많다.** 그리고 ※**관재, 손재, 신액**은 ※세운병자년(歲運丙子年)의 자수(子水)는 무토일주(戊土日柱)의 정재(正財)로 원명사주(源命四柱)에 재살(財殺)이 태왕(太旺)인데 세운(歲運)에서 재(財)나 관살운(官殺運)이 들어오면 ※**관재수나 손재수나 건강을 조심해야 한다.**

❷ 질병(疾病)은 일주(日柱)에서 발생(發生)한다.

❸ 남녀성격은 일주(日柱)에서 발생(發生)한다.

54년(음) 6월 2일 축(丑)시 남자

癸	戊	庚	甲
丑	午	午	午

52	42	32	22	12	2
丙	乙	甲	癸	壬	辛
子	亥	戌	酉	申	未

이 사주는 무토일주(戊土日柱)가 중하오월(中夏午月) 양인월(羊刃月)에 출생하여 득령(得令)하고 년일지(年日支) 오화양인(午火羊刃)으로 최강의 사주다. 양인사주(羊刃四柱)에는 갑목칠살(甲木七殺)로 무토일주(戊土日柱)를 제(制)함이 좋은데 년상갑목(年上甲木)으로 용신(用神)하고자 하나 그 갑목(甲木)은 근(根)이 없으며 많은 불에 고목(枯木)이 되어 용신(用神)으로 쓸 수가 없다. 다행히 시상계수(時上癸水)가 투출(透出)하여 축중계수(丑中癸水)에 근(根)하니 계수재(癸水財)로 용신(用神)한다. 이 사주는 남자(男子)의 사주로서 특전사에 근무하다가 제대하여 체육관을 경영하였으나 운(運)이 없어 고생을 많이 하다가 47세 해수대운(亥水大運)에 주류(酒類) 사업을 경영하여 수억금을 벌었으나 무오일주(戊午日柱)의 공망(空亡)은 시지축토(時支丑土)이며 일시지(日時支) 축오(丑午)는 원진살(怨嗔殺)로서 처궁(妻宮)이 부실하여 재혼(再婚)한 사주다.

❶ 세운병자년(歲運丙子年): 관재, 수술, 자연 재앙, 신축, 문서, 손재, 신액
❷ 질병(疾病): 위(胃), 비(脾), 혈압(血壓)
❸ 남녀성격: (남) 군자의 성품, 언행 조심, 성질 급, 서두른다, 외화내곤,
　　　　　　실패자초, 처궁불미, 재가, 정력 강, 여자 많다, 편식한다
　　　　　　(여) 신용, 순진하다, 고집 대단, 박력 있다, 부궁불미, 정부, 친모봉양

☯ 세운·질병·남녀성격의 해설(歲運·疾病·男女性格의 解說)

❶ **세운병자년(歲運丙子年)** = ※관재, 수술, 자연 재앙, 신축, 문서, 손재, 신액은 ※세운병자년(歲運丙子年)의 자수(子水)는 일지오화(日支午火)와 자오충(子午沖)으로 세운(歲運)에서 일지충운(日支沖運)이 들어오면 ※**관재수를 조심해야 하며 또는 수술을 조심해야 하며 또는 자연 재앙을 조심해야 한다.** 그리고 ※**신축, 문서**는 ※세운병자년(歲運丙子年)의 병화(丙火)는 무토일주(戊土日柱)의 인수(印綬)로 세운(歲運)에서 인수운(印綬運)이 들어오면 ※**집을 짓는다든가 또는 증축을 한다든가 또는 사업체를 벌이는 일이 많으며 문서도 잡는 일이 있다.** 그리고 ※**손재, 신액**은 ※세운병자년(歲運丙子年)의 자수(子水)는 무토일주(戊土日柱)의 정재(正財)로 신왕(身旺)한 남자(男子) 사주에 재(財)가 쇠약(衰弱)한데 세운(歲運)에서 재운(財運)이 들어오면 ※**손재수를 조심해야 하며 또는 건강을 조심해야 한다.**

❷ 질병(疾病)은 일주(日柱)에서 발생(發生)한다.

❸ 남녀성격은 일주(日柱)에서 발생(發生)한다.

62년(음) 8월 9일 사(巳)시 여자

이 사주는 무토일주(戊土日柱)가 초가을 신월(申月)에 출생하여 실시(失時)하고 신궁임수(申宮壬水)가 년상(年上)에 투출(透出)하여 편재격(偏財格)이다. 그리고 월일(月日) 양신금(兩申金)과 신궁임수(申宮壬水)가 투출(透出)하여 설기(泄氣)가 심(甚)하여 일주(日柱)는 신약사주(身弱四柱)로서 많은 식신(食神)을 제(制)하면서 무토일주(戊土日柱)를 생(生)하여 주는 정화인수(丁火印綬)가 용신(用神)이며 토비견겁(土比肩劫)은 희신(喜神)이 된다. 이 사주는 여자(女子)의 사주로서 조실부모(早失父母)하여 공부는 많이 하지 못하였으나 상술에는 뛰어나 일찍 사업을 하여 대운(大運) 오사운(午巳運)에 돈은 많이 벌었으나 병(病)을 얻어 자궁(子宮) 수술한 사주다. 여자(女子) 사주에 상관식신(傷官食神)이 왕(旺)하고 형살(刑殺)이 있으면 자궁(子宮)과 유방(乳房)을 조심해야 한다. 상관(傷官)은 자궁도 되고 유방도 되기 때문이다.

> ❶ 세운병자년(歲運丙子年): 변화, 이사, 전근, 신축, 문서
> ❷ 질병(疾病): 위(胃), 잔질(殘疾)
> ❸ 남녀성격: (남) 군자의 성품, 언행 조심, 신의 있다, 재주 있다, 고독하다, 항상 바쁨, 학업장애, 처궁불미, 처 덕 있다, 재복 있다
>   (여) 신용 있다, 순진하다, 고집 대단, 부궁불미, 정부, 다재다능

☯ 세운·질병·남녀성격의 해설(歲運·疾病·男女性格의 解說)

❶ 세운병자년(歲運丙子年) = ※변화, 이사, 전근, 신축, 문서는 ※세운병자년(歲運丙子年)의 자수(子水)는 일지신금(日支申金)과 자신(子申)으로 삼합(三合)이 되므로 세운(歲運)에서 일지(日支) 삼합운(三合運)이 들어오면 ※**변화가 생긴다든가 또는 이사를 한다든가 또는 직장을 옮기는 일이 많다.** 그리고 ※**신축, 문서는** ※세운병자년(歲運丙子年)의 병화(丙火)는 무토일주(戊土日柱)의 인수(印綬)로 세운(歲運)에서 인수운(印綬運)이 들어오면 ※**집을 짓는다든가 또는 증축을 한다든가 또는 사업체를 벌이는 일이 많으며 또는 문서를 잡는 일이 있다.**

❷ 질병(疾病)은 위, 비는 일주(日柱)에서 발생(發生)하며 ※자궁, 유방은 ※상관식신(傷官食神)이 형살(刑殺)이면 ※자궁이나 유방을 조심해야 한다. 상관식신(傷官食神)은 자궁이나 유방에도 포함된다.

❸ 남녀성격은 일주(日柱)에서 발생(發生)한다.

63년(윤) 4월 24일 미(未)시 여자

辛	己	戊	癸
未	丑	午	卯

58	47	38	28	18	8
甲	癸	壬	辛	庚	己
子	亥	戌	酉	申	未

이 사주는 기토일주(己土日柱)가 중하오월(中夏午月)에 출생하여 록근(祿根)하고 일시지(日時支) 축미비견(丑未比肩)과 월상무토(月上戊土) 비겁(比劫)이 투출(透出)하여 일주(日柱)는 신왕사주(身旺四柱)다. 신왕사주(身旺四柱)에는 일주(日柱)를 제(制)하는 관살(官殺)이나 상관식신(傷官食神)으로 설기(泄氣)하면 좋은데 다행히 년지(年支) 묘중을목(卯中乙木) 편관(偏官)이 있어 을목편관(乙木偏官)으로 용신(用神)한다. 그리고 수재(水財)는 희신(喜神)이 된다. 이 사주는 여자(女子)의 사주로서 운(運)이 없어 취업이 안 되어 고생하다가 자영업을 하여 38세 임수대운(壬水大運)에 희신운(喜神運)이 들어와 돈을 많이 벌었고 48세 계수대운(癸水大運)에 월상무토(月上戊土)와 무계합(戊癸合)으로 합거(合去)되어 재산을 탕진하고 힘들게 살고 있는 사주다. 그러나 53세 해수대운(亥水大運)에는 사업이 번창하여 재산을 복구하고 돈을 많이 벌 것으로 생각된다.

> ❶ 세운병자년(歲運丙子年): 이별수, 신축, 문서, 손재, 신액
> ❷ 질병(疾病): 위(胃), 위경련(胃痙攣), 비(脾)
> ❸ 남녀성격: (남) 군자의 성품, 언행 조심, 근면 성실, 신용 부실, 부지런하다, 봉사정신, 처궁불미, 의처증, 새벽잠이 없다, 신앙심, 학업 장애
> (여) 신용 있다, 순진하다, 부궁불미, 독수공방, 남편을 의심한다, 정부, 시모불합, 신앙심, 돈이 잘 빠져나간다, 친정형제 걱정 많이 한다

☯ 세운•질병•남녀성격의 해설(歲運・疾病・男女性格의 解說)

❶ **세운병자년(歲運丙子年)** = ※**이별수, 신축, 문서, 손재, 신액**은 ※세운병자년(歲運丙子年)의 병화(丙火)는 기토일주의 인수(印綬)로 신왕(身旺)한 여자(女子) 사주에 세운에서 인수운(印綬運)이 들어오면 ※**가정에 불화가 많이 생긴다든가 또는 떨어져 산다든가 또는 이혼한다든가 또는 남편이 사망하는 수도 있다.** 그리고 ※**신축, 문서**는 ※세운병자년(歲運丙子年)의 병화(丙火)는 기토일주(己土日柱)의 인수(印綬)로 세운에서 인수운(印綬運)이 들어오면 ※**집을 짓는다든가 또는 증축을 한다든가 또는 사업체를 벌인다든가 또는 문서를 잡는 일이 많다.** 그리고 ※**손재, 신액**은 ※세운병자년(歲運丙子年)의 자수(子水)는 기토일주의 편재(偏財)로 신왕한 사주에 재(財)가 쇠약(衰弱)한데 세운에서 재운(財運)이 들어오면 ※**손재수나 건강을 조심해야 한다.**

❷ 질병(疾病)은 일주(日柱)에서 발생(發生)한다.

❸ 남녀성격은 일주(日柱)에서 발생(發生)한다.

59년(음) 11월 4일 사(巳)시 여자

이 사주는 기토일주(己土日柱)가 초겨울 해월(亥月)에 출생하여 실시(失時)하였으나 일시간지(日時干支) 기미기사(己未己巳)로 기토일주는 약화위강(弱化爲强)으로 신왕사주(身旺四柱)다. 신왕사주에는 일주(日柱)를 제(制)하는 관살(官殺)이 좋은데 다행히 월상(月上)에 을목(乙木)이 투출(透出)하여 그 을목(乙木)은 해중갑목(亥中甲木)에 근(根)하여 있으므로 신왕관왕(身旺官旺)으로 아름답다. 그러므로 을목(乙木)으로 용신(用神)한다. 이 사주는 여자의 사주로서 인목대운(寅木大運)에 행정고시에 합격하고 좋은 남편을 만나 잘 살다가 45세 경금대운(庚金大運)에 남편과 사별(死別)하고 재혼한 사주다. 부궁(夫宮)이 부실한 것은 기해생(己亥生)의 공망(空亡)은 시지사화(時支巳火)이며 또 기토일주(己土日柱)의 남편이 되는 목관성(木官星)은 일지미토(日支未土)가 목(木)의 고장(庫藏)으로 여자 사주에 관성입묘(官星入墓)가 있으며 부궁이 부실하여 재혼을 하거나 혼자 사는 사람들이 많다.

> ❶ 세운병자년(歲運丙子年): 이별수, 신축, 문서, 손재, 신액
> ❷ 질병(疾病): 위(胃), 비(脾), 당뇨(糖尿)
> ❸ 남녀성격: (남) 군자의 성품, 언행 조심, 성질 급, 고집 대단, 성격이 까다롭다, 편식, 옷에 신경 쓴다, 처궁불미, 남에게 시기를 많이 받는다, 신앙심
> (여) 신용 있다, 순진하다, 부궁불미, 이성 구설, 정부, 독수공방, 친모봉양

세운·질병·남녀성격의 해설(歲運·疾病·男女性格의 解說)

❶ **세운병자년(歲運丙子年)** = ※이별수, 신축, 문서, 손재, 신액은 ※세운병자년(歲運丙子年)의 병화(丙火)는 기토일주의 인수(印綬)로 신왕(身旺)한 여자(女子) 사주(四柱)에 세운(歲運)에서 인수운(印綬運)이 들어오면 ※**가정에 불화가 많이 생긴다든가 또는 떨어져 산다든가 또는 이혼한다든가 또는 남편이 사망하는 수도 있다.** 그리고 ※신축, 문서는 ※세운병자년(歲運丙子年)의 병화(丙火)는 기토일주의 인수(印綬)로 세운(歲運)에서 인수운(印綬運)이 들어오면 ※**집을 짓는다든가 또는 증축을 한다든가 또는 사업체를 벌인다든가 또는 문서를 잡는 일이 많다.** 그리고 ※손재, 신액은 ※세운병자년(歲運丙子年)의 자수(子水)는 기토일주의 편재(偏財)로 신왕(身旺)한 사주에 재(財)가 쇠약(衰弱)한데 세운(歲運)에서 재운(財運)이 들어오면 ※**손재수나 건강을 조심해야 한다.**

❷ 질병(疾病)과 ❸ 남녀성격은 일주(日柱)에서 발생(發生)한다.

55년(윤) 3월 27일 오(午)시 여자

庚	己	辛	乙
午	卯	巳	未

56	46	36	26	16	6
丁	丙	乙	甲	癸	壬
亥	戌	酉	申	未	午

이 사주는 기토일주(己土日柱)가 초여름 사월(巳月)에 출생하여 득령(得令)하고 사중경금(巳中庚金)이 시상(時上)에 투출(透出)하여 상관격(傷官格)이다. 그리고 지지(地支)는 사오미(巳午未)화국(火局)을 이루어 신왕사주(身旺四柱)다. 신왕사주(身旺四柱)에는 일주(日柱)를 제(制)하는 관살(官殺)로 용신(用神)함이 좋은데 다행히 년상을목(年上乙木)이 투출(透出)하여 자고(自庫)인미중을목(未中乙木)에 근(根)하고 일지묘목(日支卯木)에 록근(祿根)하여 용신(用神)으로 쓸 수가 있다. 그러므로 목편관(木偏官)이 용신(用神)이며 수재(水財)는 희신(喜神)이 된다. 이 사주는 여자(女子)의 사주로서 사업을 경영하였으나 운(運)이 없어 고생을 많이 하다가 46세 병화대운(丙火大運)에 월상신금(月上辛金)과 병신합(丙辛合)을 합거(合去)되어 재산을 탕진하고 남편(男便)과 이혼하고 혼자 힘들게 살고 있는 사주다.

> ❶ 세운병자년(歲運丙子年): 이별수, 손재, 신액, 관재, 수술
> ❷ 질병(疾病): 위(胃), 비(脾), 위산과다(胃酸過多)
> ❸ 남녀성격: (남) 군자의 성품, 언행 조심, 고집 대단, 지구력 부족, 인덕 없다, 마음 약, 처궁불미, 소심하다, 인자한 성품, 운동 잘함, 눈물 많다
> (여) 신용 있다, 순진하다, 부궁불미, 정부, 재가, 식복 있다, 자손근심, 남편이 나이가 많은 사람 아니면 나이가 어린 사람을 만나기 쉽다

☯ 세운·질병·남녀성격의 해설(歲運·疾病·男女性格의 解說)

❶ **세운병자년(歲運丙子年)** = ※이별수, 손재, 신액, 관재, 수술은 ※세운병자년(歲運丙子年)의 병화(丙火)는 기토일주의 인수(印綬)로 신왕(身旺)한 여자(女子) 사주(四柱)에 세운(歲運)에서 인수운(印綬運)이 들어오면 ※**가정에 불화가 많이 생긴다든가 또는 떨어져 산다든가 또는 이혼한다든가 또는 남편이 사망하는 수도 있다.** 그리고 ※손재, 신액은 ※세운병자년(歲運丙子年)의 자수(子水)는 기토일주의 편재(偏財)로 신왕(身旺)한 사주에 재(財)가 쇠약(衰弱)한데 세운(歲運)에서 재운(財運)이 들어오면 ※**손재수나 건강을 조심해야 한다.** 그리고 ※관재, 수술은 ※세운병자년(歲運丙子年)의 자수(子水)는 일지묘목(日支卯木)과 자묘(子卯)로 형살(刑殺)이 되므로 세운에서 일지(日支) 형살운(刑殺運)이 들어오면 ※**관재수를 조심해야 하며 또는 수술을 조심해야 한다.**

❷ 질병(疾病)은 일주(日柱)에서 발생(發生)한다.

❸ 남녀성격은 일주(日柱)에서 발생(發生)한다.

54년(음) 5월 13일 술(戌)시 남자

丙	庚	庚	甲
戌	子	午	午

58	48	38	28	18	8
丙	乙	甲	癸	壬	辛
子	亥	戌	酉	申	未

이 사주는 경금일주(庚金日柱)가 중하오월(中夏午月)에 출생하여 실시(失時)하고 년월지(年月支) 양오화(兩午火)와 시상(時上)에 병화(丙火)가 투출(透出)하여 관살(官殺)이 태왕(太旺)으로 신약사주(身弱四柱)다. 다행히 시지(時支) 술중무토(戌中戊土)가 있어 살인상생(殺印相生)으로 술중무토(戌中戊土) 인수(印綬)가 용신(用神)이며 비견겁(比肩劫)은 희신(喜神)이 된다. 이 사주는 남자의 사주로서 수사과장으로 년지오화(年支午火)의 수옥살(囚獄殺)은 일지자수(日支子水)인데 이 수옥살(囚獄殺)을 놓은 사람은 형권(刑權)을 잡게 되면 감옥(監獄)살이를 면(免)할 수 있지만 형권(刑權)을 잡지 않으면 감옥(監獄)살이를 한번 할 수도 있다.

> ❶ 세운병자년(歲運丙子年): 변화, 이사, 전근, 관재, 손재, 신액, 내외불화
> ❷ 질병(疾病): 냉(冷), 대하증(帶下症), 동상(凍傷), 중풍(中風), 기관지(氣管支), 천식(喘息), 치질(痔疾), 종기(腫氣)
> ❸ 남녀성격: (남) 과감 용단, 청백한 사람, 의리 있다, 남을 무시한다, 두뇌 명철, 추리력, 혁명심, 처궁불미, 재가, 미인수다, 냉정하다, 눈치가 빠름, 신앙심
> (여) 냉정하다, 사람 사귀다 한번 틀어지면 다시 안 봄, 부궁불미, 정부, 재가, 독수공방, 남에게 잘함, 인덕 없다, 남자들의 배신을 잘 당함

☯ 세운·질병·남녀성격의 해설(歲運・疾病・男女性格의 解說)

❶ **세운병자년(歲運丙子年)** = ※변화, 이사, 전근, 관재, 손재, 신액, 내외불화는 ※세운병자년(歲運丙子年)의 자수(子水)는 일지자수(日支子水)와 자자(子子)로 삼합(三合)이 되므로 세운에서 일지(日支) 삼합운(三合運)이 들어오면 **※변화가 생긴다든가 또는 이사를 한다든가 또는 직장을 옮기는 일이 많다.** 그리고 ※**관재, 손재, 신액**은 ※세운병자년(歲運丙子年)의 병화(丙火)는 경금일주의 편관(偏官)으로 원명사주에 관살(官殺)이 태왕(太旺)인데 세운에서 재(財)나 관살운(官殺運)이 들어오면 **※관재수나 손재수나 건강을 조심해야 한다.** 그리고 ※**내외불화**는 ※세운병자년(歲運丙子年)의 병화(丙火)는 경금일주의 편관(偏官)으로 세운에서 일주(日柱)를 극(剋)하는 운(運)이 들어오면 **※집에서나 밖에서나 윗사람이나 아랫사람이나 불화가 많이 생긴다.**

❷ 질병(疾病)은 냉, 대하증, 동상, 중풍은 일주(日柱)에서 발생(發生)하며 ※기관지, 천식, 치질, 종기는 ※경금일주가 목화관살(木火官殺)이 태왕(太旺)이면 ※기관지, 천식, 치질, 종기를 조심해야 한다.

❸ 남녀성격은 일주(日柱)에서 발생(發生)한다.

54년(음) 4월 22일 술(戌)시 남자

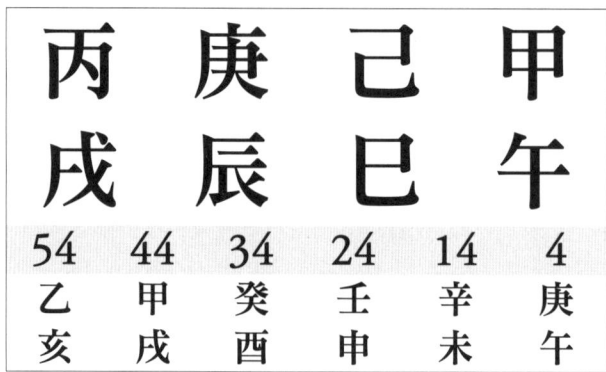

이 사주는 경금일주(庚金日柱)가 초여름 사월(巳月)에 출생하여 실시(失時)하고 사중병화(巳中丙火)가 시상(時上)에 투출(透出)하여 편관격(偏官格)으로 신약사주(身弱四柱)다. 다행히 경금일주(庚金日柱)는 양금지토(養金之土)인 진습토(辰濕土)에 앉아 살인상생(殺印相生)으로 진토인수(辰土印綬)가 용신(用神)이며 금비견겁(金比肩劫)은 희신(喜神)이 된다. 이 사주는 남자(男子)의 사주로서 공대(工大)를 졸업하여 토목과에서 일하였으며 대운(大運)이 신유술(申酉戌)로 운(運)이 좋아 현장소장으로 근무하며 돈도 많이 벌어 행복하게 잘살고 있는 사주다.

❶ 세운병자년(歲運丙子年): 변화, 이사, 전근, 관재, 손재, 신액, 내외불화
❷ 질병(疾病): 냉(冷), 풍질(風疾), 기관지(氣管支), 천식(喘息), 치질(痔疾)
❸ 남녀성격: (남) 과감 용단, 신의 있다, 임사즉결, 포부 광대, 매사 끝장 본다, 매사 자신, 통솔력, 영웅호걸, 두령격, 자수성가, 처 덕 있다, 냉정하다, 신앙심, 처궁불미
(여) 냉정하다, 사람 사귀다 한번 틀어지면 다시 안 봄, 부궁불미, 정부, 재가, 직업여성, 일가부양, 재복 있다

☯ 세운·질병·남녀성격의 해설(歲運·疾病·男女性格의 解說)

❶ **세운병자년(歲運丙子年)** = ※변화, 이사, 전근, 관재, 손재, 신액, 내외불화는 ※세운병자년(歲運丙子年)의 자수(子水)는 일지진토(日支辰土)와 자진(子辰)으로 삼합(三合)이 되므로 세운에서 일지(日支) 삼합운(三合運)이 들어오면 **※변화가 생긴다든가 또는 이사를 한다든가 또는 직장을 옮기는 일이 많다.** 그리고 ※관재, 손재, 신액은 ※세운병자년(歲運丙子年)의 병화(丙火)는 경금일주(庚金日柱)의 편관(偏官)으로 원명사주(源命四柱)에 재살(財殺)이 태왕(太旺)인데 세운(歲運)에서 재(財)나 관살운(官殺運)이 들어오면 **※관재수나 손재수나 건강을 조심해야 한다.** 그리고 ※내외불화는 ※세운병자년(歲運丙子年)의 병화(丙火)는 경금일주(庚金日柱)의 편관(偏官)으로 세운(歲運)에서 일주(日柱)를 극(剋)하는 운(運)이 들어오면 **※집에서나 밖에서나 윗사람이나 아랫사람이나 불화가 많이 생긴다.**

❷ 질병(疾病)은 냉, 풍질은 일주(日柱)에서 발생(發生)하며 ※기관지, 천식, 치질은 ※경금일주가 목화재살(木火財殺)이 태왕(太旺)이면 ※기관지와 천식과 치질을 조심해야 한다.

❸ 남녀성격은 일주(日柱)에서 발생(發生)한다.

58년(음) 11월 9일 진(辰)시 남자

庚	庚	甲	戊
辰	午	子	戌

56	46	36	26	16	6
庚	己	戊	丁	丙	乙
午	巳	辰	卯	寅	丑

이 사주는 경금일주(庚金日柱)가 중동자월(中冬子月)에 출생하여 실시(失時)하였으나 년간지(年干支) 무술토(戊戌土) 인수(印綬)와 시간지(時干支) 경진(庚辰)으로 비견(比肩)과 인수(印綬)가 있어 일주(日柱)는 신왕사주(身旺四柱)다. 신왕사주(身旺四柱)에는 일주를 제(制)하는 관살(官殺)이나 상관식신(傷官食神)으로 설기(泄氣)함이 좋은데 월지자수(月支子水) 상관(傷官)과 일지(日支) 오중정화(午中丁火) 정관(正官)이 있어 어느 오행(五行)으로 용신(用神)을 잡느냐의 기로(岐路)에 서게 된다. 금수상관(金水傷官)은 냉(冷)하므로 화관(火官)으로 냉(冷)을 온열(溫熱)하여야 하므로 화관살(火官殺)로 용신(用神)한다. 그러므로 오중정화(午中丁火) 정관(正官)이 용신(用神)이며 목재(木財)는 희신(喜神)이 된다. 이 사주는 남자(男子)의 사주로서 51세 사화대운(巳火大運)에 회사 임원으로 승진한 사주다.

❶ 세운병자년(歲運丙子年): 관재, 수술, 자연 재앙, 수술, 내외불화
❷ 질병(疾病): 폐(肺), 기관지(氣管支), 월경불순(月經不純), 해수천식(咳嗽喘息), 빈혈(貧血), 중풍(中風), 비색증(鼻塞症)
❸ 남녀성격: (남) 과감 용단, 냉정하다, 일찍 사회에 참여, 뜻은 크나 성공이 없다, 신경질, 지구력 부족, 성질 급, 남에게 시기를 많이 받는다
(여) 냉정하다, 사람 사귀다 한번 틀어지면 다시 안 봄, 부궁불미, 정부, 재가, 외강내유, 성질 급, 서두른다, 자중한다, 인덕 없다

☯ 세운·질병·남녀성격의 해설(歲運·疾病·男女性格의 解說)

❶ **세운병자년(歲運丙子年)** = ※관재, 수술, 자연 재앙, 수술, 내외불화는 ※세운병자년(歲運丙子年)의 자수(子水)는 일지오화(日支午火)와 자오충(子午沖)으로 세운(歲運)에서 일지충운(日支沖運)이 들어오면 **※관재수나 수술이나 자연 재앙을 조심해야 한다.** 그리고 ※**수술**은 ※세운병자년(歲運丙子年)의 자수(子水)는 경금일주의 상관(傷官)으로 세운(歲運)에서 일지(日支) 상관운(傷官運)이 들어오면 **※수술을 조심해야 한다.** 그리고 ※**내외불화**는 ※세운병자년(歲運丙子年)의 병화(丙火)는 경금일주의 편관(偏官)으로 세운(歲運)에서 일주(日柱)를 극(剋)하는 운(運)이 들어오면 **※집에서나 밖에서나 윗사람이나 아랫사람이나 불화가 많이 생긴다.**

❷ 질병(疾病)은 폐, 기관지, 월경불순, 해수천식, 빈혈은 일주(日柱)에서 발생(發生)하며 ※중풍, 비색증은 ※경금일주가 해자월(亥子月)에 출생하면 ※중풍과 축농증, 비염, 코막힘을 조심해야 한다.

❸ 남녀성격은 일주(日柱)에서 발생(發生)한다.

56년(음) 7월 16일 진(辰)시 여자

庚	庚	丙	丙
辰	申	申	申

55	45	35	25	15	5
庚	辛	壬	癸	甲	乙
寅	卯	辰	巳	午	未

이 사주는 경금일주(庚金日柱)가 초가을 신월(申月)에 출생하여 록근(祿根)하고 년일지(年日支) 양신금(兩申金)과 시간지(時干支) 경진(庚辰)으로 인수(印綬)와 비견겁(比肩劫)이 태왕(太旺)하므로 신왕사주(身旺四柱)며 종혁격(從革格)이다. 신왕사주(身旺四柱)에는 일주(日柱)를 제(制)하는 관살(官殺)이나 상관식신(傷官食神)으로 설기(泄氣)하면 좋은데 년월(年月) 양병화(兩丙火) 편관(偏官)이 있으나 모두 무근(無根)이며 자좌병궁(自坐病宮)으로 용신(用神)으로 쓸 수가 없다. 그러므로 이 사주는 경금일주(庚金日柱)가 종혁격(從革格)으로 금비견겁(金比肩劫)이 용신(用神)이며 토인수(土印綬)가 희신(喜神)이 된다. 이 사주는 여자(女子)의 사주로서 여군중위(女軍中尉)로 제대하여 회사에 근무하였으나 부궁(夫宮)이 부실하여 남편(男便)과 이혼(離婚)하고 혼자 평범하게 살고 있는 사주다.

> ❶ 세운병자년(歲運丙子年): 변화, 이사, 전근, 수술, 내외불화
> ❷ 질병(疾病): 간(肝), 담(膽)
> ❸ 남녀성격: (남) 과감 용단, 냉정하다, 냉정하게 보이나 속마음은 따뜻함, 의리 있다, 영리하다, 재간 있다, 처궁불미, 식복 있다, 자손근심, 항상 바쁨, 꾀가 많다
> (여) 냉정하다, 사람 사귀다 한번 틀어지면 다시 안 봄, 부궁불미, 정부, 재가, 독수공방, 친정형제 걱정, 돈이 잘 빠져나간다, 고독하다, 시모불합, 남편 말 잘 안 듣는다

☯ 세운·질병·남녀성격의 해설(歲運·疾病·男女性格의 解說)

❶ **세운병자년(歲運丙子年)** = ※변화, 이사, 전근, 수술, 내외불화는 ※세운병자년(歲運丙子年)의 자수(子水)는 일지신금(日支申金)과 자신(子申)으로 삼합(三合)이 되므로 세운(歲運)에서 일지(日支) 삼합운(三合運)이 들어오면 ※**변화가 생긴다든가 또는 이사를 한다든가 또는 직장을 옮기는 일이 많다.** 그리고 ※**수술**은 ※세운병자년(歲運丙子年)의 자수(子水)는 경금일주(庚金日柱)의 상관(傷官)으로 세운(歲運)에서 일지(日支) 상관운(傷官運)이 들어오면 ※**수술을 조심해야 한다.** 그리고 ※**내외불화**는 ※세운병자년(歲運丙子年)의 병화(丙火)는 경금일주(庚金日柱)의 편관(偏官)으로 세운(歲運)에서 일주(日柱)를 극(剋)하는 운(運)이 들어오면 ※**집에서나 밖에서나 윗사람이나 아랫사람이나 불화가 많이 생긴다.**

❷ 질병(疾病)은 일주(日柱)에서 발생(發生)한다.

❸ 남녀성격은 일주(日柱)에서 발생(發生)한다.

63년(음) 11월 9일 해(亥)시 남자

己	辛	甲	癸
亥	丑	子	卯

55	45	35	25	15	5
戊	己	庚	辛	壬	癸
午	未	申	酉	戌	亥

이 사주는 신금일주(辛金日柱)가 중동자월(中冬子月)에 출생하여 실시(失時)하고 지지(地支)는 해자축(亥子丑) 수국(水局)을 이루고 년상계수(年上癸水)와 년지 묘목(年支卯木)으로 상관(傷官)과 재(財)가 태왕(太旺)이다. 그러므로 종재격(從財格)같이 보인다. 그러나 신금일주는 양금지토(養金之土)인 자좌축토(自坐丑土)에 근(根)하므로 종(從)하지 않으며 미약(微弱)하나마 축중기토(丑中己土)가 시상(時上)에 투출(透出)하여 기토인수(己土印綬)로 많은 상관식신(傷官食神)을 제(制)하고 일주를 보신(補身)해야 하므로 기토인수(己土印綬)가 용신(用神)이며 금비견겁(金比肩劫)은 희신(喜神)이 된다. 이 사주는 남자(男子)의 사주로서 공부는 많이 하지 못하였으나 기술(技術)과 재주가 비범하여 중소기업을 경영하고 있는 사주인데 대운(大運)이 금토운(金土運)으로 좋은 운(運)을 만나 크게 성공하고 있는 사주다.

> ❶ 세운병자년(歲運丙子年): 자손액, 손재, 신액, 내외불화
> ❷ 질병(疾病): 냉(冷) 간(肝) 담(膽) 중풍(中風) 비색증(鼻塞症)
> ❸ 남녀성격: (남) 과감 용단, 냉정하다, 고집 대단, 신의 있다, 근면하다, 매사 정이 많다, 처와 자식의 덕이 있다, 성격이 까다롭다, 옷에 신경, 편식, 새벽잠이 없다, 식복 있다
> (여) 냉정하다, 사람 사귀다 한번 틀어지면 다시 안 봄, 미모 수려, 남편의 사랑을 받는다, 부지런하다, 친모봉양, 부궁불미, 정부

☯ 세운·질병·남녀성격의 해설(歲運·疾病·男女性格의 解說)

❶ **세운병자년(歲運丙子年)** = ※자손액, 손재, 신액, 내외불화는 ※세운병자년(歲運丙子年)의 자수(子水)는 신금일주(辛金日柱)의 식신(食神)으로 원명사주(源命四柱)에 상관식신(傷官食神)이 태왕(太旺)인데 세운(歲運)에서 상관(傷官) 식신운(食神運)이 들어오면 ※**자손액을 조심해야 하며 또는 손재수를 조심해야 하며 또는 신액을 조심해야 한다.** 그리고 ※**내외불화**는 ※세운병자년(歲運丙子年)의 병화(丙火)는 신금일주(辛金日柱)의 정관(正官)으로 세운(歲運)에서 일주(日柱)를 극(剋)하는 운(運)이 들어오면 ※**집에서나 밖에서나 윗사람이나 아랫사람이나 불화가 많이 생긴다.**

❷ 질병(疾病)은 냉, 간, 담은 일주(日柱)에서 발생(發生)하며 ※중풍, 비색증은 ※신금일주(辛金日柱)가 해자월(亥子月)에 출생하면 ※중풍과 축농증과 비염과 코막힘을 조심해야 한다.

❸ 남녀성격은 일주(日柱)에서 발생(發生)한다.

58년(음) 8월 29일 사(巳)시 남자

癸	辛	壬	戊
巳	酉	戌	戌

59	49	39	29	19	9
戊	丁	丙	乙	甲	癸
辰	卯	寅	丑	子	亥

이 사주는 신금일주(辛金日柱)가 계추술월(季秋戌月)에 출생하여 득령(得令)하고 년간지(年干支) 무술토(戊戌土) 인수(印綬)와 일지유금(日支酉金)에 록근(祿根)하여 신왕사주(身旺四柱)다. 신왕사주(身旺四柱)에는 일주(日柱)를 제(制)하는 관살(官殺)로 용신(用神)함이 좋은데 다행히 시지(時支) 사중병화(巳中丙火)가 있어 사중병화(巳中丙火) 정관(正官)으로 용신(用神)하며 목재(木財)는 희신(喜神)이 된다. 이 사주는 남자(男子)의 사주로서 의사인데 인목대운(寅木大運)에 많은 돈을 벌었으나 주색(酒色)으로 인하여 처(妻)와 이혼하고 재혼(再婚)한 사주다. 그리고 49세 정화대운(丁火大運)에 월상임수(月上壬水)와 대운정화(大運丁火)와 정임합(丁壬合)으로 합거(合去)되어 사업이 부실하여 손해를 많이 보고 부동산에 투자하여 재산을 탕진한 사주다. 처궁(妻宮)이 부실한 것은 년간지(年干支) 무술생(戊戌生)의 공망(空亡)은 시지사화(時支巳火)로서 일시지(日時支)에 공망(空亡)이 있으면 처궁(妻宮)이 부실하여 재혼(再婚)하거나 혼자 사는 사람들이 많다.

> ❶ 세운병자년(歲運丙子年): 내외불화, 신경과민
> ❷ 질병(疾病): 간(肝), 담(膽), 혈압(血壓)
> ❸ 남녀성격: (남) 과감 용단, 냉정하다, 청백한 사람, 미남형, 인품 수려,
>   자수성가, 영리하다, 일독십지, 타인존경, 의처증
>   (여) 냉정하다, 사람 사귀다 한번 틀어지면 다시 안 봄, 부궁불미,
>   정부, 독수공방, 시모불합, 남편 말 잘 안 듣는다, 미모 수려,
>   신앙심, 이성수신

☯ 세운·질병·남녀성격의 해설(歲運·疾病·男女性格의 解說)

❶ **세운병자년(歲運丙子年)** = ※내외불화, 신경과민은 ※세운병자년(歲運丙子年)의 병화(丙火)는 신금일주(辛金日柱)의 정관(正官)으로 세운(歲運)에서 일주(日柱)를 극(剋)하는 운(運)이 들어오면 ※**집에서나 밖에서나 윗사람이나 아랫사람이나 불화가 많이 생긴다.** 그리고 ※**신경과민**은 ※세운병자년(歲運丙子年)의 자수(子水)는 일지유금(日支酉金)과 자유(子酉)로 귀문관살(鬼門關殺)이므로 세운(歲運)에서 일지(日支) 귀문(鬼門) 관살운(關殺運)이 들어오면 ※**그 해에는 모든 일에 신경을 많이 쓰게 된다.**

❷ **질병(疾病)**은 일주(日柱)에서 발생(發生)한다.

❸ **남녀성격**은 일주(日柱)에서 발생(發生)한다.

52년(음) 5월 12일 인(寅)시 여자

庚	辛	乙	壬
寅	巳	巳	辰

60	50	40	30	20	10
己	庚	辛	壬	癸	甲
亥	子	丑	寅	卯	辰

이 사주는 신금일주(辛金日柱)가 초여름 사월(巳月)에 출생하여 실시(失時)하고 일시지(日時支) 사인(巳寅)으로 재관(財官)이 태왕(太旺)하여 아무 곳에도 쓸 수 없는 사주(四柱)같이 보인다. 그러나 이 사주는 사중(巳中)에 병화(丙火)는 정관(正官)이며 인중갑목(寅中甲木)은 정재(正財)이며 년지(年支) 진중무토(辰中戊土)는 정인(正印)으로 재관인(財官印) 삼귀(三貴)를 놓아 귀격(貴格)의 사주다. 그러므로 살인상생(殺印相生)으로 진중무토(辰中戊土) 인수(印綬)가 용신(用神)이며 금비견겁(金比肩劫)은 희신(喜神)이 된다. 이 사주는 여자(女子)의 사주로서 대기업에 근무하다가 퇴사하여 40세 신축대운(辛丑大運)에 사업을 경영하여 수억금을 벌어 잘살고 있는 사주다.

> ❶ 세운병자년(歲運丙子年): 관재, 손재, 신액, 내외불화
> ❷ 질병(疾病): 해수(咳嗽), 호흡기(呼吸器), 월경불순(月經不順), 기관지(氣管支), 천식(喘息)
> ❸ 남녀성격: (남) 과감 용단, 냉정하다, 성질 급, 변화가 많다, 항상 바쁨, 처 덕 있다, 화려하게 보이나 실속이 없다, 예의 있다, 말을 잘한다, 영리하다, 식복 있다
> (여) 냉정하다, 사람 사귀다 한번 틀어지면 다시 안 봄, 남편 덕, 정부, 이성수신, 의처증 부군, 성질 급, 항상 바쁨, 인덕 없다

☯ 세운·질병·남녀성격의 해설(歲運·疾病·男女性格의 解說)

❶ **세운병자년(歲運丙子年)** = ※관재, 손재, 신액, 내외불화는 ※세운병자년(歲運丙子年)의 병화(丙火)는 신금일주(辛金日柱)의 정관(正官)으로 원명사주(源命四柱)에 재살(財殺)이 태왕(太旺)인데 세운(歲運)에서 재(財)나 관살운(官殺運)이 들어오면 ※**관재수를 조심해야 하며 또는 손재수를 조심해야 하며 또는 건강을 조심해야 한다.** 그리고 ※**내외불화**는 ※세운병자년(歲運丙子年)의 병화(丙火)는 신금일주(辛金日柱)의 정관(正官)으로 세운(歲運)에서 일주(日柱)를 극(剋)하는 운(運)이 들어오면 ※**집에서나 밖에서나 윗사람이나 아랫사람이나 불화가 많이 생긴다.**

❷ 질병(疾病)은 해수, 호흡기는 일주(日柱)에서 발생(發生)하며 ※월경불순, 기관지, 천식은 ※신금일주(辛金日柱)가 목화재살(木火財殺)이 태왕(太旺)이면 ※**월경불순과 기관지와 천식을 조심해야 한다.**

❸ 남녀성격은 일주(日柱)에서 발생(發生)한다.

47년(음) 10월 16일 인(寅)시 여자

庚	辛	辛	丁
寅	亥	亥	亥

53	43	33	23	13	3
丁	丙	乙	甲	癸	壬
巳	辰	卯	寅	丑	子

이 사주는 신금일주(辛金日柱)가 초겨울 해월(亥月)에 출생하여 실시(失時)하고 년일지(年日支) 양해수(兩亥水)와 시지인목(時支寅木)으로 상관(傷官)과 재(財)로 인하여 설기(泄氣)가 태심(太甚)하다. 신금일주(辛金日柱)는 무근(無根)이며 자좌해수(自坐亥水)에 설기(泄氣)가 심(甚)하며 월시상(月時上) 경신금(庚辛金) 비견겁(比肩劫)이 있다 하나 그 비견겁(比肩劫)도 모두 무근(無根)이며 시상경금(時上庚金)은 절궁(絶宮)이며 월상신금(月上辛金)은 자좌해수(自坐亥水)에 설기(泄氣)가 심하여 신금일주를 보신(補身)할 수 없다. 그러므로 금생수(金生水) 수생목(水生木)으로 사주의 기(氣)는 시지(時支) 인중갑목(寅中甲木)에 집중되어 종재격(從財格)이다. 그러므로 인중갑목(寅中甲木) 정재(正財)가 용신(用神)이며 수상관(水傷官)은 희신(喜神)이 된다. 이 사주는 여자의 사주로서 음식업을 경영하였으나 초년(初年)에는 돈을 조금 벌었으나 그 이후로는 운이 없어 고생을 많이 하고 있는 사주다.

> ❶ 세운병자년(歲運丙子年): 이별수, 내외불화
> ❷ 질병(疾病): 폐(肺), 담(膽)
> ❸ 남녀성격: (남) 과감 용단, 냉정하다, 선견지명, 암기력, 총명하다, 지혜롭다, 항상 바쁨, 집념 대단, 재복 있다, 처 덕 있다, 남에게 잘함, 처궁불미, 장수한다
> (여) 냉정하다, 사람 사귀다 한번 틀어지면 다시 안 봄, 부궁불미, 재가, 정부, 인정 있다, 남에게 잘함, 잘하고 욕먹는다, 자손귀자, 신앙심, 내 것 주고 배신당함, 인덕 없다

☻ 세운·질병·남녀성격의 해설(歲運·疾病·男女性格의 解說)

❶ **세운병자년(歲運丙子年)** = ※**이별수, 내외불화**는 ※세운병자년(歲運丙子年)의 병화(丙火)는 신금일주(辛金日柱)의 정관(正官)으로 여자(女子) 사주에 상관식신(傷官食神)이 태왕(太旺)인데 세운(歲運)에서 관살운(官殺運)이 들어오면 ※**가정에 불화가 많이 생긴다든가 또는 남편과 떨어져 산다든가 또는 이혼한다든가 또는 남편이 사망하는 수도 있다.** 그리고 ※**내외불화**는 ※세운병자년(歲運丙子年)의 병화(丙火)는 신금일주의 정관(正官)으로 세운(歲運)에서 일주(日柱)를 극(剋)하는 운(運)이 들어오면 ※**집에서나 밖에서나 윗사람이나 아랫사람이나 불화가 많이 생긴다.**

❷ 질병(疾病)은 일주(日柱)에서 발생(發生)한다.

❸ 남녀성격은 일주(日柱)에서 발생(發生)한다.

58년(음) 9월 20일 묘(卯)시 여자

癸	壬	壬	戊
卯	午	戌	戌

58	48	38	28	18	8
丙	丁	戊	己	庚	辛
辰	巳	午	未	申	酉

이 사주는 임수일주(壬水日柱)가 계추술월(季秋戌月)에 출생하여 실시(失時)하고 년간지(年干支) 무술토(戊戌土)와 일지오화(日支午火)로 재살(財殺)이 태왕(太旺)이다. 임수일주(壬水日柱)는 무근(無根)이며 자좌오화(自坐午火)에 절궁(絶宮)이며 월시상(月時上) 임계수(壬癸水) 비견겁(比肩劫)이 있다 하나 모두 무근(無根)이며 살지(殺地)에 앉아 임수일주(壬水日柱)를 보신(補身)할 수가 없다. 이 사주는 수생목(水生木) 목생화(木生火) 화생토(火生土)로 사주의 기(氣)는 무토편관(戊土偏官)에 집중(集中)되어 있으므로 이 사주는 종살격(從殺格)이며 무토편관(戊土偏官)이 용신(用神)이며 화재(火財)는 희신(喜神)이 된다. 이 사주는 여자(女子)의 사주로서 조실부모(早失父母)하고 식당에서 허드렛일을 하다가 43세 오화대운(午火大運)에 음식업을 경영하여 수억금을 벌어 잘살고 있는 사주다.

❶ 세운병자년(歲運丙子年): 관재, 수술, 자연 재앙, 관재, 손재, 신액
❷ 질병(疾病): 신장(腎臟), 방광(膀胱), 자궁(子宮), 기관지(氣管支)
❸ 남녀성격: (남) 털털한 성격, 고집 대단, 신경 예민, 지혜롭다, 명랑하다, 예의 있다, 준법정신, 처 덕 있다, 처궁불미, 성실하다, 눈치가 빠름, 운동 잘함
　　　　　　(여) 남자 같은 시원한 성격, 새것을 좋아함, 미모 수려, 남편 덕, 정부, 부궁불미, 자손 덕, 눈치가 빠름, 신경 예민, 이성수신

☯ 세운·질병·남녀성격의 해설(歲運·疾病·男女性格의 解說)

❶ 세운병자년(歲運丙子年) = ※관재, 수술, 자연 재앙, 관재, 손재, 신액은 ※세운 병자년(歲運丙子年)의 자수(子水)는 일지오화(日支午火)와 자오충(子午沖)으로 세운(歲運)에서 일지충운(日支沖運)이 들어오면 ※**관재수를 조심해야 하며 또는 수술을 조심해야 하며 또는 자연 재앙을 조심해야 한다.** 그리고 ※**관재, 손재, 신액**은 ※세운병자년(歲運丙子年)의 병화(丙火)는 임수일주(壬水日柱)의 편재(偏財)로 사주(四柱)에 재살(財殺)이 태왕(太旺)인데 세운(歲運)에서 재(財)나 관살운(官殺運)이 들어오면 ※**관재수를 조심해야 하며 또는 손재수를 조심해야 하며 또는 건강을 조심해야 한다.**

❷ 질병(疾病)은 신장, 방광은 일주(日柱)에서 발생(發生)하고 ※자궁, 기관지는 ※임수일주(壬水日柱)가 화토재살(火土財殺)이 태왕(太旺)이면 ※자궁과 기관지를 조심해야 한다.

❸ 남녀성격은 일주(日柱)에서 발생(發生)한다.

52년(음) 10월 6일 진(辰)시 남자

```
甲   壬   辛   壬
辰   申   亥   辰
55  45  35  25  15   5
丁   丙   乙   甲   癸   壬
巳   辰   卯   寅   丑   子
```

이 사주는 임수일주(壬水日柱)가 초겨울 해월(亥月)에 출생하여 록근(祿根)하고 해중임수(亥中壬水)가 년상(年上)에 투출(透出)하고 임수일주(壬水日柱)는 자좌신금(自坐申金)에 장생궁(長生宮)으로 신왕사주(身旺四柱)다. 신왕사주(身旺四柱)에는 관살(官殺)로 일주(日柱)를 제(制)함이 좋은데 년시지(年時支) 양진토(兩辰土)로 용신(用神)하고자 하나 그 진토(辰土)는 습토(濕土)로서 일주(日柱)를 제(制)할 수 없다. 다행히 시상갑목(時上甲木)은 해중갑목(亥中甲木)과 진중을목(辰中乙木)에 근(根)하여 왕(旺)하므로 갑목식신(甲木食神)으로 설기(泄氣)하여 이런 사주를 가상관격(假傷官格)이라고 한다. 그러므로 갑목식신(甲木食神)이 용신(用神)이 된다. 이 사주는 남자(男子)의 사주로서 35세 인목대운(寅木大運)에 용신갑목(用神甲木)이 인목(寅木)에 록근(祿根)하여 지방 대학 교수에 취임하고 44세에 묘목대운(卯木大運)에 서울 소재에 대학교수(大學敎授)로 취임한 사주다.

❶ 세운병자년(歲運丙子年): 변화, 이사, 전근, 손재, 처액
❷ 질병(疾病): 냉(冷), 신장(腎臟), 방광(膀胱)
❸ 남녀성격: (남) 털털한 성격, 원만하다, 활발하다, 지혜롭다, 포용력, 만인의 신망, 고집 대단, 박력 있다, 영리하다, 일독십지, 처 덕 있다
(여) 남자 같은 시원한 성격, 새것을 좋아함, 영리하다, 부궁불미, 정부, 예능, 문학에 소질 있다, 친모봉양

☯ 세운·질병·남녀성격의 해설(歲運·疾病·男女性格의 解說)

❶ 세운병자년(歲運丙子年) = ※변화, 이사, 전근, 손재, 처액은 ※세운병자년(歲運丙子年)의 자수(子水)는 일지신금(日支申金)과 자신(子申)으로 삼합(三合)이 되므로 세운(歲運)에서 일지(日支) 삼합운(三合運)이 들어오면 ※**변화가 생긴다든가 또는 이사를 한다든가 또는 직장을 옮기는 일이 많다.** 그리고 ※**손재, 처액**은 ※세운병자년(歲運丙子年)의 병화(丙火)는 임수일주(壬水日柱)의 편재(偏財)로 비견겁(比肩劫)이 태왕(太旺)하고 재(財)가 쇠약(衰弱)한데 세운(歲運)에서 재운(財運)이 들어오면 ※**손재수를 조심해야 하며 또는 가정에 불화가 많이 생긴다든가 또는 처가 말없이 가출한다든가 또는 처의 건강을 조심해야 한다.**

❷ 질병(疾病)은 일주(日柱)에서 발생(發生)한다.

❸ 남녀성격은 일주(日柱)에서 발생(發生)한다.

53년(음) 8월 1일 해(亥)시 여자

辛	壬	辛	癸
亥	戌	酉	巳

60	50	40	30	20	10
丁	丙	乙	甲	癸	壬
卯	寅	丑	子	亥	戌

이 사주는 임수일주(壬水日柱)가 중추유월(中秋酉月)에 출생하여 득령(得令)하고 유중신금(酉中辛金)이 월시상(月時上)에 투출(透出)되어 인수격(印綬格)이며 시지해수(時支亥水)에 록근(祿根)하여 신왕사주(身旺四柱)다. 신왕사주(身旺四柱)에는 일주(日柱)를 제(制)하는 관살(官殺)이나 상관식신(傷官食神)으로 설기(泄氣)함이 좋은데 다행히 일지(日支) 술중무토(戌中戊土) 편관(偏官)이 있어 술중무토(戌中戊土) 편관(偏官)으로 용신(用神)한다. 그리고 화재(火財)는 희신(喜神)이 된다. 이 사주는 여자(女子)의 사주로서 치과 의사인데 치과 의원을 여러 번 경영(經營)하였으나 대운(大運)이 수목운(水木運)으로 운(運)이 없어 사업 실패하고 부궁(夫宮)이 부실하여 이혼(離婚)하고 혼자 살고 있는 사주다. 부궁(夫宮)이 부실한 것은 임술일주(壬戌日柱)는 남편이 백호관살(白虎官殺)이므로 여자(女子) 사주에 백호관살(白虎官殺)이 있으면 십중팔구(十中八九) 부궁(夫宮)이 부실하여 재혼(再婚)하거나 혼자 사는 사람들이 많다.

❶ 세운병자년(歲運丙子年): 이별수, 손재, 신액
❷ 질병(疾病): 신장(腎臟), 방광(膀胱)
❸ 남녀성격: (남) 털털한 성격, 선견지명, 남에게 잘함, 욕심 많다, 일찍 사회에 진출, 성질 급, 자수성가, 부모 덕, 재복 있다, 처 덕 있다, 자손귀자, 신앙심, 지구력 강함, 능력 있다
(여) 남자 같은 시원한 성격, 새것을 좋아함, 부궁불미, 정부, 재가, 독수공방, 이성 구설, 재복 있다, 신앙심

☯ 세운·질병·남녀성격의 해설(歲運·疾病·男女性格의 解說)

❶ **세운병자년(歲運丙子年)** = ※**이별수, 손재, 신액**은 ※세운병자년(歲運丙子年)의 자수(子水)는 임수일주(壬水日柱)의 비겁(比劫)으로 신왕(身旺)한 여자(女子) 사주에 세운(歲運)에서 비견겁운(比肩劫運)이 들어오면 ※**가정에 불화가 많이 생긴다든가 또는 남편과 떨어져 산다든가 또는 이혼한다든가 또는 남편이 사망하는 수도 있다.** 그리고 ※**손재, 신액**은 ※세운병자년(歲運丙子年)의 병화(丙火)는 임수일주(壬水日柱)의 편재(偏財)로 신왕(身旺)한 사주에 재(財)가 쇠약(衰弱)한데 세운(歲運)에서 재운(財運)이 들어오면 ※**손재수를 조심해야 하며 또는 건강을 조심해야 한다.**

❷ **질병(疾病)은 일주(日柱)에서 발생(發生)한다.**

❸ **남녀성격은 일주(日柱)에서 발생(發生)한다.**

50년(음) 1월 20일 사(巳)시 여자

乙	壬	己	庚
巳	寅	卯	寅

51	41	31	21	11	1
癸	甲	乙	丙	丁	戊
酉	戌	亥	子	丑	寅

이 사주는 임수일주(壬水日柱)가 중춘묘월(中春卯月)에 출생하여 실시(失時)하고 묘중을목(卯中乙木)이 시상(時上)에 투출(透出)하여 상관격(傷官格)이다. 그리고 년일지(年日支) 양인목(兩寅木)과 시지사화(時支巳火)로 목화(木火) 상관식신(傷官食神)이 태왕(太旺)이다. 그러나 임수일주(壬水日柱)는 무근(無根)이며 년상경금(年上庚金) 인수(印綬)가 있다 하나 그 경금(庚金)도 무근(無根)이며 자좌인목(自坐寅木)의 절궁(絶宮)에 앉아 임수일주(壬水日柱)를 생(生)하여 줄 힘이 없다. 그러므로 이 사주는 수생목(水生木) 목생화(木生火)로 식신용재(食神用財)라 하며 화재(火財)가 용신(用神)이며 목(木) 상관식신(傷官食神)은 희신(喜神)이 된다. 이 사주는 여자(女子)의 사주로서 상관(傷官)이 태왕(太旺)인데 시지사화(時支巳火)와 인사형살(寅巳刑殺)로 자궁(子宮)을 수술한 사주다. 상관(傷官)은 자궁(子宮)과 유방(乳房)인데 상관식신(傷官食神)이 태왕(太旺)하고 형살(刑殺)이 있으면 자궁(子宮)과 유방(乳房)을 조심해야 한다.

> ❶ 세운병자년(歲運丙子年): 관재, 손재, 신액
> ❷ 질병(疾病): 신장(腎臟), 방광(膀胱), 냉(冷), 습(濕), 자궁(子宮), 유방(乳房)
> ❸ 남녀성격: (남) 털털한 성격, 지혜롭다, 원만하다, 환경에 적응 잘함,
>   영리하다, 행운이 따른다, 항상 바쁨, 용기 있다, 타의 군림,
>   성질 급, 처 덕 있다, 장모봉양
>   (여) 남자 같은 시원한 성격, 새것을 좋아함, 영리하다, 남편을
>   꺾는다, 부궁불미, 정부, 자손귀자, 요리솜씨, 사회 활동 하면
>   인기

☯ 세운·질병·남녀성격의 해설(歲運·疾病·男女性格의 解說)

❶ 세운병자년(歲運丙子年) = ※관재, 손재, 신액은 ※세운병자년(歲運丙子年)의 병화(丙火)는 임수일주(壬水日柱)의 편재(偏財)로 사주(四柱)에 상관(傷官)과 재(財)가 태왕(太旺)한데 세운(歲運)에서 재(財)나 관살운(官殺運)이 들어오면 ※관재수를 조심해야 하며 또는 손수를 조심해야 하며 또는 건강을 조심해야 한다.

❷ 질병(疾病)은 신장, 방광, 냉, 습은 일주(日柱)에서 발생(發生)하며 ※자궁, 유방은 ※여자(女子) 사주에 상관식신(傷官食神)이 태왕(太旺)하고 형살(刑殺)이 있으면 ※자궁과 유방을 조심해야 한다.

❸ 남녀성격은 일주(日柱)에서 발생(發生)한다.

47년(윤) 2월 23일 오(午)시 여자

戊	癸	甲	丁
午	亥	辰	亥

57	47	37	27	17	7
庚	己	戊	丁	丙	乙
戌	酉	申	未	午	巳

이 사주는 계수일주(癸水日柱)가 춘계진월(春季辰月)에 출생하여 실시(失時)하고 진중무토(辰中戊土)가 시상(時上)에 투출(透出)하여 정관격(正官格)으로 신약사주(身弱四柱)다. 그러므로 금인수(金印綬)가 용신(用神)이며 수비견겁(水比肩劫)은 희신(喜神)이 된다. 이 사주는 여자(女子)의 사주로서 조실부모(早失父母)하고 빈곤한 가정에서 자라나 한 가정에 가장이 되어 돈이 되는 일이라면 무엇이든지 가리지 않고 일을 하며 고생하였고 42세 신금대운(申金大運)부터 사업을 경영하여 수억금을 벌었으며 47세 기토대운(己土大運)에 월상갑목(月上甲木)과 대운기토(大運己土)와 갑기합(甲己合)으로 합거(合去)되어 손해를 조금 보았으나 52세 유금대운(酉金大運)에 모텔을 경영(經營)하여 사업이 번창해 잘살고 있는 사주다. 그러나 년간지(年干支) 정해생(丁亥生)의 공망(空亡)은 시지오화(時支午火)로 부궁(夫宮)이 부실하여 42세 신금대운(申金大運)에 남편(男便)과 사별(死別)하고 52세 유금대운(酉金大運)에 나이가 자신보다 어린 신랑을 만나 잘살고 있는 사주다.

> ❶ 세운병자년(歲運丙子年): 관재, 손재, 신액
> ❷ 질병(疾病): 심장(心臟), 냉(冷)
> ❸ 남녀성격: (남) 털털한 성격, 차분한 성격, 마음이 깊다, 외유내강, 타인존경, 준법정신, 영리하다, 총명하다, 연구심, 노력으로 끝을 본다, 장수한다, 신앙심
> (여) 남자 같은 시원한 성격, 새것을 좋아함, 부군 덕, 부궁불미, 독수공방, 정부, 재가, 친정형제 걱정 많이 한다, 자손귀자, 돈이 잘 빠져나감, 신앙심

세운·질병·남녀성격의 해설(歲運·疾病·男女性格의 解說)

❶ **세운병자년(歲運丙子年)** = ※**관재, 손재, 신액**은 ※세운병자년(歲運丙子年)의 병화(丙火)는 계수일주(癸水日柱)의 정재(正財)로 원명사주(源命四柱)에 재살(財殺)이 왕(旺)한데 세운(歲運)에서 재(財)나 관살운(官殺運)이 들어오면 ※**관재수를 조심해야 하며 또는 손재수를 조심해야 하며 또는 건강을 조심해야 한다.**

❷ 질병(疾病)은 일주(日柱)에서 발생(發生)한다.

❸ 남녀성격은 일주(日柱)에서 발생(發生)한다.

45년(음) 7월 25일 묘(卯)시 남자

乙	癸	甲	乙
卯	酉	申	酉

58	48	38	28	18	8
戊	己	庚	辛	壬	癸
寅	卯	辰	巳	午	未

이 사주는 계수일주(癸水日柱)가 초가을 신월(申月)에 출생하여 득령(得令)하고 년일지(年日支) 양유금(兩酉金) 인수(印綬)로 신왕사주(身旺四柱)다. 신왕사주(身旺四柱)에는 일주(日柱)를 제(制)하는 관살(官殺)이나 설기(泄氣)하는 식신상관(食神傷官)이 좋은데 다행히 시상을목(時上乙木)이 자좌묘목(自坐卯木)에 록근(祿根)하여 이 사주는 가상관격(假傷官格)이며 목(木)이 용신(用神)이 된다. 그런데 계수일주(癸水日柱)의 을목(乙木)은 식신(食神)인데 왜 가상관격(假傷官格)이라고 하느냐 의문이 갈 것이다. 오행육친(五行六親)으로 보면 가식신격(假食神格)이 맞지만 가식신격(假食神格)이라고 하면 좀 어색함이 있어 통칭(統稱)하여 가상관격(假傷官格)이라고 한다. 이 사주는 남자(男子)의 사주로서 사무관(事務官)인데 초년(初年)에는 운(運)이 없어 승진을 못 하였으나 53세 묘목대운(卯木大運)하여 승진하고 잘사는 사주다.

> ❶ 세운병자년(歲運丙子年): 손재, 처액, 신경과민
> ❷ 질병(疾病): 신장(腎臟), 심장(心臟), 방광(膀胱), 냉(冷)
> ❸ 남녀성격: (남) 털털한 성격, 성격이 까다롭다, 매사 철두철미, 박력이 모자란다, 영리하다, 총명하다, 암기력, 남에게 잘함, 호인이다, 고독 자초, 처 덕 있다
> (여) 남자 같은 시원한 성격, 새것을 좋아함, 정이 많다, 부궁불미, 정부, 인덕 없다, 눈물 많다

☯ 세운·질병·남녀성격의 해설(歲運·疾病·男女性格의 解說)

❶ **세운병자년(歲運丙子年)** = ※손재, 처액, 신경과민은 ※세운병자년(歲運丙子年)의 병화(丙火)는 계수일주(癸水日柱)의 정재(正財)로 신왕(身旺)한 남자(男子) 사주에 재(財)가 쇠약(衰弱)한데 세운(歲運)에서 재운(財運)이 들어오면 ※손재수를 조심해야 하며 또는 가정에 불화가 많이 생긴다든가 또는 처가 말없이 가출을 한다든가 또는 처의 건강을 조심해야 한다. 그리고 ※신경과민은 ※세운병자년(歲運丙子年)의 자수(子水)는 일지유금(日支酉金)과 자유(子酉)로 귀문관살(鬼門關殺)이 되므로 세운(歲運)에서 일지(日支) 귀문(鬼門) 관살운(關殺運)이 들어오면 ※그해에는 모든 일에 신경을 많이 쓰게 된다.

❷ **질병(疾病)**은 일주(日柱)에서 발생(發生)한다.

❸ **남녀성격**은 일주(日柱)에서 발생(發生)한다.

50년(음) 12월 7일 묘(卯)시 여자

丁	甲	己	庚
卯	寅	丑	寅

53	43	33	23	13	3
癸	甲	乙	丙	丁	戊
未	申	酉	戌	亥	子

이 사주는 갑목일주(甲木日柱)가 동계축월(冬季丑月)에 출생하여 실시(失時)하고 축중기토(丑中己土)가 월상(月上)에 투출(透出)하여 정재격(正財格)이며 년상경금(年上庚金)이 투출(透出)하여 축중신금(丑中辛金)에 근(根)하여 신약사주(身弱四柱)가 된다. 그러므로 비견겁(比肩劫)이 용신(用神)이며 수인수(水印綬)는 희신(喜神)이 된다. 이 사주는 여자(女子)의 사주로서 남편은 년상경금(年上庚金)인데 그 경금(庚金)은 자좌인목(自坐寅木)에 절궁(絶宮)이며 월지축토(月支丑土)는 금(金)의 고장(庫藏)으로 관성입묘(官星入墓)로 부궁(夫宮)이 좋지 않아 재혼한 사주다. 여자 사주의 남편은 관살(官殺)인데 관살(官殺)이 투출(透出)되지 않고 관성입묘(官星入墓)만 있어도 부궁(夫宮)이 부실하다. 이 사주는 교사(教師)의 사주인데 운(運)이 좋지 않아 교사(教師)로서 정년퇴직(停年退職)한 사주다.

> ❶ 세운정축년(歲運丁丑年): 관재, 관재, 손재, 신액, 불성
> ❷ 질병(疾病): 간(肝), 위산과다(胃酸過多)
> ❸ 남녀성격: (남) 의지 굳다, 무뚝뚝하다, 웃음이 적다, 고집 대단, 영리하다, 두령격, 일독십지, 인정 있다, 인내심 부족, 용기 있다, 청백지인, 남을 무시한다
> (여) 의지 굳다, 무뚝뚝하다, 웃음이 적다, 부궁불미, 독수공방, 정부, 남에게 잘함, 돈이 잘 빠져나감, 친정형제 걱정

☯ 세운·질병·남녀성격의 해설(歲運·疾病·男女性格의 解說)

❶ **세운정축년(歲運丁丑年)** = ※**관재, 관재, 손재, 신액, 불성**은 ※세운정축년(歲運丁丑年)의 정화(丁火)는 갑목일주(甲木日柱)의 상관(傷官)으로 세운(歲運)에서 천간(天干) 상관운(傷官運)이 들어오면 ※**관재수를 조심해야 한다.** 그리고 ※**관재, 손재, 신액**은 ※세운정축년(歲運丁丑年)의 축토(丑土)는 갑목일주(甲木日柱)의 정재(正財)로 원명사주(源命四柱)에 재관(財官)이 왕(旺)한데 세운(歲運)에서 재(財)나 관살운(官殺運)이 들어오면 ※**관재수를 조심해야 하며 또는 손재수를 조심해야 하며 또는 건강을 조심해야 한다.** 그리고 ※**불성**은 ※세운정축년(歲運丁丑年)의 정화(丁火)는 갑목일주(甲木日柱)의 상관(傷官)으로 세운(歲運)에서 천간(天干) 상관운(傷官運)이 들어오면 ※**모든 일이 잘 풀리지 않고 대차계약도 잘 이루어지지 않는다.**

❷ **질병(疾病)**은 일주(日柱)에서 발생(發生)한다.

❸ **남녀성격**은 일주(日柱)에서 발생(發生)한다.

52년(음) 11월 8일 오(午)시 남자

이 사주는 갑목일주(甲木日柱)가 중동자월(中冬子月)에 출생하여 득령(得令)하고 년월(年月) 양임수(兩壬水)가 투출(透出)하여 신왕사주(身旺四柱)다. 신왕사주(身旺四柱)에는 일주(日柱)를 제(制)하는 관살(官殺)이나 상관식신(傷官食神)으로 설기(泄氣)하면 좋은데 시상경금(時上庚金) 편관(偏官)으로 용신(用神)하고자 하나 그 경금(庚金)은 자좌오화(自坐午火)에 살지(殺地)에 앉아 용신(用神)으로 쓸 수가 없으며 용신(用神)이 약(弱)할 때에는 용신(用神)을 돕는 자가 용신(用神)이 되므로 일지진토(日支辰土)가 있어 일지진토(日支辰土) 편재(偏財)로 용신(用神)한다. 이 사주는 남자(男子)의 사주로서 34세 화토대운(火土大運)에 친척의 사업체를 물려받아 사업에 성공하고 49세 사화대운(巳火大運)부터 크게 성공(成功)하여 수십억을 벌고 있는 사주다.

> ❶ 세운정축년(歲運丁丑年): 관재, 손재, 처액, 불성
> ❷ 질병(疾病): 간(肝), 풍(風), 위(胃), 비색증(鼻塞症)
> ❸ 남녀성격: (남) 의지 굳다, 무뚝뚝하다, 웃음이 적다, 강직하다, 처궁불미, 신앙심, 재복 있다, 처 덕 있다, 재간 있다, 창의력, 이상적인 아이디어가 있다
> (여) 의지 굳다, 무뚝뚝하다, 웃음이 적다, 시모불합, 부궁불미, 정부

☯ 세운·질병·남녀성격의 해설(歲運·疾病·男女性格의 解說)

❶ **세운정축년(歲運丁丑年)** = ※**관재, 손재, 처액, 불성**은 ※세운정축년(歲運丁丑年)의 정화(丁火)는 갑목일주(甲木日柱)의 상관(傷官)으로 세운(歲運)에서 천간(天干) 상관운(傷官運)이 들어오면 ※**관재수를 조심해야 한다.** 그리고 ※**손재, 처액**은 ※세운정축년(歲運丁丑年)의 축토(丑土)는 갑목일주(甲木日柱)의 정재(正財)로 신왕사주(身旺四柱)에 재(財)가 쇠약(衰弱)한데 세운(歲運)에서 재운(財運)이 들어오면 ※**손재수를 조심해야 하며 또는 가정에 불화가 많이 생긴다든가 또는 처가 말없이 가출한다든가 또는 처의 건강을 조심해야 한다.** 그리고 ※**불성**은 ※세운정축년(歲運丁丑年)의 정화(丁火)는 갑목일주(甲木日柱)의 상관(傷官)으로 세운에서 천간(天干) 상관운(傷官運)이 들어오면 ※**모든 일이 잘 풀리지 않고 대차계약도 잘 이루어지지 않는다.**

❷ **질병(疾病)**은 간, 풍, 위는 일주(日柱)에서 발생(發生)하며 ※**비색증**은 ※갑목일주(甲木日柱)가 해자월(亥子月)에 출생하면 ※**축농증과 비염과 코막힘을 조심해야 한다.**

❸ **남녀성격**은 일주(日柱)에서 발생(發生)한다.

51년(음) 1월 18일 유(酉)시 남자

癸	甲	庚	辛
酉	午	寅	卯

56	46	36	26	16	6
甲	乙	丙	丁	戊	己
申	酉	戌	亥	子	丑

이 사주는 갑목일주(甲木日柱)가 초봄 인월(寅月)에 출생하여 록근(祿根)하고 년지묘목(年支卯木) 양인(羊刃)과 시상계수(時上癸水) 인수(印綬)가 투출(透出)하여 일주(日柱)는 신왕사주(身旺四柱)다. 신왕사주(身旺四柱)에는 일주(日柱)를 제(制)하는 관살(官殺)이나 상관식신(傷官食神)으로 설기(泄氣)하면 좋은데 년월상(年月上) 경신금(庚辛金)과 일지오화(日支午火) 상관(傷官)이 있어 어느 오행(五行)으로 용신(用神)을 잡느냐의 기로(岐路)에 서게 된다. 신왕사주(身旺四柱)에는 관살(官殺)로 용신(用神)함을 우선(優先)으로 하기 때문에 월상경금(月上庚金) 편관(偏官)으로 용신(用神)한다. 월상경금(月上庚金)은 자좌인목(自坐寅木)에 절궁(絶宮)이라고 하나 시지유금(時支酉金)에 근(根)하여 용신(用神)으로 쓸 수가 있다. 인월(寅月)은 봄으로서 나무가 왕성(旺盛)함으로 금(金)으로 목(木)을 제거(除去)함이 좋으므로 다행히 경신금(庚辛金)이 년월(年月)에 투출(透出)되어 있어 좋으나 관살(官殺)이 혼잡(混雜)하여 공부는 많이 못 하였으나 기술(技術)을 배워 회사에 다니다가 51세 유금대운(酉金大運)에 사업을 경영하여 수십억을 번 사주다.

❶ 세운정축년(歲運丁丑年): 관재, 손재, 처액, 불성
❷ 질병(疾病): 간(肝), 장(臟)
❸ 남녀성격: (남) 의지 굳다, 무뚝뚝하다, 남에게 잘함, 지구력 부족, 처궁불미, 용두사미, 성실하다, 인덕 없다
　　　　　　(여) 의지 굳다, 인정 있다, 부궁불미, 정부, 남자의 근심

◐ 세운·질병·남녀성격의 해설(歲運·疾病·男女性格의 解說)

❶ **세운정축년(歲運丁丑年)** = ※**관재, 손재, 처액, 불성**은 ※세운정축년(歲運丁丑年)의 정화(丁火)는 갑목일주(甲木日柱)의 상관(傷官)으로 세운(歲運)에서 천간(天干) 상관운(傷官運)이 들어오면 **※관재수를 조심해야 한다.** 그리고 ※**손재, 처액**은 ※세운정축년(歲運丁丑年)의 축토(丑土)는 갑목일주(甲木日柱)의 정재(正財)로 신왕(身旺)한 남자 사주에 재(財)가 쇠약(衰弱)한데 세운(歲運)에서 재운(財運)이 들어오면 **※손재수를 조심해야 하며 또는 가정에 불화가 많이 생긴다든가 또는 처가 말없이 가출한다든가 또는 처의 건강을 조심해야 한다.** 그리고 ※**불성**은 ※세운정축년(歲運丁丑年)의 정화(丁火)는 갑목일주(甲木日柱)의 상관(傷官)으로 세운에서 천간(天干) 상관운(傷官運)이 들어오면 **※모든 일이 잘 풀리지 않고 대차계약도 잘 이루어지지 않는다.**

❷ **질병(疾病)**은 일주(日柱)에서 발생(發生)한다.

❸ **남녀성격**은 일주(日柱)에서 발생(發生)한다.

58년(음) 1월 18일 유(酉)시 여자

癸	甲	乙	戊
酉	申	卯	戌

51	41	31	21	11	1
己	庚	辛	壬	癸	甲
酉	戌	亥	子	丑	寅

이 사주는 갑목일주(甲木日柱)가 중춘묘월(中春卯月) 양인월(羊刃月)에 출생하여 득령(得令)하고 묘중을목(卯中乙木)이 월상(月上)에 투출(透出)하고 시상계수(時上癸水)가 갑목(甲木)을 생(生)하여 일주(日柱)는 신왕사주(身旺四柱)다. 신왕사주(身旺四柱)에는 관살(官殺)로 일주(日柱)를 제(制)함이 좋은데 다행히 일지(日支) 신궁경금(申宮庚金)이 있어 경금편관(庚金偏官)으로 왕성(旺盛)한 목(木)을 제(制)하여야 하므로 신궁경금(申宮庚金) 편관(偏官)이 용신(用神)이 되며 토재(土財)는 희신(喜神)이 된다. 이 사주는 여자(女子)의 사주로서 약국에 약사로 근무하다가 31세 신금대운(辛金大運)에 약국을 경영(經營)하여 5년 동안 돈을 많이 벌었으나 41세 경금대운(庚金大運)에 월상을목(月上乙木)과 을경합(乙庚合)으로 합거(合去)되어 손해를 많이 보았고 46세 술토대운(戌土大運)에 용신경금(用神庚金)을 보신(補身)하여 재산을 다시 복구(復舊)한 사주다. 이 사주(四柱)는 사업(事業)에 기복(起伏)이 심(甚)했던 사주다.

❶ 세운정축년(歲運丁丑年): 관재, 손재, 신액, 불성
❷ 질병(疾病): 간(肝), 담(膽)
❸ 남녀성격: (남) 의지 굳다, 무뚝뚝하다, 웃음이 적다, 소식한다, 다재다능, 영리하다, 꾀가 많다, 항상 바쁨, 칭찬받기 좋아함
(여) 의지 굳다, 무뚝뚝하다, 인자함, 영리하다, 다재다능, 이성 고민, 정부, 고독하다, 신경쇠약

☯ 세운·질병·남녀성격의 해설(歲運·疾病·男女性格의 解說)

❶ 세운정축년(歲運丁丑年) = ※관재, 손재, 신액, 불성은 ※세운정축년(歲運丁丑年)의 정화(丁火)는 갑목일주(甲木日柱)의 상관(傷官)으로 세운(歲運)에서 천간(天干) 상관운(傷官運)이 들어오면 ※**관재수를 조심해야 한다**. 그리고 ※**손재, 신액**은 ※세운정축년(歲運丁丑年)의 축토(丑土)는 갑목일주(甲木日柱)의 정재(正財)로 신왕(身旺)한 사주에 재(財)가 쇠약(衰弱)한데 세운(歲運)에서 재운(財運)이 들어오면 ※**손재수나 건강을 조심해야 한다**. 그리고 ※**불성**은 ※세운정축년(歲運丁丑年)의 정화(丁火)는 갑목일주(甲木日柱)의 상관(傷官)으로 세운(歲運)에서 천간(天干) 상관운(傷官運)이 들어오면 ※**모든 일이 잘 풀리지 않고 대차계약도 잘 이루어지지 않는다.**

❷ 질병(疾病)은 일주(日柱)에서 발생(發生)한다.

❸ 남녀성격은 일주(日柱)에서 발생(發生)한다.

52년(음) 3월 4일 오(午)시 남자

庚	甲	癸	壬
午	戌	卯	辰

52	42	32	22	12	2
己	戊	丁	丙	乙	甲
酉	申	未	午	巳	辰

이 사주는 갑목일주(甲木日柱)가 중춘묘월(中春卯月) 양인월(羊刃月)에 출생하여 득령(得令)하고 년월(年月) 양임계수(兩壬癸水)가 투출(透出)하여 갑목일주(甲木日柱)를 생(生)하여 주니 일주(日柱)는 신왕사주(身旺四柱)다. 신왕사주(身旺四柱)에는 일주(日柱)를 제(制)하는 관살(官殺)로 용신(用神)함이 좋은데 시상경금(時上庚金)으로 용신(用神)하고자 하나 그 경금(庚金)은 자좌오화(自坐午火)에 살지(殺地)에 앉아 용신(用神)으로 쓸 수가 없다. 다행히 시지오화(時支午火)와 일지술토(日支戌土)가 있어 목생화(木生火) 화생토(火生土)로 상관용재(傷官用財)를 이루어 술토재(戌土財)가 용신(用神)이 되며 화(火) 상관식신(傷官食神)은 희신(喜神)이 된다. 이 사주는 남자(男子)의 사주로서 공대(工大) 전자공학(電子工學)을 전공하여 32세 정화대운(丁火大運)에 사업을 경영하여 승승장구(乘勝長驅)하다가 42세 무토대운(戊土大運)에 월상계수(月上癸水)와 무계합(戊癸合)으로 합거(合去)되어 재산을 탕진한 사주다.

❶ 세운정축년(歲運丁丑年): 관재, 복통, 수술, 불성
❷ 질병(疾病): 간(肝), 담(膽), 풍(風)
❸ 남녀성격: (남) 의지 굳다, 무뚝뚝하다, 웃음이 적다, 인정 있다, 근면하다, 신앙심, 신용 있다, 충실하다, 재복 있다, 처궁불미, 두뇌 명철, 예감이 빠름
　　　　　　(여) 의지 굳다, 무뚝뚝하다, 부궁불미, 정부, 재가, 자손근심

☯ 세운·질병·남녀성격의 해설(歲運·疾病·男女性格의 解說)

❶ **세운정축년(歲運丁丑年)** = ※**관재, 복통, 수술, 불성**은 ※세운정축년(歲運丁丑年)의 정화(丁火)는 갑목일주(甲木日柱)의 상관(傷官)으로 세운(歲運)에서 천간(天干) 상관운(傷官運)이 들어오면 ※**관재수를 조심해야 한다.** 그리고 ※**복통, 수술**은 ※세운정축년(歲運丁丑年)의 축토(丑土)는 일지술토(日支戌土)와 축술(丑戌)로 형살(刑殺)이 되므로 세운(歲運)에서 일지(日支) 형살운(刑殺運)이 들어오면 ※**배가 아프다든가 또는 수술을 조심해야 한다.** 그리고 ※**불성**은 ※세운정축년(歲運丁丑年)의 정화(丁火)는 갑목일주(甲木日柱)의 상관(傷官)으로 세운(歲運)에서 천간(天干) 상관운(傷官運)이 들어오면 ※**모든 일이 잘 풀리지 않고 대차계약도 잘 이루어지지 않는다.**

❷ 질병(疾病)은 간, 담은 일주(日柱)에서 발생(發生)하며 ※**풍(風)**은 ※갑목일주(甲木日柱)가 봄에 출생하면 ※**풍(風)을 조심해야 한다.**

❸ 남녀성격은 일주(日柱)에서 발생(發生)한다.

53년(음) 5월 2일 신(申)시 여자

壬	甲	戊	癸
申	午	午	巳

58	48	38	28	18	8
甲	癸	壬	辛	庚	己
子	亥	戌	酉	申	未

이 사주는 갑목일주(甲木日柱)가 중하오월(中夏午月)에 출생하여 설기(泄氣)가 심(甚)하여 실시(失時)하고 일지오화(日支午火)와 년지사화(年支巳火)로 상관식신(傷官食神)이 태왕(太旺)하여 갑목일주(甲木日柱)가 고목(枯木)이 되는 현상(現狀)이다. 다행히 시상임수(時上壬水)가 자고(自庫)인 신중임수(申中壬水)에 근(根)하여 많은 상관식신(傷官食神)을 제(制)하면서 갑목일주(甲木日柱)를 생(生)하여 주니 시상임수(時上壬水) 인수(印綬)가 용신(用神)이며 목비견겁(木比肩劫)은 희신(喜神)이 된다. 이 사주는 여자의 사주로서 임용고시(任用考試)에 몇 번 떨어졌으나 학원을 경영하여 38세 임수대운(壬水大運)에 돈을 많이 번 사주다.

❶ 세운정축년(歲運丁丑年): 관재, 이별수, 관재, 손재, 신액
❷ 질병(疾病): 간(肝), 장(臟), 기관지(氣管支), 뇌출혈(腦出血), 편도선(扁桃腺)
❸ 남녀성격: (남) 의지 굳다, 무뚝뚝하다, 남에게 잘함, 지구력 부족, 처궁불미, 용두사미, 성실하다, 인덕 없다
(여) 의지 굳다, 인정 있다, 부궁불미, 정부, 남자의 근심

☯ 세운·질병·남녀성격의 해설(歲運·疾病·男女性格의 解說)

❶ **세운정축년(歲運丁丑年)**= ※**관재, 이별수, 관재, 손재, 신액**은 ※세운정축년(歲運丁丑年)의 정화(丁火)는 갑목일주(甲木日柱)의 상관(傷官)으로 세운(歲運)에서 천간(天干) 상관운(傷官運)이 들어오면 ※**관재수를 조심해야 한다.** 그리고 ※**이별수**는 ※세운정축년(歲運丁丑年)의 정화(丁火)는 갑목일주(甲木日柱)의 상관(傷官)으로 여자(女子) 사주에 상관식신(傷官食神)이 태왕(太旺)인데 세운(歲運)에서 상관(傷官) 식신운(食神運)이 들어오면 ※**가정에 불화가 많이 생긴다든가 또는 남편과 떨어져 산다든가 또는 이혼한다든가 또는 남편이 사망하는 수도 있다.** 그리고 ※**관재, 손재, 신액**은 ※세운정축년(歲運丁丑年)의 축토(丑土)는 갑목일주(甲木日柱)의 정재(正財)로 사주에 재살(財殺)이 왕(旺)한데 세운(歲運)에서 재(財)나 관살운(官殺運)이 들어오면 ※**관재수나 손재수나 건강을 조심해야 한다.**

❷ 질병(疾病)은 간, 장은 일주(日柱)에서 발생(發生)하며 ※기관지, 뇌출혈, 편도선은 ※갑목일주(甲木日柱)가 상관식신(傷官食神)이 태왕(太旺)인데 세운에서 상관(傷官) 식신운(食神運)이 들어오면 ※기관지, 뇌출혈, 편도선을 조심해야 한다.

❸ 남녀성격은 일주(日柱)에서 발생(發生)한다.

50년(음) 7월 4일 인(寅)시 여자

丙	甲	甲	庚
寅	申	申	寅

53	43	33	23	13	3
戊	己	庚	辛	壬	癸
寅	卯	辰	巳	午	未

이 사주는 갑목일주(甲木日柱)가 초가을 신월(申月)에 출생하여 실시(失時)하고 신궁경금(申宮庚金)이 년상(年上)에 투출(透出)하여 편관격(偏官格)이며 갑목일주(甲木日柱)는 자좌신금(自坐申金)에 살지(殺地)에 앉아 갑목일주(甲木日柱)가 허약하다. 년시지(年時支) 양인목(兩寅木)에 근(根)한다 하나 인신충(寅申沖)으로 갑목(甲木)이 뿌리가 뽑혔으며 년상경금(年上庚金)은 갑목일주(甲木日柱)를 갑경충(甲庚冲)하니 이 사주는 많은 편관(偏官)이 일주(日柱)의 병(病)이다. 다행히 시상(時上)에 병화(丙火)가 투출(透出)하여 그 병화(丙火)는 자좌인목(自坐寅木)에 장생(長生)하여 많은 편관(偏官)을 제(制)하니 이런 사주를 식신(食神) 제살격(制殺格)이라고 한다. 그러므로 시상병화(時上丙火) 식신(食神)이 용신(用神)이며 목비견겁(木比肩劫)은 희신(喜神)이 된다. 이 사주는 여자(女子)의 사주로서 사업을 경영하여 48세 묘목대운(卯木大運)에 수억금을 벌어 잘살고 있는 사주다.

> ❶ 세운정축년(歲運丁丑年): 관재, 불성, 관재, 손재, 신액
> ❷ 질병(疾病): 간(肝), 담(膽), 편도선(扁桃腺), 두통(頭痛)
> ❸ 남녀성격: (남) 의지 굳다, 무뚝뚝하다, 웃음이 적다, 소식한다, 다재다능, 영리하다, 꾀가 많다, 항상 바쁨, 칭찬받기 좋아함
> (여) 의지 굳다, 무뚝뚝하다, 인자함, 영리하다, 다재다능, 이성 고민, 정부, 고독하다, 신경쇠약

☯ 세운•질병•남녀성격의 해설(歲運・疾病・男女性格의 解說)

❶ 세운정축년(歲運丁丑年) = ※관재, 불성, 관재, 손재, 신액은 ※세운정축년(歲運丁丑年)의 정화(丁火)는 갑목일주(甲木日柱)의 상관(傷官)으로 세운(歲運)에서 천간(天干) 상관운(傷官運)이 들어오면 ※**관재수를 조심해야 한다.** 그리고 ※**불성**은 ※세운정축년(歲運丁丑年)의 정화(丁火)는 갑목일주의 상관(傷官)으로 세운(歲運)에서 천간(天干) 상관운(傷官運)이 들어오면 ※**모든 일이 잘 풀리지 않고 대차계약도 잘 이루어지지 않는다.** 그리고 ※관재, 손재, 신액은 ※세운정축년(歲運丁丑年)의 축토(丑土)는 갑목일주의 정재(正財)로 사주에 재살(財殺)이 왕(旺)한데 세운(歲運)에서 재(財)나 관살운(官殺運)이 들어오면 ※관재수나 손재수나 건강을 조심해야 한다.

❷ 질병(疾病)은 간, 담은 일주(日柱)에서 발생(發生)하며 ※편도선, 두통은 ※갑목일주(甲木日柱)가 초가을 신월(申月)에 출생하면 ※편도선과 두통을 조심해야 한다.

❸ 남녀성격은 일주(日柱)에서 발생(發生)한다.

54년(음) 10월 20일 진(辰)시 남자

庚	乙	乙	甲
辰	亥	亥	午

58	48	38	28	18	8
辛	庚	己	戊	丁	丙
巳	辰	卯	寅	丑	子

이 사주는 을목일주(乙木日柱)가 초겨울 해월(亥月)에 출생하여 득령(得令)하고 일지해수(日支亥水)에 생(生)을 받아 일주(日柱)는 신왕사주(身旺四柱)다. 신왕사주(身旺四柱)에는 관살(官殺)로 일주(日柱)를 제(制)하거나 상관식신(傷官食神)으로 설기(泄氣)함이 좋은데 다행히 시상(時上)에 경금정관(庚金正官)이 있어 아름답다. 그런데 경금(庚金)이 약(弱)하게 보이나 양금지토(養金之土)인 시지진토(時支辰土)에 생(生)을 받으니 경금용신(庚金用神)이 힘이 생긴다. 그러나 일주(日柱)에 비해 용신(用神)이 약(弱)하다. 그런데 이 사주는 남자(男子)의 사주로서 재관인(財官印) 삼귀(三貴)를 놓아 아름답다. 해중임수(亥中壬水)는 정인(正印)이며 시상경금(時上庚金)은 정관(正官)이며 진중무토(辰中戊土)는 정재(正財)로서 귀격(貴格)을 놓아 28세 무토대운(戊土大運)에 행정고시(行政考試)에 합격하여 사무관(事務官)으로 근무(勤務)하였으나 33세 인목대운(寅木大運)부터 운(運)이 좋지 않아 평범하게 지내다가 53세 진토대운(辰土大運)에 고위직(高位職)으로 승진(昇進)하여 잘 살고 있는 사주다.

❶ 세운정축년(歲運丁丑年): 손재, 처액
❷ 질병(疾病): 풍(風), 냉(冷), 비색증(鼻塞症)
❸ 남녀성격: (남) 의지 굳다, 무뚝뚝하다, 강직하다, 영리하다, 인정 있다,
외유내강, 항상 바쁨, 예감이 빠름, 신앙심, 지혜롭다
(여) 의지 굳다, 무뚝뚝하다, 인자함, 영리하다, 장수한다, 부궁불미

☯ 세운·질병·남녀성격의 해설(歲運·疾病·男女性格의 解說)

❶ **세운정축년(歲運丁丑年)** = ※**손재, 처액**은 ※세운정축년(歲運丁丑年)의 축토(丑土)는 을목일주(乙木日柱)의 편재(偏財)로 신왕(身旺)한 남자(男子) 사주에 재(財)가 쇠약(衰弱)한데 세운(歲運)에서 재운(財運)이 들어오면 ※**손재수**를 조심해야 하며 또는 가정에 불화가 생긴다든가 또는 처가 가출한다든가 또는 처의 건강을 조심해야 한다.

❷ 질병(疾病)은 풍, 냉은 일주(日柱)에서 발생(發生)하며 ※비색증은 ※을목일주(乙木日柱)가 해자월(亥子月)에 출생하면 ※축농증이 생긴다든가 또는 코가 막힌다든가 또는 비염으로 고생한다.

❸ 남녀성격은 일주(日柱)에서 발생(發生)한다.

55년(음) 10월 17일 묘(卯)시 남자

己	乙	丁	乙
卯	未	亥	未

57	47	37	27	17	7
辛	壬	癸	甲	乙	丙
巳	午	未	申	酉	戌

이 사주는 을목일주(乙木日柱)가 초겨울 해월(亥月)에 출생하여 득령(得令)하고 일지미토(日支未土)와 시지묘목(時支卯木)과 해 묘미(亥卯未)로 목국(木局)을 이루어 을목일주(乙木日柱)는 신왕사주(身旺四柱)다. 신왕사주(身旺四柱)에는 일주(日柱)를 제(制)하는 관살(官殺)로 용신(用神)함이 좋은데 을목일주(乙木日柱)를 제(制)하는 관살(官殺)은 없고 월상정화(月上丁火)가 미중정화(未中丁火)에 근(根)하여 있고 미중기토(未中己土)가 시상(時上)에 투출(透出)하여 목생화(木生火) 화생토(火生土)로 상관(傷官) 용재격(用財格)이다. 그러므로 기토재(己土財)가 용신(用神)이며 화(火) 상관식신(傷官食神)은 희신(喜神)이 된다. 이 사주는 남자의 사주로서 52세 오화대운(午火大運)에 사업이 번창하여 돈을 많이 벌고 있는 사주다.

❶ 세운정축년(歲運丁丑年): 관재, 복통, 수술, 자연 재앙, 손재, 처액
❷ 질병(疾病): 간(肝), 담(膽), 위장(胃臟), 중풍(中風), 비색증(鼻塞症)
❸ 남녀성격: (남) 의지 굳다, 무뚝뚝하다, 인정 있다, 총명하다, 근면 성실, 학문, 예술, 자수성가, 처궁불미, 성격이 까다롭다, 옷에 신경, 편식한다, 신앙심
  (여) 의지 굳다, 무뚝뚝하다, 인자함, 부궁불미, 정부, 시모불합, 자식에게 애정 많음

☯ 세운•질병•남녀성격의 해설(歲運•疾病•男女性格의 解說)

❶ 세운정축년(歲運丁丑年) = ※관재, 복통, 수술, 자연 재앙, 손재, 처액은 ※세운정축년(歲運丁丑年)의 축토(丑土)는 일지미토(日支未土)와 축미충(丑未沖)으로 세운(歲運)에서 일지충운(日支沖運)이 들어오면 ※**관재수를 조심해야 하며 또는 배가 아프다든가 또는 수술을 조심해야 하며 또는 자연 재앙을 조심해야 한다.** 그리고 ※손재, 처액은 ※세운정축년(歲運丁丑年)의 축토(丑土)는 을목일주(乙木日柱)의 편재(偏財)로 신왕(身旺)한 남자(男子) 사주에 재(財)가 쇠약(衰弱)한데 세운(歲運)에서 재운(財運)이 들어오면 ※**손재수를 조심해야 하며 또는 가정에 불화가 많이 생긴다든가 또는 처가 가출한다든가 또는 처의 건강을 조심해야 한다.**

❷ 질병(疾病)은 간, 담, 위장은 일주(日柱)에서 발생(發生)하며 ※중풍, 비색증은 ※을목일주(乙木日柱)가 해자월(亥子月)에 출생하면 ※**중풍(中風)을 조심해야 하며 또는 축농증이나 비염이나 코막힘을 조심해야 한다.**

❸ 남녀성격은 일주(日柱)에서 발생(發生)한다.

60년(음) 4월 2일 진(辰)시 남자

時	日	月	年
庚	乙	庚	庚
辰	酉	辰	子

53	43	33	23	13	3
丙	乙	甲	癸	壬	辛
戌	酉	申	未	午	巳

이 사주는 을목일주(乙木日柱)가 춘계진월(春季辰月)에 출생하여 실시(失時)하고 년월시상(年月時上) 삼경금(三庚金)은 일지유금(日支酉金)에 근(根)하고 월시지(月時支) 양진토(兩辰土)가 있어 재관(財官)이 태왕(太旺)이다. 그런데 이 사주는 년지자수(年支子水) 인수(印綬)가 있다 하나 을목일주(乙木日柱)는 자좌유금(自坐酉金)에 살지(殺地)에 앉았으며 월상경금(月上庚金)과 을경합금(乙庚合金)으로 금(金)으로 화(化)하여 사주(四柱) 전체는 토금(土金)이 왕(旺)하다. 그러므로 이 사주는 화격(化格)이므로 금(金)이 용신(用神)이며 토(土)는 희신(喜神)이 된다. 이 사주는 남자(男子)의 사주로서 한국전력에 근무하였으나 운(運)이 없어 승진이 안 되어 고생을 많이 하다가 38세 신금대운(申金大運)에 퇴사하여 자영업을 경영하여 수억금을 벌었으며 43세 을목대운(乙木大運)에는 월상경금(月上庚金)과 을경합(乙庚合)으로 합거(合去)되어 손해를 많이 보았으나 48세 유금대운(酉金大運)에 다시 사업이 번창하여 돈을 많이 벌어 잘살고 있는 사주다.

❶ 세운정축년(歲運丁丑年): 변화, 이사, 전근, 관재, 손재, 신액
❷ 질병(疾病): 간(肝), 담(膽), 간경화(肝硬化)
❸ 남녀성격: (남) 무뚝뚝하다, 의지 굳다, 사리 분명, 거취 분명, 만인 신망, 처 덕 있다, 처궁불미, 남에게 잘함, 임기응변, 인정 있다
(여) 의지 굳다, 무뚝뚝하다, 인자함, 근면 성실, 남편 말을 잘 듣는다

☯ 세운·질병·남녀성격의 해설(歲運·疾病·男女性格의 解說)

❶ 세운정축년(歲運丁丑年) = ※변화, 이사, 전근, 관재, 손재, 신액은 ※세운정축년(歲運丁丑年)의 축토(丑土)는 일지유금(日支酉金)과 유축(酉丑)으로 삼합(三合)이 되므로 세운(歲運)에서 일지(日支) 삼합운(三合運)이 들어오면 ※**변화가 생긴다든가 또는 이사를 한다든가 또는 직장을 옮기는 일이 많다**. 그리고 ※**관재, 손재, 신액**은 ※세운정축년(歲運丁丑年)의 축토(丑土)는 을목일주(乙木日柱)의 편재(偏財)로 사주에 재살(財殺)이 왕(旺)한데 세운(歲運)에서 재(財)나 관살운(官殺運)이 들어오면 ※**관재수를 조심해야 하며 또는 손재수를 조심해야 하며 또는 건강을 조심해야 한다.**

❷ 질병(疾病)은 일주(日柱)에서 발생(發生)한다.

❸ 남녀성격은 일주(日柱)에서 발생(發生)한다.

8년(음) 11월 5일 사(巳)시 남자

癸	丙	甲	戊
巳	寅	子	戌

57	47	37	27	17	7
庚	己	戊	丁	丙	乙
午	巳	辰	卯	寅	丑

이 사주는 병화일주(丙火日柱)가 중동자월(中冬子月)에 출생하여 실시(失時)하고 자중계수(子中癸水)가 시상(時上)에 투출(透出)하여 정관격(正官格)이다. 그리고 병화일주(丙火日柱)는 추운 겨울에 태어났다 하나 자좌인목(自坐寅木)에 생(生)을 받고 인중갑목(寅中甲木)이 월상(月上)에 투출(透出)하고 또한 병화일주(丙火日柱)는 시지사화(時支巳火)에 록근(祿根)하여 일주(日柱)가 신왕사주(身旺四柱)같이 보인다. 그러나 년간지(年干支) 무술토(戊戌土)에 설기(泄氣)가 심(甚)하고 자월(子月)에 추운 불이 되어 이 사주는 신약사주(身弱四柱)다. 그러므로 목인수(木印綬)가 용신(用神)이고 화비견겁(火比肩劫)은 희신(喜神)이 된다. 이 사주는 남자(男子)의 사주로서 정관격(正官格)이며 초년(初年)부터 운(運)이 잘 들어와 행정고시(行政考試)에 합격(合格)하고 공무원(公務員)으로 잘 지내고 있는 사주다. 그리고 사오대운(巳午大運)에 한층 더 승진(昇進)하며 부귀영화(富貴榮華)를 누리며 더욱 잘살 것이라고 생각된다.

❶ 세운정축년(歲運丁丑年): 수술, 불성
❷ 질병(疾病): 심장(心臟), 기관지(氣管支)
❸ 남녀성격: (남) 말을 잘한다, 예의 있다, 명랑하다, 남을 생각하지 않고 직선적으로 말함, 용기 있다, 의젓하다, 멋쟁이, 영리하다, 일독십지, 명예우선, 성질 급, 박력 있다, 타의 군림, 남을 멸시한다
(여) 말을 잘한다, 총명하다, 금방 좋았다가 금방 싫어짐, 박력 있다, 부궁불미

☯ 세운·질병·남녀성격의 해설(歲運·疾病·男女性格의 解說)

❶ 세운정축년(歲運丁丑年) = ※수술, 불성은 ※세운정축년(歲運丁丑年)의 축토(丑土)는 병화일주(丙火日柱)의 상관(傷官)으로 세운(歲運)에서 일지(日支) 상관운(傷官運)이 들어오면 **※수술을 조심해야 한다.** 그리고 **※불성**은 ※세운정축년(歲運丁丑年)의 정화(丁火)는 병화일주(丙火日柱)의 비겁(比劫)으로 세운(歲運)에서 비견겁운(比肩劫運)이 들어오면 **※모든 일이 잘 풀리지 않으며 대차계약도 잘 이루어지지 않는다.**

❷ 질병(疾病)은 일주(日柱)에서 발생(發生)한다.

❸ 남녀성격은 일주(日柱)에서 발생(發生)한다.

51년(음) 12월 15일 해(亥)시 남자

```
己 丙 辛 辛
亥 辰 丑 卯

52  42  32  22  12   2
乙  丙  丁  戊  己  庚
未  申  酉  戌  亥  子
```

이 사주는 병화일주(丙火日柱)가 동계축월(冬季丑月)에 출생하여 실시(失時)하고 축중신금(丑中辛金)이 년월(年月)에 투출(透出)하고 또한 축중기토(丑中己土)가 시상(時上)에 투출(透出)하여 절기(節氣)상으로 보아 축중(丑中)에는 기토(己土)가 사령(司令)하므로 기토상관(己土傷官)으로 격(格)을 잡는다. 그러므로 상관격(傷官格)이다. 그리고 이 사주는 재살(財殺)이 왕(旺)하여 일주(日柱)는 신약사주(身弱四柱)로서 년지묘목(年支卯木) 인수(印綬)로 용신(用神)한다. 그러므로 목인수(木印綬)가 용신(用神)이며 화비견겁(火比肩劫)은 희신(喜神)이 된다. 이 사주는 남자(男子)의 사주로서 상관격(傷官格)을 놓은 사람은 고집(固執)이 대단하며 무서운 것이 없고 재주가 비범(非凡)하고 팔방미남(八方美男)이며 또 임기응변(臨機應變)과 기예(技藝), 기술(技術) 모든 방면에 다재다능(多才多能)하여 엔지니어로 일하다가 대운(大運)이 좋지 않아 42세 병화대운(丙火大運)에 퇴사하여 사업을 경영하였으나 월상신금(月上辛金)과 대운병화(大運丙火)와 병신합(丙辛合)으로 합거(合去)되어 손해(損害)를 많이 보다가 52세 을목대운(乙木大運)에 사업(事業)이 다시 번창하여 수십억을 번 사주다.

> ❶ 세운정축년(歲運丁丑年): 수술, 불성
> ❷ 질병(疾病): 혈압(血壓), 심장(心臟), 신경통(神經痛)
> ❸ 남녀성격: (남) 말을 잘한다, 재간 있다, 남에게 잘함, 배짱 좋다, 손재가 많다, 신앙심, 추리력이 좋다, 재복 있다
> (여) 말을 잘한다, 명랑하다, 금방 좋았다가 금방 싫어짐, 고집 대단, 박력 있다, 부궁불미, 정부, 몸과 마음이 피곤함, 신앙심

☯ **세운·질병·남녀성격의 해설(歲運·疾病·男女性格의 解說)**

❶ 세운정축년(歲運丁丑年) = ※수술, 불성은 ※세운정축년(歲運丁丑年)의 축토(丑土)는 병화일주(丙火日柱)의 상관(傷官)으로 세운(歲運)에서 일지(日支) 상관운(傷官運)이 들어오면 ※**수술을 조심해야 한다.** 그리고 ※불성은 ※세운정축년(歲運丁丑年)의 정화(丁火)는 병화일주(丙火日柱)의 비겁(比劫)으로 세운(歲運)에서 비견겁운(比肩劫運)이 들어오면 ※**모든 일이 잘 풀리지 않으며 대차계약도 잘 이루어지지 않는다.**

❷ 질병(疾病)은 일주(日柱)에서 발생(發生)한다.

❸ 남녀성격은 일주(日柱)에서 발생(發生)한다.

58년(음) 8월 21일 인(寅)시 남자

甲	癸	辛	戊
寅	丑	酉	戌

52	42	32	22	12	2
丁	丙	乙	甲	癸	壬
卯	寅	丑	子	亥	戌

이 사주는 계수일주(癸水日柱)가 중추유월(中秋酉月)에 출생하여 득령(得令)하고 유중신금(酉中辛金)이 월상(月上)에 투출(透出)하여 인수격(印綬格)으로 신왕사주(身旺四柱)같이 보인다. 그러나 년간지(年干支) 무술토(戊戌土)에 극(剋)을 받고 시간지(時干支) 갑인목(甲寅木)에 설기(泄氣)가 심(甚)하므로 일주(日柱)가 신약사주(身弱四柱)다. 그러므로 월상신금(月上辛金) 인수(印綬)가 용신(用神)이며 수비견겁(水比肩劫)은 희신(喜神)이 된다. 이 사주는 남자(男子)의 사주로서 공대(工大) 전자공학(電子工學)과를 졸업하고 회사에 근무(勤務)하다가 42세 병화대운(丙火大運)에 자기의 기술(技術)만 믿고 퇴사(退社)하여 사업(事業)을 경영하였으나 대운병화(大運丙火)와 월상신금(月上辛金)과 병신합(丙辛合)으로 합거(合去)되어 재산을 탕진하고 그 이후로도 운(運)이 없어 고생을 많이 하다가 처(妻)와 이혼(離婚)하고 아파트 경비원으로 근무하며 혼자 살고 있는 사주다. 처궁(妻宮)이 부실한 것은 일간지(日干支) 계축일주(癸丑日柱)의 공망(空亡)은 시지인목(時支寅木)으로서 일시지(日時支)에 공망(空亡)이 있으면 처궁(妻宮)이 부실하여 재혼(再婚)하거나 혼자 사는 사람들이 많다. 대운(大運)과 사주천간(四柱天干) 년월일시(年月日時) 중 천간합운(天干合運)이 들어오면 사업을 하는 사람은 백전백패(百戰百敗)며 공직이나 회사에 다니는 사람은 근신(勤愼)해야 한다.

> ❶ 세운병자년(歲運丙子年): 관재, 손재, 신액
> ❷ 질병(疾病): 신장(腎臟), 방광(膀胱), 풍질(風疾)
> ❸ 남녀성격: (남) 털털한 성격, 근면 성실, 지혜롭다, 지구력 있다, 근심 많다, 처궁불미, 준법정신, 새벽잠이 없다
> (여) 남자 같은 시원한 성격, 새것을 좋아함, 이성수신, 애교 많다, 정부, 재가, 부궁불미, 남자들의 인기

◉ **세운·질병·남녀성격의 해설(歲運·疾病·男女性格의 解說)**

❶ **세운병자년(歲運丙子年)** = ※관재, 손재, 신액은 ※세운병자년(歲運丙子年)의 병화(丙火)는 계수일주(癸水日柱)의 정재(正財)로 원명사주(源命四柱)에 재살(財殺)이 왕(旺)한데 세운(歲運)에서 재(財)나 관살운(官殺運)이 들어오면 ※관재수를 조심해야 하며 또는 손재수를 조심해야 하며 또는 건강을 조심해야 한다.

❷ 질병(疾病)은 일주(日柱)에서 발생(發生)한다.

❸ 남녀성격은 일주(日柱)에서 발생(發生)한다.

56년(음) 10월 14일 인(寅)시 여자

壬	丁	己	丙
寅	亥	亥	申

53	43	33	23	13	3
癸	甲	乙	丙	丁	戊
巳	午	未	申	酉	戌

이 사주는 정화일주(丁火日柱)가 초겨울 해월(亥月)에 출생하여 실시(失時)하고 해중임수(亥中壬水)가 시상(時上)에 투출(透出)하여 정관격(正官格)이다. 그러나 일지해수(日支亥水)와 년지신금(年支申金)과 재관(財官)이 왕(旺)하여 일주(日柱)는 신약사주(身弱四柱)다. 다행히 시지인목(時支寅木) 인수(印綬)가 있어 임수(壬水)는 정화일주(丁火日柱)를 극(剋)하지 않고 자좌인목(自坐寅木)을 생(生)하고 그 인목(寅木)은 정화(丁火)를 생(生)함으로써 살인상생(殺印相生)으로 인수(印綬)가 용신(用神)이 된다. 그리고 시상임수(時上壬水)는 정관(正官)이며 시지(時支) 인중갑목(寅中甲木)은 정인(正印)이며 년지(年支) 신궁경금(申宮庚金)은 정재(正財)로서 재관인(財官印) 삼귀(三貴)를 이루어 귀격(貴格)의 사주(四柱)다. 이 사주는 여자(女子)의 사주로서 일주(日柱)가 약(弱)한 것이 흠(欠)이라 하나 23세 병화대운(丙火大運)이 좋아 행정고시(行政考試)에 합격(合格)하고 33세 을목대운(乙木大運)부터 운(運)이 좋아 승승장구(乘勝長驅)하다가 48세 오화대운(午火大運)에 고위직(高位職) 공무원(公務員)으로 승진한 사주다.

> ❶ 세운정축년(歲運丁丑年): 불성
> ❷ 질병(疾病): 심장(心臟), 냉증(冷症)
> ❸ 남녀성격: (남) 영리하다, 외유내강, 지혜롭다, 지구력 부족, 처세가 좋다, 영리하다, 장수한다, 항상 바쁨, 꿈이 많다, 처 덕 있다, 자손귀자, 명예를 좋아함, 예감 빠름, 신앙심
> (여) 명랑하다, 예의 있다, 금방 좋았다가 금방 싫어짐, 애교 많다, 식복, 남편 의처증, 정부, 자손근심

☯ 세운·질병·남녀성격의 해설(歲運·疾病·男女性格의 解說)

❶ **세운정축년(歲運丁丑年)** = ※불성은 ※세운정축년(歲運丁丑年)의 정화(丁火)는 정화일주(丁火日柱)의 비견(比肩)으로 세운(歲運)에서 비견겁운(比肩劫運)이 들어오면 ※모든 일이 잘 풀리지 않으며 대차계약도 잘 이루어지지 않는다.

❷ 질병(疾病)은 일주(日柱)에서 발생(發生)한다.

❸ 남녀성격은 일주(日柱)에서 발생(發生)한다.

59년(음) 2월 8일 신(申)시 여자

戊	丁	丁	己
申	酉	卯	亥

57	47	37	27	17	7
癸	壬	辛	庚	己	戊
酉	申	未	午	巳	辰

이 사주는 정화일주(丁火日柱)가 중춘묘월(中春卯月)에 출생하여 득령(得令)하고 월상정화(月上丁火)가 투출(透出)하여 일주(日柱)가 신왕사주(身旺四柱)같이 보인다. 그러나 일시지(日時支) 신유금재(申酉金財)와 년지(年支) 해수관(亥水官)이 있어 재관(財官)이 왕(旺)하여 일주(日柱)는 강화위약(强化爲弱)으로 신약사주(身弱四柱)다. 그러므로 사주에 재(財)가 왕(旺)하므로 많은 재(財)를 제(制)하고 일주(日柱)를 보신(補身)하는 화비견겁(火比肩劫)이 용신(用神)이며 목인수(木印綬)는 희신(喜神)이 된다. 이 사주는 여자(女子)의 사주로서 의과대학을 졸업하여 초년(初年) 오화대운(午火大運)에는 종합병원(綜合病院)에서 전문의(專門醫)로 근무(勤務)하다가 37세 신금대운(辛金大運)에 의원(醫院)을 개원(開院)하였으나 운(運)이 좋지 않아 고생을 많이 하다가 47세 임수대운(壬水大運)에 월상정화(月上丁火)와 정임합(丁壬合)으로 합거(合去)되어 재산을 탕진하고 개인병원에 의사로 근무하고 있는 사주다. 이 사주가 의사(醫師)로 직업을 갖게 된 것은 묘유술(卯酉戌) 중 묘유(卯酉)나 묘술(卯戌)이나 유술(酉戌)이나 두 자만 있어도 의사(醫師)나 약사(藥師)로 직업을 많이 갖게 된다.

> ❶ 세운정축년(歲運丁丑年): 변화, 이사, 전근, 불성
> ❷ 질병(疾病): 심장(心臟), 간(肝), 담(膽)
> ❸ 남녀성격: (남) 말을 잘한다, 고집 대단, 미남형, 남에게 잘함, 학업 열중, 학업 장애, 재복 있다, 처 덕 있다, 청백하다, 예의 있다, 고독하다
> (여) 명랑하다, 예의 있다, 금방 좋았다가 금방 싫어짐, 욕심 많다, 정부, 미모수려, 이성수신, 자손귀자, 말을 잘한다

☯ 세운·질병·남녀성격의 해설(歲運·疾病·男女性格의 解說)

❶ **세운정축년(歲運丁丑年)** = ※변화, 이사, 전근, 불성은 ※세운정축년(歲運丁丑年)의 축토(丑土)는 일지유금(日支酉金)과 유축(酉丑)으로 삼합(三合)이 되므로 세운(歲運)에서 일지(日支) 삼합운(三合運)이 들어오면 ※**변화가 생긴다든가 또는 이사를 한다든가 또는 직장을 옮기는 일이 많다.** 그리고 ※불성은 ※세운정축년(歲運丁丑年)의 정화(丁火)는 정화일주(丁火日柱)의 비견(比肩)으로 세운(歲運)에서 비견겁운(比肩劫運)이 들어오면 ※**모든 일이 잘 풀리지 않으며 대차계약도 잘 이루어지지 않는다.**

❷ **질병(疾病)은 일주(日柱)에서 발생(發生)한다.**

❸ **남녀성격은 일주(日柱)에서 발생(發生)한다.**

57년(음) 10월 20일 묘(卯)시 여자

```
癸  丁  壬  丁
卯  巳  子  酉

59  49  39  29  19   9
戊  丁  丙  乙  甲  癸
午  巳  辰  卯  寅  丑
```

이 사주는 정화일주(丁火日柱)가 중동자월(中冬子月)에 출생하여 실시(失時)하고 자중계수(子中癸水)가 시상(時上)에 투출(透出)하여 편관격(偏官格)이다. 그리고 월상임수(月上壬水) 정관(正官)과 년지(年支) 유금재(酉金財)가 있어 재관(財官)이 왕(旺)하여 일주(日柱)는 신약사주(身弱四柱)다. 그러므로 사주에 관살(官殺)이 많으므로 목인수(木印綬)를 얻어 관살(官殺)은 목인수(木印綬)를 생(生)하고 목인수(木印綬)는 일주정화(日柱丁火)를 생(生)함으로써 관살(官殺)이 왕(旺)할 때에는 살인상생(殺印相生)을 시켜 줘야 한다. 그러므로 목인수(木印綬)가 용신(用神)이며 화비견겁(火比肩劫)은 희신(喜神)이 된다. 그런데 이 사주는 관살(官殺)이 혼잡(混雜)하여 불길(不吉)하여 보이나 월상임수(月上壬水)는 년상정화(年上丁火)와 정임(丁壬)으로 합거(合去)하였고 시상계수(時上癸水)만이 남아 편관격(偏官格)으로서 관살(官殺)이 많으나 흠(欠)은 아니다. 이 사주는 여자(女子)의 사주로 인목대운(寅木大運)에 의과대학(醫科大學)을 졸업(卒業)하고 39세 묘목대운(卯木大運)에 운(運)이 잘 들어와 의원(醫院)을 개원하여 지금까지 잘살고 있는 사주다.

> ❶ 세운정축년(歲運丁丑年): 변화, 이사, 전근, 불성
> ❷ 질병(疾病): 심장(心臟), 혈압(血壓), 신경쇠약(神經衰弱), 부인병(婦人病)
> ❸ 남녀성격: (남) 말을 잘한다, 외유내강, 매사 열중, 예의 있다, 명랑하다, 항상 바쁨, 거짓말을 못함, 남을 생각하지도 않고 직선적으로 말함, 영리하다, 고독하다
> (여) 명랑하다, 예의 있다, 금방 좋았다가 금방 싫어짐, 말을 잘함, 정부, 재가, 부궁불미, 독수공방

☯ 세운·질병·남녀성격의 해설(歲運·疾病·男女性格의 解說)

❶ **세운정축년(歲運丁丑年)** = ※변화, 이사, 전근, 불성은 ※세운정축년(歲運丁丑年)의 축토(丑土)는 일지사화(日支巳火)와 사축(巳丑)으로 삼합(三合)이 되므로 세운(歲運)에서 일지(日支) 삼합운(三合運)이 들어오면 ※**변화가 생긴다든가 또는 이사를 한다든가 또는 직장을 옮기는 일이 많다.** 그리고 ※불성은 ※세운정축년(歲運丁丑年)의 정화(丁火)는 정화일주(丁火日柱)의 비견(比肩)으로 세운(歲運)에서 비견겁운(比肩劫運)이 들어오면 ※**모든 일이 잘 풀리지 않으며 대차계약도 잘 이루어지지 않는다.**

❷ 질병(疾病)은 일주(日柱)에서 발생(發生)한다.

❸ 남녀성격은 일주(日柱)에서 발생(發生)한다.

57년(음) 3월 26일 진(辰)시 여자

甲	丁	甲	丁
辰	卯	辰	酉

54	44	34	24	14	4
庚	己	戊	丁	丙	乙
戌	酉	申	未	午	巳

이 사주는 정화일주(丁火日柱)가 춘계진월(春季辰月)에 출생하여 실시(失時)하였으나 월시상(月時上) 양갑목(兩甲木) 인수(印綬)와 일지묘목(日支卯木) 인수(印綬)와 년상정화(年上丁火) 비견(比肩)이 있어 일주(日柱)는 신왕사주(身旺四柱)다. 신왕사주(身旺四柱)에는 일주(日柱)를 제(制)하는 관살(官殺)이나 상관식신(傷官食神)으로 설기(洩氣)하면 좋은데 일주(日柱)를 제(制)하는 관살(官殺)은 없고 년지(年支) 유금재(酉金財)가 있어 유금재(酉金財)가 용신(用神)이며 토(土) 상관식신(傷官食神)은 희신(喜神)이 된다. 이 사주는 여자(女子)의 사주로서 초년(初年)에 운(運)이 없어 사업(事業)에 실패(失敗)를 많이 하였으나 39세 신금대운(申金大運)에 용신운(用神運)이 들어와 음식업(飮食業)을 경영(經營)하여 수억금을 벌었으며 44세 기토대운(己土大運)에 사업(事業)을 확장(擴張)하였으나 대운기토(大運己土)와 월상갑목(月上甲木)과 갑기합(甲己合)으로 합거(合去)되어 재산(財産)을 탕진(蕩盡)하였고 49세 유금대운(酉金大運)에 다시 사업(事業)을 하여 사업을 복구(復舊)하고 많은 돈을 벌고 있는 사주다.

> ❶ 세운정축년(歲運丁丑年): 이별수, 불성
> ❷ 질병(疾病): 풍질(風疾)
> ❸ 남녀성격: (남) 말을 잘한다, 명랑하다, 근심이 많다, 영리하다, 풍류를 즐긴다, 지구력 부족, 처궁불미, 마음 약, 소심하다, 인자한 성품, 운동 잘함
> (여) 명랑하다, 예의 있다, 금방 좋았다가 금방 싫어짐, 부궁불미, 정부, 친모걱정 많이 한다, 예능에 소질

☻ 세운·질병·남녀성격의 해설(歲運·疾病·男女性格의 解說)

❶ **세운정축년(歲運丁丑年) = ※이별수, 불성**은 ※세운정축년(歲運丁丑年)의 정화(丁火)는 정화일주(丁火日柱)의 비견(比肩)으로 신왕(身旺)한 여자(女子) 사주에 세운(歲運)에서 비견겁운(比肩劫運)이 들어오면 ※**가정에 불화가 많이 생긴다든가 또는 남편과 떨어져 산다든가 또는 이혼한다든가 또는 남편이 사망하는 수도 있다.** 그리고 ※**불성**은 ※세운정축년(歲運丁丑年)의 정화(丁火)는 정화일주(丁火日柱)의 비견(比肩)으로 세운(歲運)에서 비견겁운(比肩劫運)이 들어오면 ※**모든 일이 잘 풀리지 않으며 대차계약도 잘 이루어지지 않는다.**

❷ **질병(疾病)**은 일주(日柱)에서 발생(發生)한다.

❸ **남녀성격**은 일주(日柱)에서 발생(發生)한다.

55년(음) 11월 30일 인(寅)시 여자

甲	戊	己	乙
寅	寅	丑	未

58	48	38	28	18	8
乙	甲	癸	壬	辛	庚
未	午	巳	辰	卯	寅

이 사주는 무토일주(戊土日柱)가 동계축월(冬季丑月)에 출생하여 득령(得令)하고 축중기토(丑中己土)가 월상(月上)에 투출(透出)하고 미중(未中)에 기토(己土)가 있어 신왕사주(身旺四柱)같이 보인다. 그러나 축토(丑土)는 동토(冬土)며 습토(濕土)로서 힘이 없다. 그런데 일시지(日時支) 양인목(兩寅木)과 시상갑목(時上甲木)이 투출(透出)하고 년상(年上)에는 을목(乙木)이 미중을목(未中乙木)에 근(根)하여 관살(官殺)이 태왕(太旺)하므로 무토일주(戊土日柱)를 극(剋)하니 일주(日柱)는 강화위약(强化爲弱)으로 신약사주(身弱四柱)다. 그러므로 화인수(火印綬)가 용신(用神)이며 토비견겁(土比肩劫)은 희신(喜神)이 된다. 이 사주는 여자(女子)의 사주로서 초년(初年)에는 운(運)이 없어 사업(事業)에 실패(失敗)를 많이 하였으나 43세 사화대운(巳火大運)에 사업(事業)이 성공(成功)하여 수억금을 벌었고 48세 갑목대운(甲木大運)에 부동산에 투자하였으나 월상기토(月上己土)와 대운갑목(大運甲木)과 갑기합(甲己合)으로 합거(合去)되어 손해를 많이 보았고 53세 오화대운(午火大運)에 사업이 번창하여 돈을 많이 벌고 있는 사주다.

> ❶ 세운정축년(歲運丁丑年): 신축, 문서
> ❷ 질병(疾病): 위산과다(胃酸過多), 위장병(胃腸病), 신경 예민(神經 銳敏)
> ❸ 남녀성격: (남) 군자의 성품, 언행 조심, 의젓하다, 주관이 약하다,
>   부모무덕, 밥을 조금 먹는다, 처궁불미, 자손귀자
>   (여) 신용 있다, 순진하다, 고집 대단, 정부, 재가, 시모불화,
>   인덕 없다, 친모봉양

☻ 세운·질병·남녀성격의 해설(歲運·疾病·男女性格의 解說)

❶ 세운정축년(歲運丁丑年) = ※신축, 문서는 ※세운정축년(歲運丁丑年)의 정화(丁火)는 무토일주(戊土日柱)의 인수(印綬)로 세운(歲運)에서 인수운(印綬運)이 들어오면 ※집을 짓는다든가 또는 증축을 한다든가 또는 문서를 잡는 일도 있으며 또 사업을 벌이는 일이 많다.

❷ 질병(疾病)은 위산과다, 위장병은 일주(日柱)에서 발생(發生)하며 ※신경 예민은 ※원명사주(源命四柱)에 일지인목(日支寅木)과 년지미토(年支未土)는 귀문관살(鬼門關殺)이므로 원명사주(源命四柱)에 귀문관살(鬼門關殺)이 있으면 ※신경이 예민하여 고생하는 일이 많다.

❸ 남녀성격은 일주(日柱)에서 발생(發生)한다.

49년(음) 12월 26일 유(酉)시 남자

辛	戊	戊	庚
酉	寅	寅	寅

57	47	37	27	17	7
甲	癸	壬	辛	庚	己
申	未	午	巳	辰	卯

이 사주는 무토일주(戊土日柱)가 초봄 인월(寅月)에 출생하여 실시(失時)하고 년일지(年日支) 양인목(兩寅木)으로 편관(偏官)이 태왕(太旺)하며 그리고 시간지(時干支) 신유상관(辛酉傷官)과 년상경금(年上庚金) 식신(食神)이 투출(透出)하여 무토일주(戊土日柱)는 한편으로는 편관(偏官)에 극(剋)을 많이 받고 한편으로는 상관식신(傷官食神)에 설기(泄氣)가 심(甚)하여 일주(日柱)가 쇠약(衰弱)하다. 다행히 인중갑목(寅中甲木) 편관(偏官)이 무토일주(戊土日柱)를 극(剋)하는데 년시상(年時上) 경신금(庚辛金)이 갑목편관(甲木偏官)을 제(制)하고 있으므로 갑목편관(甲木偏官)은 무토일주(戊土日柱)를 극(剋)하지 못해 중화(中和)가 잘 이루어진 사주다. 그러므로 일주(日柱)가 약(弱)한 것이 흠(欠)이므로 일주(日柱)를 도와주는 화인수(火印綬)가 용신(用神)이며 토비견겁(土比肩劫)은 희신(喜神)이 된다. 이 사주는 남자(男子)의 사주로서 주류업(酒類業)을 경영(經營)하였는데 32세 사화대운(巳火大運)에 돈을 많이 벌었고 37세 임수대운(壬水大運)에는 사업(事業)이 부실하다가 42세 오화대운(午火大運)에 수억금을 번 사주다.

> ❶ 세운정축년(歲運丁丑年): 신축, 문서
> ❷ 질병(疾病): 위산과다(胃酸過多), 위장병(胃腸病), 폐병(肺病), 결핵(結核)
> ❸ 남녀성격: (남) 군자의 성품, 언행 조심, 의젓하다, 주관이 약하다, 부모무덕, 밥을 조금 먹는다, 처궁불미, 자손귀자
> (여) 신용 있다, 순진하다, 고집 대단, 정부, 재가, 시모불화, 인덕 없다, 친모봉양

◉ 세운·질병·남녀성격의 해설(歲運·疾病·男女性格의 解說)

❶ 세운정축년(歲運丁丑年) = ※신축, 문서는 ※세운정축년(歲運丁丑年)의 정화(丁火)는 무토일주(戊土日柱)의 인수(印綬)로 세운(歲運)에서 인수운(印綬運)이 들어오면 ※집을 짓는다든가 또는 증축을 한다든가 또는 문서를 잡는 일도 있으며 또는 사업을 벌이는 일이 많다.

❷ 질병(疾病)은 위산과다, 위장병은 일주(日柱)에서 발생(發生)하며 ※폐병, 결핵은 ※무토일주(戊土日柱)가 쇠약(衰弱)하면 ※폐병과 결핵을 조심해야 한다.

❸ 남녀성격은 일주(日柱)에서 발생(發生)한다.

52년(음) 11월 3일 미(未)시 남자

辛	己	壬	壬
未	亥	子	辰

56	46	36	26	16	6
戊	丁	丙	乙	甲	癸
午	巳	辰	卯	寅	丑

이 사주는 기토일주(己土日柱)가 중동자월(中冬子月)에 출생하여 실시(失時)하고 년월(年月) 양임수(兩壬水)가 투출(透出)하여 년월지(年月支) 자진수국(子辰水局)과 월일지(月日支) 해자수국(亥子水局)으로 재(財)가 태왕(太旺)이다. 그러나 기토일주(己土日柱)는 년시지(年時支) 진미토(辰未土)에 근(根)하였으므로 종재(從財)가 되지 않는다. 그러므로 이 사주는 재(財)가 태왕(太旺)하므로 재(財)를 제(制)하고 일주(日柱)를 도와주는 비견겁(比肩劫)이 용신(用神)이며 화인수(火印綬)는 희신(喜神)이 된다. 이 사주는 남자(男子)의 사주로서 은행원(銀行員)으로 근무하였으나 초년(初年)에는 운(運)이 없어 고생(苦生)을 많이 하다가 퇴직하여 36세 병진대운(丙辰大運)에 사업을 경영하여 돈을 많이 벌었으며 46세 정화대운(丁火大運)에 년상임수(年上壬水)와 대운정화(大運丁火)와 정임합(丁壬合)으로 합거(合去)되어 손해를 많이 보았으며 51세 사화대운(巳火大運)에 사업이 번창하여 재산을 복구하고 잘살고 있는 사주다. 그리고 남자(男子) 사주에 재(財)가 많으면 재(財)는 돈도 되고 처(妻)도 되는데 이렇게 재(財)가 많은 사람들은 인색(吝嗇)하고 처궁(妻宮)도 불미하여 재혼(再婚)하는 일이 많다.

> ❶ 세운정축년(歲運丁丑年): 신축, 문서
> ❷ 질병(疾病): 위(胃), 비(脾), 기관지(氣管支), 폐병(肺病), 결핵(結核)
> ❸ 남녀성격: (남) 군자의 성품, 언행 조심, 영리하다, 추리력, 선견지명, 외유내강, 현실에 적응 잘한다, 강직하다, 재복 있다, 장수한다, 호인이다
> (여) 신용 있다, 순진하다, 남편 좋다, 영리하다, 부궁불미, 정부, 장수한다, 신앙심

☯ 세운·질병·남녀성격의 해설(歲運·疾病·男女性格의 解說)

❶ **세운정축년(歲運丁丑年)** = ※신축, 문서는 ※세운정축년(歲運丁丑年)의 정화(丁火)는 기토일주(己土日柱)의 인수(印綬)로 세운(歲運)에서 인수운(印綬運)이 들어오면 ※집을 짓는다든가 또는 증축을 한다든가 또는 문서를 잡는 일도 많으며 또는 사업을 벌이는 일이 많다.

❷ 질병(疾病)은 위, 비는 일주(日柱)에서 발생(發生)하며 ※기관지, 폐병, 결핵은 ※기토일주(己土日柱)가 쇠약(衰弱)하면 ※기관지와 폐병과 결핵을 조심해야 한다.

❸ 남녀성격은 일주(日柱)에서 발생(發生)한다.

59년(음) 10월 23일 오(午)시 남자

庚	己	乙	己
午	酉	亥	亥

55	45	35	25	15	5
己	庚	辛	壬	癸	甲
巳	午	未	申	酉	戌

이 사주는 기토일주(己土日柱)가 초겨울 해월(亥月)에 출생하여 실시(失時)하고 년지해수(年支亥水)와 월상(月上)에 을목(乙木)이 투출(透出)하여 재살(財殺)이 태왕(太旺)하여 신약사주(身弱四柱)다. 다행히 기토일주(己土日柱)는 시지오화(時支午火)에 록근(祿根)하여 시지오화(時支午火) 인수(印綬)로 살인상생(殺印相生)을 시켜야 좋으므로 화인수(火印綬)가 용신(用神)이며 토비견겁(土比肩劫)은 희신(喜神)이 된다. 이 사주는 남자(男子)의 사주로서 농협에 근무하였으나 운(運)이 없어 승진(昇進)이 안 되어 고생을 많이 하다가 40세 미토대운(未土大運)에 회사를 퇴사하여 사업을 경영하였는데 희신운(喜神運)이 들어와 돈을 조금 벌었고 45세 경금대운(庚金大運)에 월상을목(月上乙木)과 을경합(乙庚合)으로 합거(合去)되어 손해를 많이 보았으나 50세 오화대운(午火大運)에는 사업을 다시 재기(再起)하여 원상복구하고 사업이 번창(繁昌)하고 있는 중이다.

> ❶ 세운정축년(歲運丁丑年): 신축, 문서, 변화, 이사, 전근
> ❷ 질병(疾病): 위(胃), 비(脾)
> ❸ 남녀성격: (남) 군자의 성품, 언행 조심, 신의 있다, 남에게 잘함, 문단 수려, 암기력, 처 덕 있다, 처궁불미, 언어특성, 운동 잘함, 잔병치레, 식복 있다
> (여) 신용 있다, 순진하다, 남편 복이 없다, 부궁불미, 독수공방, 정부, 미모 수려, 자손귀자

☯ 세운·질병·남녀성격의 해설(歲運·疾病·男女性格의 解說)

❶ **세운정축년(歲運丁丑年)** = ※신축, 문서, 변화, 이사, 전근은 ※세운정축년(歲運丁丑年)의 정화(丁火)는 기토일주(己土日柱)의 인수(印綬)로 세운(歲運)에서 인수운(印綬運)이 들어오면 ※**집을 짓는다든가 또는 증축을 한다든가 또는 문서를 잡는 일도 많으며 또는 사업을 벌이는 일이 많다.** 그리고 ※**변화, 이사, 전근**은 ※세운정축년(歲運丁丑年)의 축토(丑土)는 일지유금(日支酉金)과 유축(酉丑)으로 삼합(三合)이 되므로 세운(歲運)에서 일지(日支) 삼합운(三合運)이 들어오면 ※**변화가 생긴다든가 또는 이사를 한다든가 또는 직장을 옮기는 일이 많다.**

❷ **질병(疾病)은 일주(日柱)에서 발생(發生)한다.**

❸ **남녀성격은 일주(日柱)에서 발생(發生)한다.**

55년(윤) 3월 17일 신(申)시 남자

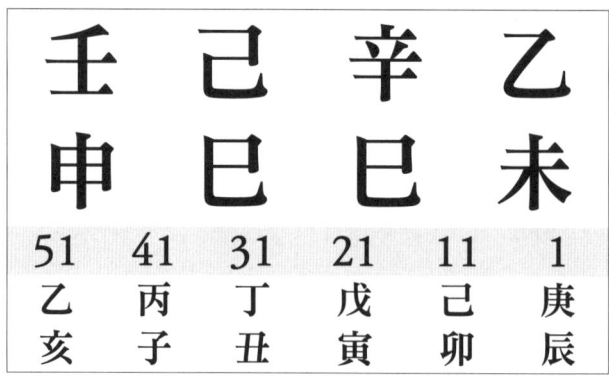

이 사주는 기토일주(己土日柱)가 초여름 사월(巳月)에 출생하여 득령(得令)하고 일지사화(日支巳火)와 년지미토(年支未土)가 있어 일주(日柱)는 신왕사주(身旺四柱)다. 신왕사주(身旺四柱)에는 일주(日柱)를 제(制)하는 관살(官殺)로 용신(用神) 함이 좋은데 년상을목(年上乙木)이 투출(透出)하여 미중을목(未中乙木)에 근(根) 하였다 하나 월상신금(月上辛金)에 충극(沖剋)을 받으니 을목편관(乙木偏官)이 약(弱)하여 용신(用神)으로 쓸 수 없다. 그러므로 용신(用神)이 약(弱)할 때에는 그 용신(用神)을 돕는 자가 용신(用神)이 되는 법칙(法則)인데 다행히 시상(時上)에 임수(壬水)가 투출(透出)하여 임수정재(壬水正財)가 용신(用神)이며 금(金) 상관식신(傷官食神)은 희신(喜神)이 된다. 이 사주는 남자(男子)의 사주로서 건축사업(建築事業)을 경영하여 초년(初年)에는 운(運)이 없어 고생(苦生)을 많이 하였으나 46세 자수대운(子水大運)에 사업(事業)이 성공(成功)하여 수억금을 벌었으며 그 이후로도 해수대운(亥水大運)이 좋아 부귀영화(富貴榮華)를 누리며 살고 있는 사주다.

> ❶ 세운정축년(歲運丁丑年): 신축, 문서, 변화, 이사, 전근
> ❷ 질병(疾病): 위(胃), 비(脾)
> ❸ 남녀성격: (남) 군자의 성품, 언행 조심, 외유내강, 강직하다, 미모 수려, 멋쟁이, 학업 열중, 덕망이 있다, 항상 바쁨, 처궁불미, 처 덕 있다
> (여) 신용 있다, 순진하다, 남편 복이 있다, 자손귀자, 친정걱정, 물 조심, 영리하다

세운·질병·남녀성격의 해설(歲運·疾病·男女性格의 解說)

❶ **세운정축년(歲運丁丑年)** = ※신축, 문서, 변화, 이사, 전근은 ※세운정축년(歲運丁丑年)의 정화(丁火)는 기토일주(己土日柱)의 인수(印綬)로 세운(歲運)에서 인수운(印綬運)이 들어오면 ※집을 짓는다든가 또는 증축을 한다든가 또는 문서를 잡는 일도 많으며 또는 사업을 벌이는 일이 많다. 그리고 ※변화, 이사, 전근은 ※세운정축년(歲運丁丑年)의 축토(丑土)는 일지사화(日支巳火)와 사축(巳丑)으로 삼합(三合)이 되므로 세운(歲運)에서 일지(日支) 삼합운(三合運)이 들어오면 ※변화가 생긴다든가 또는 이사를 한다든가 또는 직장을 옮기는 일이 많다.

❷ 질병(疾病)은 일주(日柱)에서 발생(發生)한다.

❸ 남녀성격은 일주(日柱)에서 발생(發生)한다.

53년(음) 10월 29일 인(寅)시 남자

戊	庚	癸	癸
寅	寅	亥	巳

59	49	39	29	19	9
丁	戊	己	庚	辛	壬
巳	午	未	申	酉	戌

이 사주는 경금일주(庚金日柱)가 초겨울 해월(亥月)에 출생하여 실시(失時)하고 년월(年月) 양계수(兩癸水)가 투출(透出)하여 상관식신(傷官食神)에 설기(泄氣)가 심(甚)하며 일시지(日時支) 양인목재(兩寅木財)가 왕(旺)하다. 그러므로 시상무토(時上戊土) 인수(印綬)로 용신(用神)하고자 하나 그 무토(戊土)는 자좌인목(自坐寅木)에 살지(殺地)에 앉아 힘이 없어 용신(用神)으로 쓸 수가 없다. 그러므로 이 사주는 토생금(土生金) 금생수(金生水) 수생목(水生木) 목생화(木生火)로 종살격(從殺格)이므로 년지(年支) 사중병화(巳中丙火)가 용신(用神)이며 인목재(寅木財)가 희신(喜神)이 된다. 이 사주는 남자(男子)의 사주로서 공대(工大)에 졸업하고 회사원으로 근무하다가 운(運)이 없어 승진을 못 하고 고생하던 중 54세 오화대운(午火大運)에 퇴사하고 사업을 경영하여 돈을 많이 벌었으며 59세 정사대운(丁巳大運)에도 한층 더 번창하여 잘살 것이라고 본다.

> ❶ 세운정축년(歲運丁丑年): 신축, 문서, 내외불화
> ❷ 질병(疾病): 해수(咳嗽), 기관지(氣管支), 비색증(鼻塞症), 중풍(中風)
> ❸ 남녀성격: (남) 과감 용단, 의리 있다, 임사즉결, 겉으로 냉정하나 속은 온화함, 근면 성실, 용기 있다, 성질 급, 타의 군림, 재복 있다, 처 덕 있다
> (여) 냉정하다, 사람 사귀다 한번 틀어지면 다시 안 봄, 이성 고민, 직업, 부궁불미, 정부, 자손귀자, 신경 예민

세운·질병·남녀성격의 해설(歲運·疾病·男女性格의 解說)

❶ 세운정축년(歲運丁丑年) = ※신축, 문서, 내외불화는 ※세운정축년(歲運丁丑年)의 축토(丑土)는 경금일주(庚金日柱)의 인수(印綬)로 세운(歲運)에서 인수운(印綬運)이 들어오면 ※집을 짓는다든가 또는 증축을 한다든가 또는 문서를 잡는 일도 많으며 또는 사업을 벌이는 일이 많다. 그리고 ※내외불화는 ※세운정축년(歲運丁丑年)의 정화(丁火)는 경금일주(庚金日柱)의 정관(正官)으로 세운(歲運)에서 일주(日柱)를 극(剋)하는 운(運)이 들어오면 ※집에서나 밖에서나 윗사람이나 아랫사람이나 불화가 많이 생긴다.

❷ 질병(疾病)은 해수, 기관지는 일주(日柱)에서 발생(發生)하며 ※비색증, 중풍은 ※경금일주(庚金日柱)가 해자월(亥子月)에 출생하면 ※비염과 축농증, 코막힘을 조심해야 하며 중풍(中風)은 술을 많이 먹으면 풍(風)을 조심해야 한다.

❸ 남녀성격은 일주(日柱)에서 발생(發生)한다.

55년(음) 11월 22일 술(戌)시 남자

丙	庚	戊	乙
戌	午	子	未

59	49	39	29	19	9
壬	癸	甲	乙	丙	丁
午	未	申	酉	戌	亥

이 사주는 경금일주(庚金日柱)가 중동자월(中冬子月)에 출생하여 실시(失時)하고 일지오화(日支午火)와 시상병화(時上丙火) 관살(官殺)이 있어 한편으로는 자월(子月)에 설기(洩氣)가 심(甚)하며 한편으로는 관살(官殺)에 극(剋)을 받으므로 일주(日柱)는 신약사주(身弱四柱)다. 그러므로 이 사주는 월상무토(月上戊土) 인수(印綬)가 용신(用神)이며 금비견겁(金比肩劫)은 희신(喜神)이 된다. 이 사주는 남자(男子)의 사주로서 회사(會社)에 근무하여 초년(初年)에 신유금(申酉金) 희신운(喜神運)으로 잘 지내다가 49세 계수대운(癸水大運)에 퇴직(退職)하여 사업(事業)을 경영하였으나 월상무토(月上戊土)와 대운계수(大運癸水)와 무계합(戊癸合)으로 합거(合去)되어 손해를 많이 보았고 54세 미토대운(未土大運)에는 사업이 번창하여 돈을 많이 벌어 성공한 사주다.

> ❶ 세운정축년(歲運丁丑年): 신축, 문서, 내외불화
> ❷ 질병(疾病): 폐(肺), 기관지(氣管支), 월경불순(月經不純), 해수천식(咳嗽喘息), 빈혈(貧血), 중풍(中風), 비색증(鼻塞症)
> ❸ 남녀성격: (남) 과감 용단, 냉정하다, 일찍 사회에 참여, 뜻은 크나 성공이 없다, 신경질, 지구력 부족, 성질 급, 남에게 시기를 많이 받는다
> (여) 냉정하다, 사람 사귀다 한번 틀어지면 다시 안 봄, 부궁불미, 정부, 재가, 외강내유, 성질 급, 서두른다, 자중한다, 인덕 없다

☯ 세운·질병·남녀성격의 해설(歲運·疾病·男女性格의 解說)

❶ **세운정축년(歲運丁丑年)** = ※신축, 문서, 내외불화는 ※세운정축년(歲運丁丑年)의 축토(丑土)는 경금일주(庚金日柱)의 인수(印綬)로 세운(歲運)에서 인수운(印綬運)이 들어오면 ※집을 짓는다든가 또는 증축을 한다든가 또는 문서를 잡는 일도 많으며 또는 사업을 벌이는 일이 많다. 그리고 ※내외불화는 ※세운정축년(歲運丁丑年)의 정화(丁火)는 경금일주(庚金日柱)의 정관(正官)으로 세운(歲運)에서 일주(日柱)를 극(剋)하는 운(運)이 들어오면 ※집에서나 밖에서나 윗사람이나 아랫사람이나 불화가 많이 생긴다.

❷ 질병(疾病)은 폐, 기관지, 월경불순, 해수천식, 빈혈은 일주(日柱)에서 발생(發生)하며 ※중풍, 비색증은 ※경금일주(庚金日柱)가 해자월(亥子月)에 출생하면 ※중풍과 축농증과 비염과 코막힘을 조심해야 한다.

❸ 남녀성격은 일주(日柱)에서 발생(發生)한다.

53년(음) 1월 15일 축(丑)시 여자

丁	庚	甲	癸
丑	戌	寅	巳

52	42	32	22	12	2
庚	己	戊	丁	丙	乙
申	未	午	巳	辰	卯

이 사주는 경금일주(庚金日柱)가 초봄 인월(寅月)에 출생하여 실시(失時)하고 인중갑목(寅中甲木)이 월상(月上)에 투출(透出)하여 편재격(偏財格)이다. 그리고 년지사화(年支巳火)와 시상(時上)에 정화(丁火)가 투출(透出)하고 재관(財官)이 왕(旺)하여 일주(日柱)는 신약사주(身弱四柱)다. 다행히 일지(日支) 술중무토(戌中戊土) 인수(印綬)와 시지(時支) 축중기토(丑中己土) 인수(印綬)가 있어 살인상생(殺印相生)으로 토인수(土印綬)가 용신(用神)이며 금비견겁(金比肩劫)은 희신(喜神)이 된다. 이 사주는 여자(女子)의 사주로서 42세 기토대운(己土大運)에 사업을 경영하였으나 월상갑목(月上甲木)과 대운기토(大運己土)와 갑기합(甲己合)으로 합거(合去)되어 재산을 탕진하였고 47세 미토대운(未土大運)부터 사업이 번창하여 경금대운(庚金大運)까지 수억금을 번 사주다.

> ❶ 세운정축년(歲運丁丑年): 복통, 수술, 관재, 신축, 문서, 내외불화
> ❷ 질병(疾病): 간(肝), 담(膽)
> ❸ 남녀성격: (남) 과감 용단, 냉정하다, 고집 대단, 자립정신, 신의 있다,
>   능력 있다, 임전무퇴, 통솔력, 지혜롭다, 영리하다, 처 덕 있다,
>   지구력 강하다, 신앙심
>   (여) 냉정하다, 사람 사귀다 한번 틀어지면 다시 안 봄, 여걸,
>   부궁불미, 처세가 좋다, 정부, 재가, 남자들이 잘 따름, 직업여성,
>   신앙심

☯ 세운·질병·남녀성격의 해설(歲運·疾病·男女性格의 解說)

❶ **세운정축년(歲運丁丑年)** = ※복통, 수술, 관재, 신축, 문서, 내외불화는 ※세운정축년(歲運丁丑年)의 축토(丑土)는 일지술토(日支戌土)와 축술(丑戌)로 형살(刑殺)이 되므로 세운(歲運)에서 일지(日支) 형살운(刑殺運)이 들어오면 ※**배가 아프다든가 또는 수술을 한다든가 또는 관재수를 조심해야 한다.** 그리고 ※**신축, 문서**는 ※세운정축년(歲運丁丑年)의 축토(丑土)는 경금일주(庚金日柱)의 인수(印綬)로 세운(歲運)에서 인수운(印綬運)이 들어오면 ※**집을 짓는다든가 또는 증축을 한다든가 또는 문서를 잡는 일도 많으며 또는 사업을 벌이는 일이 많다.** 그리고 ※**내외불화**는 ※세운정축년(歲運丁丑年)의 정화(丁火)는 경금일주(庚金日柱)의 정관(正官)으로 세운(歲運)에서 일주(日柱)를 극(剋)하는 운(運)이 들어오면 ※**집에서나 밖에서나 윗사람이나 아랫사람이나 불화가 많이 생긴다.**

❷ 질병(疾病)은 일주(日柱)에서 발생(發生)한다.

❸ 남녀성격은 일주(日柱)에서 발생(發生)한다.

54년(음) 12월 7일 오(午)시 여자

甲	辛	丙	甲
午	酉	子	午

58	48	38	28	18	8
庚	辛	壬	癸	甲	乙
午	未	申	酉	戌	亥

이 사주는 신금일주(辛金日柱)가 중동자월(中冬子月)에 출생하여 실시(失時)하고 년시상(年時上) 갑오갑오(甲午甲午)로 재살(財殺)이 태왕(太旺)이다. 그리고 신금일주(辛金日柱)는 자좌유금(自坐酉金)에 록근(祿根)하여 종(從)하지 않는다. 그러므로 이 사주는 신약사주(身弱四柱)로서 토인수(土印綬)가 용신(用神)이며 금비견겁(金比肩劫)은 희신(喜神)이 된다. 이 사주는 여자(女子)의 사주로서 간호사(看護師)로 근무(勤務)하다가 43세 신금대운(申金大運)에 퇴사하고 사업을 경영하여 돈을 많이 벌었으나 48세 신금대운(辛金大運)에 월상병화(月上丙火)와 병신합(丙辛合)으로 합거(合去)되어 재산(財産)을 탕진(蕩盡)하였고 53세 미토대운(未土大運)에 사업(事業)이 다시 번창하여 원상복구(原狀復舊)하였으며 수억금을 벌어 잘살고 있는 사주다.

❶ 세운정축년(歲運丁丑年): 이별수, 변화, 이사, 전근, 신축, 문서
❷ 질병(疾病): 간(肝), 담(膽), 혈압(血壓)
❸ 남녀성격: (남) 과감 용단, 냉정하다, 청백한 사람, 미남형, 인품 수려, 자수성가, 영리하다, 일독십지, 타인 존경, 의처증
　　　　　(여) 냉정하다, 사람 사귀다 한번 틀어지면 다시 안 봄, 부궁불미, 정부, 독수공방, 시모불합, 남편 말 잘 안 듣는다, 미모 수려, 신앙심, 이성수신

☯ 세운·질병·남녀성격의 해설(歲運·疾病·男女性格의 解說)

❶ **세운정축년(歲運丁丑年)** = ※이별수, 변화, 이사, 전근, 신축, 문서는 ※세운정축년(歲運丁丑年)의 정화(丁火)는 신금일주(辛金日柱)의 편관(偏官)으로 여자(女子) 사주에 관살(官殺)이 태왕(太旺)인데 세운(歲運)에서 관살운(官殺運)이 들어오면 ※**가정에 불화가 많이 생긴다든가 또는 남편과 떨어져 산다든가 또는 이혼한다든가 또는 남편이 사망하는 수도 있다.** 그리고 ※**변화, 이사, 전근**은 ※세운정축년(歲運丁丑年)의 축토(丑土)는 일지유금(日支酉金)과 유축(酉丑)으로 삼합(三合)이 되므로 세운(歲運)에서 일지(日支) 삼합운(三合運)이 들어오면 ※**변화가 생긴다든가 또는 이사를 한다든가 또는 직장을 옮기는 일이 많다.** 그리고 ※**신축, 문서**는 ※세운정축년(歲運丁丑年)의 축토(丑土)는 신금일주의 인수(印綬)로 세운에서 인수운(印綬運)이 들어오면 ※**집을 짓는다든가 또는 증축을 한다든가 또는 문서를 잡는 일도 많으며 또는 사업을 벌이는 일이 많다.**

❷ **질병(疾病)**은 일주(日柱)에서 발생(發生)한다.

❸ **남녀성격**은 일주(日柱)에서 발생(發生)한다.

54년(음) 2월 12일 진(辰)시 남자

壬	辛	丁	甲
辰	未	卯	午

57	47	37	27	17	7
癸	壬	辛	庚	己	戊
酉	申	未	午	巳	辰

이 사주는 신금일주(辛金日柱)가 중춘묘월(中春卯月)에 출생하여 실시(失時)하고 년지(年支) 오중정화(午中丁火)가 월상(月上)에 투출(透出)하여 재살(財殺)이 태왕(太旺)이다. 다행히 신금일주(辛金日柱)는 미중기토(未中己土)에 근(根)하고 시지(時支) 진습토(辰濕土)에 생(生)을 받으므로 토인수(土印綬)가 용신(用神)이며 금비견겁(金比肩劫)은 희신(喜神)이 된다. 이 사주는 남자(男子)의 사주로서 사업(事業)을 하였으나 대운(大運)이 오미화운(午未火運)을 만나 초년(初年)에는 운(運)이 없었으며 47세 임수대운(壬水大運)에 월상정화(月上丁火)와 정임합(丁壬合)으로 합거(合去)되어 사업에 실패하였다. 그러나 다행히 투자자의 도움을 받아 52세 신금대운(申金大運)에 사업(事業)을 다시 경영(經營)하여 사업이 번창하였으며 재산을 원상복구(原狀復舊)하고 잘살고 있는 사주다.

> ❶ 세운정축년(歲運丁丑年): 신축, 문서, 복통, 수술, 관재, 자연 재앙
> ❷ 질병(疾病): 폐(肺), 기관지(氣管支)
> ❸ 남녀성격: (남) 과감 용단, 냉정하다, 고집 대단, 정복력 강함, 노력은 많이 하나 실속이 없다, 재복 있다, 처궁불미, 성격이 까다롭다, 편식한다, 옷에 신경 쓴다
> (여) 냉정하다, 사람 사귀다 한번 틀어지면 다시 안 봄, 부궁불미, 재가, 정부, 말조심, 요리솜씨, 친모봉양, 인덕 없다

☯ 세운·질병·남녀성격의 해설(歲運·疾病·男女性格의 解說)

❶ **세운정축년(歲運丁丑年)** = ※**신축, 문서, 복통, 수술, 관재, 자연 재앙**은 ※세운정축년(歲運丁丑年)의 축토(丑土)는 신금일주(辛金日柱)의 인수(印綬)로 세운(歲運)에서 인수운(印綬運)이 들어오면 ※**집을 짓는다든가 또는 증축을 한다든가 또는 문서를 잡는 일도 많으며 또는 사업을 벌이는 일이 많다.** 그리고 ※**복통, 수술, 관재**는 ※세운정축년(歲運丁丑年)의 축토(丑土)는 일지미토(日支未土)와 축미충(丑未沖)으로 세운(歲運)에서 일지충운(日支沖運)이 들어오면 ※**배가 아프다든가 또는 수술을 조심해야 하며 또는 관재수를 조심해야 한다.** 그리고 ※**자연 재앙**은 ※세운정축년(歲運丁丑年)의 축토(丑土)는 일지미토(日支未土)와 축미충(丑未沖)으로 세운(歲運)에서 일지충운(日支沖運) 들어오면 ※**자연 재앙을 조심해야 한다.**

❷ 질병(疾病)은 일주(日柱)에서 발생(發生)한다.

❸ 남녀성격은 일주(日柱)에서 발생(發生)한다.

58년(음) 5월 18일 진(辰)시 남자

甲	壬	戊	戊
辰	午	午	戌

51	41	31	21	11	1
甲	癸	壬	辛	庚	己
子	亥	戌	酉	申	未

이 사주는 임수일주(壬水日柱)가 중하오월(中夏午月)에 출생하여 실시(失時)하고 년월(年月) 양무토(兩戊土)가 투출(透出)하고 지지(地支)는 오술(午戌)로 화국(火局)을 이루어 갑목식신(甲木食神)만 빼놓고 전부 화토(火土)로서 재살(財殺)이 태왕(太旺)하므로 종살격(從殺格)같이 보인다. 그러나 시상갑목(時上甲木) 식신(食神)이 투출(透出)하여 그 갑목(甲木)은 진중을목(辰中乙木)에 근(根)하고 임수일주(壬水日柱)에 생(生)을 받아 무토편관(戊土偏官)을 제(制)하니 이런 사주를 식신(食神) 제살격(制殺格)이라고 한다. 그러므로 갑목식신(甲木食神)이 용신(用神)이며 수비견겁(水比肩劫)은 희신(喜神)이 된다. 이 사주는 여자(女子)의 사주(四柱)로서 보험회사(保險會社) 영업직(營業職)으로 근무하고 있었으나 초년(初年)에는 운(運)이 없어 고생(苦生)을 많이 하였고 46세 해수대운(亥水大運)부터는 운(運)이 좋아 하는 일마다 잘 풀렸으며 51세 갑목대운(甲木大運)에 실내건축 사업을 겸업(兼業)하여 돈을 많이 벌었고 그 이후로도 운(運)이 좋아 승승장구(乘勝長驅)하고 있는 사주다.

❶ 세운정축년(歲運丁丑年): 관재, 손재, 신액
❷ 질병(疾病): 신장(腎臟), 방광(膀胱), 기관지(氣管支), 자궁(子宮)
❸ 남녀성격: (남) 털털한 성격, 고집 대단, 신경예민, 지혜롭다, 명랑하다, 예의 있다, 준법정신, 처 덕 있다, 처궁불미, 성실하다, 눈치가 빠름, 운동 잘함
(여) 남자 같은 시원한 성격, 새것을 좋아함, 미모 수려, 남편 덕, 정부, 부궁불미, 자손 덕, 눈치가 빠름, 신경 예민, 이성수신

☯ 세운·질병·남녀성격의 해설(歲運·疾病·男女性格의 解說)

❶ **세운정축년(歲運丁丑年)** = ※관재, 손재, 신액은 ※세운정축년(歲運丁丑年)의 축토(丑土)는 임수일주(壬水日柱)의 정관(正官)으로 원명사주(源命四柱)에 재살(財殺)이 태왕(太旺)인데 세운(歲運)에서 재(財)나 관살운(官殺運)이 들어오면 ※관재수를 조심해야 하며 또는 손재수를 조심해야 하며 또는 건강을 조심해야 한다.

❷ 질병(疾病)은 신장, 방광은 일주(日柱)에서 발생(發生)하며 ※기관지, 자궁은 ※임수일주(壬水日柱)가 원명사주(源命四柱)에 재살(財殺)이 태왕(太旺)이면 ※기관지와 자궁을 조심해야 한다.

❸ 남녀성격은 일주(日柱)에서 발생(發生)한다.

58년(음) 8월 30일 진(辰)시 여자

```
甲　壬　壬　戊
辰　戌　戌　戌
51  41  31  21  11   1
丙　丁　戊　己　庚　辛
辰　巳　午　未　申　酉
```

이 사주는 임수일주가 계추술월(季秋戌月)에 출생하여 실시(失時)하고 술중무토(戌中戊土)가 년상(年上)에 투출(透出)하여 편관격(偏官格)이다. 지지(地支)는 전토국(全土局)을 이루고 년상(年上)에 무토(戊土)가 투출(透出)하여 종살격(從殺格) 같이 보인다. 그러나 시상(時上)에 갑목식신(甲木食神)이 투출(透出)하여 그 갑목(甲木)은 진중을목(辰中乙木)에 근(根)하고 년월(年月) 양임수(兩壬水)의 생(生)을 받아 많은 토살(土殺)을 제(制)하니 이런 사주를 식신(食神) 제살격(制殺格)이라고 한다. 그러므로 갑목식신(甲木食神)이 용신(用神)이며 수비견겁(水比肩劫)은 희신(喜神)이 된다. 이 사주는 여자의 사주로서 사업을 경영하였으나 46세 사화대운(巳火大運)에 사업 실패하고 남편과 이혼하고 혼자 살고 있는 사주다. 년간지(年干支) 무술생(戊戌生)의 공망(空亡)은 시지진토(時支辰土)로서 부궁(夫宮)이 부실하다.

❶ 세운정축년(歲運丁丑年): 이별수, 복통, 수술, 관재, 손재, 신액
❷ 질병(疾病): 신장(腎臟), 방광(膀胱)
❸ 남녀성격: (남) 털털한 성격, 선견지명, 남에게 잘함, 욕심 많다, 일찍 사회에 진출, 성질 급, 자수성가, 부모 덕, 재복 있다, 처 덕 있다, 자손귀자, 신앙심, 지구력 강함, 능력 있다
(여) 남자 같은 시원한 성격, 새것을 좋아함, 부궁불미, 정부, 재가, 독수공방, 이성 구설, 재복 있다, 신앙심

☯ 세운·질병·남녀성격의 해설(歲運·疾病·男女性格의 解說)

❶ **세운정축년(歲運丁丑年)** = ※이별수, 복통, 수술, 관재, 손재, 신액은 ※세운정축년(歲運丁丑年)의 축토(丑土)는 임수일주(壬水日柱)의 정관(正官)으로 여자 사주에 관살(官殺)이 태왕(太旺)인데 세운(歲運)에서 관살운(官殺運)이 들어오면 ※가정에 불화가 많이 생긴다든가 또는 남편과 떨어져 산다든가 또는 이혼한다든가 또는 남편이 사망하는 수도 있다. 그리고 ※복통, 수술, 관재는 ※세운정축년(歲運丁丑年)의 축토(丑土)는 일지술토(日支戌土)와 축술(丑戌)로 형살(刑殺)이 되므로 세운(歲運)에서 일지(日支) 형살운(刑殺運)이 들어오면 ※배가 아프다든가 또는 수술을 한다든가 또는 관재수를 조심해야 한다. 그리고 ※손재, 신액은 ※세운정축년(歲運丁丑年)의 축토는 임수일주의 정관(正官)으로 원명사주(源命四柱)에 관살(官殺)이 태왕(太旺)인데 세운(歲運)에 재(財)나 관살운(官殺運)이 들어오면 ※손재수나 건강을 조심해야 한다.

❷ **질병(疾病)**과 ❸ **남녀성격**은 일주(日柱)에서 발생(發生)한다.

59년(음) 12월 28일 인(寅)시 남자

甲	癸	丁	己
寅	丑	丑	亥

57	47	37	27	17	7
辛	壬	癸	甲	乙	丙
未	申	酉	戌	亥	子

이 사주는 계수일주(癸水日柱)가 동계축월(冬季丑月)에 출생하여 실시(失時)하고 축중기토(丑中己土)가 년상(年上)에 투출(透出)하여 편관격(偏官格)으로 일주(日柱)가 심약(甚弱)하다. 다행히 계수일주(癸水日柱)는 년지(年支) 해중임수(亥中壬水)에 근(根)하고 일지(日支) 축중계수(丑中癸水)에 근(根)하므로 금인수(金印綬)가 용신(用神)이며 수비견겁(水比肩劫)은 희신(喜神)이 된다. 이 사주는 남자(男子)의 사주로서 물류회사에 근무하다가 36세 술토대운(戌土大運)에 퇴사하여 자영업(自營業)을 경영하여 37세 계수대운(癸水大運)에 모든 일이 순탄(順坦)하게 잘 풀렸으며 42세 유금대운(酉金大運)에 사업이 번창하여 수억금을 벌어 부동산에 투자하였다가 47세 임수대운(壬水大運)에 월상정화(月上丁火)와 정임합(丁壬合)으로 합거(合去)되어 손해를 많이 보았고 52세 신금대운(辛金大運)부터 사업이 번창하여 재산을 복구하고 승승장구(乘勝長驅)하고 있는 사주다.

❶ 세운정축년(歲運丁丑年): 변화, 이사, 전근, 관재, 손재, 신액, 자연 재앙
❷ 질병(疾病): 신장(腎臟), 방광(膀胱), 풍질(風疾)
❸ 남녀성격: (남) 털털한 성격, 근면 성실, 지혜롭다, 지구력 있다, 근심 많다, 처궁불미, 준법정신, 새벽잠이 없다
　　　　　 (여) 남자 같은 시원한 성격, 새것을 좋아함, 이성수신, 애교 많다, 정부, 재가, 부궁불미, 남자들의 인기

세운·질병·남녀성격의 해설(歲運·疾病·男女性格의 解說)

❶ **세운정축년(歲運丁丑年) = ※변화, 이사, 전근, 관재, 손재, 신액, 자연 재앙**은 ※세운정축년(歲運丁丑年)의 축토(丑土)는 일지축토(日支丑土)와 축축(丑丑)으로 삼합(三合)이 되므로 세운(歲運)에서 일지(日支) 삼합운(三合運)이 들어오면 ※**변화가 생긴다든가 또는 이사를 한다든가 또는 직장을 옮기는 일이 많다.** 그리고 ※**관재, 손재, 신액**은 ※세운정축년(歲運丁丑年)의 축토(丑土)는 계수일주(癸水日柱)의 편관(偏官)으로 원명사주(源命四柱)에 재살(財殺)이 태왕(太旺)인데 세운에서 재(財)나 관살운(官殺運)이 들어오면 ※**관재수나 손재수나 건강을 조심해야 한다.** 그리고 ※**자연 재앙**은 ※세운정축년(歲運丁丑年)의 축토(丑土)는 일지축토(日支丑土)와 축축(丑丑)으로 똑같은 오행(五行)이므로 세운(歲運)에서 일지(日支) 같은 운(運)이 들어오면 ※**자연 재앙을 조심해야 한다.**

❷ **질병(疾病)**과 ❸ **남녀성격**은 일주(日柱)에서 발생(發生)한다.

48년(음) 6월 12일 오(午)시 남자

庚	甲	己	戊
午	辰	未	子

57	47	37	27	17	7
乙	甲	癸	壬	辛	庚
丑	子	亥	戌	酉	申

이 사주는 갑목일주(甲木日柱)가 하계미월(夏季未月)에 출생하여 실시(失時)하고 미중기토(未中己土)가 월상(月上)에 투출(透出)하여 정재격(正財格)이다. 그리고 년상무토(年上戊土) 일지진토(日支辰土)가 있어 재살(財殺)이 태왕(太旺)하므로 일주(日柱)는 신약사주(身弱四柱)다. 다행히 갑목일주(甲木日柱)는 진중을목(辰中乙木)에 근(根)하고 년지자수(年支子水) 인수(印綬)가 있어 종재(從財)하지 않으며 많은 토재(土財)를 제(制)하고 일주(日柱)를 보신(補身)하는 목비견겁(木比肩劫)이 용신(用神)이며 수인수(水印綬)는 희신(喜神)이 된다. 이 사주는 남자(男子)의 사주로서 토목공사(土木工事)에 근무(勤務)하다가 퇴사하여 42세 해수대운(亥水大運)에 사업을 경영하여 수억금을 벌었으며 47세 갑목대운(甲木大運)에 월상기토(月上己土)와 갑기합(甲己合)으로 합거(合去)되어 단 한 번의 실패로 재산(財産)을 탕진(蕩盡)하고 처(妻)와 이혼하고 혼자 살다가 52세 자수대운(子水大運)에 부동산 중개업을 하여 돈을 많이 벌어 재혼(再婚)하여 잘살고 있는 사주다. 처궁(妻宮)이 부실한 것은 년간지(年干支) 무자생(戊子生)의 공망(空亡)은 시지오화(時支午火)이며 남자(男子) 사주에 재(財)가 많으면 처궁(妻宮)이 더욱더 부실하여 혼자 살거나 재혼하는 사람들이 많다.

> ❶ 세운무인년(歲運戊寅年): 관재, 손재, 신액
> ❷ 질병(疾病): 간(肝), 풍(風), 위(胃)
> ❸ 남녀성격: (남) 의지 굳다, 무뚝뚝하다, 웃음이 적다, 강직하다, 처궁불미, 신앙심, 재복 있다, 처 덕 있다, 재간 있다, 창의력, 이상적인 아이디어가 있다
>   (여) 의지 굳다, 무뚝뚝하다, 웃음이 적다, 시모불합, 부궁불미, 정부

☯ 세운·질병·남녀성격의 해설(歲運·疾病·男女性格의 解說)

❶ **세운무인년(歲運戊寅年)** = ※관재, 손재, 신액은 ※세운무인년(歲運戊寅年)의 무토(戊土)는 갑목일주(甲木日柱)의 편재(偏財)로 사주에 재살(財殺)이 왕(旺)한데 세운(歲運)에서 재(財)나 관살운(官殺運)이 들어오면 **※관재수를 조심해야 하며 또는 손재수를 조심해야 하며 또는 건강을 조심해야 한다.**

❷ 질병(疾病)은 일주(日柱)에서 발생(發生)한다.

❸ 남녀성격은 일주(日柱)에서 발생(發生)한다.

56년(음) 10월 1일 미(未)시 남자

辛	甲	戊	丙
未	戌	戌	申

51	41	31	21	11	1
甲	癸	壬	辛	庚	己
辰	卯	寅	丑	子	亥

이 사주는 갑목일주(甲木日柱)가 계추술월(季秋戌月)에 출생하여 실시(失時)하고 술중신금(戌中辛金)이 시상(時上)에 투출(透出)하여 정관격(正官格)이다. 그리고 지지(地支)는 월일시(月日時) 미술토(未戌土)와 년지신금(年支申金)과 시상신금(時上辛金)이 투출(透出)하여 재살(財殺)이 태왕(太旺)이다. 갑목일주(甲木日柱)는 근(根)이 없으며 일주(日柱)를 도와주는 인수(印綬)나 비견겁(比肩劫)이 하나도 없으므로 쇠극격(衰極格)에 해당한다. 쇠(衰)한 자는 상관식신(傷官食神)으로 설기(泄氣)하여 더욱더 쇠(衰)하게 하는 동시 일주(日柱)를 극(剋)하는 관살(官殺)을 제(制)하여야 하기 때문에 년상병화(年上丙火) 식신(食神)이 용신(用神)이며 토재(土財)는 희신(喜神)이 된다. 그리고 이 사주는 남자(男子)의 사주로서 정관격(正官格)을 놓은 사람은 용모가 단정하고 거취가 분명하며 가정교육을 잘 받고 성정(性情)이 순박하고 인덕(仁德)이 있고 문장이 투출하고 명예와 신용을 중요시하며 장관(長官)이나 차관(次官)으로 직업을 많이 갖게 되는데 좋은 대운(大運)이 잘 들어와야 성공할 수 있으며 좋은 대운(大運)이 들어오지 않으면 평상지인(平常之人)으로 살게 되는 경우가 많다. 이 사주는 남자(男子)의 사주로서 공무원(公務員)의 사주다.

> ❶ 세운무인년(歲運戊寅年): 변화, 이사, 전근, 관재, 손재, 신액
> ❷ 질병(疾病): 간(肝), 담(膽)
> ❸ 남녀성격: (남) 의지 굳다, 무뚝뚝하다, 웃음이 적다, 인정 있다, 근면하다, 신앙심, 신용 있다, 충실하다, 재복 있다, 처궁불미, 두뇌 명철, 예감이 빠름 (여) 의지 굳다, 무뚝뚝하다, 부궁불미, 정부, 재가, 자손근심

☯ 세운·질병·남녀성격의 해설(歲運·疾病·男女性格의 解說)

❶ **세운무인년(歲運戊寅年)** = ※변화, 이사, 전근, 관재, 손재, 신액은 ※세운무인년(歲運戊寅年) 의인목(寅木)은 일지술토(日支戌土)와 인술(寅戌)로 삼합(三合)이 되므로 세운(歲運)에서 일지(日支) 삼합운(三合運)이 들어오면 ※**변화가 생긴다든가 또는 이사를 한다든가 또는 직장을 옮기는 일이 많다.** 그리고 ※관재, 손재, 신액은 ※세운무인년(歲運戊寅年)의 무토(戊土)는 갑목일주의 편재(偏財)로 원명사주(源命四柱)에 재살(財殺)이 태왕(太旺)인데 세운(歲運)에서 재(財)나 관살운(官殺運)이 들어오면 ※**관재수를 조심해야 하며 또는 손재수를 조심해야 하며 또는 건강을 조심해야 한다.**

❷ 질병(疾病)은 일주(日柱)에서 발생(發生)한다.

❸ 남녀성격은 일주(日柱)에서 발생(發生)한다.

58년(음) 4월 20일 진(辰)시 남자

庚	乙	戊	戊
辰	卯	午	戌

60	50	40	30	20	10
甲	癸	壬	辛	庚	己
子	亥	戌	酉	申	未

이 사주는 을목일주(乙木日柱)가 중하오월(中夏午月)에 출생하여 실시(失時)하고 지지(地支)는 오술화국(午戌火局)과 년월(年月) 양무토(兩戊土)가 투출(透出)하고 시간지(時干支) 경진토금(庚辰土金)이 있어 재살(財殺)이 태왕(太旺)이다. 다행히 을목일주(乙木日柱)는 자좌묘목(自坐卯木)에 록근(祿根)하고 시지진토(時支辰土)와 묘진(卯辰)으로 목국(木局)을 이루어 종(從)은 되지 않으나 재살(財殺)이 태왕(太旺)이다. 그러므로 이 사주는 수인수(水印綬)로 살인상생(殺印相生)을 시켜야 하므로 수인수(水印綬)가 용신(用神)이며 목비견겁(木比肩劫)은 희신(喜神)이 된다. 이 사주는 남자(男子)의 사주로서 은행(銀行)에 근무하다가 45세 술토대운(戌土大運)에 퇴사(退社)하여 사업(事業)을 경영(經營)하였으나 50세 계수대운(癸水大運)에 월상무토(月上戊土)와 무계합(戊癸合)으로 합거(合去)되어 재산을 탕진(蕩盡)하였고 55세 해수대운(亥水大運)부터는 사업(事業)을 복구(復舊)하고 한층 더 번창(繁昌)하리라고 보며 대운(大運) 70세까지 승승장구(乘勝長驅)하리라고 본다.

❶ 세운무인년(歲運戊寅年): 관재, 손재, 신액
❷ 질병(疾病): 중풍(中風), 위산과다(胃酸過多), 편도선(扁桃腺), 뇌출혈(腦出血)
❸ 남녀성격: (남) 의지 굳다, 강직하다, 미남이다, 농담 잘함, 주관이 강함, 인정 있다, 인색하다, 처궁불미, 영리하다, 지구력 부족, 분주다사, 마음 약
(여) 의지 굳다, 무뚝뚝하다, 고집 대단, 친정형제 걱정, 부궁불미, 정부, 마음 약, 근심이 많다

☯ 세운・질병・남녀성격의 해설(歲運・疾病・男女性格의 解說)

❶ **세운무인년(歲運戊寅年)** = ※관재, 손재, 신액은 ※세운무인년(歲運戊寅年)의 무토(戊土)는 을목일주(乙木日柱)의 정재(正財)로서 원명사주(源命四柱)에 재관(財官)이 왕(旺)한데 세운(歲運)에서 재(財)나 관살운(官殺運)이 들어오면 ※관재수를 조심해야 하며 또는 손재수를 조심해야 하며 또는 수술을 조심해야 한다.

❷ 질병(疾病)은 중풍, 위산과다는 일주(日柱)에서 발생(發生)하며 ※편도선, 뇌출혈은 ※을목일주(乙木日柱)가 오월(午月)에 출생하고 화국(火局)을 이루면 ※편도선을 조심해야 하며 또는 뇌출혈도 조심해야 한다.

❸ 남녀성격은 일주(日柱)에서 발생(發生)한다.

62년(음) 3월 21일 인(寅)시 여자

甲	癸	甲	壬
寅	巳	辰	寅

57	47	37	27	17	7
戊	己	庚	辛	壬	癸
戌	亥	子	丑	寅	卯

이 사주는 계수일주(癸水日柱)가 춘계진월(春季辰月)에 출생하여 실시(失時)하고 월시상(月時上) 양갑목(兩甲木)은 년시지(年時支) 양인목(兩寅木)에 록근(祿根)하여 상관식신(傷官食神)에 설기(泄氣)가 태심(太甚)하다. 년상임수(年上壬水) 비겁(比劫)이 있다 하나 그 임수(壬水)도 자좌인목(自坐寅木)에 설기(泄氣)가 심(甚)하여 일주(日柱)를 도울 힘이 없다. 그러므로 수생목(水生木) 목생화(木生火) 화생토(火生土)로 사주의 기(氣)는 진중무토(辰中戊土)에 집중되어 있으므로 진중무토(辰中戊土) 정관(正官)이 용신(用神)이며 화재(火財)는 희신(喜神)이 된다. 이 사주는 여자(女子)의 사주로서 42세 자수대운(子水大運)에 사업을 경영하여 손해를 많이 보다가 47세 기토대운(己土大運)에 월상갑목(月上甲木)과 갑기합(甲己合)으로 합거(合去)되어 재산을 탕진하고 병(病)까지 얻어 자궁(子宮) 수술한 사주다. 자궁(子宮)을 수술한 것은 여자(女子) 사주에 상관식신(傷官食神)이 태왕(太旺)하고 형살(刑殺)이 있으면 자궁(子宮)과 유방(乳房)을 조심해야 한다.

> ❶ 세운정축년(歲運丁丑年): 이별수, 변화, 이사, 전근
> ❷ 질병(疾病): 비뇨기(泌尿器), 장(臟)
> ❸ 남녀성격: (남) 털털한 성격, 인정 많다, 처세가 좋다, 외유내강, 자기 실속, 욕심 많다, 영리하다, 처 덕 있다, 자손귀자, 학업 장애
> (여) 남자 같은 시원한 성격, 새것을 좋아함, 부궁불미, 이성 고민, 정부, 재복 있다

☯ 세운·질병·남녀성격의 해설(歲運·疾病·男女性格의 解說)

❶ 세운정축년(歲運丁丑年) = ※이별수, 변화, 이사, 전근은 ※세운정축년(歲運丁丑年)의 축토(丑土)는 계수일주의 편관(偏官)으로 여자 사주에 상관식신(傷官食神)이 태왕(太旺)인데 세운(歲運)에서 관살운(官殺運)이 들어오면 ※**가정에 불화가 많이 생긴다든가 또는 남편과 떨어져 산다든가 또는 이혼한다든가 또는 남편이 사망하는 수도 있다.** 그리고 ※**변화, 이사, 전근**은 ※세운정축년(歲運丁丑年)의 축토(丑土)는 일지사화(日支巳火)와 사축(巳丑)으로 삼합(三合)이 되므로 세운(歲運)에서 일지(日支) 삼합운(三合運)이 들어오면 ※**변화가 생긴다든가 또는 이사를 한다든가 또는 직장을 옮기는 일이 많다.**

❷ 질병(疾病)은 일주(日柱)에서 발생(發生)한다.

❸ 남녀성격은 일주(日柱)에서 발생(發生)한다.

57년(음) 5월 3일 묘(卯)시 여자

```
乙  癸  乙  丁
卯  卯  巳  酉

52  42  32  22  12  2
辛  庚  己  戊  丁  丙
亥  戌  酉  申  未  午
```

이 사주는 계수일주(癸水日柱)가 초여름 사월(巳月)에 출생하여 실시(失時)하고 월시상(月時上) 양을목(兩乙木)은 일시지(日時支) 양묘목(兩卯木)에 근(根)하고 상관식신(傷官食神)이 태왕(太旺)하여 설기(泄氣)가 태심(太甚)하므로 일주(日柱)는 신약사주(身弱四柱)다. 다행히 년지유금(年支酉金) 인수(印綬)가 있어 그 유금인수(酉金印綬)로 많은 상관식신(傷官食神)을 제(制)하고 계수일주(癸水日柱)를 보신(補身)해야 하므로 유금인수(酉金印綬)가 용신(用神)이며 수비견겁(水比肩劫)은 희신(喜神)이 된다. 이 사주는 여자(女子)의 사주로서 37세 유금대운(酉金大運)에 사업을 경영하여 수억금을 벌었으며 42세 경금대운(庚金大運)에 월상을목(月上乙木)과 을경합(乙庚合)으로 합거(合去)되어 손해를 많이 보았으며 그 이후로도 운(運)이 없어 고생을 많이 하다가 52세 신금대운(辛金大運)에 사업이 번창하여 재산을 복구하고 잘살고 있는 사주다.

❶ 세운정축년(歲運丁丑年): 이별수, 손재, 신액
❷ 질병(疾病): 풍질(風疾), 신장(腎臟), 방광(膀胱), 냉(冷)
❸ 남녀성격: (남) 털털한 성격, 만인신망, 영리하다, 인자하다, 남에게 잘함, 준법정신, 고집대단, 식복 있다, 처궁불미, 처 덕 있다, 소심하다, 운동 잘함, 마음 약
(여) 남자 같은 시원한 성격, 새것을 좋아함, 부궁불미, 자손근심, 정부, 재가, 애교 많다, 생리통이 심하다, 침착하다, 인내심, 눈물 많다, 인덕 있다

세운·질병·남녀성격의 해설(歲運·疾病·男女性格의 解說)

❶ 세운정축년(歲運丁丑年) = ※이별수, 손재, 신액은 ※세운정축년(歲運丁丑年)의 축토(丑土)는 계수일주(癸水日柱)의 편관(偏官)으로 여자(女子) 사주에 상관식신(傷官食神)이 태왕(太旺)인데 세운(歲運)에서 관살운(官殺運)이 들어오면 ※가정에 불화가 많이 생긴다든가 또는 남편과 떨어져 산다든가 또는 이혼한다든가 또는 남편이 사망하는 수도 있다. 그리고 ※손재, 신액은 ※세운정축년(歲運丁丑年)의 정화(丁火)는 계수일주(癸水日柱)의 편재(偏財)로 신약사주(身弱四柱)에 세운(歲運)에서 재운(財運)이 들어오면 ※손재수를 조심해야 하며 또는 건강을 조심해야 한다.

❷ 질병(疾病)은 일주(日柱)에서 발생(發生)한다.

❸ 남녀성격은 일주(日柱)에서 발생(發生)한다.

55년(음) 4월 24일 사(巳)시 남자

癸	丙	壬	乙
巳	午	午	未

53	43	33	23	13	3
丙	丁	戊	己	庚	辛
子	丑	寅	卯	辰	巳

이 사주는 병화일주(丙火日柱)가 중하오월(中夏午月) 양인월(羊刃月)에 출생하여 득령(得令)하고 지지(地支)는 전부 사오미(巳午未)로 화국(火局)을 이루어 염상격(炎上格)으로 신왕사주(身旺四柱)다. 신왕사주(身旺四柱)에는 일주(日柱)를 제(制)하는 관살(官殺)이나 상관식신(傷官食神)으로 설기(泄氣)하면 좋은데 월시상(月時上) 임계수(壬癸水) 관살(官殺)이 있다 하나 그 임계수(壬癸水)는 근(根)이 없고 물이 말랐으므로 용신(用神)으로 쓸 수가 없다. 그러므로 년지(年支) 미중기토(未中己土) 상관(傷官)이 용신(用神)이며 이런 사주를 가상관격(假傷官格)이라고 한다. 염상격(炎上格)을 놓은 사람은 기세(氣勢)가 당당(堂堂)하며 무관(武官)이나 군경(軍警)이나 수사기관(搜査機關)으로 직업을 갖는 사람들이 많다. 이 사주는 남자(男子)의 사주로서 형사(刑事)로 근무(勤務)하다가 48세 축토대운(丑土大運)이 좋아 형사(刑事) 반장(班長)으로 승진(昇進)하여 잘 살고 있는 사주다.

❶ 세운무인년(歲運戊寅年): 신축, 문서, 변화, 이사, 전근
❷ 질병(疾病): 심장(心臟)
❸ 남녀성격: (남) 말을 잘한다, 명랑하다, 성질 급, 남을 생각하지 않고 직선적으로 말함, 처궁불미, 인내심 부족, 타인 경시, 자립정신, 속성속패, 암기력, 영리하다
(여) 말을 잘한다, 명랑하다, 금방 좋았다가 금방 싫어짐, 시모 불합, 남편 말 잘 안 듣는다, 부궁불미, 정부, 영리하다

☯ 세운·질병·남녀성격의 해설(歲運·疾病·男女性格의 解說)

❶ 세운무인년(歲運戊寅年) = ※신축, 문서, 변화, 이사, 전근은 ※세운무인년(歲運戊寅年)의 인목(寅木)은 병화일주(丙火日柱)의 인수(印綬)로 세운(歲運)에서 인수운(印綬運)이 들어오면 ※집을 짓는다든가 또는 증축을 한다든가 또는 문서를 잡는다든가 또는 사업체를 벌이는 일이 많다. 그리고 ※변화, 이사, 전근은 ※세운무인년(歲運戊寅年)의 인목(寅木)은 일지오화(日支午火)와 인오(寅午)로 삼합(三合)이 되므로 세운(歲運)에서 일지(日支) 삼합운(三合運)이 들어오면 ※변화가 생긴다든가 또는 이사를 한다든가 또는 직장을 옮기는 일이 많다.

❷ 질병(疾病)은 일주(日柱)에서 발생(發生)한다.

❸ 남녀성격은 일주(日柱)에서 발생(發生)한다.

53년(음) 8월 25일 진(辰)시 여자

壬	丙	辛	癸
辰	戌	酉	巳

52	42	32	22	12	2
丁	丙	乙	甲	癸	壬
卯	寅	丑	子	亥	戌

이 사주는 병화일주(丙火日柱)가 중추유월(中秋酉月)에 출생하여 실시(失時)하고 유중신금(酉中辛金)이 월상(月上)에 투출(透出)하여 정재격(正財格)이다. 그리고 일시지(日時支) 진술토(辰戌土)와 년시상(年時上) 임계수(壬癸水) 관살(官殺)이 있어 일주(日柱)는 신약사주(身弱四柱)다. 다행히 병화일주(丙火日柱)는 년지사화(年支巳火)에 록근(祿根)하여 사중병화(巳中丙火)가 용신(用神)이며 목인수(木印綬)는 희신(喜神)이 된다. 이 사주는 여자(女子)의 사주로서 보험회사(保險會社)에 다니다가 42세 병화대운(丙火大運)에 대운(大運)이 들어왔다는 말을 듣고 사업(事業)을 하다가 월상신금(月上辛金)과 대운병화(大運丙火)와 병신합(丙辛合)으로 합거(合去)되어 알뜰히 모은 돈을 탕진(蕩盡)하고 47세 인목대운(寅木大運)에 부동산에 투자하여 원상복구(原狀復舊)하였으나 52세 정화대운(丁火大運)에 시상임수(時上壬水)와 정임합(丁壬合)으로 합거(合去)되어 재산(財産)을 탕진(蕩盡)한 사주다. 이 사주는 기복(起伏)이 심(甚)했던 사주다.

> ❶ 세운무인년(歲運戊寅年): 신축, 문서, 변화, 이사, 전근
> ❷ 질병(疾病): 혈압(血壓)
> ❸ 남녀성격: (남) 말을 잘한다, 영리하다, 예의 있다, 인정 있다, 이해심이 많다, 성질 급, 박력 있다, 영리하다, 만인 존경, 알뜰함, 연구심, 배짱 좋다, 돈이 잘 빠져나감, 예감, 신앙심
> (여) 말을 잘한다, 명랑하다, 예의 있다, 금방 좋았다가 금방 싫어짐, 정부, 재가, 부궁불미, 인정 있다, 남에게 잘함, 배짱 좋다, 신앙심

☯ 세운·질병·남녀성격의 해설(歲運·疾病·男女性格의 解說)

❶ **세운무인년(歲運戊寅年)** = ※신축, 문서, 변화, 이사, 전근은 ※세운무인년(歲運戊寅年)의 인목(寅木)은 병화일주(丙火日柱)의 인수(印綬)로 세운(歲運)에서 인수운(印綬運)이 들어오면 ※집을 짓는다든가 또는 증축을 한다든가 또는 문서를 잡는다든가 또는 사업체를 벌이는 일이 많다. 그리고 ※변화, 이사, 전근은 ※세운무인년(歲運戊寅年)의 인목(寅木)은 일지술토(日支戌土)와 인술(寅戌)로 삼합(三合)이 되므로 세운(歲運)에서 일지(日支) 삼합운(三合運)이 들어오면 ※변화가 생긴다든가 또는 이사를 한다든가 또는 직장을 옮기는 일이 많다.

❷ **질병(疾病)**은 일주(日柱)에서 발생(發生)한다.

❸ **남녀성격**은 일주(日柱)에서 발생(發生)한다.

56년(음) 10월 4일 인(寅)시 여자

壬	丁	戊	丙
寅	丑	戌	申

60	50	40	30	20	10
壬	癸	甲	乙	丙	丁
辰	巳	午	未	申	酉

이 사주는 정화일주(丁火日柱)가 계추술월(季秋戌月)에 출생하여 실시(失時)하고 술중무토(戌中戊土)가 월상(月上)에 투출(透出)하여 진상관격(盡傷官格)이다. 그리고 년지신금(年支申金)과 신궁임수(申宮壬水)가 시상(時上)에 투출(透出)하여 정화일주(丁火日柱)는 한편으로 상관식신(傷官食神)에 설기(泄氣)가 심(甚)하고 한편으로는 관(官)에 극(剋)을 받으므로 일주(日柱)는 신약사주(身弱四柱)다. 다행히 시지인목(時支寅木) 인수(印綬)에 생(生)을 받아 시지인목(時支寅木) 인수(印綬)가 용신(用神)이며 화비견겁(火比肩劫)은 희신(喜神)이 된다. 이 사주는 여자(女子)의 사주로서 디자인과를 공부(工夫)하고 피복(被服) 장사를 하여 30세 을목대운(乙木大運)에 돈을 조금 벌었고 40세 갑오대운(甲午大運)부터 운(運)이 잘 들어와 승승장구(乘勝長驅)하여 수억금을 벌어 잘살고 있는 사주다.

> ❶ 세운무인년(歲運戊寅年): 이별수, 신축, 문서, 관재, 불성
> ❷ 질병(疾病): 냉(冷), 하원윤습(下元潤濕)
> ❸ 남녀성격: (남) 말을 잘한다, 인심 좋다, 예의 있다, 재물욕심, 재복 있다, 영리하다, 임기응변, 재간 있다, 근면 성실, 주머니 돈 안 떨어진다, 신앙심, 새벽잠이 없다
> (여) 명랑하다, 예의 있다, 금방 좋았다가 금방 싫어짐, 부궁불미, 정부, 재가, 인정 있다, 요리솜씨, 말을 잘한다

☯ 세운·질병·남녀성격의 해설(歲運·疾病·男女性格의 解說)

❶ **세운무인년(歲運戊寅年)** = ※이별수, 신축, 문서, 관재, 불성은 ※세운무인년(歲運戊寅年)의 무토(戊土)는 정화일주(丁火日柱)의 상관(傷官)으로 원명사주(源命四柱)에 상관식신(傷官食神)이 왕(旺)한데 세운(歲運)에서 상관(傷官) 식신운(食神運)이 들어오면 ※**가정에 불화가 생긴다든가 또는 남편과 떨어져 산다든가 또는 이혼한다든가 또는 남편이 사망하는 수도 있다.** 그리고 ※**신축, 문서**는 ※세운무인년(歲運戊寅年)의 인목(寅木)은 정화일주(丁火日柱)의 인수(印綬)로 세운(歲運)에서 인수운(印綬運)이 들어오면 ※**집을 짓는다든가 또는 증축을 한다든가 또는 사업체를 벌이는 일이 많다.** 그리고 ※**관재, 불성**은 ※세운무인년(歲運戊寅年)의 무토(戊土)는 정화일주(丁火日柱)의 상관(傷官)으로 세운에서 천간(天干) 상관운(傷官運)이 들어오면 ※**관재수를 조심해야 하며 또는 모든 일이 잘 풀리지 않고 대차계약도 잘 이루어지지 않는다.**

❷ **질병(疾病)**과 ❸ **남녀성격은 일주(日柱)에서 발생(發生)한다.**

48년(음) 11월 29일 술(戌)시 여자

壬	戊	甲	戊
戌	子	子	子

57	47	37	27	17	7
戊	己	庚	辛	壬	癸
午	未	申	酉	戌	亥

이 사주는 무토일주(戊土日柱)가 중동자월(中冬子月)에 출생하여 실시(失時)하고 년일지(年日支) 양자수(兩子水)와 시상임수(時上壬水)가 투출(透出)하여 재살(財殺)이 태왕(太旺)이다. 그러나 무토일주(戊土日柱)는 시지술토(時支戌土)에 근(根)하고 술중무토(戌中戊土)가 년상(年上)에 투출(透出)하여 많은 재(財)를 제(制)하고 일주(日柱)를 도와주는 비견겁(比肩劫)이 용신(用神)이며 화인수(火印綬)는 희신(喜神)이 된다. 이 사주는 여자(女子)의 사주로서 은행(銀行)에 근무하다가 47세 기토대운(己土大運)에 퇴사(退社)하여 사업(事業)을 경영(經營)하였으나 월상갑목(月上甲木)과 대운기토(大運己土)와 갑기합(甲己合)으로 합거(合去)되어 재산을 탕진하고 남편(男便)과 이혼하고 혼자 살다가 52세 미토대운(未土大運)에 화장품 사업을 시작하여 돈을 많이 벌었고 57세 무토대운(戊土大運)에 음식업을 경영하여 수억금을 벌어 잘살고 있는 사주다.

❶ 세운무인년(歲運戊寅年): 관재, 손재, 신액, 불성
❷ 질병(疾病): 비(脾) 위(胃) 기관지(氣管支) 폐(肺)
❸ 남녀성격: (남) 군자의 성품, 언행 조심, 외강내유, 지혜롭다, 고집 대단, 신경 예민, 권모술수, 처 덕 있다, 돈이 잘 빠져나감, 처 말을 잘 듣는다, 눈치 빠름
(여) 순진, 신용, 하는 일에 겁이 없다, 부궁불미, 정부, 재가, 독수공방, 직업, 재복 있다, 신앙심

☯ 세운•질병•남녀성격의 해설(歲運•疾病•男女性格의 解說)

❶ 세운무인년(歲運戊寅年) = ※관재, 손재, 신액, 불성은 ※세운무인년(歲運戊寅年)의 인목(寅木)은 무토일주(戊土日柱)의 편관(偏官)으로 원명사주(源命四柱)에 재살(財殺)이 왕(旺)한데 세운(歲運)에서 재(財)나 관살운(官殺運)이 들어오면 ※관재수를 조심해야 하며 또는 손재수를 조심해야 하며 또는 건강을 조심해야 한다. 그리고 ※불성은 ※세운무인년(歲運戊寅年)의 무토(戊土)는 무토일주(戊土日柱)의 비견(比肩)으로 세운(歲運)에서 비견겁운(比肩劫運)이 들어오면 ※모든 일이 잘 풀리지 않고 대차계약도 잘 이루어지지 않는다.

❷ 질병(疾病)은 비, 위는 일주(日柱)에서 발생(發生)하며 ※기관지, 폐는 ※무토일주(戊土日柱)가 쇠약(衰弱)하면 ※기관지와 폐를 조심해야 한다.

❸ 남녀성격은 일주(日柱)에서 발생(發生)한다.

59년(음) 10월 13일 오(午)시 남자

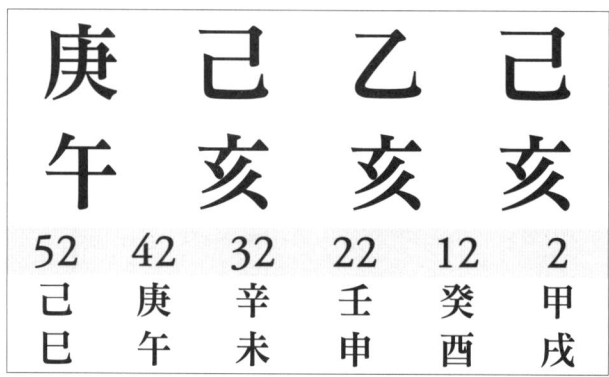

이 사주는 기토일주(己土日柱)가 초겨울 해월(亥月)에 출생하여 실시(失時)하고 년일지(年日支) 양해수(兩亥水)와 월상을목(月上乙木)이 투출(透出)하여 재살(財殺)이 태왕(太旺)이다. 다행히 기토일주(己土日柱)는 시지오화(時支午火)에 록근(祿根)하여 종(從)하지 않는다. 그러므로 많은 재(財)를 제(制)하고 기토일주(己土日柱)를 보신(補身)하는 비견겁(比肩劫)이 용신(用神)이며 화인수(火印綬)는 희신(喜神)이 된다. 이 사주는 남자(男子)의 사주로서 국제상사(國際商社)에 근무(勤務)하였으나 초년(初年)에는 운(運)이 없어 승진(昇進)이 안 되어 고생(苦生)을 많이 하다가 47세 오화대운(午火大運)에 운(運)이 잘 들어와 승진(昇進)하였으며 자영업(自營業)도 겸업(兼業)하여 수억금을 번 사주다. 앞으로도 운(運)이 좋아 사업(事業)이 한층 더 번창(繁昌)하리라고 본다.

❶ 세운무인년(歲運戊寅年): 관재, 손재, 신액, 불성
❷ 질병(疾病): 위(胃), 비(脾), 기관지(氣管支), 폐병(肺病)
❸ 남녀성격: (남) 군자의 성품, 언행 조심, 영리하다, 추리력, 선견지명, 외유내강, 현실에 적응 잘한다, 강직하다, 재복 있다, 장수한다, 호인이다
　　　　　(여) 신용 있다, 순진하다, 남편 좋다, 영리하다, 부궁불미, 정부, 장수한다, 신앙심

☯ 세운·질병·남녀성격의 해설(歲運·疾病·男女性格의 解說)

❶ 세운무인년(歲運戊寅年) = ※관재, 손재, 신액, 불성은 ※세운무인년(歲運戊寅年)의 인목(寅木)은 기토일주(己土日柱)의 정관(正官)으로 원명사주(源命四柱)에 재살(財殺)이 태왕(太旺)인데 세운(歲運)에서 재(財)나 관살운(官殺運)이 들어오면 ※관재수를 조심해야 하며 또는 손재수를 조심해야 하며 또는 건강을 조심해야 한다. 그리고 ※불성은 ※세운무인년(歲運戊寅年)의 무토(戊土)는 기토일주(己土日柱)의 비겁(比劫)으로 세운(歲運)에서 비견겁운(比肩劫運)이 들어오면 ※모든 일이 잘 풀리지 않고 대차계약도 잘 이루어지지 않는다.

❷ 질병(疾病)은 위, 비는 일주(日柱)에서 발생(發生)하며 ※기관지, 폐병은 ※기토일주(己土日柱)가 재살(財殺)이 태왕(太旺)이면 ※기관지를 조심해야 하며 또는 폐병을 조심해야 한다.

❸ 남녀성격은 일주(日柱)에서 발생(發生)한다.

58년(음) 9월 7일 인(寅)시 남자

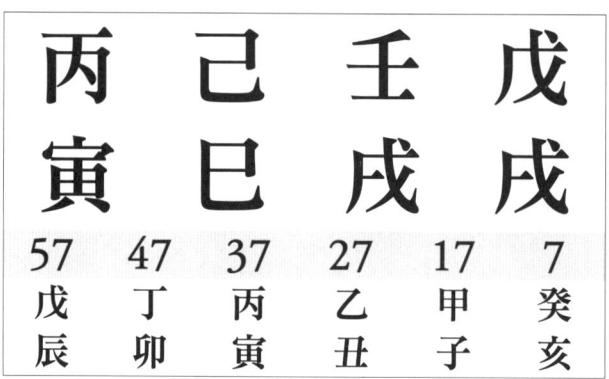

이 사주는 기토일주(己土日柱)가 계추술월(季秋戌月)에 출생하여 득령(得令)하고 년간지(年干支) 무술토(戊戌土) 비겁(比劫)과 시상병화(時上丙火) 인수(印綬)는 일지사화(日支巳火)에 근(根)하여 일주(日柱)를 생(生)하므로 일주(日柱)는 신왕사주(身旺四柱)다. 신왕사주(身旺四柱)에는 관살(官殺)로 일주(官殺)를 제(制)함이 좋은데 다행히 시지인중(時支寅中) 갑목정관(甲木正官)으로 용신(用神)한다. 그리고 수재(水財)는 희신(喜神)이 된다. 이 사주는 남자(男子)의 사주로서 사업을 하였으나 초년(初年)에는 운(運)이 없어 고생을 많이 하다가 42세 인목대운(寅木大運)에 사업이 번창하여 돈을 많이 벌었고 47세 정화대운(丁火大運)에는 월상임수(月上壬水)와 정임합(丁壬合)으로 합거(合去)되어 손해를 많이 보다가 52세 묘목대운(卯木大運)에 사업이 다시 번창하고 있는 사주다.

> ❶ 세운무인년(歲運戊寅年): 관재, 수술, 손재, 처액, 불성
> ❷ 질병(疾病): 위(胃), 비(脾)
> ❸ 남녀성격: (남) 군자의 성품, 언행 조심, 외유내강, 강직하다, 미모 수려,
>   멋쟁이, 학업 열중, 덕망이 있다, 항상 바쁨, 처궁불미, 처 덕
>   있다
>   (여) 신용 있다, 순진하다, 남편 복이 있다, 자손귀자, 친정격정,
>   물 조심, 영리하다

☯ 세운·질병·남녀성격의 해설(歲運·疾病·男女性格의 解說)

❶ **세운무인년(歲運戊寅年)** = ※관재, 수술, 손재, 처액, 불성은 ※세운무인년(歲運戊寅年)의 인목(寅木)은 일지사화(日支巳火)와 인사(寅巳)로 형살(刑殺)이 되므로 세운(歲運)에서 일지(日支) 형살운(刑殺運)이 들어오면 ※**관재수가 생긴다든가 또는 수술하는 일이 많다.** 그리고 ※**손재, 처액**은 ※세운무인년(歲運戊寅年)의 무토(戊土)는 기토일주(己土日柱)의 비겁(比劫)으로 원명사주(源命四柱)에 비견겁(比肩劫)이 왕(旺)하고 재(財)가 쇠약(衰弱)한데 세운에서 비견겁운(比肩劫運)이 들어오면 ※**손재수가 생긴다든가 또는 가정에 불화가 많이 생긴다든가 또는 처가 가출한다든가 또는 처의 건강을 조심해야 한다.** 그리고 ※**불성**은 ※세운무인년(歲運戊寅年)의 무토(戊土)는 기토일주(己土日柱)의 비겁(比劫)으로 세운(歲運)에서 비견겁운(比肩劫運)이 들어오면 ※**모든 일이 잘 풀리지 않고 대차계약도 잘 이루어지지 않는다.**

❷ 질병(疾病)은 일주(日柱)에서 발생(發生)한다.

❸ 남녀성격은 일주(日柱)에서 발생(發生)한다.

52년(음) 8월 13일 사(巳)시 남자

辛	庚	己	壬
巳	辰	酉	辰

52	42	32	22	12	2
乙	甲	癸	壬	辛	庚
卯	寅	丑	子	亥	戌

이 사주는 경금일주(庚金日柱)가 중추유월(中秋酉月) 양인월(羊刃月)에 출생하여 득령(得令)하고 유중신금(酉中辛金)이 시상(時上)에 투출(透出)하고 년일지(年日支) 양진토(兩辰土)가 일주(日柱)를 생(生)하니 일주(日柱)는 신왕사주(身旺四柱)다. 신왕사주(身旺四柱)에는 관살(官殺)로 일주(日柱)를 제(制)함이 좋은데 다행히 시지(時支) 사중병화(巳中丙火) 편관(偏官)이 있어 병화편관(丙火偏官)이 용신(用神)이며 목재(木財)는 희신(喜神)이 된다. 이 사주는 남자(男子)의 사주로서 양인격(羊刃格)이므로 양인격(羊刃格)을 놓은 사람은 군경(軍警)이나 무관(武官)으로 직업(職業)을 많이 갖는데 이 사주는 운동(運動)은 많이 하였으나 운(運)이 없어 체육선생(體育先生)으로 직업을 갖지 못하고 체육관(體育館)을 경영(經營)하였으나 42세 갑목대운(甲木大運)에 월상기토(月上己土)와 갑기합(甲己合)으로 합거(合去)되어 재산을 탕진(蕩盡)하고 47세 인목대운(寅木大運)에 음식업을 경영하여 재산을 복구하고 수억금을 벌었으나 52세 을목대운(乙木大運)에 일주경금(日柱庚金)과 을경합(乙庚合)으로 합거(合去)되어 손해를 많이 보았고 57세 묘목대운(卯木大運)에 사업이 번창하여 돈을 많이 벌어 잘살고 있는 사주다. 이 사주는 기복(起伏)이 심(甚)했던 사주다.

❶ 세운무인년(歲運戊寅年): 신축, 문서
❷ 질병(疾病): 냉(冷), 풍질(風疾)
❸ 남녀성격: (남) 과감 용단, 신의 있다, 임사즉결, 포부 광대, 매사 끝장 본다, 매사 자신, 통솔력, 영웅호걸, 두령격, 자수성가, 처 덕 있다, 냉정하다, 신앙심, 처궁불미
(여) 냉정하다, 사람 사귀다 한번 틀어지면 다시 안 봄, 부궁불미, 정부, 재가, 직업여성, 일가부양, 재복 있다

☯ 세운·질병·남녀성격의 해설(歲運·疾病·男女性格의 解說)

❶ 세운무인년(歲運戊寅年) = ※신축, 문서는 ※세운무인년(歲運戊寅年)의 무토(戊土)는 경금일주(庚金日柱)의 인수(印綬)로 세운(歲運)에서 인수운(印綬運)이 들어오면 ※집을 짓는다든가 또는 증축을 한다든가 또는 문서를 잡는다든가 또는 사업체를 벌이는 일이 많다.

❷ 질병(疾病)은 일주(日柱)에서 발생(發生)한다.

❸ 남녀성격은 일주(日柱)에서 발생(發生)한다.

54년(음) 5월 23일 술(戌)시 여자

丙	庚	庚	甲
戌	戌	午	午

56	46	36	26	16	6
甲	乙	丙	丁	戊	己
子	丑	寅	卯	辰	巳

이 사주는 경금일주(庚金日柱)가 중하오월(中夏午月)에 출생하여 실시(失時)하고 년지오화(年支午火)와 일지술토(日支戌土)와 오술(午戌)로 화국(火局)을 이루고 시상병화(時上丙火)가 투출(透出)하여 재살(財殺)이 태왕(太旺)이다. 그러므로 이 사주는 신약사주(身弱四柱)로서 일주(日柱)를 생(生)하여 주는 토인수(土印綬)가 용신(用神)이며 금비견겁(金比肩劫)은 희신(喜神)이 된다. 이 사주는 여자(女子)의 사주로서 약사(藥師)로 근무(勤務)하다가 41세 인목대운(寅木大運)에 약국을 개업하였으나 원명사주(源命四柱)에 재살(財殺)이 태왕(太旺)인데 대운(大運)에서 재운(財運)이 들어와 손해를 조금 보았고 46세 을목대운(大運)에는 월상경금(月上庚金)과 을경합(乙庚合)으로 합거(合去)되어 재산(財産)을 탕진(蕩盡)하였으나 51세 축토인수(丑土印綬) 대운(大運)에 경매사업(競賣事業)을 하여 원상복구(原狀復舊)하였고 56세 갑목대운(甲木大運)에 재산을 탕진하고 남편(男便)과 이혼한 사주다. 부궁(夫宮)이 부실한 것은 여자(女子) 사주에 관살(官殺)이 태왕(太旺)이면 부궁(夫宮)이 부실한데 시간지(時干支) 병술(丙戌)은 백호관살(白虎官殺)이며 술토(戌土)는 관살(官殺)의 묘궁(墓宮)으로 부궁(夫宮)이 더욱더 부실한 사주다.

> ❶ 세운무인년(歲運戊寅年): 변화, 이사, 전근, 신축, 문서
> ❷ 질병(疾病): 간(肝), 담(膽)
> ❸ 남녀성격: (남) 과감 용단, 냉정하다, 고집 대단, 자립정신, 신의 있다,
>   능력 있다, 임전무퇴, 통솔력, 지혜롭다, 영리하다, 처 덕 있다,
>   지구력 강하다, 신앙심
>   (여) 냉정하다, 사람 사귀다 한번 틀어지면 다시 안 봄, 여걸,
>   부궁불미, 처세가 좋다, 정부, 재가, 남자들이 잘 따름, 직업여성,
>   신앙심

☯ 세운·질병·남녀성격의 해설(歲運 · 疾病 · 男女性格의 解說)

❶ **세운무인년(歲運戊寅年)** = ※**변화, 이사, 전근, 신축, 문서**는 ※세운무인년(歲運戊寅年)의 인목(寅木)은 일지술토(日支戌土)와 인술(寅戌)로 삼합(三合)이 되므로 세운에서 일지(日支) 삼합운(三合運)이 들어오면 ※**변화가 생긴다든가 또는 이사를 한다든가 또는 직장을 옮기는 일이 많다.** 그리고 ※**신축, 문서**는 ※세운무인년(歲運戊寅年)의 무토(戊土)는 경금일주의 인수(印綬)로 세운에서 인수운(印綬運)이 들어오면 ※**집을 짓는다든가 또는 증축을 한다든가 또는 문서를 잡는다든가 또는 사업체를 벌이는 일이 많다.**

❷ 질병(疾病)과 ❸ 남녀성격은 일주(日柱)에서 발생(發生)한다.

53년(음) 4월 27일 술(戌)시 남자

丙	庚	戊	癸
戌	寅	午	巳

51	41	31	21	11	1
壬	癸	甲	乙	丙	丁
子	丑	寅	卯	辰	巳

이 사주는 경금일주(庚金日柱)가 중하오월(中夏午月)에 출생하여 실시(失時)하고 지지(地支)는 인오술(寅午戌) 사오(巳午)로 화국(火局)을 이루어 재살(財殺)이 태왕(太旺)이다. 다행히 시지 술중무토(戌中戊土)가 월상(月上)에 투출(透出)하여 살인상생(殺印相生)으로 토인수(土印綬)가 용신(用神)이며 금비견겁(金比肩劫)은 희신(喜神)이 된다. 이 사주는 남자(男子)의 사주로서 경찰관(警察官)으로 근무하였으나 운(運)이 없어 승진이 안 되어 고생을 많이 하다가 46세 축토대운(丑土大運)에 파출소(派出所) 경사(警査)로 승진(昇進)한 사주다.

❶ 세운무인년(歲運戊寅年): 변화, 이사. 전근, 신축, 문서, 관재, 손재, 신액
❷ 질병(疾病): 해수(咳嗽), 기관지(氣管支), 폐병(肺病), 결핵(結核)
❸ 남녀성격: (남) 과감용단, 의리 있다, 임사즉결, 겉으로 냉정하나 속은 온화함, 근면 성실, 용기 있다, 성질 급, 타의 군림, 재복 있다, 처 덕 있다
       (여) 냉정하다, 사람 사귀다 한번 틀어지면 다시 안 봄, 이성 고민, 직업, 부궁불미, 정부, 자손귀자, 신경 예민

☯ 세운·질병·남녀성격의 해설(歲運·疾病·男女性格의 解說)

❶ 세운무인년(歲運戊寅年) = ※변화, 이사, 전근, 신축, 문서, 관재, 손재, 신액은 ※세운무인년(歲運戊寅年)의 인목(寅木)은 일지인목(日支寅木)과 인인(寅寅)으로 삼합(三合)이 되므로 세운(歲運)에서 일지(日支) 삼합운(三合運)이 들어오면 ※변화가 생긴다든가 또는 이사를 한다든가 또는 직장을 옮기는 일이 많다. 그리고 ※신축, 문서는 ※세운무인년(歲運戊寅年)의 무토(戊土)는 경금일주(庚金日柱)의 인수(印綬)로 세운(歲運)에서 인수운(印綬運)이 들어오면 ※집을 짓는다든가 또는 증축을 한다든가 또는 문서를 잡는다든가 또는 문서를 잡는다든가 또는 사업체를 벌이는 일이 많다. 그리고 ※관재, 손재, 신액은 ※세운무인년(歲運戊寅年)의 인목(寅木)은 경금일주의 편재(偏財)로 원명사주에 재살(財殺)이 태왕(太旺)인데 세운(歲運)에서 재(財)나 관살운(官殺運)이 들어오면 ※관재수나 손재수나 건강을 조심해야 한다.

❷ 질병(疾病)은 해수, 기관지는 일주(日柱)에서 발생(發生)하며 ※폐병, 결핵은 ※경금일주(庚金日柱)가 원명사주(源命四柱)에 재살(財殺)이 태왕(太旺)이면 ※폐병과 결핵을 조심해야 한다.

❸ 남녀성격은 일주(日柱)에서 발생(發生)한다.

54년(음) 5월 14일 오(午)시 여자

甲	辛	庚	甲
午	丑	午	午

53	43	33	23	13	3
甲	乙	丙	丁	戊	己
子	丑	寅	卯	辰	巳

이 사주는 신금일주(辛金日柱)가 중하오월(中夏午月)에 출생하여 실시(失時)하고 년시지(年時支) 양오화(兩午火)로 화국(火局)을 이루었고 년시상(年時上) 양갑목(兩甲木)이 투출(透出)하여 재살(財殺)이 태왕(太旺)이다. 그러므로 종살격(從殺格)같이 보인다. 그러나 신금일주(辛金日柱)는 자좌축토(自坐丑土)인 양금지토(養金之土)에 앉아 염열지화(炎熱之火)는 축습토(丑濕土)에 냉각(冷却)됨으로 살인상생(殺印相生)으로 축토인수(丑土印綬)가 용신(用神)이며 금비견겁(金比肩劫)은 희신(喜神)이 된다. 이 사주는 여자(女子)의 사주로서 은행원(銀行員)으로 근무(勤務)하였으나 초년(初年)에는 운(運)이 없어 승진이 안 되어 고생을 많이 하였으나 48세 축토대운(丑土大運)에 과장(課長)으로 승진(昇進)하여 잘 살고 있는 사주다.

> ❶ 세운무인년(歲運戊寅年): 신축, 문서, 관재, 손재, 신액
> ❷ 질병(疾病): 냉(冷), 간(肝), 담(膽), 월경불순(月經不純), 폐병(肺病), 기관지(氣管支), 치질(痔疾)
> ❸ 남녀성격: (남) 과감 용단, 냉정하다, 고집 대단, 신의 있다, 근면하다, 매사 정이 많다, 처와 자식의 덕이 있다, 성격이 까다롭다, 옷에 신경, 편식, 새벽잠이 없다, 식복 있다
> (여) 냉정하다, 사람 사귀다 한번 틀어지면 다시 안 봄, 미모 수려, 남편의 사랑을 받는다, 부지런하다, 친모봉양, 부궁불미, 정부

☯ 세운·질병·남녀성격의 해설(歲運·疾病·男女性格의 解說)

❶ 세운무인년(歲運戊寅年) = ※신축, 문서, 관재, 손재, 신액은 ※세운무인년(歲運戊寅年)의 무토(戊土)는 신금일주(辛金日柱)의 인수(印綬)로 세운(歲運)에서 인수운(印綬運)이 들어오면 ※집을 짓는다든가 또는 증축을 한다든가 또는 문서를 잡는다든가 또는 사업체를 벌이는 일이 많다. 그리고 ※관재, 손재, 신액은 ※세운무인년(歲運戊寅年)의 인목(寅木)은 신금일주(辛金日柱)의 정관(正官)으로 원명사주(源命四柱)에 재살(財殺)이 태왕(太旺)인데 세운에서 재(財)나 관살운(官殺運)이 들어오면 ※관재수를 조심해야 하며 또는 손재수를 조심해야 하며 또는 건강을 조심해야 한다.

❷ 질병(疾病)은 냉, 간, 담은 일주(日柱)에서 발생(發生)하며 ※월경불순, 폐병, 기관지, 치질은 ※신금일주(辛金日柱)가 목화재살(木火財殺)이 태왕(太旺)이면 ※월경불순과 폐병과 기관지와 치질은 조심해야 한다.

❸ 남녀성격은 일주(日柱)에서 발생(發生)한다.

54년(음) 6월 15일 오(午)시 남자

甲	辛	辛	甲
午	未	未	午

58	48	38	28	18	8
丁	丙	乙	甲	癸	壬
丑	子	亥	戌	酉	申

이 사주는 신금일주(辛金日柱)가 하계미월(夏季未月)에 출생하여 득령(得令)하고 일지미토(日支未土) 인수(印綬)가 있어 신왕사주(身旺四柱)같이 보인다. 그러나 년간지(年干支) 시간지(時干支) 갑오갑오(甲午甲午)로 재살(財殺)이 태왕(太旺)이며 미월(未月)은 토(土)라 하나 화기(火氣)가 염열(炎熱)하며 오미(午未)로 화국(火局)을 이루어 일주(日柱)는 신약사주(身弱四柱)다. 그러므로 토인수(土印綬)가 용신(用神)이며 금비견겁(金比肩劫)은 희신(喜神)이 된다. 이 사주는 남자(男子)의 사주로서 초년(初年)에는 유금대운(酉金大運) 희신운(喜神運)이 들어와 공부를 잘하여 한의사(韓醫師)로 근무(勤務)하다가 술토대운(戌土大運)에 직접 한의원(韓醫院)을 개원하여 술토대운(戌土大運)에는 돈을 많이 벌었으나 38세 을목대운(乙木大運)에 원명사주(源命四柱)에 재살(財殺)이 태왕(太旺)한데 대운(大運)에서 편재운(偏財運)이 들어와 병원(病院)이 부실하였고 해자대운(亥子大運)에는 평범(平凡)하게 살고 있는 사주다.

❶ 세운무인년(歲運戊寅年): 신축, 문서, 신경과민
❷ 질병(疾病): 폐(肺), 기관지(氣管支)
❸ 남녀성격: (남) 과감 용단, 냉정하다, 고집 대단, 정복력 강함, 노력은 많이 하나 실속이 없다, 재복 있다, 처궁불미, 성격이 까다롭다, 편식한다, 옷에 신경 쓴다
(여) 냉정하다, 사람 사귀다 한번 틀어지면 다시 안 봄, 부궁불미, 재가, 정부, 말조심, 요리솜씨, 친모봉양, 인덕 없다

☯ 세운·질병·남녀성격의 해설(歲運·疾病·男女性格의 解說)

❶ **세운무인년(歲運戊寅年)** = ※신축, 문서, 신경과민은 ※세운무인년(歲運戊寅年)의 무토(戊土)는 신금일주(辛金日柱)의 인수(印綬)로 세운(歲運)에서 인수운(印綬運)이 들어오면 ※집을 짓는다든가 또는 증축을 한다든가 또는 문서를 잡는다든가 또는 사업체를 벌이는 일이 많다. 그리고 ※신경과민은 ※세운무인년(歲運戊寅年)의 인목(寅木)은 일지미토(日支未土)와 인미(寅未)로 귀문관살(鬼門關殺)이 되므로 세운(歲運)에서 일지(日支) 귀문(鬼門) 관살운(關殺運)이 들어오면 ※그해에는 모든 일에 신경을 많이 쓰게 된다.

❷ **질병(疾病)**은 일주(日柱)에서 발생(發生)한다.

❸ **남녀성격**은 일주(日柱)에서 발생(發生)한다.

58년(음) 3월 7일 사(巳)시 남자

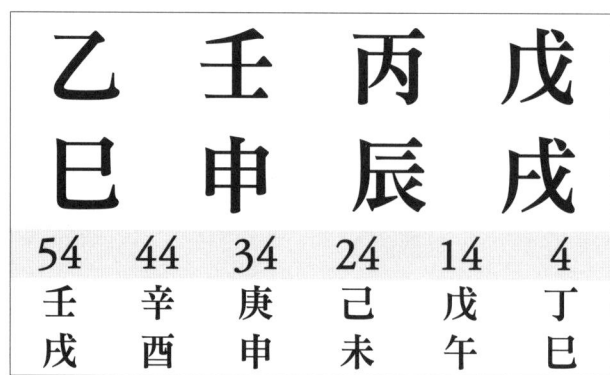

이 사주는 임수일주(壬水日柱)가 춘계진월(春季辰月)에 출생하여 실시(失時)하고 진중무토(辰中戊土)와 을목(乙木)이 투출(透出)하여 어느 오행(五行)으로 격(格)을 잡느냐의 기로(岐路)에 서게 된다. 날짜상으로 보아 진중(辰中)에는 을목(乙木)이 사령(司令)하므로 시상을목(時上乙木) 상관(傷官)으로 격(格)을 잡는다. 그러므로 상관격(傷官格)이며 사주에 재살(財殺)이 태왕(太旺)하다. 다행히 임수일주는 자좌신금(自坐申金)에 장생(長生)하여 종(從)하지 않으며 살인상생(殺印相生)으로 금인수(金印綬)가 용신(用神)이며 수비견겁(水比肩劫)은 희신(喜神)이 된다. 이 사주는 남자(男子)의 사주로서 외국어(外國語)에 능통(能通)하여 국제상사(國際商社)에 근무(勤務)하다가 44세 신유대운(申酉大運)이 잘 들어와 승승장구(乘勝長驅)하며 높은 직위(職位)에 승진한 사주다.

❶ 세운무인년(歲運戊寅年): 관재, 손재, 신액, 관재, 수술, 자연 재앙, 내외불화
❷ 질병(疾病): 냉(冷), 신장(腎臟), 방광(膀胱), 치질(痔疾), 비색증(鼻塞症)
❸ 남녀성격: (남) 털털한 성격, 원만하다, 활발하다, 지혜롭다, 포용력, 만인의 신망, 고집 대단, 박력 있다, 영리하다, 일독십지, 처 덕 있다
(여) 남자 같은 시원한 성격, 새것을 좋아함, 영리하다, 부궁불미, 정부, 예능, 문학에 소질 있다, 친모봉양

☯ 세운·질병·남녀성격의 해설(歲運·疾病·男女性格의 解說)

❶ **세운무인년(歲運戊寅年)** = ※관재, 손재, 신액, 관재, 수술, 자연 재앙, 내외불화는 ※세운무인년(歲運戊寅年)의 무토(戊土)는 임수일주(壬水日柱)의 편관(偏官)으로 원명사주(源命四柱)에 재살(財殺)이 왕(旺)한데 세운에서 재(財)나 관살운(官殺運)이 들어오면 ※**관재수나 손재수나 건강을 조심해야 한다.** 그리고 ※관재, 수술, 자연 재앙은 ※세운무인년(歲運戊寅年)의 인목(寅木)은 일지신금(日支申金)과 인신충(寅申沖)으로 세운(歲運)에서 일지충운(日支沖運)이 들어오면 ※**관재수나 수술이나 자연 재앙을 조심해야 한다.** 그리고 ※**내외불화**는 ※세운무인년(歲運戊寅年)의 무토(戊土)는 임수일주(壬水日柱)의 편관(偏官)으로 세운(歲運)에서 일주(日柱)를 극(剋)하는 운(運)이 들어오면 ※**집에서나 밖에서나 윗사람이나 아랫사람이나 불화가 많이 생긴다.**

❷ 질병(疾病)은 냉, 신장, 방광은 일주(日柱)에서 발생(發生)하며 ※치질, 비색증은 ※임수일주가 화토재살(火土財殺)이 왕(旺)하면 ※**치질을 조심해야 하며 또는 비염, 코막힘, 축농증을 조심해야 한다.**

❸ 남녀성격은 일주(日柱)에서 발생(發生)한다.

58년(음) 8월 6일 신(申)시 여자

庚	戊	辛	戊
申	戌	酉	戌

53	43	33	23	13	3
乙	丙	丁	戊	己	庚
卯	辰	巳	午	未	申

이 사주는 무토일주(戊土日柱)가 중추유월(中秋酉月)에 출생하여 실시(失時)하고 유중신금(酉中辛金)이 월상(月上)에 투출(透出)하여 상관격(傷官格)이다. 무토일주(戊土日柱)는 자좌술토(自坐戌土)에 근(根)하고 년간지(年干支) 무술토(戊戌土)가 있어 4 대 4로 일주(日柱)가 신왕사주(身旺四柱)같이 보인다. 그러나 월지유금(月支酉金)은 한 개지만 두 개 이상의 힘을 갖고 있으므로 일주(日柱)는 신약사주(身弱四柱)다. 그러므로 화인수(火印綬)가 용신(用神)이며 토비견겁(土比肩劫)은 희신(喜神)이 된다. 이 사주는 여자(女子)의 사주로서 의사(醫師)로 23세 무오대운(戊午大運)부터 운(運)이 잘 들어와 대학병원에 근무(勤務)하다가 38세 사화대운(巳火大運)에 의원(醫院)을 개원하여 돈을 수억금을 벌었고 43세 병화대운(丙火大運)에 부동산에 투자하였으나 월상신금(月上辛金)과 대운병화(大運丙火)와 병신합(丙辛合)으로 합거(合去)되어 재산을 탕진하고 남편과 이혼(離婚)하고 혼자 살고 있는 사주다. 부궁(夫宮)이 부실한 것은 여자(女子) 사주에 상관식신(傷官食神)이 태왕(太旺)이면 부궁(夫宮)이 부실하여 재혼(再婚)하거나 혼자 사는 사람들이 많다.

❶ 세운무인년(歲運戊寅年): 변화, 이사, 전근, 불성
❷ 질병(疾病): 신장(腎臟), 방광(膀胱)
❸ 남녀성격: (남) 군자의 성품, 언행 조심, 신의 있다, 인심 좋다, 재주 있다, 신뢰한다, 근면하다, 학업 열중, 임사즉결, 고집 대단, 남에게 잘함, 신앙심, 창의력, 돈이 잘 빠져나간다
   (여) 신용 있다, 순진하다, 시모불합, 남편 말 잘 안 듣는다, 부궁불미, 정부, 재가, 독수공방, 일가부양, 친모봉양, 신앙심

세운·질병·남녀성격의 해설(歲運·疾病·男女性格의 解說)

❶ 세운무인년(歲運戊寅年) = ※변화, 이사, 전근, 불성은 ※세운무인년(歲運戊寅年)의 인목(寅木)은 일지술토(日支戌土)와 인술(寅戌)로 삼합(三合)이 되므로 세운(歲運)에서 일지(日支) 삼합운(三合運)이 들어오면 ※변화가 생긴다든가 또는 이사를 한다든가 또는 직장을 옮기는 일이 많다. 그리고 ※불성은 ※세운무인년(歲運戊寅年)의 무토(戊土)는 무토일주(戊土日柱)의 비견(比肩)으로 세운(歲運)에서 비견겁운(比肩劫運)이 들어오면 ※모든 일이 잘 풀리지 않고 대차계약도 잘 이루어지지 않는다.

❷ 질병(疾病)은 일주(日柱)에서 발생(發生)한다.

❸ 남녀성격은 일주(日柱)에서 발생(發生)한다.

57년(음) 10월 14일 해(亥)시 남자

이 사주는 신금일주(辛金日柱)가 초겨울 해월(亥月)에 출생하여 실시(失時)하고 일시지(日時支) 양해수(兩亥水)로 상관식신(傷官食神)이 태왕(太旺)이다. 그러나 신금일주(辛金日柱)는 년지유금(年支酉金)에 록근(祿根)하고 유중신금(酉中辛金)이 월상(月上)에 투출(透出)하여 종(從)하지 않는다. 그러므로 일주(日柱)가 신약사주(身弱四柱)로서 많은 상관식신(傷官食神)을 제(制)하고 일주(日柱)를 생(生)하여 주는 토인수(土印綬)가 용신(用神)이며 금비견겁(金比肩劫)은 희신(喜神)이 된다. 이 사주는 남자(男子)의 사주로서 공대(工大)에 전자공학(電子工學)과를 졸업하고 회사(會社)에 근무(勤務)하다가 44세 미토대운(未土大運)에 사업(事業)을 경영(經營)하여 돈을 많이 벌었으나 49세 병화대운(丙火大運)에 월상신금(月上辛金)과 병신합(丙辛合)으로 합거(合去)되어 재산(財産)을 모두 탕진(蕩盡)하고 힘들게 살아가고 있는 사주다.

❶ 세운무인년(歲運戊寅年): 신축, 문서
❷ 질병(疾病): 폐(肺), 담(膽), 중풍(中風), 비색증(鼻塞症)
❸ 남녀성격: (남) 과감 용단, 냉정하다, 선견지명, 암기력, 총명하다, 지혜롭다, 항상 바쁨, 집념 대단, 재복 있다, 처 덕 있다, 남에게 잘함, 처궁불미, 장수한다
(여) 냉정하다, 사람 사귀다 한번 틀어지면 다시 안 봄, 부궁불미, 재가, 정부, 인정 있다, 남에게 잘함, 잘하고 욕먹는다, 자손귀자, 신앙심, 내 것 주고 배신당함, 인덕 없다

☯ 세운·질병·남녀성격의 해설(歲運·疾病·男女性格의 解說)

❶ 세운무인년(歲運戊寅年) = ※신축, 문서는 ※세운무인년(歲運戊寅年)의 무토(戊土)는 신금일주(辛金日柱)의 인수(印綬)로 세운(歲運)에서 인수운(印綬運)이 들어오면 ※집을 짓는다든가 또는 증축을 한다든가 또는 문서를 잡는다든가 또는 사업체를 벌이는 일이 많다.

❷ 질병(疾病)은 폐, 담은 일주(日柱)에서 발생(發生)하며 ※중풍, 비색증은 ※신금일주(辛金日柱)가 해자월(亥子月)에 출생하면 ※술을 많이 마시면 중풍을 조심해야 하며 또는 코막힘과 비염과 축농증을 조심해야 한다.

❸ 남녀성격은 일주(日柱)에서 발생(發生)한다.

59년(음) 2월 3일 술(戌)시 여자

庚	壬	丁	己
戌	辰	卯	亥

58	48	38	28	18	8
癸	壬	辛	庚	己	戊
酉	申	未	午	巳	辰

이 사주는 임수일주(壬水日柱)가 중춘묘월(中春卯月)에 출생하여 실시(失時)하고 일시지(日時支) 진술토(辰戌土)와 년상기토(年上己土) 정관(正官)이 있어 관살(官殺)이 많아 일주(日柱)는 신약사주(身弱四柱)다. 다행히 임수일주(壬水日柱)는 년지해수(年支亥水)에 록근(祿根)하고 시상경금(時上庚金) 인수(印綬)가 투출(透出)되어 살인상생(殺印相生)으로 시상경금(時上庚金) 인수(印綬)가 용신(用神)이며 수비견겁(水比肩劫)은 희신(喜神)이 된다. 이 사주는 여자(女子)의 사주로서 디자인을 전공(專攻)하여 38세 신금대운(辛金大運)에 사업(事業)을 경영하여 돈을 많이 벌었으나 48세 임수대운(壬水大運)에 월상정화(月上丁火)와 정임합(丁壬合)으로 합거(合去)되어 재산(財産)을 탕진(蕩盡)하고 남편과 이혼하고 혼자 힘들게 살다가 53세 신금대운(申金大運)에 인수운(印綬運)이 들어와 사업이 번창하여 잘 살고 있는 사주다. 부궁(夫宮)이 부실한 것은 임진일주(壬辰日柱)는 부궁(夫宮)이 부실한데 년간지(年干支) 기해생(己亥生)의 공망(空亡)은 일지진토(日支辰土)로서 부궁(夫宮)이 더욱더 부실한 사주다.

> ❶ 세운무인년(歲運戊寅年): 관재, 손재, 신액, 내외불화
> ❷ 질병(疾病): 냉(冷), 풍질(風疾), 신장(腎臟), 혈압(血壓)
> ❸ 남녀성격: (남) 털털한 성격, 일찍 사회에 진출, 임전무퇴, 자립정신, 재간 있다, 박력 있다, 속전속결, 처궁불미, 어린 시절 잔병, 자손근심, 아이디어가 좋다
> (여) 남자 같은 시원한 성격, 새것을 좋아함, 부궁불미, 재가, 정부, 독수공방, 일가부양, 풍파가 많다

☯ 세운·질병·남녀성격의 해설(歲運·疾病·男女性格의 解說)

❶ 세운무인년(歲運戊寅年) = ※관재, 손재, 신액, 내외불화는 ※세운무인년(歲運戊寅年)의 무토(戊土)는 임수일주(壬水日柱)의 편관(偏官)으로 원명사주(源命四柱)에 재살(財殺)이 왕(旺)한데 세운에서 재(財)나 관살운(官殺運)이 들어오면 ※관재수나 손재수나 건강을 조심해야 한다. 그리고 ※내외불화는 ※세운무인년(歲運戊寅年)의 무토(戊土)는 임수일주의 편관(偏官)으로 세운(歲運)에서 일주(日柱)를 극(剋)하는 운(運)이 들어오면 ※집에서나 밖에서나 윗사람이나 아랫사람이나 불화가 많이 생긴다.

❷ 질병(疾病)은 일주(日柱)에서 발생(發生)한다.

❸ 남녀성격은 일주(日柱)에서 발생(發生)한다.

45년(음) 7월 15일 진(辰)시 남자

丙	癸	甲	乙
辰	亥	申	酉

55	45	35	25	15	5
戊	己	庚	辛	壬	癸
寅	卯	辰	巳	午	未

이 사주는 계수일주(癸水日柱)가 초가을 신월(申月)에 출생하여 득령(得令)하고 년지유금(年支酉金) 인수(印綬)와 일지해수(日支亥水)에 근(根)하여 일주(日柱)는 신왕사주(身旺四柱)다. 신왕사주(身旺四柱)에는 일주(日柱)를 제(制)하는 관살(官殺)이나 상관식신(傷官食神)으로 설기(泄氣)함이 좋은데 시지(時支) 진중무토(辰中戊土) 정관(正官)이 있다 하나 그 무토(戊土)는 습토(濕土)로서 용신(用神)으로는 힘이 없으며 시상(時上) 병화재(丙火財)가 있다 하나 그 병화(丙火)도 근(根)이 없으며 자좌(自坐) 진습토(辰濕土)에 설기(泄氣)가 심(甚)하여 재(財)로도 용신(用神)으로 쓸 수가 없다. 년상을목(年上乙木)은 자좌유금(自坐酉金)에 살지(殺地)며 월상갑목(月上甲木)도 자좌신금(自坐申金)에 살지(殺地)인데 그 년상을목(年上乙木)을 진중을목(辰中乙木)에 근(根)하고 월상갑목(月上甲木)은 자좌살지(自坐殺地)라 하나 일지(日支) 해중갑목(亥中甲木)에 근(根)하니 월상갑목(月上甲木)으로 계수일주(癸水日柱)가 설기(泄氣)함으로 월상갑목(月上甲木) 상관(傷官)이 용신(用神)이 된다. 이 사주는 남자(男子)의 사주로서 60세 인목대운(寅木大運)에 부동산 사업을 하여 수억금을 벌어 잘살고 있는 사주다.

> ❶ 세운무인년(歲運戊寅年): 수술, 내외불화
> ❷ 질병(疾病): 심장(心臟), 냉(冷)
> ❸ 남녀성격: (남) 털털한 성격, 차분한 성격, 마음이 깊다, 외유내강, 타인 존경, 준법정신, 영리하다, 총명하다, 연구심, 노력으로 끝을 본다, 장수한다, 신앙심
> (여) 남자 같은 시원한 성격, 새것을 좋아함, 부군 덕, 부궁불미, 독수공방, 정부, 재가, 친정형제 걱정 많이 한다, 자손귀자, 돈이 잘 빠져나감, 신앙심

☯ 세운·질병·남녀성격의 해설(歲運·疾病·男女性格의 解說)

❶ **세운무인년(歲運戊寅年)** = ※수술, 내외불화는 ※세운무인년(歲運戊寅年)의 인목(寅木)은 계수일주(癸水日柱)의 상관(傷官)으로 세운(歲運)에서 일지(日支) 상관운(傷官運)이 들어오면 ※**수술을 조심해야 한다.** 그리고 ※**내외불화**는 ※세운무인년(歲運戊寅年)의 무토(戊土)는 계수일주(癸水日柱)의 정관(正官)으로 세운에서 일주(日柱)를 극(剋)하는 운(運)이 들어오면 ※**집에서나 밖에서나 윗사람이나 아랫사람이나 불화가 많이 생긴다.**

❷ 질병(疾病)은 일주(日柱)에서 발생(發生)한다.

❸ 남녀성격은 일주(日柱)에서 발생(發生)한다.

46년(음) 8월 1일 인(寅)시 여자

甲	癸	丙	丙
寅	酉	申	戌

56	46	36	26	16	6
庚	辛	壬	癸	甲	乙
寅	卯	辰	巳	午	未

이 사주는 계수일주(癸水日柱)가 초가을 신월(申月)에 출생하여 득령(得令)하고 일지유금(日支酉金) 인수(印綬)가 있어 일주(日柱)가 신왕사주(身旺四柱)같이 보인다. 그러나 시간지(時干支) 갑인목(甲寅木)에 설기(泄氣)가 심(甚)하고 년월(年月) 양병화(兩丙火)는 시지(時支) 인중병화(寅中丙火)에 근(根)하고 년지(年支) 술중무토(戌中戊土)에 극(剋)을 받으니 재관(財官)이 왕(旺)하여 일주(日柱)는 강화위약(强化爲弱)으로 신약사주(身弱四柱)다. 그러므로 금인수(金印綬)가 용신(用神)이며 수비견겁(水比肩劫)은 희신(喜神)이 된다. 이 사주는 여자(女子)의 사주로서 전업주부로 살다가 46세 신금대운(辛金大運)에 주식에 투자하였으나 월상병화(月上丙火)와 병신합(丙辛合)으로 합거(合去)되어 재산(財産)을 모두 탕진(蕩盡)하고 남편과 이혼하고 혼자 살다가 56세 경금대운(庚金大運)에 사업을 재기(再起)하여 재산을 복구(復舊)하고 평범하게 살고 있는 사주다.

> ❶ 세운무인년(歲運戊寅年): 관재, 손재, 신액, 수술, 내외불화
> ❷ 질병(疾病): 신장(腎臟), 심장(心臟), 방광(膀胱), 냉(冷)
> ❸ 남녀성격: (남) 털털한 성격, 성격이 까다롭다, 매사 철두철미, 박력이 모자란다, 영리하다, 총명하다, 암기력, 남에게 잘함, 호인이다, 고독 자초, 처 덕 있다
> (여) 남자 같은 시원한 성격, 새것을 좋아함, 정이 많다, 부궁불미, 정부, 인덕 없다, 눈물 많다

☯ 세운·질병·남녀성격의 해설(歲運·疾病·男女性格의 解說)

❶ **세운무인년(歲運戊寅年)** = ※관재, 손재, 신액, 수술, 내외불화는 ※세운무인년(歲運戊寅年)의 무토(戊土)는 계수일주(癸水日柱)의 정관(正官)으로 원명사주(源命四柱)에 재관(財官)이 왕(旺)한데 세운(歲運)에서 재(財)나 관살운(官殺運)이 들어오면 ※**관재수나 손재수나 건강을 조심해야 한다.** 그리고 ※**수술**은 ※세운무인년(歲運戊寅年)의 인목(寅木)은 계수일주(癸水日柱)의 상관(傷官)으로 세운(歲運)에서 일지(日支) 상관운(傷官運)이 들어오면 ※**수술을 조심해야 한다.** 그리고 ※**내외불화**는 ※세운무인년(歲運戊寅年)의 무토(戊土)는 계수일주(癸水日柱)의 정관(正官)으로 세운(歲運)에서 일주(日柱)를 극(剋)하는 운(運)이 들어오면 ※**집에서나 밖에서나 윗사람이나 아랫사람이나 불화가 많이 생긴다.**

❷ 질병(疾病)은 일주(日柱)에서 발생(發生)한다.

❸ 남녀성격은 일주(日柱)에서 발생(發生)한다.

51년(음) 1월 7일 인(寅)시 남자

甲	癸	庚	辛
寅	未	寅	卯

52	42	32	22	12	2
甲	乙	丙	丁	戊	己
申	酉	戌	亥	子	丑

이 사주는 계수일주(癸水日柱)가 초봄 인월(寅月)에 출생하여 실시(失時)하고 인중갑목(寅中甲木)이 시상(時上)에 투출(透出)하여 상관격(傷官格)이다. 그리고 지지(地支)는 년일지(年日支) 묘미(卯未)로 목국(木局)이 되고 월시지(月時支) 양인목(兩寅木)이 있어 지지(地支)는 전부 목국(木局)으로 되어 있다. 계수일주(癸水日柱)는 근(根)이 없으며 자좌살지(自坐殺地)에 앉았으며 년월(年月) 경신금(庚辛金) 인수(印綬)가 있다고 하나 그 경신금(庚辛金)도 근(根)이 없으며 인묘목(寅卯木)에 절궁(絶宮)이 되어 계수일주(癸水日柱)를 생(生)하여 줄 힘이 없다. 그러므로 금생수(金生水) 수생목(水生木)으로 종아격(從兒格)으로 갑목(甲木)이 용신(用神)이 된다. 이 사주는 남자(男子)의 사주로서 47세 유금대운(酉金大運)에 사업을 경영하였으나 종(從)하는 사주에 인수운(印綬運)이 들어와 재산을 탕진하고 52세 갑목대운(甲木大運)에 사업을 재기하여 재산을 복구하고 잘살고 있는 사주다.

❶ 세운무인년(歲運戊寅年): 수술, 내외불화, 신경과민
❷ 질병(疾病): 신장(腎臟), 비(脾), 위(胃)
❸ 남녀성격: (남) 털털한 성격, 의리 있다, 신용 있다, 인내심, 지구력, 순진하다, 심술 많다, 꾸준히 노력으로 결실, 성격이 까다롭다, 옷에 신경, 신앙심, 편식, 처궁불미
(여) 남자 같은 시원한 성격, 새것을 좋아함, 남편 복이 없다, 정부, 재가, 인덕 없다

☯ 세운·질병·남녀성격의 해설(歲運·疾病·男女性格의 解說)

❶ **세운무인년(歲運戊寅年)** = ※수술, 내외불화, 신경과민은 ※세운무인년(歲運戊寅年)의 인목(寅木)은 계수일주(癸水日柱)의 상관(傷官)으로 세운(歲運)에서 일지(日支) 상관운(傷官運)이 들어오면 ※**수술을 조심해야 한다.** 그리고 ※**내외불화**는 ※세운무인년(歲運戊寅年)의 무토(戊土)는 계수일주(癸水日柱)의 정관(正官)으로 세운(歲運)에서 일주(日柱)를 극(剋)하는 운(運)이 들어오면 ※**집에서나 밖에서나 윗사람이나 아랫사람이나 불화가 많이 생긴다.** 그리고 ※**신경과민**은 ※세운무인년의 인목(寅木)은 일지미토(日支未土)와 인미(寅未)로 귀문관살(鬼門關殺)이 되므로 세운(歲運)에서 일지(日支) 귀문(鬼門)관살운(關殺運)이 들어오면 ※**그해에는 모든 일에 신경을 많이 쓰게 된다.**

❷ **질병(疾病)과** ❸ **남녀성격은 일주(日柱)에서 발생(發生)한다.**

50년(음) 1월 21일 인(寅)시 남자

甲	癸	己	庚
寅	卯	卯	寅

59	49	39	29	19	9
乙	甲	癸	壬	辛	庚
酉	申	未	午	巳	辰

이 사주는 계수일주(癸水日柱)가 중춘묘월(中春卯月)에 출생하여 실시(失時)하고 년시지(年時支) 양인목(兩寅木)과 일지묘목(日支卯木)과 인중갑목(寅中甲木)이 시상(時上)에 투출(透出)하여 상관식신(傷官食神)이 태왕(太旺)이다. 계수일주(癸水日柱)는 근(根)이 없으며 자좌묘목(自坐卯木)에 설기(泄氣)가 심(甚)하고 년상경금(年上庚金) 인수(印綬)가 있다 하나 그 경금(庚金)도 근(根)이 없으며 자좌인목(自坐寅木) 절궁(絶宮)에 앉아 계수일주(癸水日柱)를 생(生)하여 줄 힘이 없다. 그러므로 계수일주는 수생목(水生木)으로 종아(從兒)하게 되므로 상관식신(傷官食神)이 용신(用神)이 된다. 이 사주는 남자의 사주로서 교사로 근무한 사주다.

> ❶ 세운무인년(歲運戊寅年): 수술, 자손액, 자연 재앙, 내외불화
> ❷ 질병(疾病): 풍질(風疾), 신장(腎臟), 방광(膀胱), 냉(冷)
> ❸ 남녀성격: (남) 털털한 성격, 만인 신망, 영리하다, 인자하다, 남에게 잘함, 준법정신, 고집 대단, 식복 있다, 처궁불미, 처 덕 있다, 소심하다, 운동 잘함, 마음 약
> (여) 남자 같은 시원한 성격, 새것을 좋아함, 부궁불미, 자손근심, 정부, 재가, 애교 많다, 생리통이 심하다, 침착하다, 인내심, 눈물 많다, 인덕 있다

☯ 세운·질병·남녀성격의 해설(歲運·疾病·男女性格의 解說)

❶ **세운무인년(歲運戊寅年)** = ※수술, 자손액, 자연 재앙, 내외불화는 ※세운무인년(歲運戊寅年)의 인목(寅木)은 계수일주(癸水日柱)의 상관(傷官)으로 세운(歲運)에서 일지(日支) 상관운(傷官運)이 들어오면 ※**수술을 조심해야 한다.** 그리고 ※**자손액**은 ※세운무인년의 인목(寅木)은 계수일주의 상관(傷官)으로 원명사주(源命四柱)에 상관식신(傷官食神)이 태왕(太旺)하고 관살(官殺)이 쇠약(衰弱)한데 세운(歲運)에서 상관(傷官) 식신운(食神運)이 들어오면 ※**자손액을 조심해야 한다.** 그리고 ※**자연 재앙**은 ※세운무인년(歲運戊寅年)의 인목(寅木)은 년지인목(年支寅木)과 인인(寅寅)으로 똑같은 오행(五行)이므로 세운(歲運)에서 년지(年支) 같은 운(運)이 들어오면 ※**자연 재앙을 조심해야 한다.** 그리고 ※**내외불화**는 ※세운무인년(歲運戊寅年)의 무토(戊土)는 계수일주(癸水日柱)의 정관(正官)으로 세운에서 일주(日柱)를 극(剋)하는 운(運)이 들어오면 ※**집에서나 밖에서나 윗사람이나 아랫사람이나 불화가 많이 생긴다.**

❷ 질병(疾病)은 일주(日柱)에서 발생(發生)한다.

❸ 남녀성격은 일주(日柱)에서 발생(發生)한다.

58년(음) 4월 29일 술(戌)시 남자

甲	甲	戊	戊
戌	子	午	戌

57	47	37	27	17	7
甲	癸	壬	辛	庚	己
子	亥	戌	酉	申	未

이 사주는 갑목일주(甲木日柱)가 중하오월(中夏午月)에 출생하여 실시(失時)하고 년지술토(年支戌土)와 월지오화(月支午火)와 오술(午戌)로 화국(火局)을 이루고 년월무토(年月戊土)가 투출(透出)하여 상관(傷官)과 재(財)가 태왕(太旺)으로 신약사주(身弱四柱)다. 사주에 재(財)가 많을 때에는 비견겁(比肩劫)으로 많은 재(財)를 제(制)하고 일주(日柱)를 도와주는 비견겁(比肩劫)이 용신(用神)이며 수인수(水印綬)가 희신(喜神)이 된다. 이 사주는 남자(男子)의 사주로서 은행원(銀行員)으로 초년(初年)에는 운(運)이 없어 승진(昇進)이 안 되어 고생을 많이 하다가 52세 해수대운(亥水大運)에 지점장으로 승진하였고 앞으로도 계속 갑자대운(甲子大運)이 잘 들어와 승승장구(乘勝長驅)하며 화목하게 잘 살 것으로 생각된다. 그리고 사주(四柱)에 재(財)가 많으면 재(財)는 돈도 되고 처(妻)도 되는데 사주(四柱)에 재(財)가 많은 사람은 인색(吝嗇)하며 처궁(妻宮)이 부실하여 결혼을 늦게 한다든가 또는 재혼(再婚)하는 사람들이 많다.

> ❶ 세운기묘년(歲運己卯年): 관재, 손재, 신액, 관재, 수술
> ❷ 질병(疾病): 간(肝), 풍(風), 냉(冷), 저혈압(低血壓), 기관지(氣管支), 편도선(扁桃腺)
> ❸ 남녀성격: (남) 의지 굳다, 무뚝뚝하다, 웃음이 적다, 냉정하다, 임사즉결,
> 　　　　　　　멋쟁이, 권모술수, 눈치가 빠르다, 신경 예민, 처궁불미
> 　　　　　　(여) 의지 굳다, 인자함, 무뚝뚝하다, 웃음이 적다, 부궁불미

☯ 세운·질병·남녀성격의 해설(歲運·疾病·男女性格의 解說)

❶ 세운기묘년(歲運己卯年) = ※관재, 손재, 신액, 관재, 수술은 ※세운기묘년(歲運己卯年)의 기토(己土)는 갑목일주(甲木日柱)의 정재(正財)로 원명사주에 재살(財殺)이 태왕(太旺)인데 세운에서 재(財)나 관살운(官殺運)이 들어오면 ※관재수나 손재수나 건강을 조심해야 한다. 그리고 ※관재, 수술은 ※세운기묘년(歲運己卯年)의 묘목(卯木)은 일지자수(日支子水)와 자묘(子卯)로 형살(刑殺)이 되므로 세운에서 일지(日支) 형살운(刑殺運)이 들어오면 ※관재수를 조심해야 하며 또는 수술을 조심해야 한다.

❷ 질병(疾病)은 간, 풍, 냉, 저혈압은 일주(日柱)에서 발생(發生)하며 ※기관지, 편도선은 ※원명사주(源命四柱)에 갑목일주(甲木日柱)가 오월(午月)에 출생하고 화국(火局)을 이루면 ※기관지와 편도선을 조심해야 한다.

❸ 남녀성격은 일주(日柱)에서 발생(發生)한다.

54년(음) 4월 7일 축(丑)시 남자

```
丁 乙 己 甲
丑 丑 巳 午
```

59	49	39	29	19	9
乙	甲	癸	壬	辛	庚
亥	戌	酉	申	未	午

이 사주는 을목일주(乙木日柱)가 초여름 사월(巳月)에 출생하여 실시(失時)하고 년지오화(年支午火)와 사오(巳午)로 화국(火局)을 이루었고 오중정화(午中丁火)가 시상(時上)에 투출(透出)하여 일시지(日時支) 양축토(兩丑土)를 생(生)하니 일주(日柱)가 심약(甚弱)하다. 그러나 을목일주(乙木日柱)는 무근(無根)이며 자좌(自坐) 축중신금(丑中辛金)에 살지(殺地)에 앉았고 년상갑목(年上甲木) 비겁(比劫)은 근(根)이 없으며 자좌오화(自坐午火)에 설기(泄氣)가 심(甚)하고 월상기토(月上己土)와 갑기(甲己)로 합(合)하여 일주(日柱)를 도울 힘이 없다. 그러므로 이 사주는 목생화(木生火) 화생토(火生土)로 상관(傷官) 용재격(用財格)을 이루어 토재(土財)가 용신(用神)이며 화(火) 상관식신(傷官食神)은 희신(喜神)이 된다. 이 사주는 남자(男子)의 사주로서 건축업(建築業)을 하였으나 초년(初年)에는 운(運)이 없어 고생을 많이 하였으나 54세 술토대운(戌土大運)에 사업이 번창하여 수억금을 벌었으며 59세 을목대운(乙木大運)에는 종(從)하는 사주에 비견겁운(比肩劫運)이 들어와 사업 실패하고 힘들게 살고 있는 사주다.

❶ 세운기묘년(歲運己卯年): 관재, 손재, 신액
❷ 질병(疾病): 간(肝), 담(膽), 풍(風), 기관지(氣管支), 편도선(扁桃腺), 두통(頭痛)
❸ 남녀성격: (남) 성질 급, 근면 성실, 의지 굳다, 무뚝뚝하다, 봉사정신, 형제불의, 밥을 빨리 먹는다, 재복 있다, 새벽잠이 없다, 신앙심
   (여) 의지 굳다, 무뚝뚝하다, 인자함, 부궁불미, 정부, 재가, 독수공방, 자손근심, 남자 조종 잘한다

☯ 세운·질병·남녀성격의 해설(歲運·疾病·男女性格의 解說)

❶ 세운기묘년(歲運己卯年) = ※관재, 손재, 신액은 ※세운기묘년(歲運己卯年)의 기토(己土)는 을목일주(乙木日柱)의 편재(偏財)로 원명사주(源命四柱)에 재살(財殺)이 태왕(太旺)인데 세운(歲運)에서 재(財)나 관살운(官殺運)이 들어오면 ※관재수를 조심해야 하며 또는 손재수를 조심해야 하며 또는 건강을 조심해야 한다.

❷ 질병(疾病)은 간, 담, 풍은 일주(日柱)에서 발생(發生)하며 ※기관지, 편도선, 두통은 ※원명사주(源命四柱)에 을목일주(乙木日柱)가 사오월(巳午月)에 출생하고 화국(火局)을 이루면 ※기관지와 편도선과 두통을 조심해야 한다.

❸ 남녀성격은 일주(日柱)에서 발생(發生)한다.

57년(음) 1월 14일 진(辰)시 여자

壬	丙	壬	丁
辰	辰	寅	酉

57	47	37	27	17	7
戊	丁	丙	乙	甲	癸
申	未	午	巳	辰	卯

이 사주는 병화일주(丙火日柱)가 초봄 인월(寅月)에 출생하여 득령(得令)하고 년상(年上)에 정화(丁火)가 투출(透出)하여 신왕사주(身旺四柱)같이 보인다. 그러나 월시상(月時上) 양임수(兩壬水)가 투출(透出)하여 진중계수(辰中癸水)에 근(根)하여 일주(日柱)를 극(剋)하고 일시지(日時支) 양진토(兩辰土)에 설기(泄氣)가 심(甚)하므로 이 사주는 강화위약(强化爲弱)으로 목인수(木印綬)가 용신(用神)이며 화비견겁(火比肩劫)이 희신(喜神)이 된다. 이 사주는 여자(女子)의 사주로서 공부(工夫)는 많이 못 하였으나 초년(初年)부터 사업(事業)을 하여 고생(苦生)을 하였으나 27세 을목대운(乙木大運)부터 운(運)이 잘 들어와 돈을 많이 벌었고 또 결혼(結婚)도 하였으며 그 이후로도 37세 병오대운(丙午大運)까지는 사업(事業)이 승승장구(乘勝長驅)하여 수억금을 벌었으나 47세 정화대운(丁火大運)에는 월상임수(月上壬水)와 정임합(丁壬合)으로 합거(合去)되어 재산(財産)을 탕진(蕩盡)하고 남편과 이혼(離婚)하고 혼자 살고 있는 사주다. 부궁(夫宮)이 부실한 것은 년간지(年干支) 정유생(丁酉生)의 공망(空亡)은 일시지(日時支) 양진토(兩辰土)로서 여자(女子) 사주에 일시지(日時支)에 공망(空亡)이 있으면 부궁(夫宮)이 부실하여 재혼(再婚)하거나 혼자 사는 사람들이 많다.

❶ 세운기묘년(歲運己卯年): 관재, 신축, 문서
❷ 질병(疾病): 혈압(血壓), 심장(心臟), 신경통(神經痛)
❸ 남녀성격: (남) 말을 잘한다, 재간 있다, 남에게 잘함, 배짱 좋다, 손재가 많다, 신앙심, 추리력이 좋다, 재복 있다
(여) 말을 잘한다, 명랑하다, 금방 좋았다가 금방 싫어짐, 고집 대단, 박력 있다, 부궁불미, 정부, 몸과 마음이 피곤함, 신앙심

☯ 세운·질병·남녀성격의 해설(歲運·疾病·男女性格의 解說)

❶ **세운기묘년(歲運己卯年)** = ※관재, 신축, 문서는 ※세운기묘년(歲運己卯年)의 기토(己土)는 병화일주(丙火日柱)의 상관(傷官)으로 세운(歲運)에서 천간(天干) 상관운(傷官運)이 들어오면 **※관재수를 조심해야 한다.** 그리고 ※신축, 문서는 ※세운기묘년(歲運己卯年)의 묘목(卯木)은 병화일주(丙火日柱)의 인수(印綬)로 세운(歲運)에서 인수운(印綬運)이 들어오면 **※집을 짓는다든가 또는 증축을 한다든가 또는 사업체를 벌이는 일이 많다.**

❷ 질병(疾病)은 일주(日柱)에서 발생(發生)한다.

❸ 남녀성격은 일주(日柱)에서 발생(發生)한다.

54년(음) 9월 11일 인(寅)시 여자

庚	丙	癸	甲
寅	申	酉	午

60	50	40	30	20	10
丁	戊	己	庚	辛	壬
卯	辰	巳	午	未	申

이 사주는 병화일주(丙火日柱)가 중추유월(中秋酉月)에 출생하여 실시(失時)하고 일지신금(日支申金)과 신유(申酉)로 금국(金局)을 이루고 신궁경금(申宮庚金)이 시상(時上)에 투출(透出)하고 월상(月上)에 계수정관(癸水正官)이 투출(透出)하여 재관(財官)이 왕(旺)하여 신약사주(身弱四柱)다. 그러나 병화일주(丙火日柱)는 년지오화(年支午火) 양인(羊刃)을 놓고 년상갑목(年上甲木)은 시지인목(時支寅木)에 록근(祿根)하여 병화(丙火)를 생(生)하고 있다. 그러나 이 사주는 재(財)가 많으므로 비견겁(比肩劫)으로 많은 재(財)를 제(制)하고 일주(日柱)를 보신(補身)해야 하므로 화비견겁(火比肩劫)이 용신(用神)이며 목인수(木印綬)는 희신(喜神)이 된다. 이 사주는 여자(女子)의 사주로서 귀금속업(貴金屬業)을 경영하여 35세 오화대운(午火大運)부터 50세 사화대운(巳火大運)까지 수억금을 벌었으나 50세 무토대운(戊土大運)에 월상계수(月上癸水)와 무계합(戊癸合)으로 합거(合去)되어 재산(財産)을 탕진(蕩盡)하고 힘들게 살아가고 있는 사주다.

> ❶ 세운기묘년(歲運己卯年): 관재, 신축, 문서, 신경과민
> ❷ 질병(疾病): 심장 약(心臟 弱)
> ❸ 남녀성격: (남) 말을 잘한다, 영리하다, 다재다능, 재복 있다, 처 덕 있다, 꾀가 많다, 고독하다
> (여) 말을 잘한다, 명랑하다, 금방 좋았다가 금방 싫어짐, 부궁불미, 정부, 시모불합, 잔병조심, 말조심, 고독하다

☯ 세운·질병·남녀성격의 해설(歲運·疾病·男女性格의 解說)

❶ 세운기묘년(歲運己卯年) = ※관재, 신축, 문서, 신경과민은 ※세운기묘년(歲運己卯年)의 기토(己土)는 병화일주(丙火日柱)의 상관(傷官)으로 세운(歲運)에서 천간(天干) 상관운(傷官運)이 들어오면 **※관재수를 조심해야 한다.** 그리고 **※신축, 문서**는 ※세운기묘년(歲運己卯年)의 묘목(卯木)은 병화일주(丙火日柱)의 인수(印綬)로 세운(歲運)에서 인수운(印綬運)이 들어오면 **※집을 짓는 다든가 또는 증축을 한다든가 또는 사업체를 벌이는 일이 많다.** 그리고 **※신경과민**은 ※세운기묘년(歲運己卯年)의 묘목(卯木)은 일지신금(日支申金)과 묘신(卯申)으로 귀문관살(鬼門關殺)이 되므로 세운에서 일지(日支) 귀문(鬼門) 관살운(關殺運)이 들어오면 **※그해에는 모든 일에 신경을 많이 쓰게 된다.**

❷ 질병(疾病)은 일주(日柱)에서 발생(發生)한다.

❸ 남녀성격은 일주(日柱)에서 발생(發生)한다.

53년(음) 9월 16일 술(戌)시 남자

庚	丁	壬	癸
戌	未	戌	巳

55	45	35	25	15	5
丙	丁	戊	己	庚	辛
辰	巳	午	未	申	酉

이 사주는 정화일주(丁火日柱)가 계추술월(季秋戌月)에 출생하여 실시(失時)하고 일시지(日時支) 미술토(未戌土)에 설기(泄氣)가 심(甚)하고 시상(時上) 경금재(庚金財)가 투출(透出)되어 일주(日柱)는 신약사주(身弱四柱)다. 다행히 정화일주(丁火日柱)는 미중정화(未中丁火)에 근(根)하고 년지사화(年支巳火) 비겁(比劫)이 있어 종(從)하지 않으며 많은 상관식신(傷官食神)을 제(制)하고 일주(日柱)를 생(生)하여 주는 목인수(木印綬)가 용신(用神)이며 화비견겁(火比肩劫)은 희신(喜神)이 된다. 이 사주는 남자(男子)의 사주로서 50세 사화대운(巳火大運)에 사업을 경영하여 운(運)이 좋아 수억금을 벌었으나 자식(子息) 한 명 잃은 사주다. 자식(子息)을 잃게 된 것은 상관식신(傷官食神)이 태왕(太旺)하고 관살(官殺)은 쇠약(衰弱)한데 관살(官殺)은 나의 자식되므로 많은 상관식신(傷官食神)이 관살(官殺)을 극(剋)하고 월간지(月干支) 임술(壬戌)은 백호대살(白虎大殺)이므로 남자(男子) 사주에 관(官) 백호대살(白虎大殺)이 있는 사람은 자손액(子孫厄)을 조심해야 한다.

❶ 세운기묘년(歲運己卯年): 신축, 문서, 변화, 이사, 전근, 자손액
❷ 질병(疾病): 간(肝), 담(膽)
❸ 남녀성격: (남) 말을 잘한다, 마음이 넓다, 남에게 잘함, 명랑하다, 예의 있다, 편식, 박력 있다, 고집 대단, 성격이 까다롭다, 옷에 신경, 처궁불미
 (여) 명랑하다, 예의 있다, 금방 좋았다가 금방 싫어짐, 인덕 없다, 정부, 재가, 부궁불미, 신앙심, 말을 잘한다, 고집 대단

☯ 세운·질병·남녀성격의 해설(歲運·疾病·男女性格의 解說)

❶ **세운기묘년(歲運己卯年)** = ※신축, 문서, 변화, 이사, 전근, 자손액은 ※세운기묘년(歲運己卯年)의 묘목(卯木)은 정화일주의 인수(印綬)로 세운에서 인수운(印綬運)이 들어오면 **※집을 짓는다든가 또는 증축을 한다든가 또는 사업체를 벌이는 일이 많다.** 그리고 ※변화, 이사, 전근은 ※세운기묘년(歲運己卯年)의 묘목(卯木)은 일지미토(日支未土)와 묘미(卯未)로 삼합(三合)이 되므로 세운에서 일지(日支) 삼합운(三合運)이 들어오면 **※변화가 생긴다든가 또는 이사를 한다든가 또는 직장을 옮기는 일이 많다.** 그리고 ※자손액은 ※세운기묘년(歲運己卯年)의 기토(己土)는 정화일주의 식신(食神)으로 남자 사주에 상관식신(傷官食神)이 태왕(太旺)하고 관살(官殺)이 쇠약(衰弱)한데 세운에서 상관(傷官) 식신운(食神運)이 들어오면 **※자손액을 조심해야 한다.**

❷ 질병(疾病)과 ❸ 남녀성격은 일주(日柱)에서 발생(發生)한다.

58년(음) 1월 12일 묘(卯)시 여자

乙	戊	甲	戊
卯	寅	寅	戌

59	49	39	29	19	9
戊	己	庚	辛	壬	癸
申	酉	戌	亥	子	丑

이 사주는 무토일주(戊土日柱)가 초봄 인월(寅月)에 출생하여 실시(失時)하고 인중갑목(寅中甲木)이 월상(月上)에 투출(透出)하여 편관격(偏官格)이다. 그리고 일지인목(日支寅木)과 시간지(時干支) 을묘목(乙卯木)이 있어 관살(官殺)이 태왕(太旺)으로 종살격(從殺格)같이 보인다. 그러나 무토일주(戊土日柱)는 자좌인목(自坐寅木)이 장생궁(長生宮)이라 종(從)이 안 되며 년간지(年干支) 무술토(戊戌土) 비견(比肩)이 있어 신약사주(身弱四柱)다. 관살(官殺)이 많고 일주(日柱)가 약(弱)할 때에는 운(運)에서 화인수(火印綬)를 얻어 살인상생(殺印相生)을 시켜야 좋으므로 화인수(火印綬)가 용신(用神)이며 토비견겁(土比肩劫)은 희신(喜神)이 된다. 이 사주는 여자(女子)의 사주로서 44세 술토대운(戌土大運)에 부동산에 투자하여 수억금을 벌었으나 49세 기토대운(己土大運)에 월상갑목(月上甲木)과 갑기합(甲己合)으로 합거(合去)되어 재산을 탕진하고 남편과 이혼하고 혼자 살고 있는 사주다.

> ❶ 세운기묘년(歲運己卯年): 이별수, 관재, 손재, 신액, 불성
> ❷ 질병(疾病): 위산과다(胃酸過多), 위장병(胃腸病)
> ❸ 남녀성격: (남) 군자의 성품, 언행 조심, 의젓하다, 주관이 약하다, 부모무덕, 밥을 조금 먹는다, 처궁불미, 자손귀자
> (여) 신용 있다, 순진하다, 고집대단, 정부, 재가, 시모불화, 인덕 없다, 친모봉양

☯ 세운·질병·남녀성격의 해설(歲運·疾病·男女性格의 解說)

❶ 세운기묘년(歲運己卯年) = ※이별수, 관재, 손재, 신액, 불성은 ※세운기묘년(歲運己卯年)의 묘목(卯木)은 무토일주(戊土日柱)의 정관(正官)으로 여자(女子) 사주에 관살(官殺)이 태왕(太旺)인데 세운(歲運)에서 관살운(官殺運)이 들어오면 ※**가정에 불화가 많이 생긴다든가 또는 남편과 떨어져 산다든가 또는 이혼한다든가 또는 남편이 사망하는 수도 있다.** 그리고 ※관재, 손재, 신액은 ※세운기묘년(歲運己卯年)의 묘목(卯木)은 무토일주의 정관(正官)으로 원명사주(源命四柱)에 관살(官殺)이 태왕(太旺)인데 세운(歲運)에서 재(財)나 관살운(官殺運)이 들어오면 ※**관재수나 손재수나 건강을 조심해야 한다.** 그리고 ※**불성**은 ※세운기묘년(歲運己卯年)의 기토(己土)는 무토일주(戊土日柱)의 비겁(比劫)으로 세운(歲運)에서 비견겁운(比肩劫運)이 들어오면 ※**모든 일이 잘 풀리지 않고 대차계약도 잘 이루어지지 않는다.**

❷ 질병(疾病)과 ❸ 남녀성격은 일주(日柱)에서 발생(發生)한다.

58년(음) 11월 7일 유(酉)시 남자

辛	戊	甲	戊
酉	辰	子	戌

57	47	37	27	17	7
庚	己	戊	丁	丙	乙
午	巳	辰	卯	寅	丑

이 사주는 무토일주(戊土日柱)가 중동자월(中冬子月)에 출생하여 실시(失時)하고 시간지(時干支) 신유금(辛酉金) 상관(傷官)과 월상갑목(月上甲木) 편관(偏官)이 투출(透出)하여 재살(財殺)이 왕(旺)하여 일주(日柱)는 신약사주(身弱四柱)다. 그러므로 화인수(火印綬)가 용신(用神)이며 토비견겁(土比肩劫)은 희신(喜神)이 된다. 이 사주는 남자(男子)의 사주로서 초년(初年)에는 공부(工夫)를 안 하였으나 일찍 기술(技術)을 배워 회사(會社)에 근무(勤務)하다가 37세 무토대운(戊土大運)에 퇴사하여 사업(事業)을 경영하여 번창(繁昌)하였고 47세 기토대운(己土大運)에 월상갑목(月上甲木)과 갑기합(甲己合)으로 합거(合去)되어 손해를 많이 보았으며 52세 사화대운(巳火大運)에 모든 일이 잘 풀리며 사업(事業)이 번창(繁昌)하여 돈을 많이 벌고 있는 사주다. 아무리 공부(工夫)를 못하여도 자기 특성(特性)에 맞는 기술(技術) 한 가지만 있고 근면 성실(勤勉 誠實)하게 살아가면 대운(大運)이 들어올 때 대성공(大成功)하는 것이고 아무리 공부(工夫)를 많이 하고 똑똑하여도 운(運)이 없으면 크게 성공(成功)하지는 못한다.

> ❶ 세운기묘년(歲運己卯年): 관재, 손재, 신액, 불성
> ❷ 질병(疾病): 풍질(風疾), 혈압(血壓), 폐병(肺病), 결핵(結核)
> ❸ 남녀성격: (남) 군자의 성품, 언행 조심, 인심 좋다, 이해성이 많다,
> 화합 잘함, 주관이 강하다, 신의 있다, 재간 있다, 처궁불미,
> 아이디어가 좋다, 재복 있다, 미인수다
> (여) 신용, 순진하다, 욕심 많다, 재복 있다, 부궁불미, 정부,
> 신앙심

☯ 세운·질병·남녀성격의 해설(歲運·疾病·男女性格의 解說)

❶ **세운기묘년(歲運己卯年)** = ※관재, 손재, 신액, 불성은 ※세운기묘년(歲運己卯年)의 묘목(卯木)은 무토일주의 정관(正官)으로 원명사주(源命四柱)에 재살(財殺)이 태왕(太旺)인데 세운(歲運)에서 재(財)나 관살운(官殺運)이 들어오면 ※관재수나 손재수나 건강을 조심해야 한다. 그리고 ※불성은 ※세운기묘년(歲運己卯年)의 기토(己土)는 무토일주(戊土日柱)의 비겁(比劫)으로 세운(歲運)에서 비견겁운(比肩劫運)이 들어오면 ※모든 일이 잘 풀리지 않고 대차계약도 잘 이루어지지 않는다.

❷ 질병(疾病)은 풍질, 혈압은 일주(日柱)에서 발생(發生)하며 ※폐병, 결핵은 ※무토일주(戊土日柱)가 쇠약(衰弱)하면 ※폐병과 결핵을 조심해야 한다.

❸ 남녀성격은 일주(日柱)에서 발생(發生)한다.

52년(윤) 5월 20일 인(寅)시 여자

이 사주는 무토일주(戊土日柱)가 하계미월(夏季未月)에 출생하여 득령(得令)하고 미중정화(未中丁火)가 월상(月上)에 투출(透出)하여 인수격(印綬格)이다. 그리고 일지오화(日支午火) 양인(羊刃)이 있어 일주(日柱)는 신왕사주(身旺四柱)다. 신왕사주(身旺四柱)에는 관살(官殺)로 일주(日柱)를 제(制)함이 좋은데 다행히 시상(時上)에 갑목편관(甲木偏官)이 자좌인목(自坐寅木)에 근(根)하여 아름답다. 그러나 무토일주(戊土日柱)와 갑목편관(甲木偏官)과 힘을 대조(對照)하여 볼 때에 갑목편관(甲木偏官)이 약(弱)하고 무토일주(戊土日柱)가 왕(旺)하다. 그러므로 갑목편관(甲木偏官)이 용신(用神)이며 수재(水財)는 희신(喜神)이 된다. 이 사주는 여자(女子)의 사주로서 일찍 행정고시(行政考試)에 합격(合格)하여 좋은 남편(男便)을 만나 행복하게 살며 36세 묘목대운(卯木大運)에 용신갑목(用神甲木)을 보신(補身)하여 승진하였고 46세 인목대운(寅木大運)에도 중책(重責)을 맡아 승승장구(乘勝長驅)하며 잘살고 있는 사주다. 여자(女子) 사주에 신왕관왕(身旺官旺)이고 대운(大運)이 잘 들어오면 남편(男便)도 영귀(榮貴)하게 된다.

> ❶ 세운기묘년(歲運己卯年): 이별수, 불성
> ❷ 질병(疾病): 위(胃), 비(脾), 혈압(血壓)
> ❸ 남녀성격: (남) 군자의 성품, 언행 조심, 성질 급, 서두른다, 외화내곤, 실패 자초, 처궁불미, 재가, 정력 강, 여자 많다, 편식한다
> (여) 신용, 순진하다, 고집 대단, 박력 있다, 부궁불미, 정부, 친모봉양

☯ 세운·질병·남녀성격의 해설(歲運·疾病·男女性格의 解說)

❶ 세운기묘년(歲運己卯年) = ※이별수, 불성은 ※세운기묘년(歲運己卯年)의 기토(己土)는 무토일주(戊土日柱)의 비겁(比劫)으로 신왕(身旺)한 여자(女子) 사주에 세운(歲運)에서 비견겁운(比肩劫運)이 들어오면 ※가정에 불화가 많이 생긴다든가 또는 남편과 떨어져 산다든가 또는 이혼한다든가 또는 남편이 사망하는 수도 있다. 그리고 ※불성은 ※세운기묘년(歲運己卯年)의 기토(己土)는 무토일주(戊土日柱)의 비겁(比劫)으로 세운(歲運)에서 비견겁운(比肩劫運)이 들어오면 ※모든 일이 잘 풀리지 않고 대차계약도 잘 이루어지지 않는다.

❷ 질병(疾病)은 일주(日柱)에서 발생(發生)한다.

❸ 남녀성격은 일주(日柱)에서 발생(發生)한다.

60년(음) 11월 19일 자(子)시 남자

壬	戊	己	庚
子	戌	丑	子

60	50	40	30	20	10
乙	甲	癸	壬	辛	庚
未	午	巳	辰	卯	寅

이 사주는 무토일주(戊土日柱)가 동계축월(冬季丑月)에 출생하고 축중기토(丑中己土)가 월상(月上)에 투출(透出)하고 일지술토(日支戌土)에 근(根)하여 일주(日柱)는 신왕사주(身旺四柱)같이 보인다. 그러나 축토(丑土)는 토(土)라 하나 수기(水氣)가 많으며 년지자수(年支子水)와 자축(子丑)으로 수국(水局)을 이루고 시간지(時干支) 임자수(壬子水)가 있어 토생금(土生金) 금생수(金生水)로 사주의 기(氣)는 시상임수(時上壬水)에 집중(集中)되어 있으므로 이 사주는 신약사주(身弱四柱)가 된다. 그러므로 화인수(火印綬)가 용신(用神)이며 토비견겁(土比肩劫)은 희신(喜神)이 된다. 이 사주는 남자(男子)의 사주로서 공대(工大)에 토목과(土木課)를 졸업(卒業)하고 회사(會社)에 근무(勤務)하였으나 운(運)이 없어 승진이 안되어 고생을 많이 하다가 45세 사화대운(巳火大運)에 퇴사하여 건축사업을 하여 수억금을 벌었으며 50세 갑목대운(甲木大運)에 월상기토(月上己土)와 갑기합(甲己合)으로 합거(合去)되어 손해를 많이 보았으나 55세 오화대운(午火大運)에는 좋은 운(運)이 들어와 사업이 번창하여 잘살게 되리라고 본다.

> ❶ 세운기묘년(歲運己卯年): 관재, 손재, 신액, 불성
> ❷ 질병(疾病): 신장(腎臟), 방광(膀胱)
> ❸ 남녀성격: (남) 군자의 성품, 언행 조심, 신의 있다, 인심 좋다, 재주 있다, 신뢰한다, 근면하다, 학업 열중, 임사즉결, 고집 대단, 남에게 잘함, 신앙심, 창의력, 돈이 잘 빠져나간다
> (여) 신용 있다, 순진하다, 시모불합, 남편 말 잘 안 듣는다, 부궁불미, 정부, 재가, 독수공방, 일가부양, 친모봉양, 신앙심

☯ 세운·질병·남녀성격의 해설(歲運·疾病·男女性格의 解說)

❶ 세운기묘년(歲運己卯年) = ※관재, 손재, 신액, 불성은 ※세운기묘년(歲運己卯年)의 묘목(卯木)은 무토일주의 정관(正官)으로 원명사주(源命四柱)에 재(財)가 태왕(太旺)인데 세운(歲運)에서 재(財)나 관살운(官殺運)이 들어오면 ※**관재수를 조심해야 하며 또는 손재수를 조심해야 하며 또는 건강을 조심해야 한다.** 그리고 ※**불성**은 ※세운기묘년(歲運己卯年)의 기토(己土)는 무토일주(戊土日柱)의 비겁(比劫)으로 세운(歲運)에서 비견겁운(比肩劫運)이 들어오면 ※**모든 일이 잘 풀리지 않고 대차계약도 잘 이루어지지 않는다.**

❷ 질병(疾病)과 ❸ 남녀성격은 일주(日柱)에서 발생(發生)한다.

63년(음) 7월 16일 묘(卯)시 여자

丁	己	庚	癸
卯	酉	申	卯

52	42	32	22	12	2
丙	乙	甲	癸	壬	辛
寅	丑	子	亥	戌	酉

이 사주는 기토일주(己土日柱)가 초가을 신월(申月)에 출생하여 실시(失時)하고 신궁경금(申宮庚金)이 월상(月上)에 투출(透出)하여 상관격(傷官格)이다. 그리고 일지 유금(日支酉金)이 있어 유신(酉申)으로 금국(金局)을 이루어 상관식신(傷官食神)이 태왕(太旺)하며 년시지(年時支) 묘목편관(卯木偏官)이 있어 일주(日柱)는 신약사주(身弱四柱)다. 그런데 시상(時上)에 정화(丁火)가 자좌묘목(自坐卯木)에 생(生)을 받아 많은 상관(傷官)을 제(制)하면서 기토일주(己土日柱)를 생(生)하여 줌으로 종살격(從殺格)같이 보이지 않으나 시지묘목(時支卯木)은 일지유금(日支酉金)에 묘유충(卯酉沖)으로 나무가 뿌리가 뽑혀 정화인수(丁火印綬)를 생(生)하여 줄 힘이 없다. 그러므로 기토일주(己土日柱)는 한편으로는 상관식신(傷官食神)에 설기(泄氣)가 심(甚)하고 묘목(卯木)에 극(剋)을 받아 일주(日柱)가 쇠약(衰弱)하므로 화생토(火生土) 토생금(土生金) 금생수(金生水) 수생목(水生木)으로 사주의 기(氣)는 년지 묘목(年支卯木)에 집중되어 있다. 그러므로 종살격(從殺格)이 되므로 묘중을목(卯中乙木) 편관(偏官)이 용신(用神)이며 수재(水財)는 희신(喜神)이 된다. 이 사주는 여자(女子)의 사주로서 의사인데 초년운(初年運)이 잘 들어와 대학교 전문의(專門醫)로 있다가 37세 자수대운(子水大運)에 의원을 개원하여 돈을 많이 번 사주다.

❶ 세운기묘년(歲運己卯年): 관재, 수술, 자연 재앙, 불성
❷ 질병(疾病): 위(胃), 비(脾)
❸ 남녀성격: (남) 군자의 성품, 언행 조심, 신의 있다, 남에게 잘함, 문단 수려, 암기력, 처 덕 있다, 처궁불미, 언어특성, 운동 잘함, 잔병치레, 식복 있다
(여) 신용 있다, 순진하다, 남편 복이 없다, 부궁불미, 독수공방, 정부, 미모 수려, 자손귀자

세운·질병·남녀성격의 해설(歲運·疾病·男女性格의 解說)

❶ 세운기묘년(歲運己卯年) = ※관재, 수술, 자연 재앙, 불성은 ※세운기묘년(歲運己卯年)의 묘목(卯木)은 일지유금(日支酉金)과 묘유(卯酉)로 충(沖)이 되므로 세운(歲運)에서 일지충운(日支沖運)이 들어오면 ※관재수를 조심해야 하며 또는 수술을 조심해야 하며 또는 자연 재앙을 조심해야 한다. 그리고 ※불성은 ※세운기묘년(歲運己卯年)의 기토(己土)는 기토일주(己土日柱)의 비견(比肩)으로 세운에서 비견겁운(比肩劫運)이 들어오면 ※모든 일이 잘 풀리지 않고 대차계약도 잘 이루어지지 않는다.

❷ 질병(疾病)과 ❸ 남녀성격은 일주(日柱)에서 발생(發生)한다.

60년(음) 8월 8일 신(申)시 남자

壬	己	乙	庚
申	未	酉	子

53	43	33	23	13	3
辛	庚	己	戊	丁	丙
卯	寅	丑	子	亥	戌

이 사주는 기토일주(己土日柱)가 중추유월(中秋酉月)에 출생하여 실시(失時)하고 년상경금(年上庚金)은 월상을목(月上乙木)과 을경(乙庚)으로 금(金)으로 화(化)하였고 그 경금(庚金)은 시지신금(時支申金)에 록근(祿根)하여 기토일주(己土日柱)가 설기(泄氣)가 심(甚)하며 시상임수(時上壬水)는 자좌신금(自坐申金)에 장생궁(長生宮)이며 년지자수(年支子水)에 근(根)하여 상관(傷官)과 재(財)가 태왕(太旺)이다. 그러므로 종재격(從財格)같이 보인다. 그러나 기토일주(己土日柱)는 자좌(自坐) 미중정기(未中丁己)의 인수(印綬)와 비견(比肩)에 근(根)하여 종(從)하지 않으므로 화인수(火印綬)가 용신(用神)이며 토비견겁(土比肩劫)은 희신(喜神)이 된다. 이 사주는 남자(男子)의 사주로서 사진작가(寫眞作家)로 자수대운(子水大運)까지는 고생(苦生)을 많이 하였으나 33세 기토대운(己土大運)에는 예식장의 사진작가(寫眞作家)로 일하면서 돈을 많이 벌어 결혼(結婚)하였고 48세 인목대운(寅木大運)에 스튜디오를 경영하였으나 재산을 탕진하고 힘들게 살고 있는 사주다. 이 사주는 직장 생활(職場生活)을 하면 안정된 생활을 할 수 있지만 사업(事業)을 하게 되면 십중팔구(十中八九) 재산을 탕진할 수 있는 운(運)이다.

> ❶ 세운기묘년(歲運己卯年): 변화, 이사, 전근, 불성
> ❷ 질병(疾病): 위(胃), 비(脾), 당뇨(糖尿)
> ❸ 남녀성격: (남) 군자의 성품, 언행 조심, 성질 급, 고집 대단, 성격이 까다롭다, 편식, 옷에 신경 쓴다, 처궁불미, 남에게 시기를 많이 받는다, 신앙심
>   (여) 신용 있다, 순진하다, 부궁불미, 이성 구설, 정부, 독수공방, 친모봉양

☯ 세운·질병·남녀성격의 해설(歲運·疾病·男女性格의 解說)

❶ 세운기묘년(歲運己卯年) = ※변화, 이사, 전근, 불성은 ※세운기묘년의 묘목(卯木)은 일지미토(日支未土)와 묘미(卯未)로 삼합(三合)이 되므로 세운(歲運)에서 일지(日支) 삼합운이 들어오면 ※**변화가 생긴다든가 또는 이사를 한다든가 또는 직장을 옮기는 일이 많다.** 그리고 ※불성은 ※세운기묘년(歲運己卯年)의 기토(己土)는 기토일주(己土日柱)의 비견(比肩)으로 세운(歲運)에서 비견겁운(比肩劫運)이 들어오면 ※**모든 일이 잘 풀리지 않고 대차계약도 잘 이루어지지 않는다.**

❷ 질병(疾病)은 일주(日柱)에서 발생(發生)한다.

❸ 남녀성격은 일주(日柱)에서 발생(發生)한다.

60년(음) 11월 21일 자(子)시 여자

丙	庚	己	庚
子	子	丑	子

51	41	31	21	11	1
癸	甲	乙	丙	丁	戊
未	申	酉	戌	亥	子

이 사주는 경금일주(庚金日柱)가 동계축월(冬季丑月)에 출생하여 득령(得令)하고 축중기토(丑中己土)가 월상(月上)에 투출(透出)하여 인수격(印綬格)이다. 그리고 년일천간(年日天干) 경금비견(庚金比肩)이 있어 일주(日柱)가 신왕사주(身旺四柱) 같이 보인다. 그러나 축월(丑月)은 토(土)라 하나 수기(水氣)가 많으며 지지자수(地支子水)와 자축(子丑)으로 전수국(全水局)을 이루어 일주(日柱)는 신약사주(身弱四柱)다. 그러므로 상관(傷官)이 많아 토인수(土印綬)로 많은 상관식신(傷官食神)을 제(制)하면서 일주(日柱)를 보신(補身)하여야 하기 때문에 토인수(土印綬)가 용신(用神)이며 금비견겁(金比肩劫)은 희신(喜神)이 된다. 이 사주는 여자(女子)의 사주로서 상관(傷官)이 많으면 기술(技術)이 좋으며 또 손재주가 있으며 음식솜씨도 좋은데 36세 유금대운(酉金大運)에 음식점(飲食店)을 경영하여 돈을 많이 벌었으나 41세 갑목대운(甲木大運)에 사업(事業)을 확장(擴張)하여 경영(經營)하다가 월상기토(月上己土)와 대운갑목(大運甲木)과 갑기합(甲己合)으로 합거(合去)되어 손해(損害)를 많이 보고 있는 사주다.

> ❶ 세운기묘년(歲運己卯年): 신축, 문서, 관재, 수술
> ❷ 질병(疾病): 냉(冷), 대하증(帶下症), 동상(凍傷), 중풍(中風)
> ❸ 남녀성격: (남) 과감 용단, 청백한 사람, 의리 있다, 남을 무시한다, 두뇌 명철, 추리력, 혁명심, 처궁불미, 재가, 미인수다, 냉정하다, 눈치가 빠름, 신앙심
> (여) 냉정하다, 사람 사귀다 한번 틀어지면 다시 안 봄, 부궁불미, 정부, 재가, 독수공방, 남에게 잘함, 인덕 없다, 남자들의 배신을 잘 당함

☯ 세운·질병·남녀성격의 해설(歲運·疾病·男女性格의 解說)

❶ 세운기묘년(歲運己卯年) = ※신축, 문서, 관재, 수술은 ※세운기묘년(歲運己卯年)의 기토(己土)는 경금일주(庚金日柱)의 인수(印綬)로 세운(歲運)에서 인수운(印綬運)이 들어오면 ※집을 짓는다든가 또는 증축을 한다든가 또는 사업체를 벌이는 일이 많다. 그리고 ※관재, 수술은 ※세운기묘년의 묘목(卯木)은 일지자수(日支子水)와 자묘(子卯)로 형살(刑殺)이 되므로 세운(歲運)에서 일지(日支) 형살운(刑殺運)이 들어오면 ※관재수를 조심해야 하며 또는 수술을 조심해야 한다.

❷ 질병(疾病)은 일주(日柱)에서 발생(發生)한다.

❸ 남녀성격은 일주(日柱)에서 발생(發生)한다.

54년(음) 4월 23일 진(辰)시 여자

壬	辛	己	甲
辰	巳	巳	午

56	46	36	26	16	6
癸	甲	乙	丙	丁	戊
亥	子	丑	寅	卯	辰

이 사주는 신금일주(辛金日柱)가 초여름 사월(巳月)에 출생하여 실시(失時)하고 일지사화(日支巳火)와 년지오화(年支午火)와 사오(巳午)로 화국(火局)을 이루어 일주(日柱)가 심약(甚弱)하다. 다행히 시지진(時支辰) 습토인수(濕土印綬)가 있어 염열지화(炎熱之火)는 진습토(辰濕土)에 냉각(冷却)되므로 화생토(火生土) 토생금(土生金)으로 살인상생(殺印相生)으로 시지진토(時支辰土) 인수(印綬)가 용신(用神)이며 금비견겁(金比肩劫)은 희신(喜神)이 된다. 이 사주는 여자(女子)의 사주로서 사업을 하였으나 초년(初年)에는 운(運)이 없어 고생을 많이 하다가 41세 축토대운(丑土大運)에 수억금을 벌었으며 46세 갑목대운(甲木大運)에 월상기토(月上己土)와 갑기합(甲己合)으로 합거(合去)되어 재산을 탕진하고 남편(男便)과 이혼하고 그 이후로도 운(運)이 없어 혼자 힘들게 살고 있는 사주다. 부궁(夫宮)이 부실한 것은 년간지(年干支) 갑오생(甲午生)의 공망(空亡)은 일지사화(日支巳火)로서 부궁(夫宮)이 부실하여 재혼하거나 혼자 사는 사람들이 많다.

> ❶ 세운기묘년(歲運己卯年): 신축, 문서, 관재, 손재, 신액
> ❷ 질병(疾病): 해수(咳嗽), 호흡기(呼吸器)
> ❸ 남녀성격: (남) 과감 용단, 냉정하다, 성질 급, 변화가 많다, 항상 바쁨, 처 덕 있다, 화려하게 보이나 실속이 없다, 예의 있다, 말을 잘한다, 영리하다, 식복 있다
> (여) 냉정하다, 사람 사귀다 한번 틀어지면 다시 안 봄, 남편 덕, 정부, 이성수신, 의처증 부군, 성질 급, 항상 바쁨, 인덕 없다

☯ 세운·질병·남녀성격의 해설(歲運·疾病·男女性格의 解說)

❶ **세운기묘년(歲運己卯年)** = ※신축, 문서, 관재, 손재, 신액은 ※세운기묘년(歲運己卯年)의 기토(己土)는 신금일주(辛金日柱)의 인수(印綬)로 세운(歲運)에서 인수운(印綬運)이 들어오면 ※**집을 짓는다든가 또는 증축을 한다든가 또는 사업체를 벌이는 일이 많다.** 그리고 ※관재, 손재, 신액은 ※세운기묘년(歲運己卯年)의 묘목(卯木)은 신금일주(辛金日柱)의 편재(偏財)로 원명사주(源命四柱)에 재살(財殺)이 태왕(太旺)인데 세운(歲運)에서 재(財)나 관살운(官殺運)이 들어오면 ※**관재수를 조심해야 하며 또는 손재수를 조심해야 하며 또는 건강을 조심해야 한다.**

❷ 질병(疾病)은 일주(日柱)에서 발생(發生)한다.

❸ 남녀성격은 일주(日柱)에서 발생(發生)한다.

56년(음) 4월 16일 술(戌)시 여자

	庚	壬	癸	丙
	戌	辰	巳	申

57	47	37	27	17	7
丁	戊	己	庚	辛	壬
亥	子	丑	寅	卯	辰

이 사주는 임수일주(壬水日柱)가 초여름 사월(巳月)에 출생하여 실시(失時)하고 사중병화(巳中丙火)가 년상(年上)에 투출(透出)하여 편재격(偏財格)으로 신약사주(身弱四柱)다. 그러나 임수일주(壬水日柱)는 년지신금(年支申金)에 장생(長生)하고 월상계수(月上癸水) 비겁(比劫)과 시상경금(時上庚金) 인수(印綬)가 있어 신왕사주(身旺四柱)같이 보이나 일시지(日時支) 진술토(辰戌土) 편관(偏官)이 있어 재살(財殺)이 왕(旺)하므로 일주(日柱)는 신약사주(身弱四柱)다. 그러므로 금인수(金印綬)가 용신(用神)이며 수비견겁(水比肩劫)은 희신(喜神)이 된다. 이 사주는 여자(女子)의 사주로서 음식점(飮食店)을 개업하여 초년(初年)에 운(運)이 없어 고생을 많이 하다가 47세 무토대운(戊土大運)에는 월상계수(月上癸水)와 무계합(戊癸合)으로 합거(合去)되어 재산을 탕진하고 남편(男便)과 이혼하고 허드렛일을 하며 혼자 살다가 52세 자수대운(子水大運)에 음식점을 개업하여 돈을 많이 벌어 잘살고 있는 사주다. 부궁(夫宮)이 부실한 것은 년간지(年干支) 병신생(丙申生)의 공망(空亡)은 일지진토(日支辰土)이며 일시지(日時支) 진술충(辰戌沖)으로 더욱더 부궁(夫宮)이 부실한 사주다.

❶ 세운기묘년(歲運己卯年): 수술, 내외불화
❷ 질병(疾病): 냉(冷), 풍질(風疾), 신장(腎臟), 혈압(血壓)
❸ 남녀성격: (남) 털털한 성격, 일찍 사회에 진출, 임전무퇴, 자립정신, 재간 있다, 박력 있다, 속전속결, 처궁불미, 어린 시절 잔병, 자손근심, 아이디어가 좋다
(여) 남자 같은 시원한 성격, 새것을 좋아함, 부궁불미, 재가, 정부, 독수공방, 일가부양, 풍파가 많다

☯ 세운·질병·남녀성격의 해설(歲運·疾病·男女性格의 解說)

❶ **세운기묘년(歲運己卯年)** = ※**수술, 내외불화**는 ※세운기묘년(歲運己卯年)의 묘목(卯木)은 임수일주(壬水日柱)의 상관(傷官)으로 세운(歲運)에서 일지(日支) 상관운(傷官運)이 들어오면 ※**수술을 조심해야 한다.** 그리고 ※**내외불화**는 ※세운기묘년(歲運己卯年)의 기토(己土)는 임수일주(壬水日柱)의 정관(正官)으로 세운(歲運)에서 일주(日柱)를 극(剋)하는 운(運)이 들어오면 ※**집에서나 밖에서나 윗사람이나 아랫사람이나 불화가 많이 생긴다.**

❷ 질병(疾病)은 일주(日柱)에서 발생(發生)한다.

❸ 남녀성격은 일주(日柱)에서 발생(發生)한다.

67년(음) 10월 14일 인(寅)시 여자

甲	癸	辛	丁
寅	未	亥	未

58	48	38	28	18	8
丁	丙	乙	甲	癸	壬
巳	辰	卯	寅	丑	子

이 사주는 계수일주(癸水日柱)가 초겨울 해월(亥月)에 출생하여 득령(得令)하고 월상신금(月上辛金) 인수(印綬)가 있어 일주(日柱)가 신왕사주(身旺四柱)같이 보이나 해중갑목(亥中甲木) 상관(傷官)이 시상(時上)에 투출(透出)하고 년일지(年日支) 미중기토(未中己土) 편관(偏官)과 년상정화(年上丁火) 편재(偏財)가 있어 일주(癸水日柱)는 강화위약(强化爲弱)으로 신약사주(身弱四柱)다. 그러므로 금인수(金印綬)가 용신(用神)이며 수비견겁(水比肩劫)은 희신(喜神)이 된다. 이 사주는 여자(女子)의 사주로서 사업을 경영하였으나 운(運)이 없어 고생을 많이 하다가 재산을 탕진하고 남편(男便)과 이혼하고 혼자 살고 있는 사주다. 부궁(夫宮)이 부실한 것은 시상(時上)에 상관(傷官)을 놓으면 부궁(夫宮)이 부실한데 년간지(年干支) 정미생(丁未生)의 공망(空亡)은 시지인목(時支寅木)으로 일시지(日時支)에 공망(空亡)이 있으면 재혼(再婚)하거나 혼자 사는 사람들이 많다.

> ❶ 세운기묘년(歲運己卯年): 변화, 이사, 전근, 내외불화
> ❷ 질병(疾病): 신장(腎臟), 비(脾), 위(胃)
> ❸ 남녀성격: (남) 털털한 성격, 의리 있다, 신용 있다, 인내심, 지구력, 순진하다, 심술 많다, 꾸준히 노력으로 결실, 성격이 까다롭다, 옷에 신경, 신앙심, 편식, 처궁불미
> (여) 남자 같은 시원한 성격, 새것을 좋아함, 남편 복이 없다, 정부, 재가, 인덕 없다

☯ 세운·질병·남녀성격의 해설(歲運·疾病·男女性格의 解說)

❶ **세운기묘년(歲運己卯年)** = ※변화, 이사, 전근, 내외불화는 ※세운기묘년의 묘목(卯木)은 일지미토(日支未土)와 묘미(卯未)로 삼합(三合)이 되므로 세운(歲運)에서 일지(日支) 삼합운(三合運)이 들어오면 ※**변화가 생긴다든가 또는 이사를 한다든가 또는 직장을 옮기는 일이 많다.** 그리고 ※내외불화는 ※세운기묘년(歲運己卯年)의 기토(己土)는 계수일주(癸水日柱)의 편관(偏官)으로 세운(歲運)에서 일주(日柱)를 극(剋)하는 운(運)이 들어오면 ※**집에서나 밖에서나 윗사람이나 아랫사람이나 불화가 많이 생긴다.**

❷ **질병(疾病)은 일주(日柱)에서 발생(發生)한다.**

❸ **남녀성격은 일주(日柱)에서 발생(發生)한다.**

62년(음) 9월 24일 유(酉)시 여자

辛	癸	庚	壬
酉	巳	戌	寅

54	44	34	24	14	4
甲	乙	丙	丁	戊	己
辰	巳	午	未	申	酉

이 사주는 계수일주(癸水日柱)가 계추술월(季秋戌月)에 출생하여 실시(失時)하고 술중신금(戌中辛金)이 시상(時上)에 투출(透出)하여 시지유금(時支酉金)에 록근(祿根)하고 월상경금(月上庚金) 인수(印綬)와 년상임수(年上壬水) 비겁(比劫)이 있어 일주(日柱)는 약화위강(弱化爲强)으로 신왕사주(身旺四柱)다. 신왕사주(身旺四柱)에는 일주(日柱)를 제(制)하는 관살(官殺)이나 상관식신(傷官食神)으로 설기(洩氣)함이 좋은데 술중무토(戌中戊土) 정관(正官)으로 용신(用神)한다. 그리고 일지(日支) 사화재(巳火財)는 희신(喜神)이 된다. 이 사주는 여자(女子)의 사주로서 사업을 경영하여 39세 오화대운(午火大運)에 운(運)이 좋아 수억금을 벌었으며 44세 을목대운(乙木大運)에는 월상경금(月上庚金)과 을경합(乙庚合)으로 합거(合去)되어 손해를 많이 보았고 49세 사화대운(巳火大運)에 사업을 재기(再起)하여 재산을 복구하고 잘살고 있는 사주다. 임인생(壬寅生)의 공망(空亡)은 일지사화(日支巳火)인데 일시지(日時支)에 공망(空亡)이 있으면 부궁(夫宮)이 부실하여 재혼(再婚)하거나 혼자 사는 사람들이 많다. 그러나 이 사주는 재물이 많아 오히려 남편(男便)을 이기고 사는 사주다.

❶ 세운기묘년(歲運己卯年): 내외불화
❷ 질병(疾病): 비뇨기(泌尿器), 장(臟), 자궁(子宮), 유방(乳房)
❸ 남녀성격: (남) 털털한 성격, 인정 많다, 처세가 좋다, 외유내강, 자기 실속, 욕심 많다, 영리하다, 처 덕 있다, 자손귀자, 학업 장애
    (여) 남자 같은 시원한 성격, 새것을 좋아함, 부궁불미, 이성 고민, 정부, 재복 있다

☯ 세운·질병·남녀성격의 해설(歲運·疾病·男女性格의 解說)

❶ 세운기묘년(歲運己卯年) = ※내외불화는 ※세운기묘년(歲運己卯年)의 기토(己土)는 계수일주(癸水日柱)의 편관(偏官)으로 세운(歲運)에서 일주(日柱)를 극(剋)하는 운(運)이 들어오면 ※집에서나 밖에서나 윗사람이나 아랫사람이나 불화가 많이 생긴다.

❷ 질병(疾病)은 비뇨기, 장은 일주(日柱)에서 발생(發生)하며 ※자궁, 유방은 ※여자(女子) 사주에 상관(傷官)이 형살(刑殺)이면 ※자궁과 유방을 조심해야 한다.

❸ 남녀성격은 일주(日柱)에서 발생(發生)한다.

54년(음) 1월 1일 술(戌)시 여자

戊	辛	丙	甲
戌	卯	寅	午

51	41	31	21	11	1
庚	辛	壬	癸	甲	乙
申	酉	戌	亥	子	丑

이 사주는 신금일주(辛金日柱)가 초봄 인월(寅月)에 출생하여 실시(失時)하고 인중(寅中)에 무병갑(戊丙甲)이 모두 투출(透出)되어 있다. 생일을 보아 1일이므로 무토(戊土)가 사령(司令)하여 인수격(印綬格)이다. 그리고 인중병화(寅中丙火)와 년상갑목(年上甲木)이 투출(透出)하였고 년지오화(年支午火)와 월지인목(月支寅木)과 시지술토(時支戌土)로 인오술(寅午戌) 화국(火局)을 이루어 재살(財殺)이 태왕(太旺)이다. 그러므로 종살격(從殺格)같이 보이나 시상(時上)에 무토(戊土)가 술중무토(戌中戊土)에 근(根)하여 있으므로 많은 관살(官殺)은 무토인수(戊土印綬)를 생(生)하고 그 무토(戊土)는 신금일주(辛金日柱)를 생(生)하므로 무토인수(戊土印綬)가 용신(用神)이며 금비견겁(金比肩劫)은 희신(喜神)이 된다.

❶ 세운기묘년(歲運己卯年): 신축, 문서, 변화, 이사, 전근, 관재, 손재, 신액
❷ 질병(疾病): 풍질(風疾), 냉(冷), 기관지(氣管支)
❸ 남녀성격: (남) 과감 용단, 냉정하다, 의리 있다, 인정 있다, 고집 대단, 학업 장애, 처궁불미, 재가, 미인수다, 근면하다, 지구력 부족, 소심하다, 운동 잘함, 마음 약
　　　　　(여) 냉정하다, 사람 사귀다 한번 틀어지면 다시 안 봄, 고집 대단, 정부, 재가, 독수공방, 부궁불미, 욕심 많다, 성질 급, 참을성이 없다, 자손근심

☯ 세운·질병·남녀성격의 해설(歲運·疾病·男女性格의 解說)

❶ 세운기묘년(歲運己卯年) = ※신축, 문서, 변화, 이사, 전근, 관재, 손재, 신액은 ※세운기묘년(歲運己卯年)의 기토(己土)는 신금일주(辛金日柱)의 인수(印綬)로 세운(歲運)에서 인수운(印綬運)이 들어오면 ※집을 짓는다든가 또는 증축을 한다든가 또는 사업체를 벌이는 일이 많다. 그리고 ※변화, 이사, 전근은 ※세운기묘년의 묘목(卯木)은 일지묘목(日支卯木)과 묘묘(卯卯)로 삼합(三合)이 되므로 세운(歲運)에서 일지(日支) 삼합운(三合運)이 들어오면 ※변화가 생긴다든가 또는 이사를 한다든가 또는 직장을 옮기는 일이 많다. 그리고 ※관재, 손재, 신액은 ※세운기묘년(歲運己卯年)의 묘목(卯木)은 신금일주의 편재(偏財)로 원명사주(源命四柱)에 재살(財殺)이 태왕(太旺)인데 세운(歲運)에서 재(財)나 관살운(官殺運)이 들어오면 ※관재수를 조심해야 하며 또는 손재수를 조심해야 하며 또는 건강을 조심해야 한다.

❷ 질병(疾病)은 일주(日柱)에서 발생(發生)한다.

❸ 남녀성격은 일주(日柱)에서 발생(發生)한다.

50년(음) 5월 24일 자(子)시 여자

丙	乙	癸	庚
子	巳	未	寅

51	41	31	21	11	1
丁	戊	己	庚	辛	壬
丑	寅	卯	辰	巳	午

이 사주는 을목일주(乙木日柱)가 하계미월(夏季未月)에 출생하여 실시(失時)하고 일지사화(日支巳火)와 사미(巳未)로 화국(火局)을 이루고 사중병화(巳中丙火)가 시상(時上)에 투출(透出)하여 상관(傷官)에 설기(泄氣)가 심(甚)하며 년상경금(年上庚金)에 극(剋)을 받으니 일주(日柱)는 신약사주(身弱四柱)다. 그러므로 이 사주는 화(火)가 왕(旺)하므로 수인수(水印綬)로 많은 상관식신(傷官食神)을 제(制)하면서 일주(日柱)를 생(生)하여 줘야 하므로 수인수(水印綬)가 용신(用神)이며 목비견겁(木比肩劫)은 희신(喜神)이 된다. 이 사주는 여자(女子)의 사주로서 미대를 졸업하고 36세 묘목대운(卯木大運)에 미술선생으로 임용(任用)된 사주다. 그런데 이 사주는 일지사화(日支巳火)와 년지인목(年支寅木)과 인사형살(寅巳刑殺)이 되어 있다. 여자 사주에 상관형살(傷官刑殺)이 있으면 자궁(子宮)과 유방(乳房)을 조심해야 하며 51세 정화대운(丁火大運)에 유종이 있어 수술받고 건강을 회복하고 있는 중이다.

❶ 세운경진년(歲運庚辰年): 이별수, 내외불화
❷ 질병(疾病): 간(肝), 담(膽)
❸ 남녀성격: (남) 의지 굳다, 무뚝뚝하다, 웃음이 적다, 인정 있다, 예의 있다, 명랑하다, 영리하다, 처궁불미, 고독하다, 돈이 잘 빠져나간다
 (여) 의지 굳다, 무뚝뚝하다, 인자하다, 부궁불미, 정부, 재가, 애교 많음

☯ 세운·질병·남녀성격의 해설(歲運·疾病·男女性格의 解說)

❶ **세운경진년(歲運庚辰年)** = ※이별수, 내외불화는 ※세운경진년(歲運庚辰年)의 경금(庚金)은 을목일주(乙木日柱)의 정관(正官)으로 여자(女子) 사주에 상관(傷官)이 왕(旺)한데 세운(歲運)에서 관살운(官殺運)이 들어오면 **※가정에 불화가 많이 생긴다든가 남편과 떨어져 산다든가 또는 이혼한다든가 또는 남편이 사망하는 수도 있다.** 그리고 ※내외불화는 ※세운경진년(歲運庚辰年)의 경금(庚金)은 을목일주(乙木日柱)의 정관(正官)으로 세운(歲運)에서 일주(日柱)를 극(剋)하는 운(運)이 들어오면 **※집에서나 밖에서나 윗사람이나 아랫사람이나 불화가 많이 생긴다.**

❷ 질병(疾病)은 일주(日柱)에서 발생(發生)한다.

❸ 남녀성격은 일주(日柱)에서 발생(發生)한다.

56년(음) 1월 28일 사(巳)시 남자

癸	丙	辛	丙
巳	子	卯	申

59	49	39	29	19	9
丁	丙	乙	甲	癸	壬
酉	申	未	午	巳	辰

이 사주는 병화일주(丙火日柱)가 중춘묘월(中春卯月)에 출생하여 득령(得令)하고 병화일주(丙火日柱)는 시지사화(時支巳火)에 록근(祿根)하고 시지(時支) 사중병화(巳中丙火)는 년상(年上)에 투출(透出)하여 일주(日柱)는 신왕사주(身旺四柱)다. 신왕사주(身旺四柱)에는 관살(官殺)로 일주(日柱)를 제(制)함이 좋은데 시상계수(時上癸水)는 일지자수(日支子水)에 록근(祿根)하여 시상계수(時上癸水) 정관(正官)으로 용신(用神)한다. 그러므로 수정관(水正官)이 용신(用神)이며 금재(金財)는 희신(喜神)이 된다. 이 사주는 남자(男子)의 사주로서 의사(醫師)로 근무하였으나 초년운(初年運)이 없어 평범하게 지내다가 49세 병화대운(丙火大運)에 의원을 개원하였으나 대운병화(大運丙火)는 월상신금(月上辛金)과 병신합(丙辛合)으로 합거(合去)되어 재산을 탕진하였으나 54세 신금대운(申金大運)에 희신운(喜神運)이 들어와 의원이 번창하여 재산을 복구하였고 앞으로도 유금대운(酉金大運)이 좋아 더 번창하리라고 본다. 그리고 이 사주는 년간지(年干支) 병신생(丙申生)의 공망(空亡)은 시지사화(時支巳火)인데 시(時)는 자손(子孫) 자리도 되고 처(妻) 자리도 되므로 일시(日時)에 공망(空亡)이 있으면 남자든 여자든 배우자 운(運)이 부실하여 재혼하는 일이 많으며 이 사주도 50세 병화대운(丙火大運)에 재혼한 사주다.

❶ 세운경진년(歲運庚辰年): 변화, 이사, 전근
❷ 질병(疾病): 심장(心臟), 냉증(冷症)
❸ 남녀성격: (남) 예의 있다, 명랑하다, 근심이 많다, 내음외양, 권모술수, 냉정하다, 눈치가 빠름, 고집 대단, 부모형제 덕이 없다, 성질 급, 처궁불미, 자손근심, 말을 잘한다
(여) 말을 잘한다, 명랑하다, 금방 좋았다가 금방 싫어짐, 부궁불미, 정부, 재가, 어려운 생활

세운·질병·남녀성격의 해설(歲運·疾病·男女性格의 解說)

❶ **세운경진년(歲運庚辰年) = ※변화, 이사, 전근**은 ※세운경진년(歲運庚辰年)의 진토(辰土)는 일지자수(日支子水)와 자진(子辰)으로 삼합(三合)이 되므로 세운(歲運)에서 일지(日支) 삼합운(三合運)이 들어오면 ※**변화가 생긴다든가 또는 이사를 한다든가 또는 직장을 옮기는 일이 많다.**

❷ 질병(疾病)은 일주(日柱)에서 발생(發生)한다.

❸ 남녀성격은 일주(日柱)에서 발생(發生)한다.

62년(음) 1월 29일 사(巳)시 남자

이 사주는 임수일주(壬水日柱)가 초봄 인월(寅月)에 출생하여 실시(失時)하고 원신을목(元神乙木)이 시상(時上)에 투출(透出)하고 년일지(年日支) 양인목(兩寅木)으로 상관식신(傷官食神)이 태왕(太旺)이며 시지사화(時支巳火)가 있어 일주(日柱)가 신약사주(身弱四柱)같이 보인다. 그러나 임수일주(壬水日柱)는 무근(無根)이며 자좌인목(自坐寅木)에 설기(泄氣)가 심(甚)하며 년월(年月) 양임수(兩壬水) 비견(比肩)도 자좌인목(自坐寅木)에 설기(泄氣)가 심(甚)하다. 그러므로 수생목(水生木) 목생화(木生火)로 상관(傷官) 용재격(用財格)으로 시지(時支) 사화재(巳火財)가 용신(用神)이며 목(木) 상관식신(傷官食神)은 희신(喜神)이 된다. 이 사주는 남자(男子)의 사주로서 31세 병화대운(丙火大運)부터 사업을 경영하여 수억금을 벌었으며 41세 정화대운(丁火大運)에 월상임수(月上壬水)와 정임합(丁壬合)으로 합거(合去)되어 재산을 탕진하고 일용직으로 일하고 있는 사주다.

> ❶ 세운무인년(歲運戊寅年): 변화, 이사, 전근, 내외불화, 자연 재앙
> ❷ 질병(疾病): 신장(腎臟), 방광(膀胱), 냉(冷), 습(濕)
> ❸ 남녀성격: (남) 털털한 성격, 지혜롭다, 원만하다, 환경에 적응 잘함, 영리하다, 행운이 따른다, 항상 바쁨, 용기 있다, 타의 군림, 성질 급, 처 덕 있다, 장모봉양
> (여) 남자 같은 시원한 성격, 새것을 좋아함, 영리하다, 남편을 꺾는다, 부궁불미, 정부, 자손귀자, 요리솜씨, 사회 활동 하면 인기

☯ 세운·질병·남녀성격의 해설(歲運·疾病·男女性格의 解說)

❶ **세운무인년(歲運戊寅年)** = ※**변화, 이사, 전근, 내외불화, 자연 재앙**은 ※세운무인년(歲運戊寅年)의 인목(寅木)은 일지인목(日支寅木)과 인인(寅寅)으로 삼합(三合)이 되므로 세운(歲運)에서 일지(日支) 삼합운(三合運)이 들어오면 ※**변화가 생긴다든가 또는 이사를 한다든가 또는 직장을 옮기는 일이 많다.** 그리고 ※**내외불화**는 ※세운무인년(歲運戊寅年)의 무토(戊土)는 임수일주(壬水日柱)의 편관(偏官)으로 세운(歲運)에서 일주(日柱)를 극(剋)하는 운(運)이 들어오면 ※**집에서나 밖에서나 윗사람이나 아랫사람이나 불화가 많이 생긴다.** 그리고 ※**자연 재앙**은 ※세운무인년(歲運戊寅年)의 인목(寅木)은 년지인목(年支寅木)과 인인(寅寅)으로 똑같은 오행(五行)이므로 세운(歲運)에서 년지(年支) 같은 운(運)이 들어오면 ※**자연 재앙을 조심해야 한다.**

❷ **질병(疾病)은 일주(日柱)에서 발생(發生)한다.**

❸ **남녀성격은 일주(日柱)에서 발생(發生)한다.**

56년(음) 1월 28일 오(午)시 남자

| 甲 | 丙 | 辛 | 丙 |
| 午 | 子 | 卯 | 申 |

59	49	39	29	19	9
丁	丙	乙	甲	癸	壬
酉	申	未	午	巳	辰

이 사주는 병화일주(丙火日柱)가 중춘묘월(中春卯月)에 출생하여 득령(得令)하고 원신갑목(源神甲木)이 시상(時上)에 투출(透出)하고 병화일주(丙火日柱)는 시지오화(時支午火) 양인(羊刃)을 두어 일주(日柱)는 신왕사주(身旺四柱)다. 신왕사주(身旺四柱)에는 일주(日柱)를 제(制)하는 관살(官殺)이나 상관식신(傷官食神)으로 설기(泄氣)함이 좋은데 다행히 일지(日支) 자중계수(子中癸水) 정관(正官)이 있어 계수정관(癸水正官)이 용신(用神)이며 금재(金財)는 희신(喜神)이 된다. 이 사주는 남자(男子)의 사주로서 제약회사 근무하였으나 초년(初年)에는 운(運)이 없어 승진이 안 되어 고생을 많이 하다가 49세 병화대운(丙火大運)에 퇴사하여 사업을 경영하였으나 월상신금(月上辛金)과 병신합(丙辛合)으로 합거(合去)되어 손해를 많이 보았으며 54세 신금대운(申金大運)에는 용신자수(用神子水)를 보신(補身)하여 사업이 번창하여 재산을 복구하고 잘살고 있으며 앞으로도 유금대운(酉金大運)에 한층 더 사업이 번창하며 승승장구(乘勝長驅)하리라고 본다.

❶ 세운신사년(歲運辛巳年): 손재, 처액
❷ 질병(疾病): 심장(心臟), 냉증(冷症)
❸ 남녀성격: (남) 예의 있다, 명랑하다, 근심이 많다, 내음외양, 권모술수, 냉정하다, 눈치가 빠름, 고집 대단, 부모형제 덕이 없다, 성질 급, 처궁불미, 자손근심, 말을 잘한다
(여) 말을 잘한다, 명랑하다, 금방 좋았다가 금방 싫어짐, 부궁불미, 정부, 재가, 어려운 생활

☯ 세운·질병·남녀성격의 해설(歲運·疾病·男女性格의 解說)

❶ 세운신사년(歲運辛巳年) = ※손재, 처액은 ※세운신사년(歲運辛巳年)의 신금(辛金)은 병화일주(丙火日柱)의 정재(正財)로서 신왕(身旺)한 사주(四柱)에 재(財)가 쇠약(衰弱)한데 세운(歲運)에서 재운(財運)이 들어오면 ※**손재수를 조심해야 하며 또는 가정에 불화가 많이 생긴다든가 또는 처가 가출한다든가 또는 처의 건강을 조심해야 한다.**

❷ 질병(疾病)은 일주(日柱)에서 발생(發生)한다.

❸ 남녀성격은 일주(日柱)에서 발생(發生)한다.

54년(음) 2월 27일 유(酉)시 여자

丁	丙	丁	甲
酉	戌	卯	午

58	48	38	28	18	8
辛	壬	癸	甲	乙	丙
酉	戌	亥	子	丑	寅

이 사주는 병화일주(丙火日柱)가 중춘묘월(中春卯月)에 출생하여 득령(得令)하고 원신갑목(源神甲木)이 년상(年上)에 투출(透出)하였고 병화일주(丙火日柱)는 술중정화(戌中丁火)에 근(根)하고 년지오화(年支午火) 양인(羊刃)과 오중정화(午中丁火)가 월시상(月時上)에 투출(透出)하여 일주(日柱)는 신왕사주(身旺四柱)다. 신왕사주(身旺四柱)에는 관살(官殺)로 일주(日柱)를 제(制)하거나 식신상관(食神傷官)으로 설기(泄氣)함이 좋은데 일주(日柱)를 제(制)하는 관살(官殺)은 없고 다행히 술중무토(戌中戊土)가 있어 무토식신(戊土食神)으로 설기(泄氣)하는데 배설구(排泄口)가 약(弱)하던 중 시지(時支) 유금재(酉金財)가 있어 유금(酉金)으로 다시 설기(泄氣)한다. 그러므로 화생토(火生土) 토생금(土生金)으로 금재(金財)가 용신(用神)이며 토(土) 상관식신(傷官食神)은 희신(喜神)이 된다. 이런 사주를 식신(食神) 용재격(用財格)이라고 한다. 이 사주는 여자(女子)의 사주로서 약사(藥師)로 근무하면서 평범하게 살고 있는 사주다.

> ❶ 세운신사년(歲運辛巳年): 이별수, 손재, 신액
> ❷ 질병(疾病): 혈압(血壓)
> ❸ 남녀성격: (남) 말을 잘한다, 영리하다, 예의 있다, 인정 있다, 이해심이 많다, 성질 급, 박력 있다, 영리하다, 만인 존경, 알뜰함, 연구심, 배짱 좋다, 돈이 잘 빠져나감, 예감, 신앙심
> (여) 말을 잘한다, 명랑하다, 예의 있다, 금방 좋았다가 금방 싫어짐, 정부, 재가, 부궁불미, 인정 있다, 남에게 잘함, 배짱 좋다, 신앙심

☯ 세운·질병·남녀성격의 해설(歲運·疾病·男女性格의 解說)

❶ **세운신사년(歲運辛巳年)** = ※이별수, 손재, 신액은 ※세운신사년(歲運辛巳年)의 사화(巳火)는 병화일주의 비견(比肩)으로 신왕(身旺)한 여자 사주에 세운에서 비견겁운(比肩劫運)이 들어오면 ※**가정에 불화가 많이 생긴다든가 또는 남편과 떨어져 산다든가 또는 이혼한다든가 또는 남편이 사망하는 수도 있다.** 그리고 ※**손재, 신액**은 ※세운신사년(歲運辛巳年)의 신금(辛金)은 병화일주(丙火日柱)의 정재(正財)로 신왕사주(身旺四柱)에 재(財)가 쇠약(衰弱)한데 세운(歲運)에서 재운(財運)이 들어오면 ※**손재수를 조심해야 하며 또는 건강을 조심해야 한다.**

❷ **질병(疾病)은 일주(日柱)에서 발생(發生)한다.**

❸ **남녀성격은 일주(日柱)에서 발생(發生)한다.**

59년(음) 11월 10일 자(子)시 여자

이 사주는 을목일주(乙木日柱)가 중동자월(中冬子月)에 출생하여 득령(得令)하고 년지해수(年支亥水)와 일지축토(日支丑土)와 해자축(亥子丑)으로 수국(水局)을 이루어 일주(日柱)는 신왕사주(身旺四柱)다. 신왕사주(身旺四柱)에는 관살(官殺)로 일주(日柱)를 제(制)하거나 상관식신(傷官食神)으로 설기(泄氣)함이 좋은데 일주(日柱)를 제(制)하는 관살(官殺)은 없고 월시상(月時上) 병화상관(丙火傷官)이 있다 하나 그 병화(丙火)는 모두 자좌살지(自坐殺地)에 앉아 용신(用神)으로 쓸 수가 없으며 축중기토(丑中己土)가 년상(年上)에 투출(透出)하였으나 왕수(旺水)에 쓸려가 힘이 없으므로 용신(用神)으로 쓸 수가 없다. 그러므로 이 사주는 종강격(從强格)으로 왕수(旺水)가 설기(泄氣)하는 곳은 을목(乙木)이므로 비견겁(比肩劫)이 용신(用神)이며 수인수(水印綬)는 희신(喜神)이 된다. 이 사주는 여자(女子)의 사주로서 은행원(銀行員)으로 근무하였으나 운(運)이 없어 승진은 늦었으나 평범하게 살고 있는 사주다.

❶ 세운경진년(歲運庚辰年): 손재, 신액, 내외불화
❷ 질병(疾病): 간(肝), 담(膽), 중풍(中風), 풍(風), 냉(冷), 월경불순(月經不純)
❸ 남녀성격: (남) 성질 급, 근면 성실, 의지 굳다, 무뚝뚝하다, 봉사정신, 형제불의, 밥을 빨리 먹는다, 재복 있다, 새벽잠이 없다, 신앙심
(여) 의지 굳다, 무뚝뚝하다, 인자함, 부궁불미, 정부, 재가, 독수공방, 자손근심, 남자 조종 잘한다

☯ 세운·질병·남녀성격의 해설(歲運·疾病·男女性格의 解說)

❶ 세운경진년(歲運庚辰年) = ※손재, 신액, 내외불화는 ※세운경진년(歲運庚辰年)의 진토(辰土)는 을목일주(乙木日柱)의 정재(正財)로 신왕(身旺)한 여자 사주에 재(財)가 쇠약(衰弱)한데 세운에서 재운(財運)이 들어오면 ※**손재수를 조심해야 하며 또는 건강을 조심해야 한다.** 그리고 ※내외불화는 ※세운경진년(歲運庚辰年)의 경금(庚金)은 갑목일주(甲木日柱)의 정관(正官)으로 세운에서 일주(日柱)를 극(剋)하는 운(運)이 들어오면 ※**집에서나 밖에서나 윗사람이나 아랫사람이나 불화가 많이 생긴다.**

❷ 질병(疾病)은 간, 담, 중풍은 일주(日柱)에서 발생(發生)하며 ※풍, 냉, 월경불순은 ※을목일주(乙木日柱)가 자월(子月)에 출생하면 ※풍, 냉을 조심해야 하며 월경불순이 심하여 배가 많이 아프게 된다.

❸ 남녀성격은 일주(日柱)에서 발생(發生)한다.

67년(음) 9월 20일 해(亥)시 남자

丁	庚	庚	丁
亥	申	戌	未

55	45	35	25	15	5
甲	乙	丙	丁	戊	己
辰	巳	午	未	申	酉

이 사주는 경금일주(庚金日柱)가 계추술월(季秋戌月)에 출생하여 득령(得令)하고 술중정화(戌中丁火)가 년시상(年時上)에 투출(透出)하여 정관격(正官格)이다. 그리고 경금일주(庚金日柱)는 자좌신금(自坐申金)에 록근(祿根)하고 신궁경금(申宮庚金)이 월상(月上)에 투출(透出)하여 일주(日柱)는 신왕사주(身旺四柱)다. 신왕사주에는 일주(日柱)를 제(制)하는 관살(官殺)이나 식신상관(食神傷官)으로 설기(泄氣)함이 좋은데 년상정화(年上丁火) 정관(正官)과 시지해수(時支亥水) 식신(食神)이 있어 어느 오행(五行)으로 용신(用神)을 잡느냐의 기로(岐路)에 서게 된다. 그러나 신왕사주(身旺四柱)에는 관살(官殺)로 용신(用神)함을 우선으로 하기 때문에 년상정화(年上丁火) 정관(正官)으로 용신(用神)한다. 그리고 목재(木財)는 희신(喜神)이 된다. 이 사주는 사업가로서 35세 병오대운(丙午大運)에 수억금을 번 사주다.

> ❶ 세운경진년(歲運庚辰年): 변화, 이사, 전근, 신축, 문서, 불성
> ❷ 질병(疾病): 간(肝), 담(膽)
> ❸ 남녀성격: (남) 과감 용단, 냉정하다, 냉정하게 보이나 속마음은 따뜻함, 의리 있다, 영리하다, 재간 있다, 처궁불미, 식복 있다, 자손근심, 항상 바쁨, 꾀가 많다
> (여) 냉정하다, 사람 사귀다 한번 틀어지면 다시 안 봄, 부궁불미, 정부, 재가, 독수공방, 친정형제 걱정, 돈이 잘 빠져나간다, 고독하다, 시모불합, 남편 말 잘 안 듣는다

☯ 세운·질병·남녀성격의 해설(歲運·疾病·男女性格의 解說)

❶ **세운경진년(歲運庚辰年)** = ※변화, 이사, 전근, 신축, 문서, 불성은 ※세운경진년(歲運庚辰年)의 진토(辰土)는 일지신금(日支申金)과 신진(申辰)으로 삼합(三合)이 되므로 세운에서 일지(日支) 삼합운(三合運)이 들어오면 ※**변화가 생긴다든가 또는 이사를 한다든가 또는 직장을 옮기는 일이 많다.** 그리고 ※**신축, 문서**는 ※세운경진년(歲運庚辰年)의 진토(辰土)는 경금일주(庚金日柱)의 인수(印綬)로 세운(歲運)에서 인수운(印綬運)이 들어오면 ※**집을 짓는다든가 또는 증축을 한다든가 또는 사업체를 벌이는 일이 많다.** 그리고 ※**불성**은 ※세운경진년(歲運庚辰年)의 경금(庚金)은 경금일주(庚金日柱)의 비견(比肩)으로 세운(歲運)에서 비견겁운(比肩劫運)이 들어오면 ※**모든 일이 잘 풀리지 않고 대차계약도 잘 이루어지지 않는다.**

❷ 질병(疾病)과 ❸ 남녀성격은 일주(日柱)에서 발생(發生)한다.

57년(음) 7월 9일 술(戌)시 남자

壬	戊	丁	丁
戌	申	未	酉

59	49	39	29	19	9
辛	壬	癸	甲	乙	丙
丑	寅	卯	辰	巳	午

이 사주는 무토일주(戊土日柱)가 하계미월(夏季未月)에 출생하여 득령(得令)하고 미중정화(未中丁火)가 년월상(年月上)에 투출(透出)하여 인수격(印綬格)으로 신왕사주(身旺四柱)다. 신왕사주(身旺四柱)에는 일주(日柱)를 제(制)하는 관살(官殺)이나 상관식신(傷官食神)으로 설기(泄氣)함이 좋은데 일주(日柱)를 제(制)하는 관살(官殺)은 없고 시상임수(時上壬水) 편재(偏財)가 투출(透出)하여 편재(偏財)로 용신(用神)하고자 하나 그 임수(壬水)는 자좌(自坐) 술중무토(戌中戊土) 살지(殺地)에 앉았으며 일주무토(日柱戊土)의 극(剋)을 받아 약(弱)하므로 용신(用神)으로 쓸 수가 없다. 용신(用神)이 약(弱)할 때에는 용신(用神)을 돕는 자가 용신(用神)이 되므로 신궁경금(申宮庚金) 식신(食神)이 용신(用神)이 된다. 이 사주는 남자(男子)의 사주로서 무역회사에 근무하다가 44세 묘목대운(卯木大運)에 퇴사하여 사업을 경영하였으나 묘목대운(卯木大運)은 신금용신(申金用神)의 절궁(絶宮)으로 사업이 부실하여 손해를 많이 보았고 49세 임수대운(壬水大運)에 월상정화(月上丁火)와 정임합(丁壬合)으로 합거(合去)되어 재산을 탕진하고 그 이후로는 운(運)이 없어 무능(無能)하게 살아가고 있는 사주다.

> ❶ 세운신사년(歲運辛巳年): 관재, 관재, 수술
> ❷ 질병(疾病): 위(胃), 잔질(殘疾)
> ❸ 남녀성격: (남) 군자의 성품, 언행 조심, 신의 있다, 재주 있다, 고독하다, 항상 바쁨, 학업장애, 처궁불미, 처 덕 있다, 재복 있다
> (여) 신용 있다, 순진하다, 고집 대단, 부궁불미, 정부, 다재다능

☯ 세운·질병·남녀성격의 해설(歲運·疾病·男女性格의 解說)

❶ 세운신사년(歲運辛巳年) = ※관재, 관재, 수술은 ※세운신사년(歲運辛巳年)의 신금(辛金)은 무토일주(戊土日柱)의 상관(傷官)으로 세운(歲運)에서 천간(天干) 상관운(傷官運)이 들어오면 ※관재수를 조심해야 한다. 그리고 ※관재, 수술은 ※세운신사년(歲運辛巳年)의 사화(巳火)는 일지신금(日支申金)과 사신형살(巳申刑殺)이 되므로 세운(歲運)에서 일지(日支) 형살운(刑殺運)이 들어오면 ※관재수를 조심해야 하며 또는 수술을 조심해야 한다.

❷ 질병(疾病)은 일주(日柱)에서 발생(發生)한다.

❸ 남녀성격은 일주(日柱)에서 발생(發生)한다.

51년(음) 2월 22일 인(寅)시 남자

時	日	月	年
甲	戊	辛	辛
寅	辰	卯	卯

58	48	38	28	18	8
乙	丙	丁	戊	己	庚
酉	戌	亥	子	丑	寅

이 사주는 무토일주(戊土日柱)가 중춘묘월(中春卯月)에 출생하여 실시(失時)하고 원신갑목(源神甲木)이 시상(時上)에 투출(透出)하였으며 지지(地支)는 인묘진(寅卯辰)으로 전목국(全木局)을 이루어 관살(官殺)이 태왕(太旺)이다. 그러므로 무토일주(戊土日柱)는 시상갑목(時上甲木)이 대단히 겁이 난다. 그러므로 년월(年月) 양신금(兩辛金)으로 많은 관살(官殺)을 제(制)하려고 하나 년월(年月) 양신금(兩辛金)은 근(根)이 없으며 자좌묘목(自坐卯木)에 모두 절궁(絕宮)에 앉아 갑목편관(甲木偏官)을 제(制)할 힘이 없다. 그러므로 무토일주는 왕세(旺勢)를 따라 종살(從殺)하게 되므로 목편관(木偏官)이 용신(用神)이며 수재(水財)는 희신(喜神)이 된다. 이 사주는 남자(男子)의 사주로서 엔지니어로 회사에 근무하다가 43세 해수대운(亥水大運)에 회사를 퇴사하고 사업을 경영하여 희신운(喜神運)이 들어와 수억금을 벌었으며 48세 병화대운(丙火大運)에 년상신금(年上辛金)과 병신합(丙辛合)으로 합거(合去)되어 재산을 탕진하였고 58세 을목대운(乙木大運)에 용신갑목(用神甲木)을 보신(補身)하여 사업이 번창하여 재산을 복구한 사주다.

> ❶ 세운신사년(歲運辛巳年): 신축, 문서, 관재, 불성, 손재
> ❷ 질병(疾病): 풍질(風疾), 혈압(血壓)
> ❸ 남녀성격: (남) 군자의 성품, 언행 조심, 인심 좋다, 이해성이 많다,
>   화합 잘함, 주관이 강하다, 신의 있다, 재간 있다, 처궁불미,
>   아이디어가 좋다, 재복 있다, 미인수다
>   (여) 신용, 순진하다, 욕심 많다, 재복 있다, 부궁불미, 정부,
>   신앙심

☯ 세운·질병·남녀성격의 해설(歲運·疾病·男女性格의 解說)

❶ 세운신사년(歲運辛巳年) = ※신축, 문서, 관재, 불성, 손재는 ※세운신사년(歲運辛巳年)의 사화(巳火)는 무토일주(戊土日柱)의 인수(印綬)로 세운(歲運)에서 인수운(印綬運)이 들어오면 ※집을 짓는다든가 또는 증축을 한다든가 또는 **사업체를 벌이는 일이 많고 또는 문서를 잡는 일도 있다.** 그리고 ※관재는 ※세운신사년(歲運辛巳年)의 신금(辛金)은 무토일주(戊土日柱)의 상관(傷官)으로 세운(歲運)에서 천간(天干) 상관운(傷官運)이 들어오면 **※관재수를 조심해야 한다.** 그리고 ※불성, 손재는 ※세운신사년(歲運辛巳年)의 사화(巳火)는 무토일주의 인수(印綬)로 종(從)하는 사주에 세운에서 인수운(印綬運)이 들어오면 ※모든 일이 잘 풀리지 않으며 또는 손재수를 조심해야 한다.

❷ 질병(疾病)과 ❸ 남녀성격은 일주(日柱)에서 발생(發生)한다.

52년(음) 10월 23일 묘(卯)시 여자

丁	己	壬	壬
卯	丑	子	辰

51	41	31	21	11	1
丙	丁	戊	己	庚	辛
午	未	申	酉	戌	亥

이 사주는 기토일주(己土日柱)가 중동자월(中冬子月)에 출생하여 실시(失時)하고 년월(年月) 양임수(兩壬水)가 투출(透出)하여 임수(壬水)는 년월지(年月支) 자진수국(子辰水局)에 근(根)하여 재(財)가 태왕(太旺)이며 시지(時支) 묘중을목(卯中乙木) 편관(偏官)이 있어 일주(日柱)는 신약사주(身弱四柱)다. 기토일주(己土日柱)는 자좌(自坐) 축중기토(丑中己土)에 근(根)하고 진중무토(辰中戊土)에 근(根)한다고 하나 진축토(辰丑土)는 습토(濕土)며 자진자축(子辰子丑)으로 수국(水局)을 이루어 힘이 없으므로 이 사주는 종살격(從殺格)같이 보이나 시상(時上)에 정화인수(丁火印綬)가 투출(透出)하여 수생목(水生木) 목생화(木生火) 화생토(火生土)로 사주의 기(氣)는 기토일주에 집중되어 있다. 그러므로 기토일주(己土日柱)가 약(弱)하다고 하나 종(從)하지 않는다. 사주에 재(財)가 많으므로 많은 수재(水財)를 제(制)하고 기토일주를 도와주는 토비견겁(土比肩劫)이 용신(用神)이며 화인수(火印綬)는 희신(喜神)이 된다. 이 사주는 여자의 사주로서 남의 음식점에서 허드렛일을 하면서 고생을 많이 하였으나 46세 미토대운(未土大運)에 음식점을 개업하여 용신운(用神運)이 들어와 사업이 번창하였으며 병오대운(丙午大運)까지 수억금을 번 사주다.

❶ 세운신사년(歲運辛巳年): 신축, 문서, 변화, 이사, 전근
❷ 질병(疾病): 위(胃), 위경련(胃痙攣), 비(脾)
❸ 남녀성격: (남) 군자의 성품, 언행 조심, 근면 성실, 신용 부실, 부지런하다, 봉사정신, 처궁불미, 의처증, 새벽잠이 없다, 신앙심, 학업 장애
(여) 신용 있다, 순진하다, 부궁불미, 독수공방, 남편을 의심한다, 정부, 시모불합, 신앙심, 돈이 잘 빠져나간다, 친정형제 걱정 많이 한다

☯ 세운・질병・남녀성격의 해설(歲運・疾病・男女性格의 解說)

❶ **세운신사년(歲運辛巳年)** = ※**신축, 문서, 변화, 이사, 전근**은 ※세운신사년(歲運辛巳年)의 사화(巳火)는 기토일주(己土日柱)의 인수(印綬)로 세운(歲運)에서 인수운(印綬運)이 들어오면 ※**집을 짓는다든가 또는 증축을 한다든가 또는 사업체를 벌이는 일이 많고 또는 문서를 잡는 일도 있다.** 그리고 ※**변화, 이사, 전근**은 ※세운신사년의 사화(巳火)는 일지축토(日支丑土)와 사축(巳丑)으로 삼합(三合)이 되므로 세운(歲運)에서 일지(日支) 삼합운(三合運)이 들어오면 ※**변화가 생긴다든가 또는 이사를 한다든가 또는 직장을 옮기는 일이 많다.**

❷ 질병(疾病)과 ❸ 남녀성격은 일주(日柱)에서 발생(發生)한다.

51년(음) 1월 15일 오(午)시 남자

甲	辛	庚	辛
午	卯	寅	卯

55	45	35	25	15	5
甲	乙	丙	丁	戊	己
申	酉	戌	亥	子	丑

이 사주는 신금일주(辛金日柱)가 초봄 인월(寅月)에 출생하여 실시(失時)하고 인중갑목(寅中甲木)이 시상(時上)에 투출(透出)하여 정재격(正財格)이다. 그리고 년월일(年月日) 인묘(寅卯)로 목국(木局)을 이루고 시지오화(時支午火)와 월지인목(月支寅木)과 인오(寅午)로 화국(火局)을 이루어 재살(財殺)이 태왕(太旺)이다. 신금일주(辛金日柱)는 무근(無根)이며 자좌묘목(自坐卯木)에 절궁(絶宮)이며 월상경금(月上庚金) 비겁(比劫)도 자좌인목(自坐寅木)에 절궁(絶宮)이며 년상신금(年上辛金) 비견(比肩)도 자좌묘목(自坐卯木)에 절궁(絶宮)에 앉아 힘이 없으므로 일주(日柱)를 도울 힘이 없다. 그러므로 신금일주(辛金日柱)는 왕세(旺勢)를 따라감으로 종살격(從殺格)이다. 그러므로 시지오화(時支午火) 편관(偏官)이 용신(用神)이며 목재(木財)는 희신(喜神)이 된다. 이 사주는 남자(男子)의 사주로서 대기업에 근무하다가 운(運)이 없어 승진이 안 되어 퇴사하고 50세 유금대운(酉金大運)에 사업을 경영하였으나 종(從)하는 사주에 비견운(比肩運)이 들어와 재산을 탕진하였고 55세 갑목대운(甲木大運)에 희신운(喜神運)이 들어와 재산을 복구한 사주다.

❶ 세운신사년(歲運辛巳年): 관재, 손재, 신액, 불성
❷ 질병(疾病): 풍질(風疾), 냉(冷), 기관지(氣管支)
❸ 남녀성격: (남) 과감용단, 냉정하다, 의리 있다, 인정 있다, 고집 대단, 학업 장애, 처궁불미, 재가, 미인수다, 근면하다, 지구력 부족, 소심하다, 운동 잘함, 마음 약
(여) 냉정하다, 사람 사귀다 한번 틀어지면 다시 안 봄, 고집 대단, 정부, 재가, 독수공방, 부궁불미, 욕심 많다, 성질 급, 참을성이 없다, 자손근심

☯ 세운·질병·남녀성격의 해설(歲運·疾病·男女性格의 解說)

❶ 세운신사년(歲運辛巳年) = ※관재, 손재, 신액, 불성은 ※세운신사년(歲運辛巳年)의 사화(巳火)는 신금일주(辛金日柱)의 정관(正官)으로 원명사주(源命四柱)에 재살(財殺)이 태왕(太旺)인데 세운(歲運)에서 재(財)나 관살운(官殺運)이 들어오면 ※관재수나 손재수나 건강을 조심해야 한다. 그리고 ※불성은 ※세운신사년(歲運辛巳年)의 신금(辛金)은 신금일주의 비견(比肩)으로 세운(歲運)에서 비견겁운(比肩劫運)이 들어오면 ※**모든 일이 잘 풀리지 않고 대차계약도 잘 이루어지지 않는다.**

❷ 질병(疾病)은 일주(日柱)에서 발생(發生)한다.

❸ 남녀성격은 일주(日柱)에서 발생(發生)한다.

52년(음) 7월 14일 묘(卯)시 여자

|癸|壬|戊|壬|
|卯|子|申|辰|

59	49	39	29	19	9
壬	癸	甲	乙	丙	丁
寅	卯	辰	巳	午	未

 이 사주는 임수일주(壬水日柱)가 초가을 신월(申月)에 출생하여 장생(長生)하고 일지자수(日支子水)와 년지진토(年支辰土)와 신자진(申子辰)으로 수국(水局)을 이루어 윤하격(潤下格)이다. 윤하격(潤下格)에는 수(水)가 용신(用神)이고 금인수(金印綬)는 희신(喜神)이 되는데 이 사주는 월상(月上)에 무토편관(戊土偏官)이 투출(透出)되어 진중무토(辰中戊土)에 근(根)하여 용신(用神)으로 쓸 수가 있다. 이 사주는 비견겁(比肩劫)이 태왕(太旺)하므로 많은 비견겁(比肩劫)을 제(制)하는 월상무토(月上戊土) 편관(偏官)이 용신(用神)이며 화재(火財)는 희신(喜神)이 된다. 이 사주는 여자(女子)의 사주로서 윤하격(潤下格)을 놓은 사람은 문장이 좋으며 문학과 학문계통의 직업을 많이 갖게 되며 이 사주도 초년(初年) 사오대운(巳午大運)이 잘 들어와 34세 사화대운(巳火大運)에 대학교수로 취임하여 모든 일이 순탄하게 잘 풀렸으며 44세 진토대운(辰土大運)에 학과장으로 승진한 사주다.

❶ 세운신사년(歲運辛巳年): 이별수, 신축, 문서
❷ 질병(疾病): 냉(冷), 혈압(血壓), 신장(腎臟), 방광(膀胱)
❸ 남녀성격: (남) 털털한 성격, 마음이 넓다, 성질 조급, 고집 대단, 노력은 많이 하나 실속이 없다, 여자 많다, 처궁불미, 용두사미, 돈이 잘 빠져나간다, 꾀가 많다, 신경 예민
(여) 남자 같은 시원한 성격, 새것을 좋아함, 부궁불미, 정부, 재가, 남에게 시기를 많이 받는다, 독수공방, 직업여성

☯ 세운•질병•남녀성격의 해설(歲運・疾病・男女性格의 解說)

❶ 세운신사년(歲運辛巳年) = ※이별수, 신축, 문서는 ※세운신사년(歲運辛巳年)의 신금(辛金)은 임수일주(壬水日柱)의 인수(印綬)로 신왕(身旺)한 여자 사주에 세운(歲運)에서 인수운(印綬運)이 들어오면 ※가정에 불화가 많이 생긴다든가 또는 남편과 떨어져 산다든가 또는 이혼한다든가 또는 남편이 사망하는 수도 있다. 그리고 ※신축, 문서는 ※세운신사년(歲運辛巳年)의 신금(辛金)은 임수일주(壬水日柱)의 인수(印綬)로 세운(歲運)에서 인수운(印綬運)이 들어오면 ※집을 짓는다든가 또는 증축을 한다든가 또는 사업체를 벌이는 일이 많고 또는 문서를 잡는 일도 있다.

❷ 질병(疾病)은 일주(日柱)에서 발생(發生)한다.

❸ 남녀성격은 일주(日柱)에서 발생(發生)한다.

52년(윤) 5월 4일 술(戌)시 남자

庚	壬	丙	壬
戌	寅	午	辰

54	44	34	24	14	4
壬	辛	庚	己	戊	丁
子	亥	戌	酉	申	未

이 사주는 임수일주(壬水日柱)가 중하오월(中夏午月)에 출생하여 실시(失時)하고 일시지(日時支) 인술(寅戌)로 인오술(寅午戌) 화국(火局)을 이루고 월상병화(月上丙火)가 투출(透出)하여 재살(財殺)이 태왕(太旺)이다. 다행히 년상임수(年上壬水) 비견(比肩)이 자고(自庫)인 진중계수(辰中癸水)에 근(根)하여 임수일주(壬水日柱)를 도와주며 시상경금(時上庚金) 인수(印綬)가 투출(透出)하여 자좌술중(自坐戌中) 신금(辛金)에 근(根)하여 임수일주(壬水日柱)를 생(生)하므로 금인수(金印綬)가 용신(用神)이며 수비견겁(水比肩劫)은 희신(喜神)이 된다. 이 사주는 남자(男子)의 사주로서 초년(初年)부터 운(運)이 잘 들어와 회사에서 인정받고 근무하다가 44세 신금대운(辛金大運)에 퇴사하여 사업을 경영하였으나 월상병화(月上丙火)와 병신합(丙辛合)으로 합거(合去)되어 재산을 탕진하였고 49세 해수대운(亥水大運)부터 희신운(喜神運)이 들어와 사업을 복구하고 임자대운(壬子大運)까지 수억금을 번 사주다.

> ❶ 세운신사년(歲運辛巳年): 신축, 문서, 관재, 수술
> ❷ 질병(疾病): 신장(腎臟), 방광(膀胱), 냉(冷), 습(濕)
> ❸ 남녀성격: (남) 털털한 성격, 지혜롭다, 원만하다, 환경에 적응 잘함, 영리하다, 행운이 따른다, 항상 바쁨, 용기 있다, 타의 군림, 성질 급, 처 덕 있다, 장모봉양
> (여) 남자 같은 시원한 성격, 새것을 좋아함, 영리하다, 남편을 꺾는다, 부궁불미, 정부, 자손귀자, 요리솜씨, 사회 활동 하면 인기

☯ 세운•질병•남녀성격의 해설(歲運・疾病・男女性格의 解說)

❶ **세운신사년(歲運辛巳年)** = ※신축, 문서, 관재, 수술은 ※세운신사년(歲運辛巳年)의 신금(辛金)은 임수일주(壬水日柱)의 인수(印綬)로 세운(歲運)에서 인수운(印綬運)이 들어오면 ※집을 짓는다든가 또는 증축을 한다든가 또는 사업체를 벌이는 일이 많고 또는 문서를 잡는 일도 있다. 그리고 ※관재, 수술은 ※세운신사년(歲運辛巳年)의 사화(巳火)는 일지인목(日支寅木)과 인사(寅巳)로 형살(刑殺)이 되므로 세운(歲運)에서 일지(日支) 형살운(刑殺運)이 들어오면 ※관재수를 조심해야 하며 또는 수술을 조심해야 한다.

❷ 질병(疾病)은 일주(日柱)에서 발생(發生)한다.

❸ 남녀성격은 일주(日柱)에서 발생(發生)한다.

57년(음) 8월 5일 인(寅)시 남자

甲	癸	戊	丁
寅	酉	申	酉

57	47	37	27	17	7
壬	癸	甲	乙	丙	丁
寅	卯	辰	巳	午	未

이 사주는 계수일주(癸水日柱)가 초가을 신월(申月)에 출생하여 득령(得令)하고 월상무토(月上戊土)가 투출(透出)하여 정관격(正官格)이다. 그리고 년일지(年日支) 양유금(兩酉金)으로 계수일주(癸水日柱)는 신왕사주(身旺四柱)다. 신왕사주에는 일주를 제(制)하는 관살(官殺)이나 식신상관(食神傷官)으로 설기(泄氣)함이 좋은데 월상무토(月上戊土) 정관(正官)이 있다고 하나 그 무토(戊土)는 근(根)이 없으며 자좌신금(子坐申金)에 설기(泄氣)가 심(甚)하므로 용신(用神)으로 쓸 수가 없다. 다행히 시상갑목(時上甲木) 상관(傷官)이 투출(透出)하여 그 갑목(甲木)은 자좌인목(自坐寅木)에 록근(祿根)하여 시상갑목(時上甲木) 상관(傷官)으로 용신(用神)한다. 이 사주는 남자의 사주로서 37세 갑목대운(甲木大運)에 공대 교수로 취임하였는데 52세 묘목대운(卯木大運)에 용신운(用神運)이 들어와 학과장으로 승진한 사주다.

❶ 세운신사년(歲運辛巳年): 신축, 문서, 변화, 이사, 전근, 손재, 처액
❷ 질병(疾病): 신장(腎臟), 심장(心臟), 방광(膀胱), 냉(冷)
❸ 남녀성격: (남) 털털한 성격, 성격이 까다롭다, 매사 철두철미, 박력이 모자란다, 영리하다, 총명하다, 암기력, 남에게 잘함, 호인이다, 고독 자초, 처 덕 있다
   (여) 남자 같은 시원한 성격, 새것을 좋아함, 정이 많다, 부궁불미, 정부, 인덕 없다, 눈물 많다

☯ 세운·질병·남녀성격의 해설(歲運·疾病·男女性格의 解說)

❶ **세운신사년(歲運辛巳年)** = ※**신축, 문서, 변화, 이사, 전근, 손재, 처액**은 ※세운신사년(歲運辛巳年)의 신금(辛金)은 계수일주(癸水日柱)의 인수(印綬)로 세운에서 인수운(印綬運)이 들어오면 ※**집을 짓는다든가 또는 증축을 한다든가 또는 사업체를 벌이는 일이 많고 또는 문서를 잡는 일도 있다.** 그리고 ※**변화, 이사, 전근**은 ※세운신사년(歲運辛巳年)의 사화(巳火)는 일지유금(日支酉金)과 사유(巳酉)로 삼합(三合)이 되므로 세운에서 일지(日支) 삼합운(三合運)이 들어오면 ※**변화가 생긴다든가 또는 이사를 한다든가 또는 직장을 옮기는 일이 많다.** 그리고 ※**손재, 처액**은 ※세운신사년의 사화(巳火)는 계수일주(癸水日柱)의 정재(正財)로 신왕사주(身旺四柱)에 재(財)가 쇠약(衰弱)한데 세운에서 재운(財運)이 들어오면 ※**손재수가 생긴다든가 또는 가정에 불화가 많이 생긴다든가 또는 처가 가출한다든가 또는 처의 건강을 조심해야 한다.**

❷ **질병(疾病)**과 ❸ **남녀성격**은 일주(日柱)에서 발생(發生)한다.